# 공부에 대한 청소년들의 열정은 진로와 꿈을 결정한 다음에 발휘된다!

## 미래탐험 꿈발전소

《미래탐험 꿈발전소》는 우리 사회에서 중요한 역할을 하는 여러 기관과 그곳에서 일하는 사람들에 대한 정보를 흥미진진한 만화로 알려주는 교육 도서 시리즈이다. 아이들이 궁금해 하는 다양한 직업에 대해 깊이 있는 지식을 전달한다. 공공 기관에서 하는 일을 소개할 뿐만 아니라 우리 사회 어디서든 만날 수 있는 다양한 직업에 대해 상세히 알려 주어 아이들이 원대한 미래를 꿈꿀 수 있게 한다. 교과 과정과 연결된 《미래탐험 꿈발전소》 시리즈를 아이의 미래를 위해 선물해 보자!

꿈과 희망을 갖고 행동하고 노력하면 놀랍게도 현실로 이루어진다.

추천사_문용린(서울대학교 교육학과 교수)

JN386395

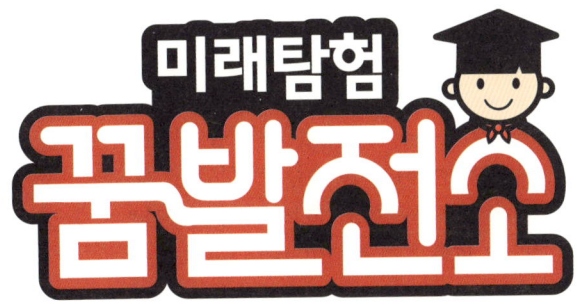

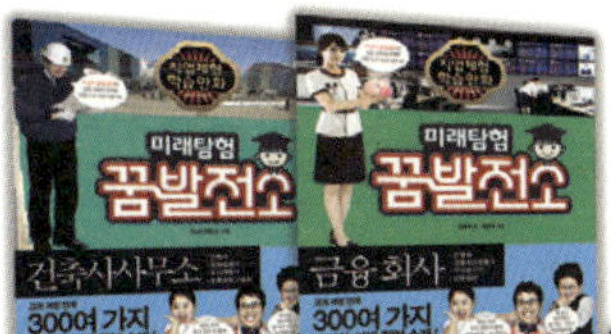

**스스로 미래를 찾게 해주는**
**300여 가지 진로직업체험 학습만화**

30권 Set 값 330,000원
낱권으로도 구매 가능합니다. 각 권 값 11,000원

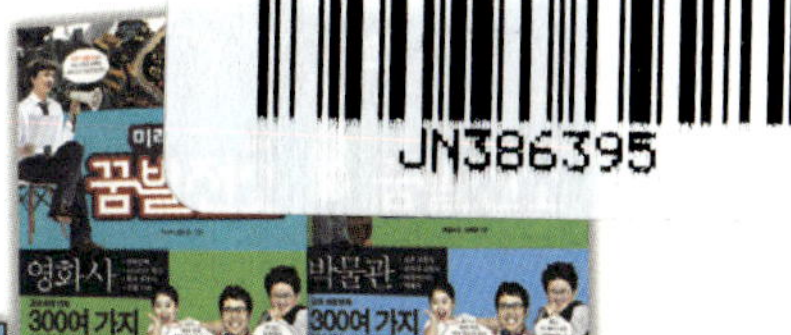

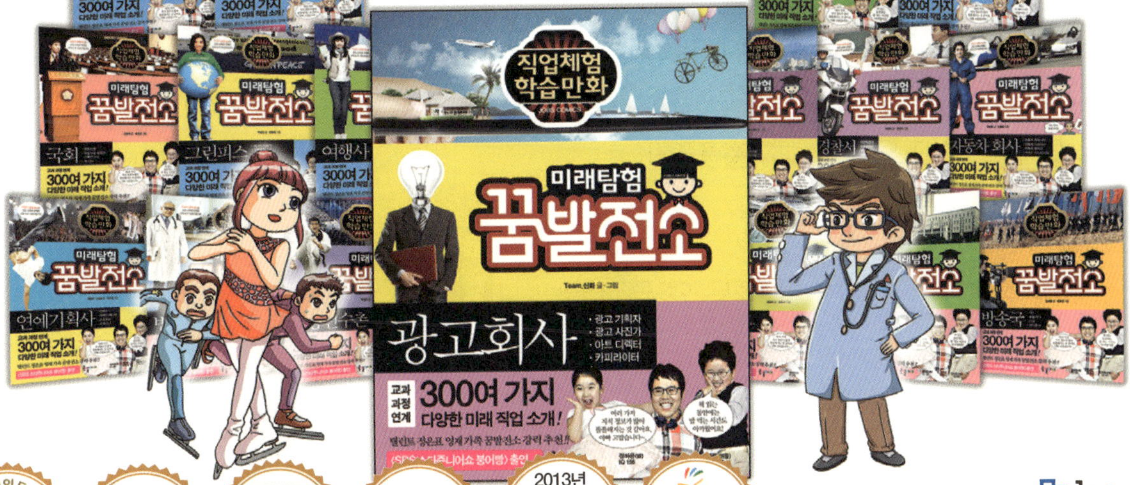


서울교육청 직업체험 추천도서

2013년 대한민국 브랜드 파워대상

추천도서

우수 추천 학습 도서

국일아이

문의 02_2253_5291

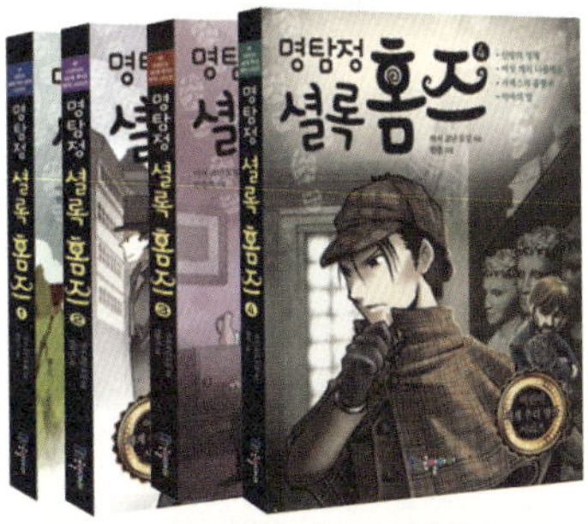

어린이의 상상력과 논리력을 키워 줄 《명탐정 셜록 홈즈》 시리즈

어린이의 눈에 꼭 맞춘 일러스트와 스토리로 재탄생한 세계적인 명작 《명탐정 셜록 홈즈》!

셜록 홈즈의 철저한 과학적 추리로 논리력과 추리력, 판단력을 UP 시켜 보자!

아서 코난 도일 지음 | 각 권 값 10,000원

## 명탐정 1 2 3 4 권 셜록 홈즈

"대통령님, 제 손은 사람들의 피로 물들었습니다." _ 로버트 오펜하이머

# 전미청소년도서관협회(YALSA) 선정
## 2013년 청소년을 위한
# 10대 걸작 그래픽노블

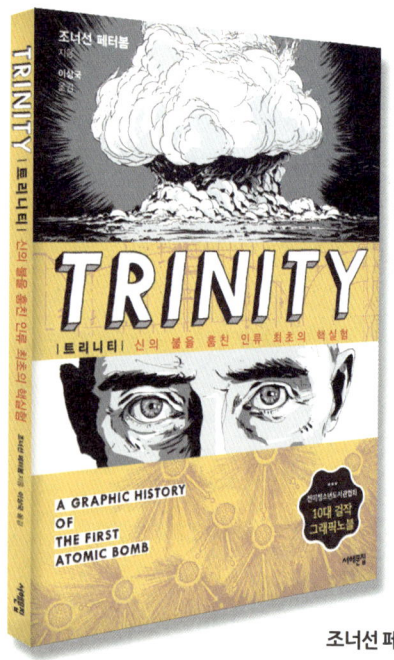

원자력의 발견부터
원자폭탄이 태평양에 투하되기까지
역사상 가장 중요하고
고통스러운 사건을 극적으로 다룬
그래픽노블!

# 트리니티
신의 불을 훔친
인류 최초의 핵실험

**조너선 페터봄** 글·그림 • **이상국** 옮김 | 160쪽 | 12,000원

"흥미진진하고 드라마틱하면서도 간결하게 원자폭탄 개발 과정의 역사를 그려낸 책. 학생들과 어린 독자들에게 훌륭한 필독서." – 신시아 C. 켈리(원자유산재단의 창립자 겸 대표, 《맨해튼 프로젝트》의 편집자)

"작가가 자신의 솜씨와 열정을 쏟아 부은 역작. 조너선 페터봄의 《트리니티》는 훌륭한 만화가 무엇인지 그 잣대를 보여주는 작품이다." – 닉 베르토치(하비상 수상자, 살롱, 구경꾼 시리즈의 만화 작가)

"그래픽노블 입문서로서도, 철학적 성찰로서도 성공적인 작품." – 〈커커스 리뷰〉

"원자 시대를 불러온 사건들에 관한 놀랄 만큼 쉽고, 동시에 솔직하고 아름다운 안내서." – 데빈 파월, 〈사이언스뉴스〉

www.booksea.co.kr

드넓은 책의 바다 **서해문집**

KOREA CONTENT AWARDS 2013

최민호 블루 판타지

# 폐어

## 물속에서 길어올린 음울한 상상

폐(肺)로 숨 쉬는 물고기 폐어(肺魚)처럼, 뭍에서도 물에서도
온전한 삶을 살지 못하는 처연한 영혼들의 사랑 이야기.
만화예술의 극치를 보여주는 최민호의 눈 시린 블루 판타지!
2013 대한민국 콘텐츠대상 문화체육관광부 장관상 수상작.

폐어 | 최민호 | 전2권 | 각 권 15,000원

**미스터 김치**
파란만장 야생 서바이벌 김치 원정기
채정택·김의정 | 1, 2권 | 각 권 12,000원

**텃밭**
한 폭의 수채화처럼 펼쳐지는 흙의 숨소리
최규석 | 전2권 | 각 권 15,000원

**습지생태보고서**
반지하 단칸방 청춘들의 리얼 궁상 일기
최규석 | 값 13,800원

**을지로 순환선**
한 장의 그림에 거대한 장편 서사가 있다
최호철 | 값 18,000원

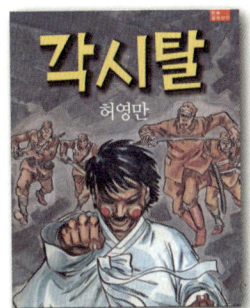

**각시탈**
암울한 시대에 대항한 한국형 슈퍼히어로
허영만 | 값 12,000원

**남한산성**
민족의 한과 불멸의 혼이 서린 대서사시
권가야 | 전4권 | 각 권 13,000원

**기묘한 생물학**
섬뜩한 상상력으로 가득한 기기묘묘 인간생태
한혜연 | 값 9,500원

**석정현 소품집 Expression**
카툰, 개그, 순정, 판타지의 종합선물세트
석정현 | 값 9,800원

거북이북스 어린이 만화에는 꿈과 상상, 교양과 지식, 재미와 행복이 가득합니다.
테일즈런너 수학킹왕짱 | 테일즈런너 영어킹왕짱 | 테일즈런너 과학킹왕짱 | 테일즈런너 역사킹왕짱 | 곤충대전 벅스벅스 | 판타지 과학대전 | 영산강 아이들 | 색총이 공주
요리공주 | 작가클럽 | 나도 연예인 | 축구 선수가 되고 싶어? | 우당탕탕 동물병원 | 내가 제일 잘 그려 | 소년을 위한 그림 동화 | 소녀를 위한 그림 동화 | 앗, 방귀가 뿡!

책의 꿈 만화의 상상  거북이북스  www.gobook2.com

# 암에 걸린 아버지를
# 떠나보내야 하는 가족의 이야기
# 차가운 현실과 꿈같은 환상이
# 어우러진 한 편의 동화

2012년 「보도이BoDoï」 선정 〈올해 최고의 만화〉
그래픽노블 리포터 선정 〈2012년 최고의 그래픽노블〉

암과 싸우는 한 가족을 그린 뛰어난 그래픽노블. 감상적이지 않으면서 감동적이다.
— 「가디언」

이 책은 지극히 감동적이고 아름다운 그래픽노블이다. 가슴 아프고 진솔한 이 책을 읽는 독자라면 가족과 사랑의 의미를 새삼 되새기게 될 것이다.
— 제이슨 색스, 「코믹스 블러턴」 발행인

진심이 우러나는 현실적인 이야기이며, 때로는 가슴에 먹먹한 고통을 선사한다. 이 책을 읽는 동안 독자는 어느새 울먹이는 자신을 발견하게 될 것이다.
— 〈리드모어〉

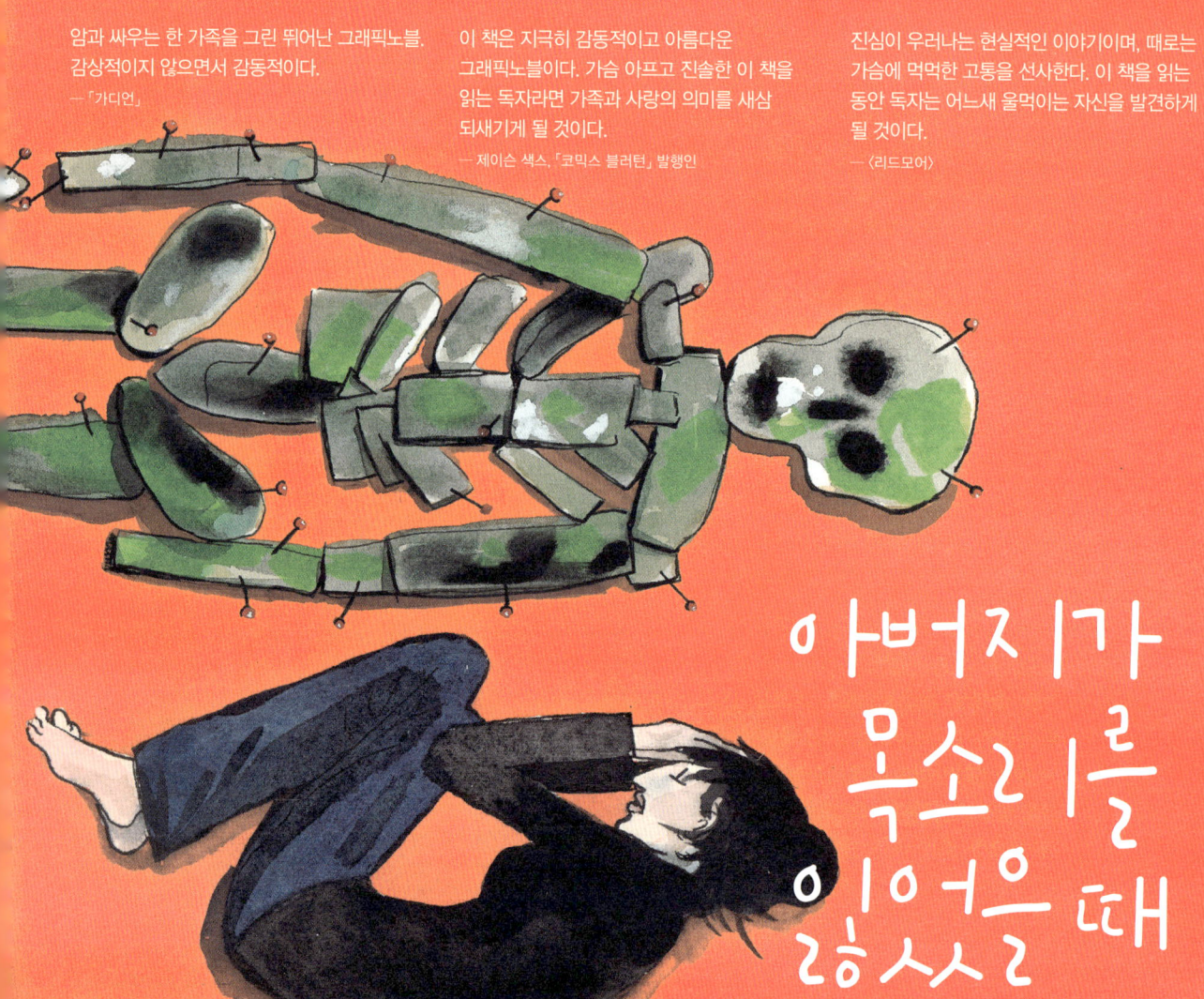

아버지가 목소리를 잃었을 때

미메시스

유디트 바니스텐달 지음 · 이원경 옮김 · 16800원

# 인권은 모두의 문제다

『쉽시일反』『사이시옷』을 잇는
남녀노소 누구나 웃으며 읽는
인권만화의 바이블

### 만화가 10인의
### 마침표 없는 인권 여행

정훈이 외 지음 | 국가인권위원회 기획

www.changbi.com  031-955-3333  창비 Changbi Publishers

---

매주 화요일 네이버 웹툰 연재 중

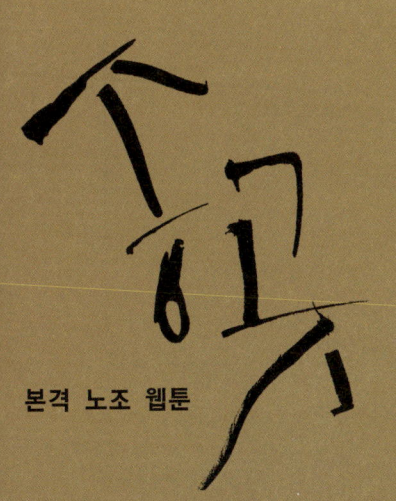

『대한민국 원주민』『100도씨』
**최규석 작가의 신작!**

"어쨌든 나는 세상 모든 곳에서
누군가의 걸림돌이었다."

본격 노조 웹툰

# " 2014 최고의 그래픽노블 "

## 만화로 만나는 쉽고 재미있는 철학, 경제학, 미국사

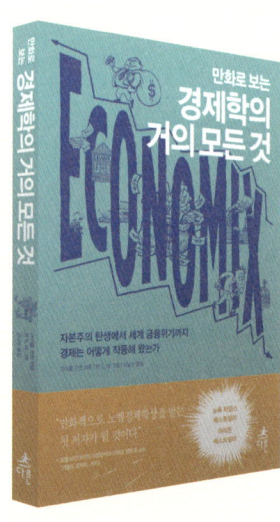

**이런 통쾌 무비의 철학책은 다시 없다!**
프레드 반렌트 글
라이언 던래비 그림 | 최영석 옮김

**만화책으로 노벨 경제학상을 받는 첫 저자가 될 것이다**
마이클 굿윈 글
댄 E. 버 그림 | 김남수 옮김

**이 책은 광포한 제국에 저항한 인간들의 처절한 이야기다**
하워드 진 글 | 폴 불 각색
마이크 코노패키 그림 | 송민경 옮김

**철학**

"이 책은 샘이 날 정도로 잘 만들었다. 무엇보다도 알기 쉽다. 누가 무슨 말을 했는지, 어떤 철학자가 어떤 사상과 싸웠는지, 그림으로 그리는 것보다 더 일목요연하게 정리할 수 있을까? 유명한 사상가들이 펄쩍펄쩍 액션을 펼치는 장면은 발랄하고 재미있기까지 하다. (…) 준비 운동도 없이 원전의 거친 바다에 뛰어들다 탈이 나지 않도록 이 책으로 시시때때로 몸을 풀어 주시라."
_김태권(만화가, 「김태권의 십자군 이야기」 저자)

**경제학**

"스마트하고 통찰력 있고 명료하게 경제학이 할 수 있는 최고의 진실에 다가가 있다. 게다가 경제학이 이렇게 재미있을 수 있다고 그 누가 상상할 수 있었을까? 저자는 역사에 뿌리를 두고 일반상식으로 접근한다. 일생동안 읽은 책 중 가장 중요한 100권을 꼽으라면 나는 이 책을 꼭 넣을 것이다."
_스티븐 페트라넥(〈디스커버〉 전 편집장)

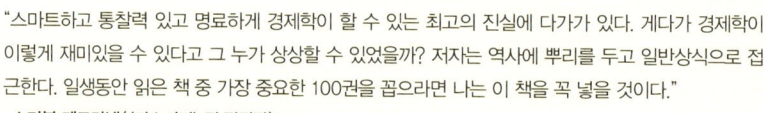

**미국사**

"미국은 자유와 기회의 나라이자, 민주주의의 선진국이며, 세계는 미국을 중심으로 돌아간다고 생각하는 많은 사람들에게, 민중의 시각에서 거꾸로 쓴 이 역사책은 미국사에 대한 새로운 균형감각을 찾는 데 도움을 줄 것이다."
_조희연(성공회대학교 NGO대학원장)

서울시 마포구 동교로 18길 13(서교동, 세원빌딩 2층) | T. 02-3143-6478 | F. 02-3143-6479 | B. http://blog.naver.com/darun_pub   다른 생각이 다른 세상을 만듭니다

"우리는 너무나 다르다. 똑같이 다른데,
세상은 같기를 기대하거나 그렇게 만든다."

# 똑같이 다르다

『먼지 없는 방』
김성희 작가의
신작

대학을 졸업하고 취업을 준비하던 '나'는 임시 계약직으로 장애아동 통합 보조교사로 일하게 된다. 세상 사람들을 정규직과 비정규직으로만 나눠 생각하던 나는 장애인과 비장애인으로 나뉘는 또 다른 사회에 눈 뜨게 되는데……. 작가의 경험이 고스란히 녹아 있는 이 책은 서로 똑같이 다르다는 것을 인정하고, 사회적 약자를 끌어안아야 우리 모두가 자유로울 수 있음을 자연스레 보여준다.

김성희 지음 | 값 12,800원

## 사계절만화가열전

신간

**01 울기엔 좀 애매한**

찌질한 인생,
불가촉 루저 원빈의 탄생

최규석 지음

★ 한국출판문화상 아동청소년 부문 수상도서
★ 한국간행물윤리위원회 '청소년을 위한 좋은 책' 선정도서
★ 2011 부천국제만화대상 대상 수상작
★ 행복한아침독서 추천도서
★ 학교도서관저널 추천도서
★ 어린이도서연구회 권장도서

**02 지금은 없는 이야기**

오르지 못할 나무를 찍는
열 번의 도끼질 같은 이야기

최규석 지음

★ 학교도서관저널 추천도서
★ 올해의 청소년도서
★ 어린이 평화책 선정도서
★ 2013 어린이도서연구회가 뽑은 책

**03 삽질의 시대**

Good Bye 삽질,
NO MORE 삽질

박건웅 지음

★ 2013 어린이도서연구회가 뽑은 책

**04 삼십 살**

서른 살도 삼십 세도 아닌,
뭔가 맞지 않는 삼십 살 이야기

앙꼬 지음

\* 사계절만화가열전은 계속 이어집니다.

사ㅁ계절 (주)사계절출판사  전화 (031)955-8588  팩스 (031)955-8595  홈페이지 www.sakyejul.co.kr  독자카페 cafe.naver.com/sakyejul

학교도서관저널  02.322.9677  www.slj.co.kr

'함께 읽기'가 아름다운 사람을 만든다
## 보다 나은 삶을 꿈꾸는
# 도란도란 책모임

**독서운동가 백화현 교사의
함께 읽고 함께 크는 책모임 이야기**

오랜 헤맴 끝에 비쳐든 한 줄기 빛. 그것은 8년 동안 우리집에서 우리 두 아이와 그 친구들을 데리고 한 가정독서모임을 통해 발견한 '도란도란 책모임'이었다. 책모임은 시스템을 바꾸는 일은 아니니 당장이라도 시작할 수 있고, 만일 이러한 책모임을 학교나 공공도서관, 또 가정과 마을 등에서 수십 개, 혹은 수백 개씩 만들어 낼 수만 있다면 우리에게도 희망이 있겠다는 생각이 들었다. 미국 오바마 대통령은 '작지만 종국에는 사회에 가장 큰 영향을 끼칠 수 있는 일'로 '어린이에게 책을 읽어 주는 일'을 꼽았다는데, 나는 '작지만 종국에는 우리 교육에 가장 큰 영향을 끼칠 수 있는 일'로 '도란도란 책모임'을 꼽고 싶었다.
— 본문 중에서

백화현 지음 | 312쪽 | 15,000원 | 학교도서관저널

---

**함께 읽으면 좋은 책**

백화현의 가정독서모임 이야기
## 책으로 크는 아이들

매주 일요일마다 두 시간씩.
엄마와 두 아들, 그리고 아들의 친구들이 함께한 특별한 책 여행.
학교도서관 운동가 백화현 교사의 가정독서모임, 7년의 기록을 담다.

백화현 지음 | 332쪽 | 13,000원 | 우리교육

# 흥미진진한 발명 대결 속
# 즐거운 과학으로 출발!

## 생활 속 발명품을 통해
## 과학 원리를 배우고
## 창의적 사고를 키워 주는 발명 만화!

전국 발명 경진 대회에 턱걸이로 붙은 발명 B반!
우여곡절 끝에 도착한 대회장에는 분위기가
사뭇 다른 모범생들로 가득하다.
대회의 명성답게 첫날부터 예상치 못한 돌발 미션이 주어지는데…….
말썽꾸러기 발명 B반, 무사히 돌발 미션을 해낼 수 있을까?

글 곰돌이 co. | 그림 홍종현 | 값 11,800원(발명 키트 포함)
감수 박완규 서울광진중, 황성재 KAIST 발명 동아리 회장

근간 예정 | 내일은 발명왕 ❾ 상식의 틀을 깨라

잡은 채로 고정되는 핀셋,
챙이 늘어나는 모자 등
기발한 아이디어가 엿보이는
생활 속 발명품을 통해
여러 가지 힘, 물체의 속력,
지레의 원리, 에너지와 도구 등
교과서 속 과학 이론을 쉽고
재미있게 만나 보세요.

QR 코드를 찍으면 나도 발명왕!
《내일은 발명왕 8》을 QR 코드로
만나 보세요!

**특별 선물**

빙글빙글 돌리다 보면 빗면의 원리가 쏙쏙!

# 나사 컨베이어
# 만들기  발명 키트

경사각이 작을수록 필요한
힘의 크기도 작아지는 빗면의 원리를
쉽고 재미있는 실험을 통해 확인해 보세요.

《내일은 발명왕》 ❶ ~ ❼권 절찬 판매중!

아이세움 i-seum | 서울특별시 서초구 잠원동 41-10 문의 | i-seum@i-seum.com 전화 02)3475-3800 팩스 02)541-8249 www.mirae-n.com (주)미래엔

철학교사 안광복이 십여 년 동안 읽고 고른
청소년 책 52권을 소개합니다!

# 성장을 위한 책 읽기

안광복 지음 | 320쪽 | 14,000원

**문학, 역사, 철학, 사회, 과학, 예술을 아우르는
종횡무진 독서 여행**

"언제 책이 읽고 싶어질까요?"
"좋은 책을 재미있게, 많이 읽을 수 없을까요?

나는 청소년들에게 좋은 책보다 읽고 싶은 책을 찾아주는 데 공을 들인다. 구체적인 이야기가 많을 것, 청소년 독서 지구력에 걸맞은 분량일 것, 교과서나 영화 등 이미 알고 있는 지식과 맞닿아 있을 것, 삶의 아쉬운 부분을 건드리며 해법을 궁리하게 할 것. 이것은 사랑에 빠지기 쉬운 청소년 책의 공통점이다.
그러나 읽고 싶어지는 책에는 이 모두를 뛰어넘는 '그 무엇'이 있다. 이 책을 통해 손에 잡힐 듯 잡히지 않는 책의 매력을 청소년들에게 알려 주고 싶다.

**학교도서관저널**
02-322-9677, www.slj.co.kr

# 만화의 숲

만화는 이제 어엿한 예술의 한 장르가 되었다. 이숲은 재미와 교양을 겸비한 수준 높은 만화를 꾸준히 발굴해 선보이고 있다.

이숲 www.esoope.com | esoope@naver.com

## 2013년 화제의 그래픽 노블!

△ **정신병동 이야기**
대릴 커닝엄
12,000원/168쪽
정신병동에서 직접 체험한 정신
질환자들의 이야기를 그렸다.

△ **과학이야기**
대릴 커닝엄
15,000원/192쪽
과학의 허구와 진실을 낱낱이
밝힌 참신한 그래픽 노블.

★ 2013년 프랑스 대사관 추천
△ **알퐁스의 사랑 여행**
시빌린, 카푸친, 제롬
15,000원/192쪽
아름다운 만화로 그려낸
사랑과 이별, 그리고 성숙의 우화.

△ **환절기**
이동은, 정이용
15,000원/296쪽
내밀한 감정들이 미세한
잎맥처럼 짜인 아름다운 만화.

## 이숲 스테디 셀러 엄선 만화!

◁ **고독한 미식가**
지로 다니구치/9,500원/232쪽
세계적으로 유명한 만화가 다니구치
지로의 도쿄 미식 기행.

★ 2008년 이탈리아 로미스 최고상 수상작
**창공** ▷
지로 다니구치 /10,000원/312쪽
사랑하는 사람의 죽음을 통해
깨닫게 되는 가족과 관계에 대한 진실.

★ 프랑스 ACBD 평론가상/미국 코믹콘 페스티발 수상
△ **우리는 혼자였다**
미리암 케이틴
15,000원/144쪽
나치를 피해 어머니와 함께
도망 다니며 겪었던 끔찍하고
다난한 사건들을 되새겨본
케이틴 자신의 자전적 이야기.

◁ **올리비아의 공황장애 탈출기**
올리비아 아지퐁·크리스토프 잉드레
12,000원/112쪽
어느 날 갑자기 공황발작을 일으킨 작가가
발병부터 치유까지의 경험을 그렸다.

**패셔넬라** ▷
줄스 파이퍼 지음/10,000원/240쪽
'만화예술'의 아버지 줄스 파이퍼의
어른을 위한 만화!

## 내가 우리 동네 골목대장이랑께!

**개똥이네 만화방 12**

### 꼬깽이 1권 시골 이야기

대춘마을 동네 골목대장 꼬깽이, 잘난 척 잘하는 '난척이' 대진이, 먹을 것 좋아하는 '꿀꿀이' 영구, 툭하면 삐치는 '삐순이' 예은. 넷은 날마다 산으로 들로 몰려다니며 놀아요. 넉넉하지 못했지만 순수했던 1970년대 시골 아이들의 천진난만한 이야기를 만나 볼 수 있습니다.

김금숙 만화 | 208쪽 | 13,000원

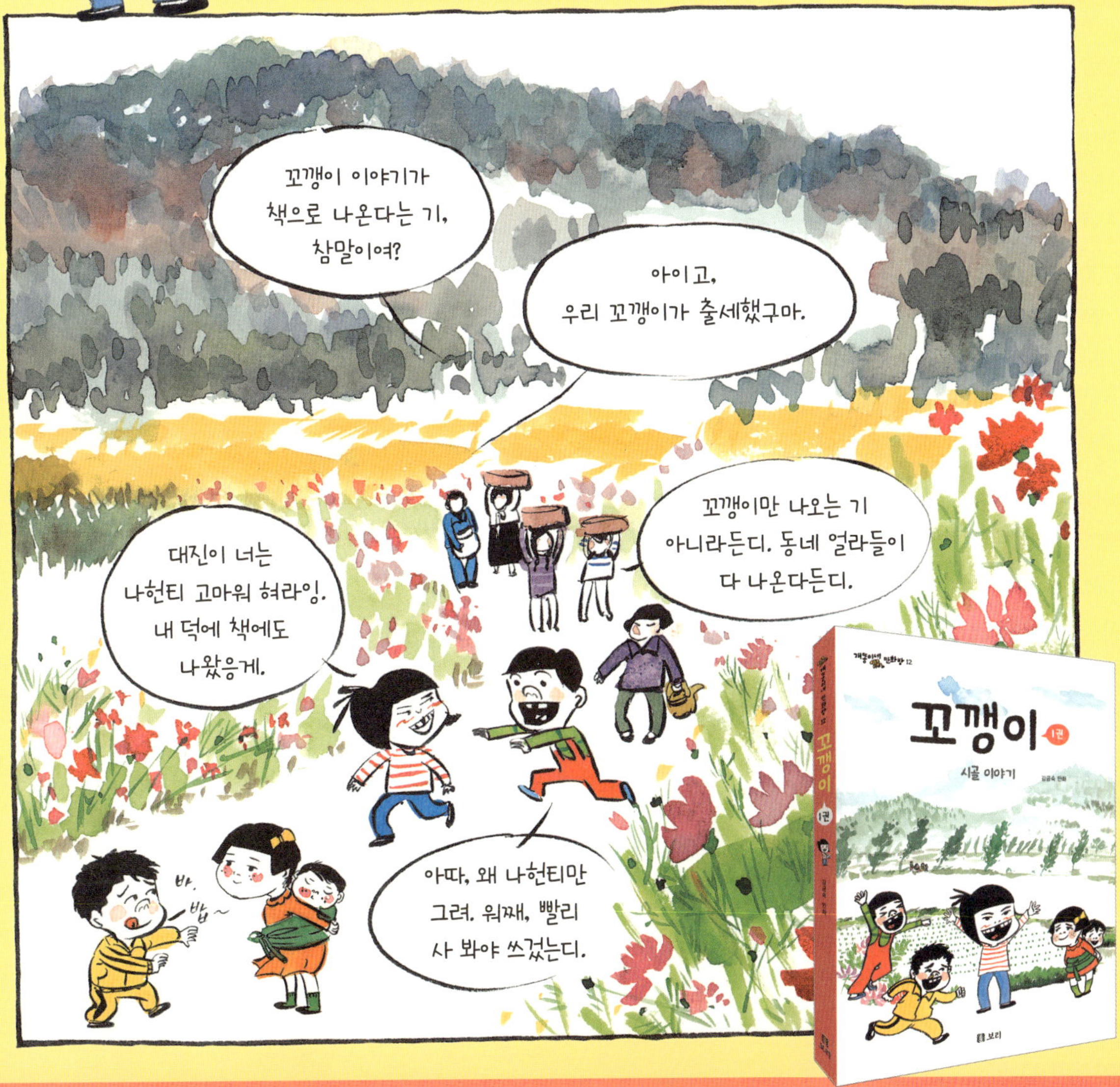

꼬깽이 이야기가 책으로 나온다는 기, 참말이여?

아이고, 우리 꼬깽이가 출세했구마.

꼬깽이만 나오는 기 아니라든디. 동네 얼라들이 다 나온다든디.

대진이 너는 나헌티 고마워 혀라잉. 내 덕에 책에도 나왔응게.

아따, 왜 나헌티만 그려. 워째, 빨리 사 봐야 쓰겄는디.

밥~

**보리** 전화 031-955-3535 | 누리집 www.boribook.com | 트위터 @boribook

# 신과 함께

**주호민 만화**

**신화편** 전 3권

**전8권 시리즈 완결!**

옛날 옛날 아주 먼 옛날에, 천지왕이라는 신이 있었습니다…

강림도령, 염라대왕, 가택신, 저승차사, 할락궁이 등 우리가 잊고 있었던 한국 신화가 돌아왔다, 신과 함께!

**저승편** 전 3권

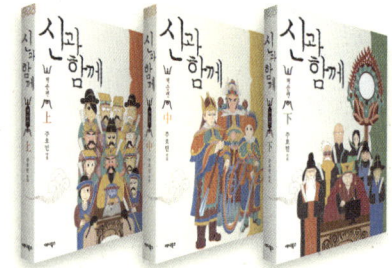

평범한 소시민 김자홍과 염라국 최고의 변호사 진기한이
펼치는 49일 간의 험난한 저승 돌파기!
정의롭지 못한 세상에서 지금껏 선량하게 살아온 당신에게 이 책을 바칩니다.

**이승편** 전 2권

망자를 데려가려는 저승차사와 이를 막으려는 가택신의 싸움.
그리고 탐욕에 눈 먼 인간들의 이전투구!
철거 위기에 내몰린 여덟 살 동현이를 도와주세요.

**닥터 프로스트** 이종범 만화

감정이 없어 공감하지 못하는 심리학자 프로스트의 두뇌가 반응한다!
심리학 전공 만화가와 심리학계 전문가들이 모여 만든 최고의 심리학 만화.

**탐묘인간** New SOON 만화

종이 위에서 만나는 38.5노의 따뜻함.
힘들 때 조용히 곁을 지켜준 말수 적은 내 고양이를 닮은 책. 貪猫人間.

**어쿠스틱 라이프** 난다 만화

스물일곱 즈음의 어느날, 느닷없이 남편이 생겼다. 만화가 아내와 게임 오타쿠 남편이 펼치는 알콩달콩 공감백배 신혼일기!

**수업시간 그녀** 박수봉 만화

스무 살, 첫사랑이 찾아왔다.
나만 모르게…
간결한 그림체에 극도로 절제된 연출로 풀어나가는 아련한 첫사랑 이야기.

애니북스

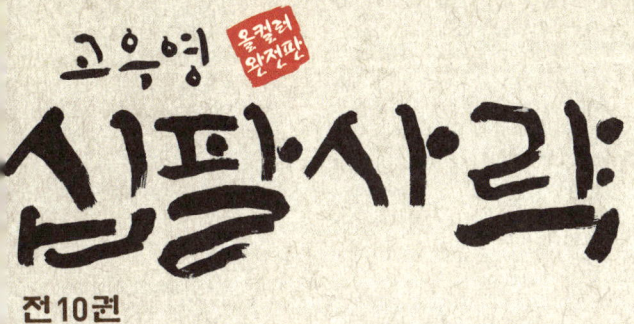

# 고우영 십팔사략
## 올컬러 완전판
### 전 10권

**내일을 알려거든 오늘에 땀 흘리고,
오늘을 알려거든 어제를 탐독하라!**

단순한 고전의 해석을 뛰어넘는 온 세대의 필독서!
사마천의 『사기』를 필두로 탁극탁의 『송사』에 이르는
중국 4천년의 역사를 거장 고우영의 생생한 필력으로 새롭게 만난다!

역사적 이해를 돕는 다양한 각주와
화려한 채색을 더한 올컬러 완전판!

### 고우영 삼국지 (전10권)
가장 재미있고 가장 감각적인 삼국지!
인물에 대한 독특한 해석과 시대를 앞선 패러디 기법, 서민적인 구도를 통해 대하역사극을 담아낸 만화 삼국지의 영원한 고전.

### 고우영 일지매 (전8권)
2005 프랑크푸르트 국제도서전 〈대한민국 100대 도서〉 선정!
고우영이 스스로 뽑은 대표작 중의 대표작! 활극에 녹아들어간 슬픈 로맨스, 그리고 그 안에 담긴 시대와 인간에 대한 진지한 고찰.

### 조선야사실록 (전7권)
정사의 한 겹 뒤에 흐르는 야사를 통해 역사를 꿰뚫는다!
틀에 박힌 왕조실록을 벗어나 그 뒤 안길까지 두루 훑어내는 특유의 이야기꾼 기질! 고려 말 혼란기부터 조선 건국을 거쳐 연산군에 의해 국운이 쇠퇴하는 과정을 거침없이 그려내다.

### 신고전열전 (전10권)
30년 만의 기다림, 거장이 세상에 남긴 최고의 해학과 재치!
그동안 읽고 싶어도 읽을 수 없었던 전설의 작품들이 30년의 세월을 거쳐 부활했다. 『놀부전』, 『통감투』, 『바니주생전』 등, 고우영 최전성기에 발표된 정통극화 모음집!

애니북스

365일 날마다 떠나는 여행
좋은 만화책을 읽는 즐거움

만화가 갖고 있는 오락성을 중시하면서도
내용이 어린이와 청소년들에게
세상을 향해 열린 마음을 가질 수 있도록 하는 책,
바른 가치관과 세계관을 세울 수 있는
의미 있는 책을 선정하고자 했습니다.

# CONTENTS

| | | |
|---|---|---|
| 020 | 여는 글 | |
| | 『만화책 365』를 만들면서  조월례 | |
| 072 | 선정 기준 | |
| | 열려라, 좋은 만화!  왕지윤 | |
| 378 | 찾아보기 | |

## 만화 길라잡이

| | | |
|---|---|---|
| 022 | 길라잡이 1 김낙호 | |
| | 오늘날, 만화의 모습들과 만화를 읽는다는 것 | |
| 029 | 길라잡이 2 박인하 | |
| | 만화, 삶을 바꾸는 신 나고 행복한 교과서 | |
| 040 | 길라잡이 3 김은하 | |
| | 만화책, 좋아한다고 계속 보여 줘도 될까요? | |
| 046 | 길라잡이 4 박경이 | |
| | 만화 읽으니 좋구나 | |
| 058 | 길라잡이 5 박석환 | |
| | 만화 읽기와 만화리뷰 쓰기 | |

## 주제별 추천 만화책

| | |
|---|---|
| 076 | 가족 |
| 094 | 일상 |
| 112 | 연애 |
| 126 | 명랑 1 |
| 146 | 명랑 2 |
| 160 | 학교 |
| 174 | 직업 · 전문 |
| 188 | 드라마 |
| 208 | 스포츠 |
| 220 | 상상 |
| 238 | 미래 · 가상 |
| 254 | 미스터리 |
| 266 | 무협 · 액션 |
| 280 | 사회 · 현실 |
| 312 | 시대 |
| 328 | 교양 |
| 360 | 기타 |

# 다양한 시각, 비판적 사유, 깊이 있는 앎

### 생각하는 힘을 키워주는 책세상 루트 시리즈

## 사회란 무엇인가 — 새로운 세대를 위한 질문

김성은 지음 | 신동민 그림 | 값 13,000원

**사회는 어떻게 꿈이 되고 괴물이 되는가
지금, 여기서 우리가 만드는 사회를 말하다**

사회는 우리 자신이다. 사회는 여전히 공동체다.
다음 세대가 다시 '사회란 무엇인가'를 묻는다면
그 답을 만든 이는 바로 지금 우리일 것이다.

**한국간행물윤리위원회 선정
2009년 청소년 권장도서**

---

대한출판문화협회·한국출판문화진흥재단 선정 2006년 청소년 권장도서
**생각하고 토론하는 서양 철학 이야기** 전4권 52,000원
**생각하고 토론하는 중국 철학 이야기** 전3권 39,000원

한국간행물윤리위원회 선정 2002년 청소년 권장도서
**오류를 알면 논리가 보인다** 탁석산 지음 | 값 8,500원
**논리를 모르면 웃을 수도 없다** 박우현 지음 | 값 11,000원

한국간행물윤리위원회 선정 2004년 청소년 권장도서
책따세 선정 2004년 청소년 권장도서
**난 몇 퍼센트 한국인일까** 강정인 외 지음 | 값 15,000원

2005년 문화관광부 선정 교양부문 추천도서
**참여하는 시민 즐거운 정치** 이남석 지음 | 값 13,000원

한국간행물윤리위원회 선정 2006년 청소년 권장도서
책따세 선정 2006년 청소년 권장도서
**전쟁과 평화로 배우는 국제 정치 이야기** 김준형 지음 | 값 13,000원

**인권과 소수자 이야기** 우리가 되지 못하는 사람들
박경태 지음 | 값 13,000원

한국출판인회의 2007년 청소년 권장도서
**생명 윤리 이야기** 꿈꾸는 과학 도전받는 인간
권복규 지음 | 값 13,000원

**여성학 이야기** 인어공주는 왜 왕자를 죽였을까
민가영 지음 | 값 13,000원

**소유는 춤춘다** 세상을 움직이는 소유의 역사
홍기빈 지음 | 값 11,000원

**세계의 비밀을 푸는 물리학 이야기**
안동완 지음 | 값 13,000원

책따세 선정 2007년 겨울방학 추천도서
한국출판인회의 이달의 책 선정도서
**예술에 대한 일곱 가지 답변의 역사**
김진엽 지음 | 값 13,000원

**풍요 속의 빈곤, 모순으로 읽는 세계 경제 이야기**
장시복 지음 | 값 13,000원

2009년 교육과학기술부 인증 우수과학도서
**내가 먹는 것이 바로 나** 사람·자연·사회를 살리는 먹거리 이야기
허남혁 지음 | 값 13,000원

2010년 문화관광부 선정 우수교양도서
**자본주의의 역사로 본 경제학 이야기**
안현효 지음 | 값 13,000원

홈페이지 www.bkworld.co.kr  페이스북 facebook.com/bkworldpub  책세상

가능한 모든 가능성을 열어둔 채
책을 골랐습니다.
만화이론서와 온라인 서점의 분류를 참고하여
17개의 내용 분류를 시도했습니다.
도서관의 만화책 배열이나 만화의 종류를
가늠하는 데 유용할 것이라고 믿습니다.

**만화책 365**

초판 1쇄 발행  2012년 11월 30일
초판 2쇄 발행  2014년  4월  1일

| | |
|---|---|
| 엮은이 | 학교도서관저널 도서추천위원회 |
| 발행인 | 한기호 |
| 편 집 | 서정원, 김주희 |
| 디자인 | 안희원 |
| 마케팅 | 연용호 |
| 경영지원 | 차보람 |
| 인 쇄 | 예림인쇄 |

| | |
|---|---|
| 발행처 | (주)학교도서관저널 |
| 출판등록 | 제2009-000231호(2009년 10월 15일) |
| 주 소 | 121-839 서울시 마포구 동교로 12안길 14 삼성빌딩 A동 3층 |
| 전 화 | 02-322-9677 |
| 전 송 | 02-322-9678 |
| 전자우편 | slj@hanmail.net |
| 홈페이지 | www.slj.co.kr |

월간 〈학교도서관저널〉 정기구독 문의 02-322-9677

ISBN 978-89-964293-8-8 03020  값 30,000원

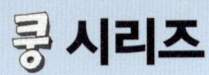

방과 후 자기주도 학습 만화

〈쿵 시리즈〉는 초등필수 교과 내용과 기본 지식을 만화로 만든 신개념의 자기주도 학습 도우미입니다.

**쿵 시리즈**

# 지구가 쿵

## 지구를 정복하려는 외계인과 함께 떠나는 좌충우돌 지구 탐험기!

지구를 정복하려고 사전 답사 온 외계인 토야와 부기!
외계인들은 위험에 빠진 지구를 구하러 왔다며
함께 지구를 여행하자고 꾀는데……
우빈은 외계인들의 음흉한 꿍꿍이셈을 알아채고 지구를 구할 수 있을까?

글 임영제 | 그림 임덕영 | 감수 최변각(서울대학교 지구과학 교육학과 교수) | 값 9,800원

 우주가 쿵
글 임영제 | 그림 류주형
감수 이경근
(서울대학교 천문학부 교수)
값 9,800원

 공룡이 쿵
글 류기정 | 그림 김현민
감수 허 민
(한국 공룡 연구 센터 소장)
값 9,800원

 인체가 쿵
글 임영제 | 그림 류수형
감수 신호준
(서울대학교 의과대학 교수)
값 9,800원

곤충이 쿵
글 류기정 | 그림 류수형
감수 심재헌
(경남북도 농업진흥원 교수 팀장)
값 9,800원

 동물이 쿵
글 임영제 | 그림 김현민
감수 신남식
(서울대학교 수의과대학 교수)
값 9,800원

---

## 우리도 고민이 있어요! 곤충들의 편지

### 곤충들의 비밀스런 고민을 들어 볼까요?

곤충들은 다리도 많고, 징그럽게 생겨서 정말 싫다고요?
하지만 곤충들도 여러분처럼 이런저런 고민이 많대요.
어떻게 하면 곤충들을 도와줄 수 있을까요?

글 올가 쿠비키나 | 그림 예카테리나 신코프스카야 | 옮김 문성원 | 감수 심재헌 | 값 13,000원

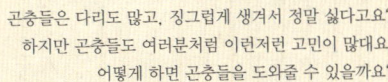
★ 모스크바 국제 도서전 논픽션 부문 수상작

## 우리도 할 말이 있어요! 식물들의 비밀

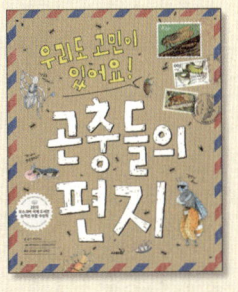

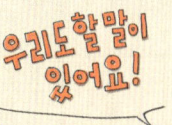

### 식물들의 깜짝 놀랄만한 비밀을 들어 볼까요?

창가, 베란다, 마당 그리고 길가에 말없이 서 있는 다양한 식물들에게
깜짝 놀랄 비밀이 있대요. 전 세계 29가지 식물들이 갖고 있는
놀라운 능력과 흥미진진한 비밀 이야기를 들어 볼까요?

글 올가 쿠비키나 | 그림 예카테리나 신코프스카야 | 옮김 홍이정 | 감수 심재헌 | 값 13,000원

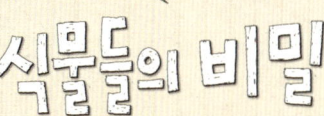

홈페이지 www.safaribook.co.kr | 카페 cafe.naver.com/safaribook

# 『만화책 365』를 만들면서

**조월례** 학교도서관저널 도서추천위원장

만화는 오랫동안 '불량'이라는 꼬리표를 달고 어린이 출판의 서자처럼 제도권으로 진입하기가 어려운 장르였습니다. 물론 '학습'이라는 요소를 강조해서 최근에는 수천만 부를 판매하는 학습만화들이 어린이 출판의 대세를 이루고 있지만 역시 마찬가지입니다.

어린이들의 지적, 정서적 발달을 도우며 무엇보다 예술로서의 '만화'로 일반 대중 독자들의 마음을 열어가는 데 쉽지 않은 장벽이 있어 온 것은 출판만화 입장에서는 좀 억울하기도 합니다. 일부의 불량스러움이 모두에게 적용되는 것이 타당하지 않으니까요.

그래서 학교 독서 교육, 도서관 문화, 책의 문화를 바꾸어 나가기 위한 목적으로 시작한 '학교도서관저널'이 어린이와 청소년을 위한 만화를 소개하는 책을 만들게 되었습니다. 이전에 다른 단체에서 만화 목록을 제시한 적이 있기는 합니다. 어린이 청소년 독서 교육을 표방한 교육 잡지가 본격적으로 만화를 소개하는 책을 만들게 된 것은 아동 청소년 출판물에서 만화의 위상을 새롭게 하는 계기를 만들어 보기 위해서입니다.

만화는 어린이·청소년책의 한 갈래이며 만화만이 할 수 있는 몫이 분명히 있다고 봅니다. 특히 각각의 장르에서도 책의 가치가 높은 책이 있고 그렇지 못한 것처럼 만화도 마찬가지입니다. 물론 여전히 다루는 주제나 표현의 수위를 볼 때 '불량'의 꼬리를 떼기 어려운 만화들이 상당히 많습니다. 반면에 아이들에게 세상을 보는 눈을 넓혀줄 뿐만 아니라 예술로서의 감수성도 자극할 수 있는 좋은 만화는 얼마든지 있습니다. 인간의 삶의 근원적인 문제부터 사회, 역사, 철학, 환경, 생태, 인권 등 모든 분야를 망라하여 만화가 나와 있습니다. 만화를 통해서 보는 삶, 사회, 문화, 예술 이야기를 어린이와 청소년이 모른 채 지나가는 것은 독서에서 중요한 알맹이 하나를 만나지 못하는 것과 마찬가지입니다.

이런 이유 때문에 『만화책 365』를 만들기로 하였습니다. 작업을 하면서 어려움이 적지 않았습니다. 일단 만화는 일반 단행본과 유통 채널이 달라서 서점에서 구하기가 쉽지 않았습니다. 5~60권씩 하는 시리즈물도 있었고, 완결되지 않은 채 장기 연재 중인 작품들도 있었

만화가 갖고 있는 오락성을 중시하면서도
내용이 어린이와 청소년들에게
세상을 향해 열린 마음을 가질 수 있도록 하는 책,
바른 가치관과 세계관을 세울 수 있는
의미 있는 책을 선정하고자 했습니다.

습니다. 어떤 책은 오락성이나 인지도, 완성도 면에서는 소개할 만하지만 곳곳에서 표현의 수위 때문에 추천의 여부를 놓고 고심하게도 했습니다. 또한 시리즈로 나오는 책 가운데 부분 품절인 책이 있기도 하고, 접근성이 떨어지는 문제, 장르 간 균형이 맞지 않는 문제, 무엇보다 단행본 만화는 서점에서도 비닐포장을 해서 내용을 검토할 수 없는 것도 고민이었습니다.

이런 어려움 속에서 논의를 계속하면서 700여 권의 1차 만화 목록을 작성하게 되었습니다. 선정위원들이 알고 있는 만화책과, 만화출판사 조사를 통한 검토, 온·오프라인 서점 조사 등을 망라하여 만든 목록입니다.

이 목록에는 원작을 가지고 만든 만화는 되도록 포함하지 않으려 했습니다. 원작을 아무리 훌륭하게 재현했다 해도 아이들이 만화로 먼저 만난다면, 더 이상 본래의 문학작품을 보지 않으려는 경향이 있을 수 있다는 판단을 해서입니다. 만화를 도구화하는 학습만화도 소개하지 않으려 했습니다. 만화는 만화 자체로 만나야지 학습을 위한, 또 그 무엇을 위한 도구여서는 안 된다고 보아

서입니다. 만화가 갖고 있는 오락성을 중시하면서도 내용이 어린이와 청소년들에게 세상을 향해 열린 마음을 가질 수 있도록 하는 책, 바른 가치관과 세계관을 세울 수 있는 의미 있는 책을 선정하고자 했습니다. 이 책에서는 어린이와 청소년을 대상으로 하는 만화를 소개했습니다. 장르, 국가, 작가 그리고 형식적, 내용적 분류에 대한 균형을 맞추기 위해 애를 썼습니다.

우리의 기대를 100퍼센트 채웠다고 하기에는 아쉬움이 많지만, 이 책에서 소개되는 만화들은 학교도서관저널 추천도서선정위원회가 거의 반년 가까운 논의를 거듭하면서 선정과 탈락을 반복한 끝에 선정한 책들입니다. 아무쪼록 어린이와 청소년, 만화에 관심 있는 교사와 학부모들에게 유용하게 활용되었으면 좋겠습니다.

# 오늘날, 만화의 모습들과 만화를 읽는다는 것

**김낙호** 만화연구가

어떤 예술 양식이든, 좀 더 깊게 즐기기 위해서는 그것이 오늘날 어떤 식으로 퍼져 있고 그 안에서 어떤 부류의 작품들이 고도로 발달했는지 알아두는 것이 유익하다. 고급예술 취급을 받는 경우든 대중오락 취급받는 경우든 마찬가지다. 오늘날 이 양식의 성향을 알아가다 보면, 오늘날이 오기 전에는 또 어땠는지 약간 더 관심을 확장하고, 과거의 명작들도 나름의 맥락을 고려하며 즐길 수 있다. 예를 들어 영화를 생각해보자. 오늘날 할리우드의 블록버스터식 제작관행과 캐릭터 유행을 인식할 때, 〈어벤져스〉든 〈다크나이트〉든 할리우드 슈퍼히어로 블록버스터를 더 재미있게 볼 수 있다. 혹은 한국 사회의 현란한 속도와 사회체제의 부실함 속에서 지난 수년간 안정적으로 발달해온 장르임을 알고 있을 때, 〈범죄와의 전쟁〉 같은 한국의 사회파 코미디들이 훨씬 깊은 즐거움을 준다.

만화 또한 크게 다르지 않다. 어떤 식의 만화들이 형식적으로든 문화적으로든 부각되고 있는지 되짚어볼 때 비로소 (안 그래도 좋은 작품을 골라주는 지면은 물론이고, 잘 골라보는 방법을 알려주는 공간은 더욱 부족한) 만화라는 영역을 더 적절하게 즐길 수 있다. 그렇기에 한 번쯤은 단순한 작품 추천 말고, 오늘날 만화의 모습 및 만화를 읽는 것의 특성을 슬쩍 살펴볼 필요가 있다. 태곳적부터 이어지는 만화 역사를 지루하게 훑는 것은 다른 기회에 하기로 하고, 산업론이나 미학이론을 늘어놓는 것도 피하고자 하니 안심하시기를.

## 더 많이, 더 편하게, 더 쉽게

오늘날 만화를 읽는 것의 특성을 가장 단적으로 꼽자면, 더 많은 작품들이 눈앞에 있고, 더 편한 방식으로 그것을 구할 수 있으며, 딱 원하는 작품이 있을 때 한층 손쉽게 구해서 읽게 되었다는 점이다. 매체기술의 발달에 따라서 어느 미디어문화 양식이라도 비슷한 방향에 놓였기에 다소 김빠지는 이야기일 수도 있지만, 한국의 만화 환경이 걸어왔던 이전 모습들을 놓고 보면 그 중요성이 뚜렷해진다.

원래 한국 사회에서 만화는 유통이라

## 1 만화 길라잡이

는 측면에서 무척 취약했다. 다들 학창시절에 만화책의 추억이 있는데 무슨 소리인가 묻고 싶은 이들도 있겠지만, 추억이 있다는 그 작품을 얼마나 나중에도 구해볼 수 있었던가 생각해보면 이해가 갈 것이다. 또한 가족이 이사 한 번 다닐 때마다 짐이 된다고 만화책들을 묶어서 폐휴지로 내놓은 흔한 경험들을 떠올려보자. 아주 오랜 기간 동안, 만화는 책으로서의 지속성을 일반적으로 부정당했다. 한국전쟁 무렵의 '떼기만화'는 형식 자체가 내구력 없는 싸구려였다. 1960년대 이래의 대본소 만화방 만화들은 애초에 업소용으로 유통되었고 작품의 유통수명이 다하면 폐기되었기에, 개개인들의 서가에 꽂히는 경우가 적었다. 클로버문고 등 책으로서의 정체성을 제대로 호소할 수 있던 운 좋은 사례들은 그 반대급부로 아동용이라는 한계를 벗어나면 안 되었다. 교양 잡지의 부록으로 나온 만화들은 단행본으로 새로 묶여서 책으로 구할 수 있는 행운을 만나지 못하면 그냥 철 지난 잡지를 버릴 때 폐휴지가 되었다. 1990년대 들어서 다시금 만화 단행본 판매가 꽃피운 시대에도, 난립한 총판 구조 속에서 한번 유행이 지난 작품을 다시 찾아본다는 것은 매우 힘들고 중간 권이 빠지는 경우도 허다했다.

책으로서의 지속성이 부족하다는 유통의 문제는, 작품의 내용에 영향을 미친다. 깊은 호소력을 목표로 하는 섬세한 구상의 작품보다는 당장의 연재 반응에 특화된 것, 다시 앞을 찾고 반복 독서를 하기보다는 단번에 자극을 주고 지나갈 방식들이 남았다(그럼에도 불구하고 뛰어난 재능을 보인 명작들은 나왔지만). 만화의 향유 역시 당대의 인기작 외에는 나머지는 추억으로나 남기는 것이 고작이었고, 취향의 세부 분화가 이루어지기 쉽지 않았다.

이런 흐름은 2000년대에 들어오며 확실히 변하기 시작했다. 물론 출판계의 장기불황과 함께 잡지 경로가 축소되는 등 부정적 요인도 많았고 구멍가게식 총판 운영에서 오는 유통문제도 여전했지만, 발전은 찾아왔다. 대형서점들의 만화 코너 확대, 총판 등과도 연계된 온라인 도서 구매가 주는 검색의 자유, 그리고 전용 만화 도서관 또는 지역 도서관의 만화책 취급 확대 등에 힘입어, 만화는 책으로서의 지속성을 얻을 기회가 늘어났다. 만화 전문 출판사 말고도 기존 대형 출판사들이 만화 출판으로 확장하며 새로운 작품군으로 자극을 주었다. 그리고 이 모든 것 위에, 아예 책의 형식을 넘어서고도 책 이상의 지속성을 확보하는 매체 양식이 만화와 결합했다 — 바로 온라인 웹 기술 말이다.

　동시대 오락 문화의 단면을 유지하면서도 동시에 지속성 있는 작품으로서 자리 잡을 환경을 얻어내자, 만화는 어떤 식으로 더욱 다양하게 발전하게 되었을까. 더 책다운 책으로서, 더 연재물다운 연재물로서 뻗어나갔다.

**책으로서의 만화**

지속성 있는 책으로서의 유통 경로가 반드시 필요했던 작품들은 무엇보다도, 연재물보다는 완성된 작품으로서 읽어야 매력이 전해지는 작가주의 성향 만화들이다. 독자들과의 밀고 당기기를 하면서 작품을 조금씩 만들어 나아가는 연재물과 달리, 작가의 비전을 완전히 담아서 내미는 식의 작품들이다. 그렇기에 잘된 작품들이라면 이야기의 호흡과 구성이 치밀하고 일관성이 있으며, 깊게 취재나 분석을 해야 하는 복합적 주제와 섬세한 묘사도 가득 담아내고, 시각적 표현의 완성도 역시 마감시간이라는 제한보다는 작가의 표현력 그 자체에 달려 있다.

　이런 부류의 한쪽에는 소위 인디만화라고 통칭되는 작품들이 있다. 인디라는 용어는 자본이든 주류의 흐름이든 그런 압박으로부터 벗어나 독립적으로 작가의 뜻에 집중한다는 뉘앙스를 담는 것이나, 물론 실제로는 대형 주류 출판사에서 그런 성향의 작품을 소화하는 임프린트 팀을 운영한다든지 좀 더 회색지대에 있는 경우가 흔하기에 엄밀하게 쓸 만한 용어는 아닌데도, 편의상 다른 용어보다 더 흔하게 쓰이곤 한다. 그런 성향을 담아내는 국내 작가들의 작품은 물론이고 해외에서 인디만화로 흔히 분류되어온 작품들의 한국어판을 책 유통망을 통해 손쉽게 구할 수 있게 되었다.

　『울기에는 좀 애매한』(최규석) 같이 사회파 문학을 연상시키는 작품들, 『혜성을 닮은 방』(김한민), 『지미 코리건』(크리스 웨어), 『올라치꼬스』(조훈) 등 작가 개인의 실험적 시도를 극대화한 경우, 『열아홉』(앙꼬) 같은 자전적 관찰을 담아내는 작품들이 가장 먼저 눈에 띄는 성향이다. 『기억의 촉감』(김한조) 같이 일상 속의 감정적 깊이를 파내는 깊이부터 『나는 공산주의자다』(박건웅) 같이 커다란 사회적 역사의 흐름에서 사회적 화두를 던지는 것까지 다양하다. 『페르세폴리스』(마르잔 사트라피)처럼 개인에 대한 일상 관찰과 큰 역사를 자연스럽게 함께 엮어내는 성공적 시도도 드물지 않다. 이런 작품군의 출간에는 전문 출판사들의 역할이 큰데, 아예 독립만화를 표방하는 '새만화책' 등의 부류, 인문적 감

등의 전문 출판사들, 대형 출판사의 임프린트로서 특정 성향에 집중하는 '세미콜론' 등의 부류가 있다. 반면 1990년대 말~2000년대 초에 부각되었던, 미술적 요소를 부각하며 『잉칼』(뫼비우스), 『니코폴』(엥키 빌랄) 등 일군의 시각적 요소가 강한 유럽만화를 수입하던 흐름은 상업적 실패 속에 다소 침체되었다.

작가주의적 성향이라고 해서, 특정 소재를 중심으로 '기획'된 작품이 배제되어야 하는 것도 아니다. 얼마나 깊숙한 완성도를 보여주는가에 달려있다. 용산 철거민 사태를 다양한 시각에서 다룬 옴니버스 『내가 살던 용산』(김홍모 외)과 『사람냄새 / 먼지 없는 방』(김수박, 김성희)은 물론이고, 인권위에서 모아낸 『사이시옷』(손문상 외) 등이 완성도 있는 책 단위 완결성을 위주로 하는 책의 모범적 사례다.

인디적 감수성보다는 대중오락 코드를 더 적극적으로 구현하면서도 개별 작품으로서의 완성도를 갖춘 부류의 작품들 또한 활발하게 출간되고 있다. 예를 들어 슈퍼히어로물이라는 고도로 대중오락성에 특화된 장르물을 작가주의적 깊이로 재창조한 『왓치맨』(앨런 무어, 데이브 로이드), 『다크나이트 리턴즈』(프랭크 밀러) 등이 그렇다. 이 작품들은 1990~2000년대 내내 국내에서는 만화 마니아 중에서도 소수에게 추앙받던 소문의 걸작이었는데, 최근 수년의 그래픽노블 출판 붐 속에서 덜컥 한국어판이 출간되어 버렸다. 다양한 신화를 재해석하는 『샌드맨』(닐 게이먼 외), 빅토리아 시대 런던 연쇄살인극 『프롬 헬』(앨런 무어, 에디 캠벨) 등에서 볼 수 있듯, 작가적 깊이를 성공적으로 결합하는 장르물의 폭은 얼마든지 넓다.

조금 더 대중오락 코드가 강한 쪽으로 건너오면, 주류 잡지 연재물로서 대중적 히트를 얻은 작품들 가운데 다시금 지속적 관심을 받아온 작품들을 고급 양장으로 묶어낸 소위 '애장판'들이 자리 잡고 있다. 『아기공룡 둘리 애장판』(김수정)과 『불의 검 애장판』(김혜린) 같은 고전 반열의 작품에 오른 것이나 『슬램덩크 완전판』(이노우에 타케히코) 같은 대형 히트작은 물론이고, 게재 지면이 흩어져 있고 구하기 힘들기에 전설로만 남았던 단편 발표작들을 모아내는 『박흥용 단편집』(박흥용) 같은 경우들이 있다. 이런 양장본은 만화를 서가에 집어넣었을 때 책등이 멋있기에 부당한 편견의 폄하를 쉽게 당하지 않는다는 장점이 있다.

**연속극으로서의 만화**

매체기술 발전이 만화에 있어서 책으로서의 정체성에 도움이 된 것과 별개로, 만화가 오랫동안 지켜왔던 연속극으로서의 속성 역시 오늘날 (각론에서 적지 않은 부침은 있을지언정) 나름대로 건재하다. 잡지나 신문을 통해 매일 일정 분량 연재되면서 일상적 즐거움을 주는 방식은, 그 기법의 선두주자였던 연재소설보다도 만화에서 훨씬 보편적으로 주류화되었던 바 있다.

하지만 전통적인 연재공간인 종이잡지는 출판불황과 특히 정간지류의 부수 감소 속에서 2000

년대 내내 고전했다. 많은 만화잡지들이 수익성 악화 속에 사라졌고, 신문들의 연재만화 지면도 둘쭉날쭉했다. 그런 와중에 만화 연재지면의 구원투수가 되어준 것은 한쪽으로는 온라인이고, 다른 쪽으로는 만화 비중을 키운 전문소재 잡지다.

온라인은 개인사이트의 연재, 연재개념을 도입한 온라인 만화방에 대한 실험, 만화 웹진, 만화 오픈마켓, 그리고 포털사이트의 만화연재 코너 등으로 여러 시도들이 10년 조금 넘는 기간 동안 활발하게 일어났다. 그런데 그중 오늘날 상업적 지속성이라는 의미에서 가장 성공적으로 정착한 것은 포털사이트다. 그중에서도 군소 포털의 만화코너는 흥망을 겪었고, 네이버와 미디어다음 양대 포털의 '웹툰' 코너가 만화판의 주류로 확고하게 자리를 잡았다. 이들 연재공간은 1990년대 종이잡지들만큼 독자층을 취향으로 좁게 묶어 기획하기보다는, 공모전과 도전게시판 등을 통해서 온라인 독자들의 반응이 있으면 정식 데뷔시키곤 했다. 따라서 아무래도 각각의 작품이 나름의 팬층을 누리고 있지만 잡지 공간으로 보자면 작품색의 구심력은 흐릿하다는 특성도 있다. 다만 확실한 것은, 접근성이 워낙 좋기 때문에 만화의 일상적 향유라는 측면에서는 더할 나위 없다는 점이다.

2000년대 후반 이래로, 포털 연재 웹툰은 젊은 창작자들의 재능은 물론이고 종이잡지 축소 속에 다른 길을 갈구하던 중견 스타작가들 일부도 흡수했다. 완전히 주류화된 이 공간에서 최근 수년간 가장 대중적으로나 비평적으로나 주목할 만한 명작들 상당수가 나왔다는 것은 우연이 아니다. 『순정만화』, 『26년』 등을 위시한 강풀 작가의 만화들이 포털 웹툰 연재물의 대중적 인기에 물꼬를 튼 이래로, 『신과 함께』(주호민)가 보여준 신화적 상상력과 유려한 이야기 솜씨, 『이끼』(윤태호)에 나타난 긴밀한 연출력, 『다이어터』(네온비, 카라멜)나 『어쿠스틱 라이프』(난다)가 보여주는 일상적 고민의 무게와 즐거운 감수성 등 인기 요인들이 웹툰 영역에서 적극적으로 추구되며 성공을 거두었다. 특히 연재분량을 올리고 독자들의 실시간에 가까운 덧글을 통해서 바로 감상을 교류하는 웹 매체 특유의 활력은 연재물로서의 즐거움을 더욱 강화해주고 있다.

오늘날 한국의 만화 독자들 가운데 세로 스크롤 방식으로 읽는 주류 포털 웹툰의 독서 방법을 혼란스러워 하는 이는 많지 않을 것이다. 하지만 창작자의 수익성과 향유자의 책으로서의 물질적 만족감 등 여러 요인에 의하여, 웹툰이 종이책 출간이 계속 이루어지고 있는 편이다. 그리

## 만화 길라잡이 1

고 2000년대 후반까지의 상당한 시행착오를 거치며, 현재는 화면에서 종이로 바꾸면서 종이책에 적합한 재편집, 작화 수정 등이 당연하게 받아들여지게 되었다. 도자기와 일상의 통찰을 연결한 『도자기』(호연)의 경우처럼 연재 과정에서 작화스타일이 바뀐 경우 통일감을 위해 앞부분을 새로 그린다든지, 『미생』(윤태호) 같이 처음부터 종이책을 염두에 두고 작업하되 웹 연재 시에 칸을 재배치하기도 한다. 이런 식의 차이점들 역시 작품을 더욱 즐기고 싶을 때 한 번씩 주목해볼 만한 요인이다.

그리고 한쪽에서는 종이잡지가 나름대로 분투하고 있다. 우선 종이 만화잡지라는 분야에서 어느 정도 계속 대중적 히트작의 맥이 아예 끊어지지는 않고 있다. 『궁』(박소현) 같은 여러 매체에 걸친 성공작은 물론이고, 『열혈강호』(전극진, 양재현), 『짱』(임동원) 같은 1990년대부터 무한히 연재가 지속되고 있는 장기연재작도 그렇다. 다만 새로운 히트작의 등장이나 히트의 파급력에 있어서 갈수록 약화되고 있는 것은 아쉽지만 인정해야 할 부분이다.

반면 주목할 만한 다른 부분은 만화의 비중이 높은 전문소재 잡지들의 역할이다. 어린이교양잡지 <고래가 그랬어>를 통해서 노동자 전태일의 이야기 『태일이』(최호철)나 『피터 히스토리아』(변준용, 송동근) 같은 무게감 있는 작품들이 탄생했고, 인문교양만화지 <싱크>, <어린이 과학동아> 등 여러 세부 분야에서 만화가 연재물로서의 재미를 만들어내고 있다.

### 만화와 도서관

만화는 책으로서 연재물로서 상당한 발전을 이뤘지만, 아직도 완벽한 것은 아니다. 여전히 만화는 출간에서 절판까지 이르는 출판 수명이 짧은 편이다. 전자책으로의 전환 역시 그림 중심이라는 속성 때문에, 제작비용이든 기기 속성의 진화든 독자들의 적응이든 일반 문자 서적들보다 한 걸음 더디다. 특히 장기 연재작의 경우 국내 창작이든 해외 번역물이든 작품이 중간에 끊기거나 또는 절판된 작품을 읽고자 할 경우 중간 권을 구하지 못하는 비극이 발생하곤 한다. 만화 연재를 담아낸 정간물의 보존성 역시 결코 뛰어나지 않다.

그렇기에 만화에 있어서야 말로 더욱 도서관의 역할이 중요하다. 전문 만화도서관의 경우는 부천에 소재한 한국만화영상진흥원의 만화도서관이나 서울애니메이션센터의 만화자료실 같은 공공기관, 청강대 만화도서관 같이 만화관련 학과가 있는 대학의 시설 등이 있다. 그 외에도 물론 동네 만화방이 실질적 전문도서관 역할을 하는 경우도 적지 않지만, 업종 자체의 흥망을 놓고 볼 때 지속성을 고르게 보장하기는 힘들다.

반면 훨씬 많은 발전의 여지를 남겨두고 있는 것은 지역도서관 및 학교 도서관들의 만화 코너다. 만화가 출판물에서 차지하는 양적, 질적 비중에 비해 만화에 대한 전문성이 떨어지는 도서관들이 적지 않기 때문이다. 적당한 인기작 몇 종을 비치하여 구색만 맞추려는 접근은 문제가 있고, 여느 도서관 대여 매체에 대해서도 그렇듯이 전문 평론가들의 도움을 얻은 적절한 소장 작품 선정과 분류 및 도서 지도가 이루어져야 한다. '중학교 도서관이라면 갖춰야 할 만화 100선'의 정기적인 선정이라든지, 도서토론회를 할 때 참조하기 좋은 작품들을 주제별로 목록화하고, 사서와 교사들에게 만화 교육을 시키고, 신작들에 대한 분류 소견을 모아낸다든지 말이다. 물론 종이책에 한정하지 않고, 도서관이 앞장서서 도서관 컴퓨터의 브라우저에 온라인 만화들을 분류하고 색인하여 찾아볼 수 있게 하는 것도 추천할 만하다.

오늘날 한국의 만화 상황은 이전 그 어느 때보다도 다양한 작품들을 쉽게 접할 수 있는 시대고, 도서관 등이 힘을 내면 더 발전할 여지도 충분하다. 그래서 좋아하는 만화가 무엇이냐 물었을 때 흔한 대형히트작 한 줌에서 골라내는 것이 아니라, "내 취향에 너무 정확하게 들어맞아서 무척 좋아하지만, 대중적으로 그렇게 잘 알려져 있지는 않은 작품" 하나씩은 누구나 읊을 수 있는 세상이 되기를 희망한다.

# 만화, 삶을 바꾸는 신 나고 행복한 교과서

**박인하** 청강문화산업대학교 만화창작전공 교수, 만화평론가

벌써 꽤 시간이 지난 이야기다. 2005년 7월 27일 청소년위원회에서 주최한 '일본만화의 폭력성과 우리 청소년!'이라는 세미나의 발제자로 참여했다. '일본만화 폭력성의 내용분석'이라는 제목이었는데, 일본만화의 폭력성이 문제가 아니라는 요지의 발표를 했다. 토론 시간에 YWCA에서 오신 청중이 청소년에게 유해한 만화를 잘 분리해야 한다는 요지로 이야기를 하며, 당신의 아이가 타카하시 루미코의 『란마 1/2』이라는 작품을 너무 좋아해 걱정을 많이 했다는 일화도 덧붙였다. "선생님의 아이가 만화를 좋아했기 때문에 잘 자랐을 것"이라고 말했지만, 수긍하는 눈치는 아니었다.

어린이들은 만화를 좋아하고, 부모는 만화를 의심한다. 부모가 되면, 어린 시절 만화를 좋아했었다는 사실을 잊어버리거나 외면하고 만화를 아이들에게서 떼어 놓으려 한다. 그런데 그게 잘 될까? 부모들이 만화를 보지 못하게 해도, 아이들은 얼마든지 만화를 볼 수 있다. 함께 놀아주지 못하고 학원으로 돌리는 죄로 아이들 손에 하나씩 들려 준 스마트폰은 주단위로 200편에 가까운 신작이 돌아가는 웹툰의 공급처다. 좀 머리가 굵어지면, 인터넷을 통해 불법 다운로드한 만화를 볼 수도 있다. 이 모두를 막을 수 있다고? 단언하건데, 환상이다. 진시황 시절에도 책을 못 막았다. 그리고 지금은 그때와 아주 많이 다르다.

### 만화에 사로잡힌 아이들

아이들은 만화와 마주한 순간, 만화에 몰입한다. 어른들이야 다른 일을 미루어 놓고 만화에만 몰입하는 경우가 많지 않지만, 아이들은 다르다. 일단 만화를 보는 그 순간, 바로 몰입된다. 어린이들이 만화에 사로잡히는 가장 큰 이유는 만화가 문자 언어가 아니라 이미지 언어로 어린이들에게 이야기를 해 주기 때문이다.

이미지 언어는 문자 언어 이전부터 존재하던 소통 방식이다. 인류는 아주 오래전부터 보고, 느끼고, 경험한 세계를 타인과 소통하기 위한 방법을 고민했다. 가장 먼저 생각해 낸 방법이 필요 없는 부분을 제거하고 특징을 과장시킨 그림을 그리는 것이었다. 선사시대 인류는 보고, 느끼고, 경험한 세계를 동굴이나 해안가 바위에 정성스럽게 그렸다. 이렇게 시작된 이미지 언어는 이집트 벽화, 중세 교회의 스테인드글라스, 사경변상화, 초기 성서에 그려진 일러스트레이션 등으로 생명력을 이어오다가 근대매체의 등장과 함께 만화로 정착되었다.

인류는 DNA를 통해 먼 조상들에게서 이미지 언어를 해독하는 공식을 이어받았다. 누구나 다 이해하는 스마일 마크를 보자. 무미건조하게 분리해 보면 큰 동그라미, 작은 타원 2개, 그리고 반쯤 잘려진 원. 그런데 이 도형들이 조합되면 '웃는' 얼굴이 된다. 어느 누구도 이 도형들의 조합을 보고, "이건 큰 원 하나와 작은 타원 2개에 유선곡선 1개로 되어 있는 도형입니다."라고 말하지 않는다. 인류의 DNA에 새겨진 이미지 언어 해독 공식은, 이성과 지식의 개입보다 먼저 뇌 속에 "이건 웃고 있는 사람의 얼굴이다."라는 이미지를 떠올린다. 그렇게 우리는 자연스럽게 기호에 생명을 부여한다.

생명은 연속성에서 나온다. 칸과 칸으로 나뉜 서로 다른 그림에 순서를 붙여 움직임을 주고, 시간을 흐르게 한다. 한 칸과 다른 칸 사이에 몇 초의 시간이 흐르기도 하고 때론 수백만 년을 건너뛰기도 한다. 나뉜 칸 사이를 메우는 것은 인간의 상상력이다. 하나 더. '말풍선 속의 활자를 소리로 듣기'라는 또 다른 공식이 작동한다. 분명 활자인데, 소리로 들린다. 그래서 소리 하나하나가 개성이 넘친다. 이 모든 과정이 가능하도록 만드는 힘이 바로 '상상력'이다. 만화는 철저하게 상상력을 통해 해독되어 이야기를 만든다. 그러니 만화는 어린이들이 좋아할 수밖에 없다.

**DNA로 전해지는 이미지 언어 해독 공식**

어린이들에게 어떤 만화가 좋은 만화인가는 만화의 역사가 잘 설명해 준다. 우리 근대만화의 역사 중 첫 어린이 만화로 이야기되는 작품은 1925년 아동 잡지 〈어린이〉 창간 2주년 기념호에 실린 안석주의 「씨동이의 말타기」이다. 이 작품은 모두 여섯 칸으로 구성되어 있는 짤막한 만화로 곡마단에 구경을 다녀온 씨동이가 말을 타는 꿈을 꾸다가 아버지를 말로 착각해 타고 놀다 아버지에게 혼난다는 내용이다. 어린이의 순박한 상상과 현실이 만나 웃음을 주는 만화다.

한국에서 어린이 만화는 이처럼 어린이들의 순박한 상상력을 통해 시작되었다. 그리고 어려웠던 현대사 속에서 늘 어린이들을 위로하며 주어진 현실의 벽을 넘는 상상의 친구가 되었다.

60년대 전국으로 보급된 만화방은 독자와 만화를 잇는 연결고리 역할을 했다. 순정만화, 스포츠만화, 명랑만화 등 다양한 장르가 분화되었다. 하지만 만화는 늘 어린이들의 꿈과 상상력을 응원했다. 70년대가 되어 구매력이 있는 중산층이 형성되기 시작했다. 이들은 매월 어린이 잡지를 구독했다. 1978년 조사 결과에 따르면 당시민학교 어린이의 40%가 아동잡지를 정기구독했다. 〈새소년〉, 〈어깨동무〉, 〈소년중앙〉, 〈소년생활〉 등의 어린이 잡지에는 만화가 40%의 비율을 차지했고, 또 만화로만 구성된 별책부록이 있었다. 80년대가 되자 만화전문 잡지인 〈만화 보물섬〉이 창간되며 어린이 만화가 더 다양해졌다. 80년대 후반 일본식 잡지 시스템이 도입되어 주간지 〈아이큐점프〉와 〈소년챔프〉가 창간되었다. 이들 잡지에는 일본만화가 빠지지 않았고, 일본의 최고 인기작들은 우리나라에 건너와 청소년 만화 시장을 새롭게 형성했다.

어린이들과 함께 하던 많은 우리 만화들은 일순간 촌스러운 퇴물이 되어 버려졌다. 대신 일본에서 큰 인기를 얻었던 격투 만화, 판타지 만화들이 한국에 들어왔다. 그동안 보지 못했던 정교하고, 흥미롭고, 자극적인 일본만화에 환호하면서 정겹고 소박한 어린이 만화는 시장에서 소외되기 시작했다. 『드래곤볼』을 보던 어린 독자들은 『드래곤볼』과 함께 성장해 청소년이 되었다. 새롭게 만화를 봐야 할 어린이들에게는 더 이상 남은 만화가 없었다. 사람들은 이 모든 게 폭력적이고, 선정적인 일본만화 때문이라고 말한다. 그건 틀린 말이다. 모든 일본만화가 폭력적이고 선정적이지 않다. 일본에도 『도라에몽』이나 『치비마르코짱』처럼 어린이들의 마음에 다가가는 좋은 만화들이 많이 있다.

어린이 만화가 사라지고, 그 자리를 메꾼 것은 학습만화. 90년대 중반에서 2000년대 초반까지,

우리나라는 경제위기 이후 신자유주의 세계화의 흐름에 편입되어 버렸다. 돈이 인생의 질을 결정하는 결정적 요인이 되었다. IMF의 고통을 직접 겪거나 혹은 바라본 부모들은 아이들에게 좋은 경제적 기반을 만들어주기 위해 좋은 대학에 들어가기를 바라게 되었다. 특목고가 등장하고, 과외가 기승을 부렸다. 초등학생들도 공부에 매달려야만 했다. 이때 학습만화가 부모들의 욕망에 호소했고, 성공했다. 그렇게 우리는 새로운 21세기를 맞이했다.

만화는 학습에 의해 이해되는 것이 아니라 인류가 진화하며 DNA에 남긴 이미지 언어 해독의 힘, 바로 상상력을 통해 받아들여진다. 때문에 상상의 힘이 꽉 막힌 완고한 이들에게 만화는 재미없는 유치한 매체에 불과하다.

어린이들에게 만화는 자신이 꾸는 꿈을 구체적으로 실현시켜 주는 가장 친근한 매체다. 만화는 역사 속에서 어린이들의 꿈을 실현시켜 주었다. 황당한 말썽을 부리고, 모험을 떠나고, 무언가를 발명하고, 정의를 위해 싸우고, 왕자님과 데이트를 하고, 우승을 위해 필살기를 구사했다. 만화는 부모가, 친구가, 교과서가 채워 주지 못한 욕망을 칸 안에서 가장 안전하게 실현시켜 주었다. 그러니까 만화는 상상력을 개발하고, 상처받은 어린 마음을 위로해 주며, 새로운 도전과 꿈을 꿈꾸게 해 주었다. 이런 만화를 어떻게 안 읽을 수 있겠는가?

**학습만화, 진짜 학습이 되는 거야?**
학습만화라는 용어는 그 자체로 우리나라 부모

들의 교육 강박증을 대변한다. 배우고 익히다는 뜻의 '학습(學習)'은 흔히 생각하는 교과목 학습만을 의미하지 않는다. 요리를 하면서 다양한 재료를 배울 수 있고, 영양소에 대해서도 배울 수 있다. 동무들과 동네 골목에서 뛰어 놀면 공동체의 정서와 사회성이 학습된다. 액션만화를 보면 그림과 글을 활용해 가상의 공간을 만들고, 그것을 통해 자연스럽게 움직이는 상상력의 힘을 배울 수 있다.

한마디로 정의하면, 우리가 살아가는 것이 바로 배우고 익히는 삶, '학습'이다. 지식이나 교양, 공부와 같은 조금 더 구체적인 단어에 비해 '학습'이라는 용어는 그야말로 보편적이다. 그런데, 유독 우리나라 부모들은 이 '학습'이라는 단어가 붙으면 안심한다. 왜 그럴까? 만약, 우리가 잘 아는 바로 그 만화책이 '게임보다 더 신나는 그리스로마신화'라고 했으면 1천만 부가 넘게 팔리지 않았을 것이다. 그런데 '만화를 통해 그리스로마신화를 공부'한다고 했다. 부모들은 샀다.

일단 이렇게 한 번 어린 독자의 손에 들어간 만화는 계속 속간본을 이어가게 되었고, 어린이 만화가 없던 시장에서 승승장구 홀로 놀라운 판매고를 기록하게 된다. 예기치 않았던 성과에 놀란 출판사는 '학습이라는 당의정'을 만화에 칠한다. (옛날에 고우영 선생은 "만화는 당의정"이라고 했지만, 요즘은 거꾸로 되었다.) 만화와 너무나 잘 어울려 마치 한 몸처럼 느껴지는 '학습'이라는 단어는 어린이들의 학습에 도움을 주기 위해 시작된 것이 아니라 부모를 위한 마케팅으로 시작되었다. 학습만화의 메인 타깃은 바로 '교육조급증에 걸린 대한민국의 학부모'다.

그런데 일단 학습만화를 열심히 읽는 어린이들은 어른들도 깜짝 놀랄 만한 정보력을 보여준다. 과학만화를 탐독하는 어린이들은, 과학적 지식을 줄줄 이야기해 부모를 놀라게 한다. "우와, 학습만화가 효과가 있네." "우리 아이는 학습만화를 보고 한자를 줄줄 외워요." 속임수다. 만화를 통해 반성 없이 자연스럽게 암기되는 단편적 정보를 지식이라 부르기 민망하다. 그런 단편적 지식이 진짜 지식이 되기 위해서는 또 암기된 지식을 활용해야 한다. 예컨대 한자. 쭉 반복학습으로 외운 한자들을 일상생활에서 사용하지 않으면 점점 더 머릿속에서 사라진다. 인간의 뇌는 한번 기록하면 영구히 보존되는 하드디스크가 아니다. 필요해 반복적으로 사용하면 오래 남고, 그다지 필요가 없으면 기억에서 지워버린다. 학습이란 단편적 정보의 집적이 아니니라 비판석이고 반성적 사고에서 시작된다.

어른과 달리 어린 시절의 비판적이고 반성적 사고는 놀이를 통해 길러진다. 호이징하는 「호모루덴스」라는 책에서 말한다.

"놀이는 문화보다 오래되었다. 놀이는 인간의 전유물이 아니다. 모든 놀이는 자발적 행위이며 인류의 역사와 더불어 언제나 함께해 왔고 다양하게 발전했다. 인간은 생각하는 인간인 호모 사피엔스(Homo Sapiens)인 동시에 유희의 인간인 호모 루덴스(Homo Ludens)였다."

그는 인간의 역사와 문화를 분석하면서 인간의 모든 것들이 놀이의 법칙을 따르고 있고, 놀이의 요소를 갖고 있다고 보았다. 이 세상이 죽도록 일해서 만들어진 것이 아니라 놀면서 만들어진 것이라는 말이다. 인간은 놀기 위해 이 땅에 왔고, 놀이를 통해 세상의 변화를 끌어냈다. 놀이는 창의력이다.

'학습'과 '만화'는 참 함께하기 힘든 이항대립의 단어들이다. 만화는 '학습'이 아니라 '놀이'다. 대신, 진짜 재미있는 만화는 독자들의 상상력을 자극한다. 흥미로운 이야기는 마음의 스트레스를 날려주고, 감동은 풍부한 정서를 끌어내며, 다양한 모험과 과학적 상상력은 미래를 꿈꾸게 한다. 칸과 칸을 통해 서로 다른 이미지를 조합해 이야기를 끌고 가는 만화 특유의 형식은 끊임없이 뇌를 움직이게 한다. 뇌는 연상작용을 통해 평면의 이미지를 공간에 투사하고, 정지된 그림을 이어 움직임을 만들고, 말풍선 속의 대사에 현실감을 불어넣어 준다.

학습의 강박에서만 벗어나면, 만화는 우리에게 자신이 지닌 풍부한 가능성을 보여준다. 어린이들은 만화를 통해 세계를 배운다. 만화에는 공간지각능력만 있는 것이 아니라 세계를 보는 창이 있다. 적어도 나는 유년 시절 만화를 보며 세계를 배웠다. 부모의 눈에 맞춰 기획되거나, 수학이나 과학처럼 뭔가 중요해 보이는 요소들을 적당히 재미 요소와 버무린 학습만화는 아이들에게 더 넓은 세계를 열어주기에 역부족이다.

학습만화가 내 아이에게 진짜 학습효과를 주는지 궁금하다면, 부모가 먼저 읽어보시라. 이것이 나의 솔직한 대답이다.

## 만화, 어떻게 읽히면 되나?

책 읽기에 대한 많은 조언이 있다. 보통 꼼꼼하게 천천히 읽고, 책을 읽은 다음에 토론을 하라는 조언이 많다. 맞는 말이다. 책 몇 권을 읽어야 되겠다는 목표를 세우고 빨리 읽어나가면, 책을 통해 얻어지는 '창조적이고 비판적인 독서능력'을 기대하기는 힘들다. 권장도서 목록을 놓고, "자, 몇 학년이 되었으니까, 여기 목록에 나온 책을 읽자."라고 말하며, 책을 펼쳐 놓는 순간, 아이들은 기겁한다. 구체적인 '목표'를 제시하면, 책 읽기는 '놀이'가 아니라 '공부'가 되어 버린다. 아이들은 공부하듯, 목표를 지키기 위해 책을 읽는다. 만화도 마찬가지다. 좋은 만화 리스트를 찾은 뒤, "이 만화를 올해에 꼭 읽자!"라고 뭔가 구체적인 목표를 세우면 만화 읽기의 재미가 한층 떨어진다. 그래도 어린이들은 만화를 좋아하겠지만.

여기에 한걸음 더 나아가, "이 만화를 통해 한국의 역사를 공부하자."와 같은 아주 구체적인 학습목표를 제시하면, 그나마 남아 있던 만화에 대한 흥미도 사라진다. 책 읽기, 만화 읽기가 놀이에서 벗어나면, 아이들은 인터넷과 게임에 몰입한다. 자꾸 뭔가를 강요하려고 하지 말고, 만화를 편안하게 읽게 해 보자. 답답하겠지만, 속이 터질 것 같아도 아무런 간섭도 하지 말자. 자세도, 속도도, 종류도, 무엇이라도.

아무 말도 하지 말고 그저 편안하게 보게 하자. 중간부터 볼 수도 있고, 책을 보다가 관둘 수도 있다. 기억을 떠올려 보자. 우리가 만화를 보던 그때. 누워서 보기도 하고, 화장실에서도 만화를 봤다. 밥 먹으면서 보는 만화는 또 얼마나 재미있던가. 특히 꼬들꼬들 끓인 라면과 함께 보는 만화는 최고였다. 그런데 부모가 되고 나니까 아이들이 책 읽는 자세 하나도 거슬린다. 마음속으로 꾹꾹 참다가 결국, "똑바로 앉아서 봐라!" 소리 지른다. 그러지 말자. 다니엘 페나크는 『소설처럼』이라는 책에서 책을 읽지 않을 권리, 건너뛰며 읽을 권리, 책을 끝까지 읽지 않을 권리, 책을 다시 읽을 권리, 아무 책이나 읽을 권리, 아무 데서나 읽을 권리, 군데군데 골라 읽을 권리, 읽고 나서 아무 말도 하지 않을 권리 등이 침해할 수 없는 독자의 권리라고 말한다.

책 읽기가 아이의 모든 것을 바꿀 수 있는 가장 좋은 교육이라고(나도 그렇게 생각한다) 굳게 믿고 아이들에게 책 읽기를 교육으로 접근하는 순간 책 읽기의 진정한 즐거움은 저 멀리 안드로메다로 사라져 버릴 수 있다는 경고다. 그러니, 아이들에게 자유롭게 책을 읽혀 보자. 자유롭게 책을 읽을 자유를 허락하자. 이런 자유로운 책 읽기에 가장 적합한 매체가 바로 만화다. 그런데 문제는 책방에 나와 있는 만화를 보면 뭔가 불안하다. 부모들이 보던 만화와는 사뭇 다르기 때문이다. 적당히 베스트셀러를 골라주지만 마음 한구석이 찜찜하다.

만화책을 집어 드는 순간, (앞에서부터 이야기했던 것처럼) 아이는 그 안에서 빠져나오지 못한다. 애물단지 만화. 이걸 뱉어? 삼켜? 너무 어렵게 생각하지 말자. 가장 좋은 방법은 아이들과 만화를 함께 고르고, 읽으면 된다. 아이들과 만화를 고르는 데 기준이 될 몇 가지 방법을 소개한다.

**아이들과 만화를 고르는 여섯 가지 열쇠**

첫 번째, '이미지'의 힘. 문자 중심의 소통에 익숙한 어른과 달리 어린이들은 이미지로 소통한다. 그래서 만화를 대하는 출발선이 어른과 다르다. 도대체 재미없는 만화에도 쉽게 사로잡힌다. 이미지이기 때문이다. 대신 눈에 익은 캐릭터들을 쉽게 고른다. 익숙한 캐릭터들을 향해 나가는 아이들의 선택은 적당히 제어해 줄 필요가 있다. 대신 권유하라. 상투적인 스타일의 만화보다는 다양한 스타일의 만화를 보는 것이 이미지의 힘을 깨우치는 데 도움이 된다. 만화는 기호이기 때문에 아이들은 유행하는 기호를 고를 수밖에 없다. 여기서 부모의 개입이 필요하다. 부모가 선택해 아이들에게 제시하는 만화를 통해 아이들이 받아들이는 이미지의 폭을 넓혀 주어야 한다. 그래야 아이들의 미감이 길러진다. 유행하는 기호만으로, 한계가 있다. 예컨대, 닐 게이먼이 글을 쓰고 데이브 맥킨이 그림을 그린 『금붕어 2마리와 아빠를 바꾼 날』 같은 만화가 매력적인 이미지를 읽을 수 있는 만화다.

어린이 만화를 이해하는 두 번째 열쇠는 '놀이'다. 아이들이 가장 흥미로워하고, 집중하며, 즐거워하는 것은 '놀이'다. 그래서 많은 학자들이 아이들에겐 노는 것이 바로 교육이라고 말한다. 아이들이 흥미롭게 읽고, 그래서 크게 성공한 작품들은 모두 아이들을 '훈계'하려고 들지 않고, '놀이'로 다가갔다. 모든 어린이 만화가 아이들에게 매력적인 놀이가 되려고 하지만, 아이들은 모든 만화를 받아들여 주지 않는다. 놀이 중 최고는 모험이다. 모험은 대부분 일정한 미션을 주고, 탐색하는 '퀘스트형 이야기 구조'를 갖고 있다. 이 분야 최고 고진은 프랑스에서 건너 온 에르제의 『땡땡의 모험』 시리즈다. 이 시리즈는 모험과 문화를 기반으로 한 진짜 놀이를 담고 있다. 김홍모의 『두근두근 탐험대』도 70~80년대 명랑만화와 모험이 절묘하게 배합된 매력적인 작품이다. 김기정이 글을 쓰고, 홍성군이 그림을 그린 『크로니클스』의 모험도 흥미롭고, 고우영의 『거북바위』의 모험도 최고다. 쉽게 보이지 않는 것 같지만 찾아보면 꽤 흥미로운 작품들이 많다. 아이들이 좋아하는 『원피스』도 모험만화! (이건 좀 길다.)

세 번째 열쇠는 '환상'이다. 근대교육은 아이들에게 이성과 합리의 세계를 학습시키며 환상의 여지를 막아버렸다. 세계는 과학 이전에 존재하는 꿈과 상상의 공간이다. 자연은 과학적 원리 이전에 생명의 환상적 신비감으로 운용된다. 환상은 우리의 삶을 풍요롭게 하는 자양분이다. 그리고 아이들은 태생적으로 환상을 요구한다. 이두호의 『머털도사』, 『머털도사와 108요괴』 등 '머털도사' 시리즈가 괜찮다.

네 번째 열쇠는 '지식'이다. 앞에서 이야기했지만, 요약된 지식은 화학조미료와 마찬가지다. 놀이를 통해 자연스럽게 습득되는 지식이 가정식이다. 만화에서는 지식이 이야기 속에 보이지 않게 들어가야 한다. 사람들은 지식이라고 하면 문자를 생각하지만, 만화의 지식은 총체적인 시각정보로 구성된다. 시각적 정보가 얼마나 충실한가, 그 완성도가 있는가에 따라 만화의 재미는 달라진다. 시각적 정보를 판단하기 위해서는 그림의 '개성'과 '안정감'을 보면 된다. 잘 모르겠으면 솔직한 느낌을 믿으면 된다. 그림은 직관적이고 감각적이라서 초보자라도 느낌이 온다. 박시백의 『박시백의 조선왕조실록』, 윤승운의 『맹꽁이 서당』 같은 작품이라면 이야기와 그림 두 마리 토끼를 모두 잡을 수 있을 것이다. 김한민, 김산하 형제가 함께 그린 『STOP!』은 동물행동학이라는 지식을 만화로 흥미롭게 옮긴 작품이다.

다섯 번째 열쇠는 '대결'이다. 일본만화에서 발전시킨 구조인데, 대결을 통해 힘을 얻고, 더 센 적을 만나 대결하고 위험에 몰렸다가 승리하는 구조다. 대결 구조는 서스펜스의 긴장감과 성장의 희열을 느낄 수 있다. 일본만화의 핵심 구조인데, 『고스트 바둑왕』이나 『원피스』 같은 만화는 무리 없이 대결의 재미를 느낄 수 있게 해 준다.

여섯 번째 열쇠는 '일상'이다. 일상을 다룬 만화를 예전에는 '명랑만화'라고 했다. 사실 어린이들에게 제일 필요한 만화인데, 요즘에는 찾아보기 힘들다. 새롭게 복간되는 70~80년대의 명랑만화를 읽히는 것도 좋고, 새롭게 나오는 명랑만화들을 찾아보는 것도 좋다. 이희재의 『해님이네 집』처럼 일상을 그대로 옮긴 만화이거나 아니면 『아이코 악동이』처럼 명랑만화이거나 모두 좋다. 일본만화로는 사쿠라 모모코의 『모모는 엉뚱해』(일본어 원제가 더 유명한데 『치비마루코짱』), 일상과 판타지가 결합한 『도라에몽』도 따뜻하고 유쾌한 작품이다.

마지막으로 가장 중요한 방법이 남았다. 만화를 아이와 함께 고르고, 그렇게 고른 만화를 함께 읽는 것. 우리도 어렸을 때 만화에 열광하지 않았던가! 그 기억으로 만화를 보자. 내가 읽어서 재미있으면, 그림 아이에게도 좋다. 어린 시절로 돌아가 만화를 보는 부모, 그게 아이와 만화를 보는 제일 좋은 방법이자 최후의 왕도이다.

## 만화와 창의성 교육

이미지 언어가 만화의 언어라면, 그 언어로 이야기를 만드는 문법은 칸의 분절이다. 만화는 다른 매체와 달리 칸에 의해 엄격하게 나뉘어 있다. 한 칸은 독립된 이미지를 담고 있으며 그 안에 시간의 경과, 장소의 이동, 감정의 표현 등 다양한 서사를 포괄한다. 만화는 때에 따라 단 한 칸으로 이야기하기도 한다. 이렇게 완벽하게 독립된 한 칸은 또 다른 독립된 다른 칸으로 연결된다. 이전 칸에서 봤던 이미지(시간, 동작, 소리 등을 담은) 정보는 독자의 머리에 여러 정보를 남기고, 독자는 새롭게 받아들인 정보와 이전 정보를 연결시킨다. 그리고 새로운 연속성이 생겨난다.

만화의 연속성은 분절된 칸을 통한 연속성, 불연속의 세계에서 새롭게 탄생하는 연속성이다. 분절에서 만들어 낸 연속성,

그러니까 예측할 수 없는 카오스적 연속성은 현대 사회를 대표하는 철학적 화두이기도 하다. 카오스의 시대를 살아나가는 능력은 수많은 정보 중 자신이 필요한 정보를 잡아낼 수 있는, 수많은 새로운 것들 틈에서 필요하고 좋아하는 것을 찾아낼 수 있는 능력이다.

이를 창의성 혹은 창의력이라고 부른다. 창의성은 현대 정보화 사회의 으뜸 경쟁력이다. 그래서 모든 분야에서 창의성을 이야기한다. 하지만, 연속성의 세계에서만 살아왔던 사람들이 창의성을 발휘하기란 보통 어려운 일이 아니다. 창의성은 인간의 전인적 두뇌활동에서 탄생된다. 선천적인 것이 아니라 후천적 훈련에서 개발될 수 있다. 그런데 연속성의 세계에 적응한 사람들은 연속적 두뇌활동만을 계속했기 때문에 감수성(sensitivity), 상상력(imagination), 직관력(intuition), 영감(inspiration)과 같은 창의적 두뇌작용이 무뎌졌다. 규칙이 중요하고, 이성으로 판단하며, 나와 다른 것들을 받아들이지 못한다. 규칙을 외워서 시험에 답을 쓰는 것이야 자신 있지만, 수많은 정보들을 받아들여, 판단하고, 새로운 것을 만들어 내는 창의적 활동은 어려워한다. 이게 우리나라의 현실이다.

창의성은 온전한 전인적 두뇌활동을 통해 개발된다. 미국의 심리학자이자 캘리포니아대학 교수였던 길포드(Joy Paul Guilford)는 창의력이란 융통성, 유창성, 독창성 등을 특징으로 한다고 말했다. 이러한 특징은 주어진 틀을 깨고, 새로운 정보를 받아들이고, 그 정보를 조합해 새로운 가능성을 상상하게 만든다.

만화의 불연속적 형식은 이런 창의성을 기르는 가장 기초적인 훈련 기회를 제공한다. 생각해 보라. 단지 선으로만 되어 있는 이미지 언어를 받아들인 독자는 연상 작용을 통해 직관적으로 그것을 해독해 구체적인 형상을 만든다. 이렇게 만들어진 구체적인 형상들이 칸과 칸으로 연결되며 상상력을 통해 생명을 부여받는다. 그리고 인간의 상상 속에서 생명을 부여받은 만화의 이미지 언어들은 다양한 시공간을 넘나들며 독자의 감수성을 자극한다. 그야말로 창조성의 종합선물 패키지나 다름없다.

어릴 적을 떠올려 보자. 시간이 날 때마다 놀았고, 인간은 놀이를 통해 경험을 쌓고, 성장했다. 생존에 필요한 행위를 빼고 나면 유아기의 삶은 '놀이'인데, 몸으로 놀지 않을 때는 끊임없이 상상의 나래를 편다. 상상과 공상은 바로 창의성이 표출되는 가장 직접적인 통로이다. 그래서 프로이트는 자유로운 상상이나 공상적인 아이디어를 수용하고 즐기는 사람은 창의적이고 이를 거부하고 억압하는 사람은 비창의적이라고 했다.

어린이의 경우 어떻게 창의성을 개발하느냐에 따라 미래가 달라진다. 창의성을 개발해 미래 사회에 잘 적응하며 즐겁게 살게 할 것인가, 아니면 사교육으로 만들어진 모래성과 같은 삶을 살게 할 것인가. 선택은 부모의 몫이다.

잠재된 창의성을 어떻게 끌어내는가의 문제는 교육학에서 매우 중요한 과제로 다루어졌다. 특히 예술교육에서 창의성 교육은 다양한 방법론이 연구되었다. 그럼에도 불구하고, 한국의 입시위주의 비정상적인 교육은 창의성 교육의 가능성을 원천봉쇄하고 있다. 문제지를 받고 해답을 외우는 한국식 교육에서 과연 어떤 창의성을 기대할 수 있을까? 초등학교 때부터 선행학습을 하는 아이들에게 무슨 창의성이란 말인가.

창의성이란 열린 사고, 유연한 사고, 그리고 여러 경험을 반성적으로 받아들이고, 재조직하여 이것을 나만의 독창적인 생각으로 만들어내는 과정을 필요로 한다. 선행학습 따위가 창의성을 만들지 못한다. 단계적으로 보면 자유롭고 융통성 있는 사고가 필요하다. 그리고 다양한 경험을 쌓고, 그 경험을 통해 지식을 축적하며, 축적된 지식을 조합해 새로운 아이디어를 발굴해 내는 조직성이 필요하다. 여기에 고정적인 사고방식이나 해결방법이 아니라 다양한 경험을 자유롭게 조합하는 독창성도 요구된다.

놀이와 학습, 정보의 취득, 다양한 미적 반응의 종합 등 창조교육이 가능한 가장 좋은 방법 중 하나는 만화보기라고 했다. 그저 놀이로, 재미있게, 아무 제한 없이 만화를 보는 것도 좋은 방법이다. 하지만 여기서 한 발 더 나아가, 창조적 만화보기를 시도해 보자. 창조적 만화보기는 어린이에게 내재한 창조성에 자극을 주고, 그리하여 아이에게 창조적 사고를 수행할 수 있는 원동력이 되어준다.

첫 번째, 다양한 작품을 보게 하자. 편중되고 일방적인 정보는 창조성을 가로막는다. 창조성보다는 오히려 편견을 만든다. 때문에 다양한 정보를 습득하는 것이 중요하다. 만화보기도 마찬가지다. 편중된, 비슷한 스타일의 만화를 보는 것은 창조성 개발 측면에서는 독이다. 특히 어린이들의 경우에는 다양한 만화를 많이 보는 것이 좋다.

두 번째, 정보를 자기화하는 과정을 갖자. 다양한 만화를 봤다. 그런데 그걸로 끝? 아무 소용없다. 분류하고, 자기화하지 않은 정보는 정보가 아니다. 그래서 습득된 정보를 자기 것으로 분류하는 과정이 필요하다. 창조적 만화보기를 위해 만화에서 얻은 여러 정보를 정리하는 연습이 필요하다. 그림이 주는 창조성이 뛰어난 작품들, 역사에 대한 지식을 주는 작품들, 사람에 대해 이야기하는 작품들 하는 식으로 내가 읽은 만화정보를 정리하는 것이 좋다. 만화를 읽은 아이에게 정리하라고 던져 주는 것이 아니라 읽을 만화들에 대한 개괄적인 정보를 공유하고, 만화를 읽고 난 다음 그에 대한 정보를 기록하게 하는 것이 좋다. 기왕이면, 만화책도 스스로 구분한 주제에 따라 정리해 보도록 유도하는 것이 좋다. 새로운 만화를 구입하고 나서, 이 만화가 어떤 항목으로 구분할 수 있는지에 대해 읽고, 이야기를 나눠보는 것도 좋겠다. 이 과정에서 중요한 것은 어린이들이 자기주도적으로 과정을 수행하도록 유도해 줘야 한다. 받아들인 정보를 스스로 자기화할 수 있는 방법은 여러 가지가 있지만, 한 주제로 묶일 여러 만화를 보거나 혹은 한 만화를 본 뒤 그에 대한 피드백을 하도록 하는 것이다. 여러 방법이 제안될 수 있다. 되도록 감상문 쓰기와 같은 획일적 피드백에서 벗어나보자. 그냥 목록만 만들어 봐도 좋겠다.

세 번째, 자기화한 정보를 활용하자. 활용의 단계에서 창의성이 무궁무진하게 개발될 수 있다. 여러 가지 기술들을 적용할 수 있는데, 내가 본 만화를 마인드맵으로 정리해 보거나, 주인공이 해야 할 일이나 한 일들을 체크리스트로 만들어 보거나, 내가 본 만화를 다른 시점에서 다시 그려 보는 등의 창의적인 작업을 해 보자.

네 번째, 창작의 단계로 나아가자. 첫 번째에서 세 번째까지가 작품을 읽고, 정리하며, 피드백하는 단계였다면, 네 번째는 지금까지 본 만화를 기초로 새로운 창작으로 나아가는 단계다. 좋은 만화독서, 올바른 만화독서는 불타는 창작력을 만들어 준다. 이 창작력이 바로 창조성이다. 만화를 그리는 효율적 방법이 있는데, 만약 아이가 그냥 만화를 그리기 시작했다면 그대로 지켜봐 주는 것도 좋다. 만화일기, 편지문, 한 칸 만화, 네 칸 만화, 페이지 만화 등등을 작업해 보자. 또, 오늘 본 만화를 짧게 요약하거나, 가족에게 들려주는 일도 재미있다.

만화는 창의성을 길러주는 가장 유용한 매체다. 형식적 특징도 그렇고, 교육적 활용도 가능하다. 아니, 그냥 끝내주게 재미있는 것만으로도 난 100% 만족이다.

# 만화책, 좋아한다고 계속 보여 줘도 될까요?
## 만화 독서의 오늘과 내일

김은하 독서교육 강사 및 프로그래머, 『영국의 독서교육』 저자

**만화책을 유난히 많이 읽는 우리나라 아이들**

"아이들이 만화를 너무 좋아해요. 만화책으로 한자에도 흥미 붙이고, 역사, 과학 지식도 뭔가 배우는 듯해서 계속 사주었는데, 어느덧 아이가 만화책만 좋아하고 글로 된 책을 주면 잘 안 읽으려고 들어요. 계속 만화책을 읽혀도 될까요?"

만화 독서에 대한 질문은 현장에서 가장 받은 많은 질문이다. 그리고 가장 대답하기 어려운 질문이기도 하다. 대답이 어려운 이유는 학계에서 만화 독서에 대한 연구가 걸음마 단계라서 아직 총체적인 연구가 축적되지 않았고, 또한 만화 독서량이 너무 많은 현상을 고민으로 가진 나라는 전 세계적으로 별로 없기 때문이다. 거의 모든 아이들이 만화를 읽고, 많은 양을 읽는 나라는 동아시아, 특히 우리나라와 일본에 특수한 현상이라서 연구 자체가 많지 않고 주로 학습만화의 교육적 활용에 한정되어 있다.

학교도서관이나 도서관의 어린이실에 방문할 때면 이곳 아이들은 무슨 책을 읽나 곁눈으로 훔쳐본다. 어디를 가든 초등학생에겐 만화책이 압도적이다. 만화책은 도서관에서 아이들의 시선을 가장 많이 붙잡고, 대출 빈도도 가장 높으며, 판매 부수도 높은 책이다.[1] 2011년 국민독서 실태조사에 의하면, 초등학생은 소설 17.7%, 학습용 만화 17.4%, 오락용 만화 15.1%를 읽는다니, 만화의 비중이 수치상으로도 매우 높다는 걸 알 수 있다.[2]

지금은 만화책을 소장용으로 구입하고 도서관과 가정의 서가에 꽂아 두는 시대에 살지만, 만화책이 불량식품과 동급으로, 만화방 출입은 오락실 출입인 양 취급되던 시절이 있었다. 1954년 심리학자 프레드릭 워덤Fredric Wertham이 『순수에의 유혹』에서 만화는 아이들 독자에게 유해하고 비행을 야기한다고 주장한 이후, 미국에서는 만화책이 공개적으로 불태워지고 만화책에 대한 검열제가 도입되었다. 비슷하게 우리나라에서도 '가정의 달'을 맞이 아이들을 보호한다는 명목으로 만화책 화형식을 벌이기도 했다. 1992년에 만화로는 최초로 『쥐』(아트 슈피겔만 지음, 권희섭 옮김, 아름드리, 2007)가 퓰리처상을 수

## 3 만화 길라잡이

1) 2011년 콘텐츠 산업통계를 살펴보면, 인쇄물로 만들어지는 만화 가운데, 어린이 학습만화가 전체 만화출판의 70% 가량을 차지한다.
2) 문화체육관광부(2011). 2011년 국민독서실태조사. 서울:문화체육관광부. 54.
3) 이종문(2012). 학습만화에 대한 초등학생과 학부모의 인식 분석 연구. 한국도서관·정보학회지, 43(2), 227 - 246.

상하기까지, 만화는 어린이들이 주로 보는 가벼운 책, 양서의 개념과는 먼 책으로 여겨졌었다. 현재 한국의 학부모와 교사, 사서들은 만화에 대한 부정적인 시각이 강했던 바로 이 시기에 대부분 학창 시절을 보냈다.

만화에 대한 무조건적인 금기를 주입했던 학창 시절의 가르침과는 달리, 초등학교 학부모의 대다수는 만화 독서의 긍정적인 측면을 인정하고 있다. 특히 학습만화가 학교 수업, 정보 획득, 정보문제 해결에 도움이 된다고 인식하고 있다. 학습만화의 독서가 일반 독서로 확대되는 데 영향을 주고 있는지에 대해서도 학생의 79%, 학부모의 68.5%가 긍정적인 대답을 했다.3)

### 아이들이 만화에 빠지는 이유

그러면, 아이들은 왜 만화에 빠져드는 것일까? 우선, 만화는 글과 그림이라는 두 가지 양식을 함께 제공하기 때문에 이해가 쉽다. 글은 문자라는 하나의 양식만 이용한다. 글을 해독하기 위해서는 문자라는 임의적인 약속, 즉 돌처럼 생기지 않아도 '돌'이라고 쓰는 약속을 알아야 한다. 이는 임의적인 약속이기 때문에, 약속의 규칙을 배워야만 알 수 있다. 반면, 돌처럼 생긴 모양의 돌 그림은 배우지 않아도 생활세계에서 만난 경험만 있으면 즉각적으로 알 수 있다. 그래서 글자를 모르는 아이들도 그림책과 만화의 그림을 읽어낼 수 있다. 만화는 독자에게 글과 그림, 이 두 가지의 정보를 함께 주기 때문에 의미를 파악하기가 쉽다.

만화뿐 아니라 그림책도 글과 그림의 양식을 두 가지 동시에 보여주지만, 그림책은 대개 한 페이지에 쓰인 글에서 가장 인상적인 한 장면을 정지된 화면처럼 크게 보여준다. 반면, 만화는 한 페이지에 글을 칸으로 잘라서 연속적인 장면으로 보여준다. 그림책의 그림은 글의 어느 부분을 그림으로 표현했는지 알려주지 않지만, 만화의 그림은 같은 칸에 들어 있는 글과 대응한다. 글과 그림이 훨씬 더 친절하게 상세히 연결되어 있다.

일본에서 이루어진 연구로, 알카리성 식품에 대한 지식을 한 집단에서는 만화로, 다른 집단에서는 글로 읽게 한 뒤 일주일 후 내용을 얼마나 잘 이해하고 있는지 검사했다. 내용을 만화로 이해한 집단이 글로 이해한 집단보다 더 좋은 점수를 받았다. 사토라는 학자는 일본의 고전문학을 내용으로 비슷한 실험을 했는데, 결과는 만화로 읽은 아이들이 글로만 읽은 아이들보다 등장인물의 사고와

4) Koto & Kogo(1998)와 Sato(1998)의 연구, Nakazawa, J. (2005). Applied Development Psychology: Theory, Practice, and Research from Japan. 23 - 42에서 재인용.
5) 류반디(2011). 만화의 독서 효용성에 관한 연구. 한국비블리아학회지. 22(2). 123 - 139.
6) 백진환, 한윤옥(2011). 학습만화 독서지도 및 효과에 대한 실행연구. 한국비블리아학회지. 22(4). 213-229.
7) 최영임, 한복희(2009). 학습만화를 활용한 효율적인 독서지도 방안. 한국문헌정보학회지. 43(1). 251-270.

감정을 더 잘 이해하고 있었단다.[4]

만화는 대사, 생각, 느낌이 대개 구어체로 표현된다. 문어체와는 달리 구어체는 비교적 길지 않은 문장으로, 일상의 표현들을 주로 담으며, 리드미컬한 특성이 있다. 따라서 정보전달력이 높다. 반면, 이러한 속성 때문에 만화 읽기를 많이 하면 긴 호흡의 복잡한 문장을 두렵게 하거나, 일상어와 짧은 문장으로는 표현되기 어려운 깊이 있는 내용은 전달하기 어려울 것이라는 의문을 제기하기도 한다. 그러나 함축적인 시와 같은 만화책, 어려운 개념을 설명하는 철학 만화책 등 다양한 깊이와 형식을 가진 만화책이 만들어지고 있는 만큼, 어떤 만화책을 읽느냐가 문제일 듯하다.

둘째, 만화의 재미는 어려운 내용도 쉽게 읽을 수 있는 동기를 갖게 한다. 재미라는 미덕은 읽기 전부터, 그리고 읽는 과정에서도 읽기에 대한 부담을 줄여준다. 감히 읽어보려고 덤비도록, 책을 손에 쥐게 하고, 책장을 넘기고, 반복하고 싶은 동기를 준다. 특히 만화 특유의 과장과 상상력, 분위기 전환을 위한 유머, 언어유희[5]는 만화를 재미있게 느끼도록 한다.

실제로 우리나라 초등학생들은 학습만화를 읽는 이유를 지식, 상식에 도움을 주기 때문에(52.1%), 재미있어서(41.8%)라고 응답하고 있다.[6] 중학생들이 학습만화를 읽는 까닭 또한 남녀 모두 재미있기 때문에(54.17%), 나에게 도움을 주니까(22.92%), 시간을 보내기 위해(17.36%), 친구들이 보니까(5.6%)로 나타났다. 독서의 효과를 물었을 때도 재미를 준다(50%)가 가장 높고, 지식과 상식을 얻을 수 있다, 상상력을 쌓게 해준다. 수업에 도움을 준다, 교훈을 준다는 응답 순으로 나타났다. 일반도서를 좋아하지 않는 아이들의 경우, 일반도서를 피하는 이유가 재미가 없다, 시간이 많이 걸린다, 글 내용이 너무 많아 읽기 귀찮다 등[7], 재미는 아이들이 책을 선택하는 핵심적인 키워드이다.

만화에 대한 높은 읽기 동기를 설명하는 매우 흥미로운 연구가 있다. 2002년 일본의 5학년을 대상으로 한 연구로, 일정한 산수 문제의 답을 틀린 아이들을 위해 문제의 원리를 설명하는 자료를 세 가지 형식으로 만들었다. 첫 번째 집단에게는 교과서 양식의 자료로, 두 번째 집단에는 만화의 양식으로, 세 번째 집단에는 글만으로 만든 자료를 제시했다. 다시 시험을 보았을 때, 글 자료를 읽은 아이들보다는 만화 자료를 읽은 아이들이 더 잘 이해했다. 그런데, 가장 높은 점수를 얻게 된 아이들은 다름 아닌, 주요 개념을 정확하고 간결하게 제시한 교과서 양식으로 정보를 받

8) 최준열, 박주용(2012). 학습만화는 글보다 기억을 향상시키는가?. 교육심리연구. 26(1). 307-325.
9) 강현주, 정현선(2009). 학습만화『초등과학 학습만화 WHY? 시리즈』와 『살아남기 시리즈』의 스토리텔링 방식과 독자인식에 관한 연구. 독서연구. 21. 163 - 202.
10) Allen & Ingulsrud(2003). Manga Literacy: Popular culture and the reading habits of Japanese college students. Journal of Adolescent & Adult Literacy, 46(8). 674 - 683.

## 3 만화 길라잡이

은 아이들이었다. 흥미로운 점은 같은 아이들에게 가장 훌륭한 교재가 무엇인지, 가장 이해하기 쉬운 교재가 무엇이냐는 질문을 했을 때, 만화 교재가 가장 많이 선택되었다는 점이다. 즉 교과서 양식이 실제로는 가장 효과적인 결과를 가져옴에도 불구하고 만화 교재에 대한 높은 동기를 가지고 있다는 것이다.

한국에서도 비슷한 연구가 있었다. 중3, 고1 학생에게 뇌에 대해 설명하는 교과서식 자료(글과 그림)와 만화자료를 읽게 했을 때, 교과서 양식의 자료를 읽은 집단이 내용을 더 잘 기억해냈다. 같은 실험을 초등학교 6학년에게 적용했을 때도 마찬가지로 교과서 자료를 읽은 집단의 성취도가 높았다. 그런데, 이 초등학생들에게 자료가 얼마나 흥미 있었는지, 그리고 내용을 잘 이해했다고 생각하는지를 스스로 판단하라고 묻자, 만화를 읽은 집단이 교과서 자료를 읽은 집단보다 자료에 대한 흥미도 높았고, 내용에 대한 스스로의 이해도 높이 평가했다. 연구자들은 초등학생들이 만화의 흥미를 불러일으키는 이야기와 유머스러운 장치에 몰두해서 실제 중요한 정보의 습득을 방해한[8] 것이 아닌가 하고 해석한다. 또한 스스로의 내용 이해도에 대한 착각, 즉 만화를 읽은 집단이 교과서적인 글을 읽은 집단보다 내용을 더 잘 이해했다고 스스로 판단했지만, 실제 이해도는 낮았던 것을 보면, 알지 못하지만 알고 있다고 착각할 개연성이 있다. 단 연구자도 한계로 밝히고 있듯이, 만화책에 대한 독서 동기가 높기 때문에, 만화책을 반복적으로 읽는다면 학습의 성취도는 달라질 수 있을지도 모른다. 그러나 반대로 같은 내용을 반복하거나 확장하거나 이후의 노력이 없다면 건성으로 알고도 잘 알고 있다고 믿을 가능성이 높다.

셋째, 아이들이 좋아하는 학습만화들은 독자들이 주인공을 학습자에 동일화하기 쉽도록 형상화된다. 사실과 정보를 제공하는 논픽션 장르지만 모험이나 문제를 해결하는 이야기의 양식을 빌려 전개되기 때문에, 등장인물과 사건이 있다. 우리나라 아이들에게 인기 있는 학습만화를 분석한 연구를 살펴보면, 등장인물은 주인공과 전문가, 조력자로 구성된다. 주인공은 호기심 많고 실수도 연발하지만 명랑한 아이로, 어린이스러움을 강조하는 3~4등신의 인체 비례를 갖고 있다. 전문가는 주인공에게 주제에 대한 지식을 알려주는 친절한 어른이며, 조력자는 주인공을 도와 모험을 함께 하는 친구 같은 존재이다. 아직 아는 것이 별로 없는 평범한 나 같은 주인공이 전문가의 도움을 받아 친구들과 함께 문제를 해결한다. 이러한 설정은 아이들로 하여금, 주인공과 스스로를 동일시하게 만든다.[9] 미국의 슈퍼맨이나 배트맨과 같은 초능력자 영웅 주인공에게서는 이런 유사성을 찾기 힘들다.

넷째, 만화는 학업 성취에 대한 경쟁이 치열한 동아시아의 아이들에게 스트레스를 풀 수 있는 대안적인 오락을 제공한다는 주장도 있다.[10] 학교 공부뿐 아니라 학원 등으로 공부에 긴 시간을 할애하는 한국과 일본의 아이들은 친구들과 야외에서

11) Akashi(2004), Nakazawa, J. (2005). Applied Development Psychology: Theory, Practice, and Research from Japan. 23-42.에서 재인용
12) 이승채(2007), 성장시기별, 자료별 독서량 간의 상관관계에 대한 연구. 한국도서관·정보학회지, 38(2), 147-164.
13) 이승채(2008), 여고생들을 대상으로 한 성장시기별, 자료유형별 독서량 간의 상관관계 연구. 한국도서관·정보학회지, 39(4), 445-460. 그러나 이 두 연구는 실제 독서량이 아닌 기억에 의존한 독서량이기 때문에, 실제 장르별 독서량의 변화를 알기 위해서는 몇 년에 걸친 종단연구가 필요하다.
14) 박인하(2004), 어떤 어린이 만화를 읽힐 것인가. 초등 우리교육, 12월호, 107-109.

놀 수 있는 시간과 기회가 많지 않다. 스케줄 틈틈이 혼자 놀면서 휴식을 취한다. 학교와 학원에서 주로 글을 위주로 한 공부를 하기 때문에, 문제집이든 교과서든 교재든 하루 종일 글을 상대하는 셈이다. 그래서 글 책보다는 만화책 읽기를 여가의 매체로 선택하는 경향이 더 강하다고 해석할 수 있다.

### 만화책이 아이들의 읽기에 미치는 영향

그렇다면, 아이들의 만화 독서는 일반적인 글 책 읽기에 어떤 영향을 줄까? 일본의 4, 6, 8학년(우리의 중학교 2학년) 학생 1,256명을 대상으로 한 연구에서, 열성적으로 만화를 읽는 아이들은 유치원 이전부터 읽기 시작했고, 보통의 만화 독자는 1, 2학년부터, 무관심한 독자는 3학년 이후라는 응답이 가장 높게 나타났다. 일반적으로 만화를 접한 시기가 어릴수록 만화에 대한 독서가 늘어나는 경향이 있다. 만화에 무관심한 아이들 집단은 교과서를 읽는 비중이 높지만, 특별히 다른 집단에 비해서 일반 책을 많이 읽지는 않는 것으로 나타나서, 만화책 읽기가 일반책 읽기를 막는다는 근거가 되지 않는다고 해석한다.[11]

우리나라의 아이들을 대상으로도 성장시기별로 일반책과 만화책의 독서량을 비교 분석한 연구가 있다. 초등학교, 중학교, 고등학교, 대학 재학시의 일반도서 독서량은 상호간 대단히 높은 상관관계를 맺는다. 또한 초등학교의 만화 독서량은 중학교 만화 독서량과 높은 상관이, 대학 및 고등학교 만화 독서량과도 상관이 있단다. 초등학교 시기 특정 장르의 책을 많이 읽는 습관은 이후에도 계속 영향을 미치고 있음을 알 수 있다.[12] 여고생에게 같은 검사를 한 결과도 비슷하게, 특정한 시기의 특정한 자료에 대한 독서량이 많을 경우, 다른 시기에도 같은 종류의 자료에 독서량이 많을 가능성이 높다고 한다. 특이하게는 고등학교 시기의 일반도서에 대한 독서량은 중학교 시기 일반도서과 만화의 독서량에 상관관계가 높고, 중학교 시기의 일반도서에 대한 독서량은 초등 시기 일반도서와 만화의 독서량과 상관관계가 높단다. 만화의 독서량이 이후 일반 독서량을 줄이지 않는다는 결과이다. 어렸을 때부터 읽어왔던 책과 같은 장르의 책을 이후에도 많이 읽을 가능성이 높지만, 만화든 일반도서든 읽기의 양이 많으면 이후의 일반도서 읽기를 방해하지 않는다고 해석할 수 있다.[13]

## 3 만화 길라잡이

**아이들의 만화 읽기를 위해
어른들이 해야 할 일**

이상의 연구들은 만화가 '학습'에 얼마나 도움을 주고, 읽기에 대한 동기와 지속성을 주는가에 초점을 두고 있다. 그러나 만화를 학습 매체의 잣대로만 평가하는 것은 아이들에게 뭔가를 가르쳐야만 좋다는 강박을 드러내고, 만화 장르가 독자에게 줄 수 있는 풍부함을 놓치는 태도라고 생각한다. 만화 독서에서 우리의 연구가 그리고 우리의 교육이 가장 간과하고 있는 영역, 주의를 좀 더 기울여야 할 영역은 만화를 통해 배울 수 있는 '다중문식성(multiliteracy)'이다. 다중문식성은 전통적인 문자뿐만 아니라 의미를 전달하는 다양한 양식의 기호들을 읽고 쓸 줄 아는 능력을 말한다. 인류의 지적·문화적인 자산이 '문자'라는 정보기록 양식으로 대부분 남겨졌기 때문에, 문자를 읽고 쓸 수 있는 능력은 여전히 가장 중요하지만, 앞으로의 사회에서 정보가 기록되고 표현되는 양식은 훨씬 더 다양해질 것임이 분명하다.

만화를 한번 펼쳐보라. 만화는 글과 더불어 그림으로 의미를 전한다. 만화에서 읽는 글이 글자, 정확히 말해서 글자의 의미이기만 할까? 글자의 크기, 글자체, 진하기, 기울기, 배치, 색깔, 간격 모두 어떤 의미를 전달한다. "정말?"이라는 대사가 어떤 모양과 크기의 말풍선에 들어가느냐에 따라서 다양한 감정과 소리의 크기와 분위기를 만들어낸다. 만화의 칸(panel)의 크기, 모양, 간격, 만화의 배경 패턴, 만화적인 기호들(예: 당황스러움을 표현하는 인물 위의 빗금이나 땀 모양)도 마찬가지로 시각적인 양식으로 의미를 전달한다. 글과 그림 이 두 가지를 얼마나 작품의 주제나 의도에 맞도록 세심하게 배치하느냐, 작가만의 세계와 스타일이 창의적으로 드러나느냐는 만화의 완성도를 결정하는 척도가 된다. 그러나 박인하의 지적대로, 현재의 우리 아이들은 3단 정도로 평이하게 나뉘어진 칸에, 단순한 선과 표현으로 그려지고, 표준화된 컬러로 재빠르게 입혀진 무개성의 만화들을 주로 읽고 있다. 하청을 주어 여러 명이 완성하기 쉽게 하느라 작가의 개성도 찾기 어렵다.[14]

만화에서 학습이라는 강박을 덜어내고 70~80년대 명랑만화에서처럼 아이들의 삶과 유머를 담아내는 것, 글과 그림의 조화가 창의적인 학습만화를 만들어내는 것, 좋은 어린이 만화책 작가를 지원하고 발굴해내는 것, 표현 기법과 주제와 형식이 다양한 만화가 더 생산되고 소개되고 읽혀지는 것, 만화책에 대한 리뷰가 더 많이 다양하게 씌어지고, 아이들과 학부모와 교사, 사서들에게 소개되는 것, 만화를 이용한, 만화에 대한 본격적인 수업이 이루어지는 것. 어른들의 첫발자국은 만화를 그냥 내버려두지 말고 끌어와서 들여다보며 공부하는 것이 되겠다.

# 만화 읽으니 좋구나
## 만화와 함께, 즐거운 학교 일상 만들기

**박경이** 전직 교사, 『만화 학교에 오다』, 『천방지축 아이들, 도서실에서 놀다』 저자

요즘 아이들은 스마트폰만 갖고도 얼마든지 잘 노는 것처럼 보인다. 다른 방법으로 놀 줄 모르는 것은 아닐지. 놀 거리가 많을수록 생각 거리도 많아진다. 책도 읽고 만화도 읽으며 학교 공부도 하고 영화도 보고 여기저기 기웃기웃 들락날락 바쁘다. 손발·머리·가슴 닿고 끌리는 데가 많으니 미래가 든든하지 않은가? 손 닿는 곳에 놀 거리가 많으면 사는 게 즐겁지. 어두운 곳에서 게임에 머리도 박고 음침하게 만화도 보며 야~한 비디오도 본다. 잘 자라고 있는 것이다. 만화뿐 아니라 무엇이든 아이들은 양면을 함께 한다. 대부분 건강한 아이들이 그러하다. "햇빛도 그늘이 있어야 더욱 눈이 부시다"라고 시인도 가수도 노래하지 않는가. 자신이 더 해야 할 것과 그만두어야 할 것, 자신이 무엇을 좋아하는지, 무엇이 자신을 키울 것인지 은연중에 몸으로 머리로 수많은 스위치를 켜고 끄며 고민하는 가운데 조금씩 판단력을 얻고 자신에게 알맞은 거름망을 짠다. 자신의 싹이 원하는 햇빛과 비바람이 있는 곳을 향해 꼬무락거리며 더디지만 천천히 움트고 자란다.

읽어서 안 될 것, 나쁠 것은 없으나 덜 좋은 것은 있고 더 좋은 것도 많다. 소위 나쁘다는 것이 어떤 아이에게 어느 순간 어떻게 약이 되어 아이 속에 든 창조성을, 들어앉은 원석을 꺼내는 데 작용할지 아무도 모른다는! 골고루 갖춰 마당 열고 멍석을 깔되 강요하지는 말 것, 고소한 냄새 맡고 제 발로 넘어와 제힘으로 고를 수 있게 천천히 은근슬쩍 끌어당겨준다. 그런데 아무거나 읽히기엔 먼저 읽으면 좋을 만화들이 너무 많으니 어른들, 특히 책전문가 사서(교사)가 만화랑 눈 맞추고, 알며 친해지기를 권해 마땅하리.

교실이나 학교 도서실에서, 지역 도서관에서 함께 읽으며 맘껏 토론하면서 다른 생각과 만나며 자신의 생각을 키우고 비추어볼 자리와 활동이 절대 필요한 것! 이런 시간을 경험하지 못한 아이들이 드문드문 권징도시 글자만 훑다 말거나 요약본으로 내용을 외우게 될 때, 학습을 빙자하였으나 별 무익한 학습만화만 보게 될 때, 이런 식의 독서는 아이를 수동적으로 만들

## 4 만화 길라잡이

고 내면적으로 더 훌쩍 클 수 있는 기회를 놓칠 수도 있다. 적절히 지켜보고 대화하고 권장하고 멍석을 깔아 아이들이 저답게, 요즘 제 빛깔을 잃어버린 말 원래 뜻대로 '행복'하게 자신을 만들어 갈 수 있도록 다시 판을 깔자. 자기 세계가 있는 사람으로 성장하려는 힘을 누가 막으려 하는가.

### 어떤 중학교 도서실 풍경

아침 자습 시간, 담임선생님과 함께 아이들이 책과 만화를 읽고 있다. 적절히 막히고 트인 열람실 두 곳에서는 수업이 번갈아 진행된다. 쉬는 시간이면 교사나 학급도서 담당학생이 와서 책이나 만화를 학생 수만큼 빌려간다. 읽은 책을 들고 와서 꽂기도 한다.

남자 중학생들이 이리 조용할 수가 있는가 싶은 점심시간 도서실, 책과 만화를 읽는 아이들로 가득하다. 책 속으로 들어갈 듯한 상체. 의자를 차지하지 못한 녀석들은 복도에 주저앉거나 창턱에 걸터앉기도 했다. 드나드는 발소리도 조용조용, 어디선가 장난, 소란스러움이 잠시 일었다가 스르르… '작은 소리로 말하기'가 몸에 밴 것. 물론 이렇게 되기까지 시간은 좀 걸린다. 도서부원들은 책을 출납하거나 수시로 책을 정리하고 살살 돌아다니며 휴지도 줍고 의자를 바로 놓기도 한다. 교사도 애들이랑 눈 마주치기 바쁘다. 어깨를 치기도 하고 책도 쥐어주고 말도 건다. 사서교사뿐 아니다. 우리 반 누가 책 잘 읽나 궁금하여 드나드는 담임 샘들. 사서실에 둥지를 튼 국어 샘들, 책 빌리러 온 샘들. 이미 다른 책 한 권을 빌려 앞에 놓은 채 만화를 붙들고 있는 녀석은 4교시 끝종 나기가 무섭게 화장실도 안 가고 도서실로 내달려 왔음이 틀림없다. 대출하지 않는 만화는 도서실에서 읽을 수밖에 없으니. 아이들 눈과 손이 닿기 좋은 자리를 차지하고 있는 만화들. 학습만화려니 하지만 만화방 만화다. 모두 교사가 읽고 나서, 다양한 생각 거리로, 토론 거리로 썩 괜찮다 싶어 선정한 작품들.

교사가 출근하면 도서실 문 앞에 기다리고 섰던 녀석들이 인사하며 가방을 받아든다. "안녕, 애들아. 어서 들어가자~!" 출근 시간이 저절로 일러진다.

### 가고 싶은 도서실

10여 년 전, 한두 학교 도서실을 시작으로 만화가 당당히 '입학'을 한 이래, 이제는 만화가 책과 같은 독서 대상이라는 것을 불편하게 여기는 사서·교사는 없으리라. 열람실에 책과 함께 좋은 만화를 갖추어 두는 것은, 읽을 범위를 넓히고 다양화하여 아이들 스스로 도서실 문을 열게 만드는 수준 있는 서비스다. 책 읽는 녀석은 만화도 읽으며 책은 절대 안 읽는 놈도 만화는 본다. 만화를 읽다 보면 책도 읽게 되며, 종일 멍 때리는 녀석이 만화라도 볼까 하고 도서실에 오기도 하니 만화 읽히기는 이래저래 남는 장사. 단지 유인책으로 '아무 만화'나 '갖다 놓기'는 만화에 대한 예의가 아닐 뿐더러 책과 만화의 다른 점, 좋은 책보다 더 좋은 만화도 많다는 사실을 모르는 것! 일단 자주 들락거리면서 도서실이 편안하고 친근해지면 제목이 익숙한 책을 빼 보거나 빌려 가기도 한다. 무기력한 아이가 우연히 좋은 '만화라도' 읽게, 조금이라도 쓰고 생각하게 도와줄 수 있다면…

아이들이 읽기에 몰두한 모습을 바라볼 때 나는 참 기쁘다. 모두 될성부른 떡잎으로 보인다. 열람실을 살살 돌아다니며 만화 보는 녀석들에게 살짝 말 걸고 감상문 쓰라고 꼬드기는 재미. 만화 보는 놈들 손에 다른 책도 쥐어 보낸다. 만화로 읽고 애니메이션도 보고, 인터넷에서도 만나고 책도 영화도 보니, 얼마나 좋은 친구인지. 서로를 넘나들며 공생하고 키우는 친구. 도서실 소파에 앉아 조용히 음악만 듣는 녀석도 예쁘고, 창밖만 내다보다 공연히 책보는 아이 툭툭 건드리는 녀석도 밉지 않다. 슬쩍 만화 한 권 집어주면서 눈 맞추면 금방 생기 도는 얼굴이 웃는다. 아이들과 수다 거리가 많아지니 사서·교사도 신난다.

### 만화를 왜?

• **만화는 가볍고 만만하니까** 쉽고 만만하여 선의로 다가가고 자발적으로 본다. 그러나 주어진 이미지와 함께 읽고 보고 느끼며 감동하는 동시에 뇌에 저장된 정보를 활용한 상상과 의미를 재창조하는 과정이다. 게다가 완전히 능동적일 수밖에 없다. 좋은 내용, 그림 담은 만화를 도서실에 놓고 맘껏 보게 해야 하지 않을까? 글과 그림이 함께 있어 의미 전달이 쉽고 빠르므로 흡인력이 높다. 그러니 어렵고 복잡한 내용을 이해시키기도 좋은 매체. 지나친 단순화와 비유의 위험이 있으나 전문적이고 학술적인 것일수록 만화로 표현했을 때 전달 효과와 학습 효과는 크다. 깊이 있는 진짜 공부는 전문가와 관심 있는 사람이 스스로 할 터. 만화의 이런 특성을 이용해 조악한 '학습'만화나 저질 작품이 나오기도 하지만, 그럴수록 좋은 만화를 읽혀야 바로 판단하고 선택하는 눈이 생기지 않으랴! 다양하고 어렵기조

## 4 만화 길라잡이

차 한 수많은 어휘와 그 어휘가 속해 있던 다양한 세계는 이른바 좋은 책을 통해서가 아니라 만화를 통해서 아이 속으로 먼저 들어간다. 만화의 다양한 소재와 관련된 어휘들이 그림으로 상황으로 캐릭터의 언행을 통해 실감나게 활용되면서 아이들 머리에 바로바로 담기기 때문.

• **문화 전승의 매체** 만화 자체가 장소요, 공간이다. 그 장소가 멀든 가깝든 공간이 어떤 형태든 우리는 다닌다. 거하기도 하고 내 안으로 불러들이기도 한다. 오래도록 변하며 이어진 우리 삶의 모든 영역이 세세하게 생생하게 담긴다. 그때 이런 모습으로 이렇게 살았구나… 참 갖가지로 생겨먹은 얼굴, 자잘한 살림살이 하나하나, 옷매무새, 먹거리와 음식, 담벼락과 집 안팎의 풍경, 울타리, 마당과 나무, 논밭, 시골길, 마을과 거리 풍경들 속에 일상으로 모임으로 만남으로 사건으로 서사로 사람들의 삶이 통째로 담긴 것이 만화다. 만화의 캐릭터들은 바로 손안에서 곧장 말을 걸기 때문에, 회화에 분절적으로 정지되어 담긴 삶이, 만화에서는 소설적 묘사나 상상력의 한계를 뛰어넘어 구체적 모습으로 지속하는 것이다. 만화의 칸과 홈통이 보여주듯 '단절의 연속'으로, 정지되었음에도 아이들 머리에서는 움직인다. 단속적斷續的 흐름과 함께 상상력을 수시로 결합시키면서 은연중 생동감과 현실감을 부여하며 서로 끌어들인다. 진짜 '머리-나쁜' 아이는 만화를 잠깐 '볼' 뿐 '읽지'는 못한다. 홈통에 빠지고 말풍선은 날아간다. 어른들이 만화를 즐기지 못하는 까닭이기도. 만화의 흡인력이 대단하기에 수준 높은 작품도 나오지만 반대 상황도 가능하다는 것, 이게 바로 가치 있는 만화를 적극 권장, 지원해야 하는 이유.

• **놀라운 상상의 세계** 불가능이 없는 세상에서 만나는 갖가지 분야의 다종다양한 소재와 캐릭터들. 그들이 말하는 새롭고 폭넓은 어휘들, 끝없는 상상력이 주는 재미와 새로운 세계를 향한 호기심은 상상을 현실로 불러내어 책 읽기의 폭을 넓히게 한다. 그림체, 표현법은 또 얼마나 가지각색이며 색채는 또? 여러 좋은 작품을 만나면서 그림 보는 안목(그리는 것은 '깊이 생각하며 보는' 것, 그림은 소통력 강한 또 하나의 언어)이 생기니 아이들은 모방도 하고 변형해서 그려도 보며 또 한 가지 재미와 멋을 몸에 들인다. 수많은 공간을 넘나드는 놀라운 여행을 뇌에 저장하게 만드는 만화는 성장의 필수 터널이다. 조금 어둡고 축축하며 비밀스러운 터널을 두근거리며 탐험에 성공할 때, 안정된 감수성 위에 건강한 공격성이 생기고 중심이 있는 한 인간으로 홀로, 또 함께 걸어갈 수 있다. 터널을 막아버리거나 눈부신 조명을 달아버리는 어른들 많다. 무섭다. 無知한!

• **생각하는 힘이 크다** 특히 만평이나 한 쪽 만화와 같이 짧은 작품의 경우에, 표현의 묘미와 작가의 의도를 꿰뚫는 순간에 폭발하는 기쁨 속에 생각

하는 힘이 쑥쑥 자란다! 사고의 촉수가 뻗어 나온다는 표현이 적절할 때도 있다. 에스프레소 마시다 가끔 '번개 맞는' 느낌, 딱 그렇다. 만화는 결코 지루하게 설명하지 않는다! 그림을 보는 순간 '느낀다'는 본성적 활동에 문자가 요구하는 '사고'가 합쳐지면서 뇌를 관통하는 깨달음! 이게 바로 진짜 공부. 대단히 매혹적이다. '머리가 돈다'는 말이 실감나지. 공부 시간 내내 바스락거리다 만평 읽기 할 때 눈빛내며 집중하거나 창의적으로 해석해내는 녀석은 '뇌'가 정말 있다. 칭찬받는 순간 형광등 100개가 켜지는 아이 얼굴을 봐야 한다. 으~ 키워야 해~이런 녀석들을 키워야 한다구~~~

• **좋은 만화가 많다** 만화랑 놀 줄 아는 녀석은 창조의 기쁨을 알고, 무한상상에 들락거린 녀석이 새로운 영역을 두려워하지 않는다. 상쾌하게 즐기기만이 아니라 본격 독서 대상으로 토론에 감상문까지 도전해볼 만한, 생각 거리를 담은 좋은 출판 만화들과 '만화방 만화'가 아주 많다. 그러니 당연히 읽게 해주는 것이 사서·교사의 할 일. 만화라는 예술로, 만화라는 언어로 삶을 풍성하게 할 기회를 놓치게 해서는 절대 아니 될 것.

• **만화는 삐딱하다** 이건 만화의 운명, 삐딱하지 않으면 만화가 아니지. 과장과 왜곡 없는 만화는 없다. 살짝 비틀고 어긋나게 만들고 놀리고 찌르고 골려준다. 히~~ 천진하게 웃으면서. 이게 만화다. 이건 모든 예술의 존재 이유다. 과장과 왜곡과 허용… 찌릿 공감, 쑥~! 깨달음, 기쁨 퐁퐁… 작가 내키는 대로!! 그래서 훌륭한 예술가들에 홀려 우리는 힘을 얻고 기꺼이 가치 있는 활동의 실천까지 동참한다. 만화는 삐딱하기에서 좀 더 자유롭다. 그래서 아이들을 불러들이는 소통력 막강한 언어….

청소년 관련 문제 하나 떠오르면 "만화 탓이다~" 소리치고 얼른 귀 막아버리는 관련 부처와 책임자들. 아니, 이들이 만화의 '삐딱함'이란 특성을 어떻게 알았지? 자신이 어릴 때 경험했던 만화적 허용과 쾌락을 아이들이 느끼지 못하게 하고 싶은 심통인가? 아니, 멋진 만화를 읽지 못했음이 틀림없다. 똥방구 뀌고 성내기다. 만만하고 삐딱한 만화에게 구원을 요청하는 거니 봐준다. 과연~ 만화의 힘이란! ㅎㅎ 그때미다 교사와 부모들, 사서와 만화가들은 만화가 매스컴에 오른 것을 환영할 일! 음흉하게 웃으며 좋은 만화 지원 예산 대폭 청구하는 기회로 만들자. 김태권이 그려주면 좋을 것들이다.

## 만화 길라잡이 4

'삐딱함'은 자라는 아이들의 특권이기도 하다. 아이들이 권장도서만 읽던가? 오히려 권장도서만 피해가며 읽는 아이들도 많지 않은가. 만화 역시 그렇다. 읽으라고 하지 않아도 아이들은 서로 정보를 교환하며 이것저것 읽고 수다 떨고 나름대로 판단도 하며 배우기도 하고 깨닫기도, 후회하기도 하며 누가 키워주기 전에 상당 부분 저절로 큰다는 사실을 분명히 알고 인정해야 한다. 통과해야 할 터널이요, 건너야 할 강이라니까요?

불량서적이 있듯이 불량만화도 있기 마련이니, 무엇이든 읽으며 생각하며 자신도 모르는 사이에 자라지 않으리? 스스로 가려 읽을 줄 알게 그저 내버려두는 것만으로도 훌륭한 독서가 되기도 할 걸? 그 아이에게 이것 읽고 얘기해 보자고 말을 걸되 무겁지 않게! 어떤 아이에게, 언제, 어떤 만화나 어떤 책이 영양식이 될지, 불량식품이 될지 감히 누가 알 수 있을까?

♪ 만화의 흡인력을 과장하여 '만화의 위험성'을 지적하는 사람들도 많다. 정지되고 무한한 되풀이가 가능한 만화의 한 칸은 우리를 은밀하게 깊숙이 끌어들임과 동시에, 거듭 보고 확인하고 생각하게 만드니까. 정말 과도한 성관계 묘사나 잔인한 폭력 등 일상적 표현의 수위를 넘은 것일 경우, 그것은 억눌린 폭력성과 성적 욕망의 카타르시스가 되기도 하고, 한동안 사물을 보는 변형된 인식의 토대가 되기도 한다. 『채털리 부인의 사랑』을 읽으며 상상하는 성교 장면과 고우영의 『수호지』에 등장하는 반금련의 색스러운 모습(그림이 어디 크기나 하던가)이 훨씬 더 자극적이듯! 만화의 한 컷은 곧바로 눈앞의 실황으로 개인화되기 쉬우니까. 많은 사람과 함께 보는 영화보다 혼자 손안에서 보는 만화는 더욱. 하지만 이것 또한 성숙으로 가는 자연스러운 과정에 필요한 현실적 공부인 것이니 과민 반응이 더 위험하다.

만화의 위험성! 이것을 뒤집으면 만화의 매력이자 강점이 된다. 일상적이거나 감성적인 자극, 공감이나 호응을 바라는 많은 아름다운 것들, 착한 것들, 깊이 생각해 봐야 할 것들의 경우, 만화를 통해야 까닭이 명확하지 않은가 말이다. 심하게 단순화되고 창조적이면서도 읽는 동안 우리 머릿속에 하나의 기호로 박혀버리는 만화적 인물의 흡입력은 대단하니까. 그것이야말로 만화를 만화이게 한다. 따라서 강력하고 올바른 소통을 확대시켜야 함은 당연한 일이다. 독소는 어디에나 조금씩 있는 법. 골고루 먹고 좋은 것을 더 많이 먹으면 될 터.

♪ 만화가 아이들을 폭력적으로 만든다? 폭력적인 만화가 청소년들을 망치는 것? 진실로 폭력이 걱정된다면 사회 전반의 폭력성을 줄이고 없애는 정치부터 시작할 것. 만화 덕분에 그나마 폭력성이 해소되는 것이라고 생각하면? 청소년 관련 사건이 생길 때마다 만화의 폭력성을 과장하며 만화 한 작품, 몇 부분 집어서 작가들의 창작 의지와 자부심을 꺾고 밥줄을 막는 게 순 진짜 폭력. 그래서 만화를 읽어야 한다. 좋은 만화 한 편 제대로 읽은 정도의 상상력과 시야만 가졌어도 그런 식으로 무지하게 만화가들을 죽이려 들지 않을 텐데!

폭력적인 장면, 끔찍한 장면도 당연히 있다. 하지만 용산참사처럼 가난한 사람의 삶터나 목숨을 짓뭉개는 반인륜

적 폭력은 없다. 쌍용차 사건처럼 인간을 총체적으로 파괴시키고 죽음으로 내모는 끔찍함은 없다. 폭력을 힘 가진 자의 권리인 양 여기게 만들까봐 겁난다. 그런 폭력과 죽음은 천재 만화가들조차 상상할 수 없는 것. 인간 세상에 있어서 안 되는 것이기 때문이다. 그리고 어떤 언설로도 옳음이 수용될 수 없기 때문이다. 만화의 폭력은 어디까지나 머리로 가능한 일회적 상상일 뿐. 그리고 만화의 폭력적인 장면은 왜 무엇이 문제인가 짚고 넘어가면 산 공부가 된다. 폭력이 무엇인지 제대로 알아야 폭력을 함부로 쓰지 않으며 다른 대화법을 찾을 것이고 폭력을 좌시하지 않을 수 있다.

'19세 미만 대여 불가'란 딱지를 붙여 놓았기에 모든 19세 미만이 기필코 봐야 하는 허영만의 만화 『비트Beat』, 10대 시절의 방황과 우정, 학업, 집안과의 갈등을 뜨겁게 겪어내면서 마침내 한몫의 어른으로 성장해가는 주인공들의 삶을 실감나게 담아낸 멋진 만화! 폭력과 색스러운 장면이 나와서 청소년 불가라면 이 만화는 누가 봐야 하는 것일까. 어른들의 과거 회상용? 청소년 비난용?

♬ 어떤 매체든 간에 그 매체의 장점이나 약점에 대해 기본 지식을 가지고 치극할 마음으로 직극적으로, 의도적으로 목적을 가지고 접근할 때와, 무지한 상태에서 맹목적으로 그저 빠져드는 것의 차이를 굳이 말해 무엇하랴. 책 읽기도 판타지 장르만 편식하거나 활자 중독인 양 오로지 읽기만 할 뿐 전혀 말이나 글로 표현하지 못하고 지식의 단편이나 토막 내고 있는 아이들도 많다. 하물며 특히 영향력이 강하다는 만화는 더욱 그렇다. 제대로 읽고, 제 것으로 지니며 단단하게 자라도록 편안한 자리를 깔아주자.

아이들은 만화 한 컷이나 영화 한 장면으로 깨지는 유리그릇이 아니다. 제 몸에 땡기는 모든 것들을 나름 경험하면서, 제 몫의 삶을 만드는 방법을 찾으며 또 살아가는 것이 '공부'인즉, 아이들이 좋아하는 만화·책을 밝은 곳에서 만나 제대로 읽어내도록, 주체적 수용자가 되도록 도와주는 것이 교사의 역할. 웰빙? 힐링? 멘토? 간지러운 말들이다. 이런 것 찾아 밖에서 허부적거리지 말고 만화·책으로 들어가 자신에게 맞는 것을 찾아내고 나아가서 잘 찾는 법도 스스로 찾아라. 좋은 스승은 만화·책에서 수시로 만난다. "외로우니까 사람이다. 공연히 오지 않는 전화를 기다리지 마라." 만화·책을 읽자. 내 속에 들여온 '꺼리'가 있어야 씨줄 날줄 엮어 '내 것'을 짜낼 것 아닌가. 학교 성적 눈치도 좀 보되 치이지 않으며 혼자 잘 놀고 생각하고 싸우고 이겨내는 속 찬 아이, 자기만의 것을 줄기차게 만들어낼 줄 아는 독립적 인간으로 자라게 두라. 홀로 서기를 배운 인간은 넘어지는 사람 붙들어줘야 하는 까닭도 알고 붙들어줄 힘도 만든다. 만화와 책으로 잘 차린 도서관 문 열어 놓고 맞아들인 다음 한바탕 제대로 놀아주지 않으려거든 내

## 4 만화 길라잡이

버려두라. 보고 읽은 양과 질을 넘는 삶은 없다.

### 만화, 교실로 불러오기

• **만화 읽은 경험 말하기** 만화 때문에 생긴 경험 말하기, 좋아하는 만화 소개도 하고 좋아하는 캐릭터 모방하여 그려보기, 야한 만화 본 소감 말하기. 의도적으로 두세 시간 계획한 다음 (야한 부분 찾아가며, 또는 찾아서 봐가며?) 아주 생생하고 진지한 토론·공부 장으로 만들어보자. 백주대낮 교실과 도서실 밝은 곳에서 아이들의 성을 풀어주라, 입과 머리만이라도. 그래도 결국 가슴과 몸은 저희들 몫. 토론 뒤 쓰기를 하면 토론 과정에서 나온 좋은 정보들이 정리되는 한편 솔직한 자신의 이야기가 편안하게 담긴다. 동의를 얻어 친구들의 글을 읽어주기까지 하면 피가 되고 살이 된다. 6, 7세면 인간의 정신적 핵심 구조가 거의 완성된다는 것은 정신분석과 심리상담 영역을 벗어나 이미 널리 알려진 사실. 아이들의 미래나 성에 대해 너무 걱정 마시길. 교사가 끝까지 책임질 수도 없는 것, 알맞게 조절·통제할 수 있는 능력을 길러줄 일. ㅎㅎ

• **교과서나 단편소설 내용을 만화로 요약하기, 자서전이나 부모님 전기 그리기, 역사의 현장·인물·소설 등 학습 목표나 내용에 알맞게 만화로 구성하여 그리기, 시의 배경 이야기 그리기** 시 한 편을 통해서 시인이 겪은 자질구레한 일상이나 사건들을 재구성해보는 것은 물론, 나아가서 시인의 다양한 경험과 생활 모습, 가치관까지 짐작해볼 수 있을 때 좋은 배경 이야기가 탄생한다. 역사적 사건을 놓고 그것이 발생하기까지 재구성해보는 것은 더욱 도전할 만한 것. 그렇게 생각해낸 것을 서사로 써나가는 것도 만만찮은데 칸으로 내용을 나누고 그림까지 그리는 것이 쉽잖다. 물론 아이들이 치밀하게 계획하여 단계적 고민을 모두 거치는 것은 아니지만 해결 과정을 향하여 나름대로 분석하고 종합하는 사이 뇌는 빠르게 회전하며 많은 생각을 하지 않을 수 없는 것. 공연히 꾸무럭거리며 떠들기만 하는 것처럼 보이기도 하는 그게 바로 능동적 활동으로 옮아가는 이음줄이다.

머릿속과 몸은 퍽 단계적이고 종합적인 사고가 동시에 진행되며 활동으로 이어진다. 그리하라 요구하지 않았으나 자신의 뇌에서 모든 정보들을 출동시키는 것, 생각은 생각을 불러일으킨다. 그 뿌듯함이란…. 멍~ 하게 앉아 아무것도 안 해도 되는 시간으로 여기는 애들도 더러 있지. 안 하는 애, 못하는 애도 있는 법. 안 하거나 못하면 좀 어떤가? 눈치 덜 봐 숨통 트인 덕에 좋은 에너지가 다음 시간에 잘 흐를 것이니. 슬쩍 말이나 걸며 권하되 들볶지 말 것. 저 생긴 대로 숨 쉬게 두라. 정말 괜찮은 교사는 그리해야 한다. 결국, 만화를 활용하여 수업을 하다 보면 어떤 경우에도 '생각'을 할 수밖에 없으며 그 생각은 갈수록 능동적이 된다는! 그렇게 시작된 생각하기는 자신에게 필요한 잡다한 것들을 적극적으로 끌어당기고 경험하며 성장으로 이끌게 마련이다.

• **지운 말풍선, 지운 칸 채워 넣기** 생각 거리가 있거나, 재미있는 네 컷 만화나 한 쪽 만화를 주로 이용한다. 말풍선 한두 개, 또는 한 컷 전체를 지워 아이들에게 채워 넣게 한다. 표현의 의미와 의도를 잡아내고 전체 내용을 이해하기에 아주 좋은 방법이다. 교사가 원작의 내용과 비슷하기를 기대하고 유도할 필요가 없으며 아이들의 발표 후에 원작을 놓고 비교해 본다. 새로운 시각으로 해석하는 재미, 전혀 엉뚱한 말이나 그림까지 넉넉하게 수용하며 웃고 칭찬하다 보면 매우 즐겁고 유익함.

• **한 칸, 네 칸 만화 읽고 중심 내용, 자신의 생각 서술·논술하기** 중심 내용을 정리하거나 작가의 의도를 비롯한 몇 가지 질문 거리를 주고 답하게 한다. 함께 작품을 이해하는 과정을 거쳐 얻은 실마리가 있기에 생각에 접근하는 부담이 덜하다. 자신의 판단이나 소박한 주장을 쓰도록 권하기에 좋은 방법. 다양한 해석과 엉뚱한 읽기를 수용하며 아이들 표현에 귀 기울이다 보면 전혀 주제를 빗나가게 읽어낸 아이 덕분에 한바탕 즐거운 소란이 벌어지기도 한다. 수업 내용과 연결시키려 하지 말고 당면한 사회문화적 사건에 대하여 생각을 나누는 데도 '만평'은 참 좋은 소재다. 어떤 교과든 수업의 변화를 만들 수 있

다. 스크린으로 해당 작품을 불러와 함께 보면서 즉석에서 생각과 발표를 유도하거나 자료로 만들어 나눠주어도 좋다.

🎵 **칭찬** 반드시 근거를 들어 칭찬하길. 어떤 부분이 왜 잘한 것인지 알아야 자부심과 성취감으로 간다. 기쁜 마음 담긴 음성과 표정으로 칭찬하길. 참된 칭찬과 인정은 몸으로 전달되기 마련이며 말로만 남발하는 뻔한 칭찬은 독이 될 수도 있음. 칭찬의 강도나 횟수도 아이와 과제 내용, 상황에 따라 고려해 보면… 어떤 아이에게 어느 지점까지 도와줄 것인가, 혹은 끝낼 것인가는 교사에게 달려 있다. 아이가 감당할 만한 정도로 부담을 주고 은근히 부추겨서 나름의 성취감을 얻게 한 다음 개인적 마무리를 해주는 것은 교사의 능력이자 경험에서 비롯된 기술. 무엇이든 과하면 즐거움을 잃는 법.

한 칸 만화 읽기 〈한겨레 그림판〉 박재동 (1989)

♣ 제시 1. 오늘날 이 만평은 어떻게 고쳐야 할까?
질문은 간단하지만 답은 무궁무진하다. 일단, 잘 표현했다고 놀라다가 누군가 '1989년이래~' 하는 순간 20여 년의 세월을 인식하고 경악한다. 그런데 지금도 똑같다고 기막혀 하다가 지금이 더하다는 생각에 이른다. 여러 가지 고칠 것을 찾아내어 쓰고 그린다. 아이들에게 제시했을 때와 교사들에게 제시했을 때는 고쳐 쓰고 그리는 부분과 내용이 당연히 다르다. 교사와 학부모는 더 다르다. 일반 교사와 국어교사, 만화·애니 교사들의 경우도 제법 다르다. 학교 성적의 고저, 물질 재산의 다소, 가치관에 따라서도 대답에 차이가 날 것인바, 이것들을 각기 다르게 가진 사람들이 섞여 있으니 그 답이 얼마나 천태만상일지 상상해보는 것만으로도 아주 재미있지 않은가.

♣ 제시 2. 오늘의 교육 현실을 풍자한 만화다, 평가해보자.
그림의 생산 연도를 밝히지 않고 오늘 나온 만평인 듯이 그냥 평가를 주문하면 설왕설래, 하하호호와 비장함이 교차하다가 결국 20년 전 교육 현장도 이끌려 나오게 된다.

**만화 독서, 그리고 다른 매체와 함께 읽기**

• **전교생 대상 만화 감상문 쓰기 대회** 학교 행사로 추진. 만화 감상문을 따로 하거나 독서 감상문 쓰기 대회에 만화를 포함시켜 자유롭게 쓰도록 한다. 소규모 도서실 행사로 특정 만화를 지정·공모하여 시상해도 좋다. 담임의 의지가 있다면 학급 행사로! 현실적으로 공공도서관 행사에 가장 적합.

• **수업 시간에 만화 읽기** 본격적인 만화 독서다. 수업과 관련한 만화 작품을 읽힌다. 물론 교사는 수업 계획에 따라 작품을 선정해 놓아야 한다. 함께 읽은 다음 게임을 통해 내용을 이해한 뒤 토의·토론 과정을 거쳐서 감상문으로 완결하면 좋다. 감상문은 줄글, 그림, 만화, 시, 메모, 맵 형식 등 하고 싶은 대로. 이런 수업을 처음부터 계획적으로 하기는 어려우므로, 일단 아이들이 한 작품을 읽고 자신의 생각을 간단하게 표현해 보게 한다. 학교 도서실에 권장 만화가 없으면 각각 빌려오도록 미리 몇 번 예고하여 준비시킨다. 수업 내용과 직접 관련이 없으면 어떠랴, 권장 작품들을 읽도록 시간만 마련해 주자. 밝은 교실에서 편안한 마음으로 즐겁게 만화 읽는 아이들의 모습은 정말 예쁘다.

• **독서평가** 학기 초에 미리 한 작품을 선정, 제시하여 각자 읽게 한 다음, 열 문제 정도로 시험을 보고 수행평가에 반영한다. 동학년 교사들이 협의하여 비슷한 난이도의 문제를 낼 의지가 있다면, 서너 권을 선정한 후 택일하여 시험을 보게 함으로써, 아이들에게 독서의 기회를 더 넓혀줄 수도 있을 것이다.

• **주제 수업을 통해 다른 매체와 함께 만화 읽기** 한 단원의 내용과 관련한 책이나 만화를 읽히는 것에서 영화, 애니메이션, 다큐멘터리 등으로 매체를 확장시키기. 『천방지축 아이들, 도서실에서 놀다』

(박경이, 나라말, 2007) 참고.

• **만화독서골든벨** 휴~ 가슴이 떨린다. 어떤 만화에서 문제를 내도 맞추는 녀석이 꼭 있다. 따로 또 같이 읽었으므로. 말도 필요 없다. 문제를 몸으로만 표현해 제시해도 답이 나온다. 표현하려고 몸짓 하나 하자마자 맞출 때면 애들은 뒤집어진다. 반짝이는 눈? 별? 하여간 빛나는 게 뭔지 실감나는 순간이지. 그 탱글탱글 젊은 에너지 모아모아 마주하는 내 심장이 두근두근… 수시로 기쁨 폭발이다. 좋아 펄펄 뛰면서 왕칭찬을 하면 애들은 교사를 칭찬하는 진풍경이 벌어진다. 하하, 반년 이상 도서실에서 만화 읽고 책 보고 수업한 이후 조금씩 도전해 보라. 문제 제시 방법과 표현, 배치를 고민한 뒤 진행하면 못할 교사가 몇이나 되겠는가? 시간이 없다? 시간이 없긴 할 것이다. 그런데 시간은 만들면 있다. 만드는 방법? 비밀! 비싸게 팝니다~ ^___^

♬ 도서실에서 수업을 하면 언제나 수업 관련 책과 만화들을 가져다 읽힐 수 있고 자료 검색도 가능하다. 아이들 개인 지도로 만화를 읽힐 수도 있다. 특수반은 아니나 이해력이 너무나 떨어지고 산만하여 수업에 참여할 수 없는 아이, 전혀 공부나 학습에 대한 개념이 없는 아이에게

『짱뚱이』나 『비빔툰』처럼 끊어 읽어도 좋고, 그림만으로도 쉽게 내용 이해가 되는 작품을 읽게 한다. 아이가 그 시간에 할 수 있을 만큼 분량을 정해주고 아주 간단한 것을 그리거나 써 보도록 하여 참여하게 하면 자연스럽게 수준별 학습이 된다. 물론 그 아이들의 동의를 얻는다.

만화 독서! 만화 활용 수업, 쉼표로 시작했으나 모르는 사이에 큰 에너지를 퍼 올려 아이들이 스스로 움직이는 시간이 된다. 종 울리는 줄 모르니 다음 학급 아이들이 우르르 들어와 엉덩이를 밀어야 일어난다. ㅎㅎ

마침내 사서(교사)가 해야 할 일은 '도서관에 만화 사 놓기!'에서 시작된다. 그러려면 만화에 대한 편견 버리기, 만화의 특성과 현실 인식, 만화를 보는 안목, 좋은 만화 목록 확보가 필요하다. 한정된 예산으로 책을 사다 보면 만화에 대한 인식이 없는 한 언제나 만화 구입은 뒷전으로 밀리거나 광고로 귀에 익은 허접한 학습만화 몇 권에 머무를 뿐이다. 교사가 참고서만 보고 교과서에 밑줄 긋는 식으로 수업을 때우는 것과 다를 바 없는.

♬ **만화 관련 정보는 어디에서?** 아이들 자신의 고민, 갈등, 우정, 노력, 사랑, 문제 해결 등 구체적 생활 모습과 사회문화적 삶이 생생하게 담긴 만화가 좋다. 그림과 색채의 창의성이나 조화로움과 안정도를 판단하기는 쉽지 않으므로 일단 평범한 눈으로 보이도 조잡한 그림이나 몇 가지

원색의 무한 반복으로 된 만화, 컷과 말풍선이 너무 오밀조밀 많고 시각적으로 혼란한 것, 반대로 엉성한 몇 컷의 그림과 말풍선으로 된 것은 미룬다. 그리고 몇 가지 보편적인 방법.

- 신문이나 잡지의 새 책, 만화 소개란이나 만화 평론가들의 추천 : 전문가가 추천하는 (예술)만화가 모두 아이들과 함께 읽고 이야기 나눌 만화가 되는 것은 아니지만 독서 대상으로는 당연 권장
- 전국의 각 교과모임이나 건강한 독서관련 모임에서 추천한 만화
- 오래 신뢰를 받아온 정직한 전문 만화 출판사
- 주변 학교나 도서관끼리 추천도서 목록을 교환하여 참고하기. 그래도 쉽지 않으니 짜증도 좀 내며 손수 읽으며 뒤져가다 보면 점점 안목이 생길 것이니, 일단 사서라면 책보는 눈에서 (준)전문가가 아닌가?
- 가장 좋은 자료는 사서(교사)가 직접 수업한 경험이 담긴 책이나 사례를 통해 간접 경험한 다음, 이후 눈에 띄는 만화를 자신이 직접 읽는 것이다. → 나만의 (생각하기 수업) 자료로 하나씩 확보해 나가 볼 만하지 않을지?
- 결국 사서(교사) 스스로 의욕적으로 읽기가 가장 중요하다. 여러 경로로 정보를 얻어서 소개할 수는 있되, 읽지 않으면 자신 있게 권하기 어려우며 아이들과 대화하기는 더구나 불가능하고, 아이들에게 만화와 놀도록 멍석 깔기 어렵다. 하루 이틀 하다가 그만둘 일이 아니라면 무엇이 급한가, 일 년에 한두 권씩이라도 확실히 '내 책, 우리 도서관 추천 만화'로 만들어 보면 어떨까? 너무 고르거나 따지지 말라. 어떤 책이나 주변 사물, 사건, 현상에도 생각 거리는 널려 있고 생각하려는 순간

'꺼리'가 보인다. 사서교사 할 일 하나 더. 다른 교사들에게 만화(수업) 권하기! 도서실을 폼 나게 널찍한 책 창고나 준컴퓨터실이 아니라 진짜 공부하는 곳, 학교의 중심으로 만들기.

### '도서관에 만화책 사 놓기'부터 시작~

만화가 있는 학급의 아이들은 다른 반 아이들의 부러움 속에 학교생활이 좀 즐겁다! 학교 도서관에 만화가 있으면? 아이들 숨 쉬기가 쉽다, 삶이 덜 팍팍하다. 학교는 가도 괜찮은 곳이 되거나 덜 가기 싫은 곳이 된다. 학교에 없는 책과 만화도 공공도서관에서 볼 수 있다면? 그래서 도서관마다 엇비슷한 책만 꽂혀 있는 게 아니라 각기 특화된 분야의 책을 가지고 있다면? 아이들이 더 읽고 싶은 만화와 책을 찾아 여기저기 도서관을 찾아가고 싶게 된다면? 학교 선생님이 아이들을 데리고 그 도서관에서 수업을 하면? 억세게 재수 좋은 아이들이지. 우리 도서관, 오늘 시작합니다~

# 만화 읽기와 만화리뷰 쓰기

**박석환** 만화평론가 www.parkseokhwan.com

**리뷰는 소비 경험의 공유이자**
**새로운 소비를 촉진시키는 활동**

만화리뷰를 간단히 정의하자면 '만화작품에 대한 경험을 공유하는 것'이라고 할 수 있다. 친구나 주변사람들과 '너 그거 봤어 → 진짜 재미있어 → 시간 있을 때 꼭 봐'라는 대화를 나눈 적이 있다면 이미 작품에 대한 경험을 공유해 본 것이다. 이를 글로 옮긴 것이 리뷰이다. 리뷰는 작품선정 → 감상 → 분석 → 평가의 순으로 이뤄진다. 감상이 작품에 대한 소비 활동이라면 평가는 작품에 대한 생산적 소비 활동이다. 소비 활동에는 자유가 있어야겠지만 생산 활동에는 일정한 기준이 필요하다. 창작이 기준을 파괴하는 행위라면 평론은 창작의 유형을 분류해서 '기준'을 재정립하는 것이라 할 수 있다. 평하고 논하는 일의 한 분야인 리뷰 역시 보편적 기준을 필요로 하고 이 기준이 명확해야 평가의 '공정성'을 유지하고 '신뢰성'을 확보할 수 있다. 결국 리뷰라는 것은 보편적 기준을 토대로 자신의 소비 경험을 타인에게 전달하고 타인의 소비를 촉진시켜서 새로운 생산을 유도한다.

물론 원칙적인 기준만을 내세운 평가와 이를 건조하게 글로 적어낸 리뷰는 그 자체로 흥미와 매력을 지니지 못한다. 그래서 리뷰에는 평가 외적인 요소가 곁들여진다. 이를 '가치'라고 할 수 있다. 평가는 보편적 기준 안에서 이루어져야 하지만 작품에 대한 가치 부여는 순전히 리뷰어의 몫이다. 같은 작품이라도 리뷰어별로 서로 다른 주장을 할 수 있는데 이 경우 리뷰어별로 가치평가의 기준과 의미부여 영역이 다르기 때문이다. 그래서 만화리뷰어 중에서도 특정 영역에 가치부여를 하는 이들이 존재한다. 어떤 리뷰어는 오락성에, 어떤 리뷰어는 교육성에 높은 가치부여를 한다. 소비자들은 자신과 성향이 동일하거나 자신이 소비를 원하는 영역에 가치부여를 한 리뷰어의 의견을 따르게 된다. 가치부여 요소가 전문적 식견과 문학적 글쓰기를 필요로 한다면 이를 제외한 리뷰는 과학적 글쓰기에 가깝다. 만화에 대한 보편적 기준과 리뷰의 구조 그리고 몇몇 방법론들만 이해하고 있다면 누구나 쓸 수 있다.

## 5 만화 길라잡이

### 만화리뷰 쓰기, 작품 선정에서 평가까지

#### 1. 작품 선정

일반 독자가 작품을 선정하는 과정은 다양한 추천이나 개인적 선택에 의한다. 친구의 추천일 수도 있고 언론매체에 수록된 리뷰어의 추천일 수도 있다. 만화매장 직원이나 만화대여점 주인의 추천일 수도 있고 인쇄매체 광고를 통할 수도 있다. 서가를 돌아다니면서 주목도가 높은 제목과 표지, 유명작가의 이름으로 작품을 선택하기도 할 것이다. 하지만 리뷰를 쓰는 사람이라면 조금 더 전문적이고 경제적인 선정기준이 필요하다. 이를 크게 외형적 요소와 표시적 요소로 구분해 접근하면 다음과 같다.

##### 1) 만화책의 외형적 요소

먼저 외형적 요소로는 책의 판형과 장정, 지질과 인쇄상태, 유통형식 등을 고려해야 한다. 만화 리뷰가 무슨 전자제품 리뷰도 아닌데 크기나 사양이 무슨 필요가 있을까 싶지만 '한국적 만화출판 및 유통현실'에서는 꼭 알아야 할 요소다. 책의 크기나 제작 사양에 따라 유통형식이 다르다. 무엇보다 이에 따라 활동하는 작가도 다르고 대상 독자나 소비층도 달라진다. 즉, 만화책의 외형적 요소만으로도 작가와 작품의 성격, 독자층을 일정 부분 분류할 수 있다.

##### a. 코믹스

가장 일반적인 만화도서의 판형은 4*6판이다. 코믹스판으로도 불리는데 B5(188*128) 크기다. 이 크기의 책은 주로 만화전문 출판사에서 발행하고 있으며 160쪽 내외 4,500원 정도에 판매된다. 원칙적으로는 서점 판매용이지만 현실적으로는 책대여점이 구매해서 일반 독자에게 대여해주는 형식으로 유통되고 있다. 만화전문 잡지에 연재된 작품이나 일본에서 수입된 만화책의 대부분이 이 판형으로 제작된다.

##### b. 순정만화

소녀, 여성 독자 대상의 작품은 이 판형보다 조금 큰 국판으로 제작된다. A5(210*148) 크기로 만화전문 출판사에서 발행하는 순정만화는 대부분 이 판형이다. 코믹스판보다 비싼 7,000원 내외로 판매된다. 역시 160쪽 내외다. 순정만화는 소년만화에 비해 분량(권수)이 적고 화려한 연출이 많기 때문에 큰 판형에 제작한다는 주장도 있고, 소년만화에 비해 소비층이 제한적이고 판매수량이 적기 때문에 규모의 경제를 맞추기 위해 가격을 높이는 대신 판형을 키우고 표지나 지질도 개선한 것이라는 주장도 있다.

#### c. 성인만화 & 일일만화
성인 독자 대상의 작품은 순정만화보다 조금 더 커져서 신국판(152*252) 크기로 제작된다. 여기서 거론되는 성인만화는 성인 독자 대상의 작품이라는 의미도 있지만 만화방(대본소)을 중심으로 유통되는 이른바 일일만화의 변형판이다. 일일만화는 유명작가의 프로덕션에서 매일 1권씩 발행된다는 의미에서 붙여진 명칭으로 공동작업진에 의해 대량 창작된 작품을 뜻한다.

#### d. 교양만화 & 학습만화
신국판은 일반적인 단행본 도서의 대표적 판형이기도 하다. 최근 서점 판매용으로 각광받고 있는 감성만화나 웹툰의 오프라인판도 대부분 신국판으로 제작된다. 앞선 코믹스판, 순정만화판, 성인만화판이 1회성 인쇄물에 주로 쓰이는 중질지에 흑백 인쇄가 중심이라면 서점판매를 목적으로 제작된 신국판은 고급 아트지에 올컬러 인쇄가 주종을 이룬다. 쪽수의 기준은 천차만별이지만 200쪽 내외로 제작된다.

물론 이 같은 외형적 요소의 분류 기준을 따르지 않은 작품도 있다. 하지만 대부분의 만화출판물은 이 같은 전통적 기준 하에 생산되고 소비된다. 즉 먼발치에서 책의 크기와 두께만 보고도 유통형식, 주독자층, 가격, 쪽수, 컬러인쇄 여부를 가늠할 수 있다.

### 2) 만화책의 표시적 요소
표시적 요소로는 먼저 책등에서 확인할 수 있는 브랜드(레이블 또는 시리즈명), 제목, 작가, 출판사명이 있다. 앞표지에는 구독 가능 연령 표시, 제호(워드마크), 일러스트, 광고문구 등이 있다. 책날개에는 작가소개와 근황, 대강의 설정 등이 적혀 있다. 내지 앞쪽에서는 등장인물 소개와 목차, 줄거리 등을 확인할 수 있고 내지 앞이나 뒷부분에서는 발행일자, 발행처, 편집진, 저작권자 등을 확인할 수 있는 판권장이 있다. 몇 가지 표시 요소만 살펴보자.

#### a. 브랜드, 제목, 작가, 출판사
먼저 브랜드는 출판사별로 특정 성향이나 독자층을 위해 제작된 작품임을 뜻하는 상표 또는 고유명사다. 제목은 만화작품의 내용이나 주제를 예측할 수 있는 가장 중요한 표시 요소 중 하나다. 만화작품의 경우 독자에게 쉽고 빠르게 내용이나 주제를 알리기 위해 제목 안에 많은 정보를 담고 있다. 작품의 분위기를 알 수 있기 때문에 표지 일러스트 등과 함께 꼼꼼하게 살펴볼 필요가 있다. 작가의 경우 이름이 곧 브랜드다. 대다수의 만화작가가 자기만의 고유한 스타일을 지니고 있다. 인기 만화가라면 작가의 이름만으로 충분히 작품 스타일을 가늠해 볼 수 있다. 물론 작가의 스타일을 알기 위해서는 전작을 읽고 이해해야 한다는 전제가 따른다. 만화 작품의 출

## 5 만화 길라잡이

판종수가 확대되면서 출판사가 곧 특정 만화작품이나 장르를 지향한다는 개념은 무색해진 상황이다. 또 수입 일본만화를 포함해서 대표적인 만화전문 출판사인 대원씨아이, 학산문화사, 서울문화사 등이 코믹스와 순정만화 대부분을 생산하고 있다는 점도 출판사 명칭만으로 특이성을 찾는 데는 제한이 따른다. 하지만 이른바 독립 출판사나 소규모 출판사의 경우는 특정 장르만 전문으로 출판하기도 한다.

### b. 연령표시, 부속물, 판권장

구독가능 연령표시는 성인 대상의 작품인 경우 '19세미만 구독불가'라는 빨간딱지를 법적으로 붙이게 되어 있다. 이 밖에 출판사 측에서 표현의 수위를 높이거나 제한하기 위한 방편으로 의도적으로 특정 연령 이하의 열람을 제한하는 경고 문구를 붙이기도 한다. 일반적으로 선정성과 폭력성을 기준으로 표현 수위가 높은 작품일수록 열람 가능 연령을 높게 표시한다. 작가소개, 등장인물 소개, 줄거리 등을 통해서는 외형적 요소와 각종 표시요소를 통해 유추한 내용을 구체적으로 재검토해 볼 수 있는 기회를 제공한다. 판권장에서는 초판 발행 일자를 확인해서 시기성에 대해 인지해야 한다. 수입출판물이라면 원 출판 국가와 발행년도를 확인해야 한다. 문화 개방이 확대됐고 접근성과 다양성이 높아진 만큼 특정 국가에서 출판된 만화가 특정한 성향을 유지하고 있다고 보기는 어렵다. 하지만 여전히 각 나라별로 고유한 전통과 이미지가 있듯이 만화작품도 그 나라의 특이점과 유사한 모습을 드러낸다. 또 발표 시기도 작품에 대한 사전 이해를 돕는 주요 요소가 된다. 기실 우리나라는 일본만화를 실시간으로 소비하고 있기 때문에 이 같은 요소가 의미 없게 보일 수 있다. 그러나 최근 확대되고 있는 서구권 만화의 경우는 과거에 출판된 작품이 수입되는 경우가 많기 때문에 작품의 최초 발행시기가 사전 정보를 제공하는 요소가 된다.

### 2. 작품 감상

작품 감상 시 최고의 자세는 아무런 선입견 없이 책장을 펼치는 것이다. 하지만 이미 앞서 기술한 것처럼 작품 선정 과정에서 어떤 형태로든 선입견은 작용할 수밖에 없다. 더군다나 좀 더 전문적이고 경제적인 만화 읽기를 해야 하는 상황이라면 오히려 선정 과정에서의 선입견을 강도 높게 작동시켜야 한다. 이를 위해서는 만화의 내적 요소에 대한 이해가 필요하다.

내적 요소는 작화형식, 서사구조, 갈등구조, 소재나 내용상 갈래 등을 들 수 있다.

#### 1) 만화의 형식적 분류

##### a. 캐리커처(Caricature)

현대 만화의 가장 원초적 형식은 캐리커처다. 유명 인물의 특징을 부각시켜 희화화한 회화 양식이다. 만화는 일반적으로 얼굴을 실제 신체 비례보다 좀 더 크게 묘사하는 경향이 있다. 인물의 성격이나 감정을 가장 효과적으로 표현할 수 있는 요소가 헤어스타일, 눈, 입이기 때문이다. 코와 귀의 경우도 관상학적 요인에 따라 부각시켜 표현하기도 한다. 캐리커처는 대체로 실존 인물을 대상으로 하기 때문에 얼굴 표현의 의도를 중심으로 신체의 동적요소나 소지품 등의 의미를 찾아내는 것이 중요하다.

b. 카툰(Cartoon)

카툰은 만화를 대표하는 일반명사지만 1칸 만화를 뜻하는 것으로 의미가 세분화됐다. 신문이나 잡지에 정기적으로 게재되는 카툰은 정치만평으로 불리기도 한다. 카툰은 대체로 고정된 칸이나 액자 같은 프레임 안에 담겨 있기 때문에 좌에서 우로 시선이 이동하는 방향을 따라 Z자로 의미를 찾아가야 한다. 카툰은 만화의 시라고도 하는데 간결하면서도 풍부한 은유적 요소들을 담고 있어서 그 이면의 의미를 찾아내는 것이 중요하다. 간혹 아주 중요한 사회적 문제를 너무 경박하게 다룬 것 아니냐는 비판도 있다. 하지만 제한적 집단의 문제를 대중적 문제로 이끌어 내는 역할에 충실하다. 일반적으로 4칸 만화를 포함하는 명칭으로도 쓰인다.

c. 코믹스트립(Comicstrip)

4칸 또는 그 이상으로 구성된 만화는 코믹스트립이라고 한다. 코믹스트립 역시 카툰과 마찬가지로 만화를 대표하는 용어 중 하나다. 약어로 코믹스리고도 한다. 4칸 만화는 기승전결이라는 진통적 이야기 구조를 지닌 서시만화의 기초 형식이라고 할 수 있다. 에피소드 위주지만 주인공이 있고 문제가 등장한다. 문제가 확대되어 위기를 이끌어 내고 이를 해결하기 위한 시도와 결과 또는 반전이 일어나는 구성을 취한다. 전개 국면과 결론 부분에 집중해야 한다.

d. 코믹북(Comicbook)

코믹북은 말 그대로 만화책 만화를 뜻한다. 만화책은 미국의 경우 그래픽노블(Graphic Novel), 유럽의 경우 방드데시네(Ban de De Cine), 일본의 경우 코믹(Comic, Manga)이라 칭하기도 한다. 나라별로 다른 명칭처럼 나름의 특징도 있다. 그래픽노블은 삽화적 그림 스타일을 중심으로 한 소설책 정도로 이해할 수 있고, 방드데시네는 회화적 연출이 주가 된다. 코믹은 일본만화의 다양성만큼이나 단정적으로 정의하기 어려운 개념이다. 하지만 일본만화의 역사적 배경이나 용어의 의미를 중심으로 해석해 보면 극적 사실성을 강조하는 한편 긴장을 이완시켜 주는 개그 컷을 포함한 만화라고 할 수 있다.

2) 만화의 내용적 분류

인터넷서점이나 만화매장에 가보면 소재나 내용을 중심으로 한 분류명을 쉽게 찾을 수 있다. 이를 나누는 기준 역시 리뷰어나 평론가별로 조금씩 차이가 있을 수 있다. 또 그간 만화가 다루지 않던 소재나 내용의 작품들이 등장하면서 새로운 분류명을 만들어 내기도 한다. 인터넷서점 중 리브로(www.libro.co.kr)는 만화 코너를 개설하면서 (사)한국만화문화연구원의 자

## 5 만화 길라잡이

문을 받아 내용상 분류명을 지정한 바 있다. 또 초기와 달리 몇 년간 운영하면서 유통 상황에 맞춰 분류명을 추가하거나 변경했다. 이를 예시로 분류명을 살펴보면 다음과 같다

만화의 내용적 분류 예

| 대분류 | 중분류 | 세분류 |
|---|---|---|
| | 1차 분류 | 2차 분류 |
| 만화 | 공포/추리 | 호러/잔혹한 상상, 추리/심리스릴러 |
| | 그래픽노블 | 서구권 만화 |
| | 드라마 | 가족/직장/일상, 청소년의 성장, 사회파 드라마, 요리 만화, 취미/집기/도박, 특별한 직업세계, 의사/의료소재 만화 |
| | 로맨스 | 하이틴, 학원물, 연애/결혼이야기, 판타지풍, 로맨스, 금단의 사랑 |
| | 라이트노벨 | 판타지소설, 로맨스소설 |
| | 명랑/코믹 | 엽기 컬트 만화 |
| | 스포츠 | 스포츠와 성장, 프로와 영웅의 세계 |
| | 액션/무협 | 격투와 승부, 무협의 세계, 시대/역사물, 학원 액션 |
| | 언니네만화 | 퀴어(queer), 야오이, 동인지 |
| | 웹툰/화보/기타 | 시사풍자/교양/실용, 웹툰/카툰, 화보/일러스트, 인디만화/기타 |
| | SF/판타지 | 기계와 영혼, 가상의 세계, 우주 속으로, 초능력의 세계, 액션 어드벤처, 일상속의 판타지, 요괴/퇴마, 초자연의 세계 |
| | 성인성애 | 코믹/풍자, 성애, 프로덕션, 성인 만화 |

이 같은 내용상 분류에는 기실 많은 문제점이 있다. '그래픽노블'은 화풍과 국가를 기준으로 했고, '언니네만화'는 특정 독자층을 대상으로 했다. '성인성애'는 내용과 무관하게 연령으로 구분했고 '교양학습만화'는 일반서적으로 분류되어 만화코너에서는 빠져 있다. 이는 새로운 출판 경향에 따라 발행량이 많아진 분야를 분류명으로 지정하면서 발생한 것이기도 하지만 만화의 장르명칭이라는 것이 내용과 형식, 독자층과 유통방식 등에 따라 복잡하게 얽

히면서 규정된다는 것을 보여주기도 한다.

### 3) 작품과 거리두기

소재나 내용에 따라 만화의 감상 포인트도 달라진다. 리뷰어는 이 포인트에 익숙해져야 한다. 감상을 하다보면 작가가 의도했거나 독자들이 감명 깊게 보는 대목이 드러난다. 공포만화라면 무서운 장면이겠고 스포츠만화라면 경기 장면이다. 하지만 진짜 포인트는 외적 상황이 아니라 내적 상황에 있다. 외적 대립이 소재에 의한 것이라면 내적 대립은 주제에 집중한다. 즉 정서적으로 대립하는 상황이 최고조에 달하는 순간과 대립이 와해되거나 확전되는 순간이 포인트다. 독자들 역시 이 포인트를 리뷰어와 동일한 수준에서 느끼게 된다. 반면 리뷰어는 독자보다 더 발달된 촉수로 의도된 장면 외의 것을 찾아내야 한다.

독자가 발견한 것과 같거나 발견할 수 있는 것을 제시하는 한편 일반 독자가 찾지 못하는 것을 찾아내 제시해야 한다. 이를 찾기 위해 작품을 재독, 삼독하는 것도 좋다. 하지만 만화연구자가 아니라 만화리뷰어라면 작품 자체에 몰입해서 세세한 요소를 찾아내는 것보다 다른 분야에 대한 관심과 보편적 이슈를

만화작품을 통해 제시하는 것이 좋다.

　대개의 시각매체(가령 영화, TV, 미술관의 전시품 등)는 특정 장소에서 다른 이들과 함께 동시간대에 감상하도록 되어 있다. 반면 만화는 소설이나 컴퓨터게임처럼 매우 개인적으로 소비된다. 이 같은 특징은 만화의 창작 방식과 연출에도 많은 영향을 끼쳤다. 만화가들은 독자가 주인공과 동일시되어 작품 속 세계에 몰입하도록 만든다. 작가의 의도에 따라 완전히 그 세계에 몰입할 수 있는 작품을 만난다는 것은 독자로서 큰 행운이다. 하지만 리뷰어가 작품에 너무 몰입되어 다른 독자의 관심을 유발시킬 수 있는 요소를 찾아내지 못한다면 더 많은 이가 이 작품에 몰입할 수 있는 기회를 놓치게 되는 셈이다. 리뷰어가 이 작품에 취해 있다면 이미 취한 사람들과 즐거운 대화를 나눌 수 있다. 하지만 멀쩡한 사람이 취한 사람들과 합석하기는 쉽지 않다. 이 때문에 리뷰어는 작품을 완전하게 소비해서는 안 된다. 몰입했다하더라도 적당한 거리를 두고 곧바로 벗어나야 한다.

### 3. 작품 분석

작품 감상 후에는 자연스럽게 분석과 평가가 따라온다. 감상평은 누구나 하는 것이다. '재밌다, 재미없다'처럼 간단명료한 평가도 있고 '우울했었는데 새로운 힘을 얻었다'처럼 개인적인 감동도 있을 수 있다. 별점으로 평가하는 것 역시 일반화된 방식이다. 하지만 리뷰어는 평가 이전에 분석의 과정을 수행해야 한다. 분석의 범위와 수준, 분량을 어느 선으로 제한할 것인지는 다른 문제다. 지면이 부족하다고 해서 분석과정을 생략해서는 안 된다. '액자 형식의 이야기 구성을 통해 주인공의 이중적 상황을 잘 표현하고 있다. 이는 하고 싶은 일과 할 수 있는 일 사이에서 고민하는 모든 독자를 위로한다.'처럼 간단하게 서술될 수도 있다. 반면 서사 구성표와 인물관계도, 인물 간 특정 행위나 말에 대한 횟수 분석 도표 등을 제시하며 각종 입증 자료와 함께 원고지 100매 분량 이상으로 분석과정을 서술할 수도 있다. 전자의 경우 일반적인 매체비평에 적합한 분석 수준이고 후자의 경우는 이론비평에 적합한 분석 수준이다.

　일반적으로 객관적인 분석과정을 취하지 않는 비평을 주관비평, 인상비평, 감상비평 등으로 부르며 비하하는 경향이 있다. 하지만 이 비평 방법론은 역사적으로 가장 오래된 것이기도 하고 현재도 가장 널리 쓰이고 있다. 객관비평, 이론비평 등에 비해 그만큼 효율적인 방법이다. 실제로 각급 매체나 소비자에게 선호되는 대

## 5 만화 길라잡이

다수의 평론가들은 유려한 문장력과 함께 이 같은 감상비평 방법론을 택하고 있다. 독자를 설득시키기 위한 각종 수사학적 방법론을 동원한 리뷰가 본격적인 이론 비평보다 쉽고 친근해 보이는 것은 당연하다. 대다수 매체비평의 유통환경은 개체수, 지면량 등에 있어 매우 제한적이다. 이 때문에 과학적이고 체계적인 분석을 요구하는 경우는 드물다. 다양한 분석 방법론이 제시될 수 있으나 여기서는 작품분석을 위한 과정상의 팁을 제시하는 것으로 한다.(분석방법론에 대한 사례 제시는 필자의 책 『만화읽기와 리뷰쓰기』를 참고하기 바란다).

### 1) 제목

만화작품의 경우 제목에 각종 부호가 포함되기도 하고 의도적으로 맞춤법을 틀리게 한 경우도 있음으로 주의 깊게 살펴야 한다. 해외 작품의 경우는 원제도 확인해 둘 필요가 있다. 대개 도서 내지 앞면이나 뒤의 판권장에서 확인할 수 있다.

### 2) 작가(글/그림)

만화작가의 경우 가명이나 필명을 쓰는 경우가 많다. 가능하다면 본명도 확인해 둘 필요가 있다. 최근에는 글작가, 그림작가가 따로 있는 것이 보통이다. 원작자가 있는 경우도 신경 써야 한다. 일반적으로 그림작가가 가장 많은 저작권리를 행사하지만 경우에 따라서 글작가의 권리가 높은 경우도 있고, 원작자의 권리가 높은 경우도 있다. 관행적으로 글작가를 먼저 표기하지만 권리 관계를 확인한 경우에는 권리순대로 표기하는 것이 옳다.

### 3) 출판사

일반도서와 달리 만화도서는 몇몇 만화전문 출판사가 60~70% 이상을 발행하고 있다. 출판사별로 작품의 형식이나 내용별로 독자적인 브랜드나 레이블을 두고 있는데 이를 확인해 두는 것도 좋은 방법이다.

### 4) 형식상 분류(작화형식, 화풍)

최근 주류 만화는 코믹스(코믹북)에 극화 형식을 취하고 있다. 극화는 대상을 단순화한 명랑만화체와 대비되는 개념으로 극사실체를 뜻한다. 최근 선호되는 만화는 망가풍으로 극사실체보다는 만화적이다.

### 5) 내용상 분류(시대, 소재, 장르)

먼저 작품의 시대적 배경에 대해서 확인하고 주요 소재와 장르도 검토해 둬야 한다. 대개는 만화책 표지 등을 통해 출판사에서 제시한 분류 기준을 확인할 수 있다. 이를 따를 수도 있고 감상 후 독자적인 분류 기준을 제시할 수도 있다.

### 6) 표현상 분류(주독자층, 등급)

이 역시 분석의 주요 포인트 중 하나다. 영화나 TV에 시청등급이 있듯 만화에도 구독등급이 있다. 대개는 표현 수위에 의해 결정되는데 리뷰어라면 독자들의 연령뿐만 아니라 성별, 직업, 취향 등에 따른 분류 기준도 제시할 수 있어야 한다.

### 7) 주제상 분류

장르나 소재가 곧 주제일 수도 있다. 하지만 대개의 작품은 철학적 가치를 내세운다. 꿈, 도전, 용기, 사랑 등이 될 수도 있고 라이벌 간의 대립, 이루어질 수 없는 사랑 등 특정 테마가 될 수도 있다.

8) 등장인물
인물의 이름이나 성격, 나이, 직업 등은 가장 기초적이면서도 쉽게 무시되는 경향이 있다. 연령과 성격, 직업에 따라 인물의 입장과 태도가 달라지고 사건의 의미도 달라진다. 성장형 드라마나 서사극이라면 연령이 곧 분기점이 될 수 있음으로 명확히 해둬야 한다.

9) 시놉시스
대개 줄거리의 형식으로 만화책 내지의 앞부분에 제시되는데 이는 작가나 편집자의 생각이고 리뷰어가 작품 감상 후 독자적으로 시놉시스를 재구성해 볼 필요가 있다. 시놉시스에는 주제, 창작의도, 등장인물, 줄거리가 포함되는데 극적 구성과 관계없이 시간 순으로 작성해 보는 것이 좋다.

만화책을 읽으면서 메모를 하거나 특정 페이지를 접어두는 것처럼 만화 감상을 방해하는 행위도 없다. 또 한 번 읽은 만화책을 다시 보면서 주요 장면에 대해 코멘트를 달아두는 것도 쉬운 일은 아니다. 연구자의 경우 재독, 삼독도 해야 하지만 시간을 다투는 리뷰어가 이 같은 감상 방식을 취할 수는 없다. 그래서 각자의 감상 방식이나 습관에 맞춰 필요한 정보와 떠오르는 요소에 대해 기록하면 된다. 필자의 경우 과거에는 작품 감상을 우선시했지만 최근에는 작품 선정을 우선시하고 있다. 막무가내로 읽지 않고 고르고 고른 작품만 본다. 작품 감상 단계에 든 작품이라면 작품 분석을 수행할 가치와 의미가 있는 작품이기 때문에 감상 전, 중, 후에 다양한 방식으로 메모를 하고 있다. 기억력에 의존하는 경우가 많지만 실제 분석과 평가과정에서는 가설의 확인과 묘사를 위해 재독하는 경우도 많다.

### 4. 작품 평가

선정도 평가고 감상도 평가다. 분석결론도 평가와 다름이 없다. 하지만 여기서 말하는 평가는 수치화시키는 작업이다. 그간의 검토 결과를 글로 쓰기 전 또는 후에 작품에 대한 다양한 요소들을 측정해서 별점이나 점수를 매기는 작업이다. 창작물을 수치화해서 평가한다는 것은 그리 유쾌하지 않은 작업임이 분명하다. 필자는 이 과정을 글쓰기 전에 수행한다. 측정 결과가 낮게 나왔다면 글을 쓸 이유가 있는지 다시 생각해 본다. 반면 글을 쓰고 나서 측정을 하게 되면 작품이 아니라 자신의 글을 평가하는 경우가 있다.

## 5 만화 길라잡이

분석에 주관이 개입되지 않을 수 없는 것처럼 평가에도 주관이 개입된다. 하지만 이를 최소화해야 하는 것이 평가에 대한 일반적 입장이다. 또 분석과정이나 글쓰기와 달리 평가 자체에는 전혀 주관적 견해가 개입될 여지가 없다고 하는 것이 전문가의 견해여야 한다. 그만큼 평가는 평가의 기준과 원칙에 입각해야 하고 기계적으로 임해야 한다는 의미다.

여기서는 일반적으로 진행되는 만화 평가의 다섯 항목에 대해 검토한다. 평가과정에서는 다섯 항목을 좋고 나쁘고의 5점 척도(매우좋음, 좋음, 보통, 나쁨, 매우나쁨)로 구분하여 진행하고 이에 대한 평균을 평가결과로 제시한다.

### 1) 작품성

작품성은 일반적으로는 예술성과 동일한 개념으로 쓰인다. 그림과 연출의 적합성, 소재 선정의 참신성과 이야기 전개의 개연성, 전체적인 주제의식과 현실적 의미 등을 검토한다. 대체로 코믹스라 불리는 장르만화의 경우 일정한 장르적 문법에 맞춰서 창작되기 때문에 소재의 참신성이나 주제의식이 낮은 반면 상대적으로 숙련된 그림 실력과 연출력을 보여준다. 반대로 특정한 주제의식을 갖춘 기획만화의 경우는 소재와 주제의식이 높은 반면 그림과 연출, 서사의 전개 등이 낮게 평가된다. 양자를 모두 만족하는 작품과 작가는 그리 많지 않다. 늘 상을 받는 작가가 또 상을 받는 이유도 여기에 있다.

### 2) 독창성

독창성은 소재 선정의 참신성이나 그림과 연출 등 실험적 시도를 높게 평가하기 위한 기준이다. 만화작품은 대중적 영역에서 소비되기 때문에 앞서 논한 것처럼 대중에게 익숙한 방식으로 창작된다. 일반적으로 중견작가들은 자신의 스타일을 유지하면서 새로운 이야기를 시도한다. 즉 소재는 새롭지만 그림과 연출은 유지된다. 반면 신인작가들은 소재 선정의 폭이 제한적인 반면 새 얼굴이라는 측면에서 새로운 그림과 연출을 선보인다. 이는 신인작가를 선 위에 들게 하기 위한 기준이기도 하고 중견작가의 분발을 촉구하기 위한 것이기도 하다.

### 3) 선호도

선호도는 작품의 인기도를 의미한다. 판매부수나 대여부수를 평가하기도 하고 각종 순위 자료를 조사해서 다른 작품과 비교 평가하기도 한다. 하지만 새로 나온 작품이라면 이 같은 기준을 적용하기에 한계가 따르고 출시된 지 오래된 작품이라도 정확한 데이터를 찾을 수 없는 경우도 있다. 그래서 대체로 대중성이라는 판단 기준을 적용하기도 한다. 대중성이라는 기준은 극히 주관적일 수 있는데 역대 데이터를 기준으로 일반 독자들이 좋아하는 기호, 코드 등이 어느 정도 포함되어 있는지 여부를 평가하는 것이다.

### 4) 인지도

인지도는 작가 또는 작품이 대중적으로 알려져 있는 정도를 의미한다. 이 역시 데이터를 통해서 확인해야 할 사항이지만 쉽지 않다. 그래서 대체로 언론매체 노출도를 인지도의 기준으로 삼고 있다. 즉, 주요 언론매체에 해당 작품과 작가 관련 기사를 검색하여 게재 건수를 기준으로 대중적 인지도를 가늠한다.

5) 기여도

기여도 역시 모호한 측면이 있다. 일반적으로는 출판 분야인 만큼 만화책 판매부수를 기준으로 산업적 기여도를 평가한다. 영화나 드라마로 원작 판매가 이뤄졌는지, 캐릭터 상품 등이 출시됐는지 등도 검토 항목이다. 이는 문화산업 전반의 파급효과를 측정하는 것이다. 하지만 판매가 본격화되기 이전의 경우라면 이를 평가할 길이 없다. 그래서 작품의 독창성이나 작가의 인지도, 사회문화적 활동과 역할 등을 토대로 만화사적 기여도를 평가하기도 한다.

개인적으로는 리뷰를 쓰기 전에 5개 항목 내에 포함된 다양한 세부 항목들에 대해 작품선정, 감상, 분석과정에서 1차 평가를 하고 관련 자료를 수집해 2차 평가를 한다. 의도적으로 이 같은 과정을 밟기도 하지만 자연스럽게 머릿속에서 이 같은 요소가 자동 정리될 때도 있다. 이 경우 곧바로 글로 써내려가기도 한다. 별점처럼 리뷰의 말미에 다섯 개 항목에 대한 코멘트나 점수를 다는 방식도 있을 수 있고, 이 항목들로 작품을 평가한 뒤 서술형으로 재구성만 해도 괜찮은 리뷰가 될 수 있다.

## 따라해 보는 만화리뷰 쓰기
### – 신문 만화리뷰를 중심으로

종합 일간지에 게재되는 만화리뷰는 쓰는 이, 분량, 성격에 따라 다양하게 분류된다. 매체에 따라 20자평, 200자평이 있는가 하면 서지정보만 제공하는 출판소식, 간단한 줄거리와 감상평을 게재하는 약식 리뷰(이하 200자 원고지 기준, 4매 내외), 전문가의 분석과 평가가 포함된 전문리뷰(8매 내외), 만화계 주요 이슈에 대해 주관적 견해를 밝히는 칼럼(8매 내외) 등이 있다. 보도성 기사나 인터뷰, 단신 등은 기자가 작성하고 리뷰나 칼럼은 외부 전문가에게 청탁하는 것이 일반적이다. 기자는 객관적 정보를 제공하고 전문가는 주관적 평가를 제공한다. 신문 만화리뷰는 잡지나 인터넷매체 등의 리뷰와 다소 차이가 있을 수 있으나 대체로 일반화된 리뷰의 구성을 취하고 있고 잡지나 인터넷매체 역시 이를 기준으로 변형되었다고 볼 수 있기 때문에 여기서는 신문 만화리뷰를 중심으로 구성 요소와 구조에 대해 살펴본다.

**1. 만화리뷰의 구성요소를 먼저 챙기고**
신문 만화리뷰는 다음과 같은 항목들로 구성된다.

## 5 만화 길라잡이

**만화리뷰의 구성 요소**

| 전체 구성 | | | 설명 | |
|---|---|---|---|---|
| 신문 만화 리뷰 | 제호(타이틀) | | 해당 지면의 성격을 규정하는 제목<br>예) 박석환의 만화방 | |
| | 표제(헤드라인) | | 주목도를 끌기 위한 표제어<br>예) 법정의 시련은 있어도 그 빛은 더하리 | |
| | 표지(커버) | | 대상 작품<br>예) 표지 및 내지 이미지 | |
| | 서지정보<br>(비브리오그라피) | | 대상 작품에 대한 객관적 정보<br>예) 김진, 바람의 나라, 이코믹스출판사 등 | |
| | 본문<br>(바디) | | 본문구성 | |
| | | 서론(도입) | 추천 배경 | 대상 작품의 등장 배경 및 추천 이유 |
| | | 본론(전개) | 작품소개 및 설명 | 대상 작품의 주제 및 내용 소개 |
| | | 결론(정리) | 분석 및 평가 | 대상 작품의 의미와 가치 |
| | 필자정보(바이라인) | | 해당 리뷰를 작성한 사람의 이름 및 직업<br>예) 박석환(만화평론가) | |

관련 신문을 직접 확인해보는 것도 좋고 인터넷 사이트를 통해 찾아보는 것도 좋다. 예문을 보면 일반적 구성 형식에 대해서는 쉽게 이해할 수 있다. 중요한 것은 본문이다. 본문 구성의 예를 들었지만 이는 어디까지나 예시에 불과하다. 대개 손바닥만 한 지면이기 때문에 서론은 빼고 본론과 결론에만 집중하는 경우도 있고 서론과 결론을 앞부분에 제시하고 본론에만 집중하는 경우도 있다. 이처럼 구성이라는 것은 글의 주제를 가장 효과적으로 전달하기 위한 요소에 불과하다.

**2. 만화리뷰의 글감과 주제를 선정하고**

만화리뷰를 쓰는 데 있어서 가장 중요한 것은 만화작품을 감상하는 것이다. 그리고 글쓰기에서 가장 중요한 것은 글감을 찾는 일이다. 대상이 정해져 있다면 그리 어려운 일이 아니다. 작품을 읽으면 그 작품이 전달하고자 하는 여러 가지 의미들과 마주친다. 주제는 작품 안에서 마주친 것들을 나열해 보는 과정에서 찾을 수 있다. 그것이 단순히 제목일 수도 있고 주인공의 이름이나 성격, 인물들 간의 관계, 사건이 벌어진 장소나 해결의 실마리가 된 물건 등 간단한 것일 수도 있다. 의식의 흐름을 따라 이런 것들을 기억해 볼 수도 있고 작품을 읽는 동안 메모할 수도 있다. 아니면 이런 요소들을 하나씩 묘사하거나 설명해 보는 과정에서 또 현실 세계와 작품 속 세계의 유사성과 차이점을 고민해 보면서 주제를 한정해 갈 수 있다. 작품의 전체적인 내용을 시간대별로 구성해 보는 것을 서사구조 분석이라고 할 수 있다. 또 각각의 사건 속에서 찾을 수 있는 사회문화적 맥락을 의미구조라고 할 수 있다. 주제는 글의 매수에 따라 1개 또는 2개를 선정하는 것이 좋다. 잡지나 논문의 경우는 더 많은 주제와 제제를 설정해 둘 수 있다. 이를 도식화해 정리해 보면 다음과 같다.

글감 찾기와 주제 선정

| 단계별 주제 선정 과정 | | 설명 |
| --- | --- | --- |
| 만화작품 선정 | 글감 찾기 | 사회문화적 배경 고려<br>예) 올림픽 시즌, 축구소재만화, 화합과 상생의 시대<br>　　미첼 쿠사바티니, 〈환타지스타〉 |
| 만화작품 감상 | 글감 정리 | 작품의 전체 서사 구조 정리<br>예) 축구천재〉지역예선(성장)〉청소년대표(갈등)〉전국대회(동경)〉<br>　　해외리그진출(시련)〉올림픽대표(우정)〉올림픽우승(결실) |
| 만화작품 분석 | 주제 정리 | 작품의 주요 의미 구조 정리<br>예) 시골 소년의 상경과 성공<br>　　소년의 동경과 성장<br>　　경쟁자간 대립과 극복<br>　　팀플레이와 코칭<br>　　여성의 사회적 역할<br>　　축구의 철학과 의사소통<br>　　국가간 대립과 민족주의 등 |

### 3. 만화리뷰의 구성요소와 주제문을 결합한다

구성은 흔히 글의 설계도에 비유된다. 하지만 리뷰를 설계도에 비유하기에는 왠지 거대해 보인다. 원고지 8매에서 20매 내외의 글을 쓰는 데 있어서 사실 설계도가 필요한 것은 아니다. 적당한 약도 또는 요리설명서의 준비물 정도가 갖춰지면 된다.

아래는 일반적인 리뷰의 주제문 설정과 전개 과정에 대해 예시한 것이다.

주제문 설정과 본문의 전개

| 구분 | | 설명 |
| --- | --- | --- |
| 만화작품 평가 | 주제 설정 | 시사구조와 의미구조를 통해 자신의 평소 관심사와 문제의식을 잘 반영하고 있는 주제 설정<br>예) 축구의 철학과 의사소통 |

만화
길라잡이

| 만화리뷰 구성 | 주제문/요소 정리 | 설정된 주제를 바탕으로 쓰고자 하는 글의 목적이 명확하게 드러날 수 있도록 구성 형식 결정<br>예) 패스가 가장 확실한 성공 수단이다.<br>　　도입 〉 전개1 〉 전개2 〉 정리 (작품소개)골과 패스〉의사소통〉신뢰와 성공) |
|---|---|---|
| 만화리뷰 쓰기 | 본문쓰기 | 통일성, 일관성, 요점에 따라 본문 쓰기<br>예) [중략]…축구에서 패스는 신뢰 기반의 의사소통 수단이자 골을 성공시킬 수 있는 결정적 요소다. 우리 삶도 다르지 않다. 당신에게도 패스해 줄 사람이 필요하다. |

작품 감상과 평가 후 주제를 설정하고 주제문을 정리한다. 그 다음 전체 리뷰의 구조를 설정하고 본문을 전개하면 된다. 좁은 지면에서 이것저것 설명할 여유는 없다. 명확하게 작품의 내용과 리뷰어의 견해가 독자에게 전달되도록 해야 한다. 작품 선정 및 감상 단계에서 얻은 자료들을 하나의 주제로 통일되게 나열하고 이를 기준으로 대상 작품을 묘사한다. 그리고 주제문에 대한 주장과 근거를 제시해 독자가 설득될 수 있도록 하면 된다.

**만화리뷰, 만화리뷰어는 만화문화의 확산과 만화산업 발전의 첨병**

이것만으로 만화리뷰를 '잘 쓸 수 있다'라고 할 수는 없다. 다만 만화리뷰를 쓰기 위한 여러 가지 전제조건들을 검토해 볼 수 있을 것이고 쓰는 과정을 조금은 단축시켜 줄 수 있을 것이다. 무엇보다 만화리뷰가 몇몇 문학적 능력이 우수한 이들만 할 수 있는 것이 아니라 과정만 따르면 누구라도 해 볼 수 있는 일이라는 점을 강조하고 싶다. 만화에 대한 글쓰기는 근본적으로 만화문화를 확산시키고 만화산업의 발전을 이루게 한다. 긍정적 글은 당연할 것이고 비판적이거나 부정적 글 역시 문제를 드러내 개선을 요구하는 것임으로 결과적으로는 만화계에 색다른 동력을 제공하는 것이다. 매력적인 리뷰어, 흥미 있는 리뷰는 만화작품을 만나기 이전에 만나는 만화와 다름이 없다. 리뷰가 작품에 대한 피드백이라면 리뷰에 대한 피드백은 또 다른 사람이 작품을 소비하는 것이다. 이 같은 구조와 관계가 지속된다면 좋은 작품의 생산과 소비가 선순환되는 것이다. 당신의 멋진 리뷰를 기대한다.

# 열려라,
# 좋은 만화!
## 『만화책 365』 추천도서 선정 기준에 더해서

**왕지윤** 『만화책 365』 도서선정위원장, 인천 경인여고 국어교사

코 빨개진 겨울날, 동네 서점 유리 진열장 너머에 놓인 소년지를 두근거리는 눈으로 바라보았다. 아버지가 페인트를 팔던 우리집 가게 옆에는 단층집 사이로 불법으로 지은 듯한 대본소가 있었다. 권당 오십 원, 백 원을 내고 책을 본 뒤 돌려놓았는데, 형들이나 어른들이 보는 만화는 오백 원까지 주어야 했던 것으로 기억한다. 초등학교 때 시험을 잘 보면 사달라고 했던 것이 짜장면과 만화잡지였다. 만화만으로 어른들이 갖고 있는 전화번호부 두께의 만화잡지인 〈보물섬〉을 샀을 때는 아마도 대학시험 합격보다 더 기뻐했으리라. 여동생이 보던 순정만화잡지가 너무 재밌어 〈댕기〉라는 잡지를 정기구독했는데, 수년 후 사마귀처럼 호리호리한 아들내미가 방바닥을 뒹굴며 여자만화를 보고 있을 때 우리 어머니의 마음은 쫄아든 국물로 타버린 냄비 바닥이었을 게다.

아홉 명의 만화선정위원회를 꾸려 〈학교도서관저널〉 특별부록 제작 준비를 시작한 것이 지난 오월이었다. 이미 많은 만화 전문가나 만화에 관심 있는 선생님들께서 아이들이 읽을 만한 만화목록을 추천해 오고 있었으나 〈학교도서관저널〉의 색깔이 담긴 목록을 만들어보자는 노력은 예정된 삼 개월을 훌쩍 넘겨 십일월의 끝자락에 닿았다. "열려라 참깨"처럼 주문만 외우면 잠자고 있던 좋은 만화책이 우리에게 덥석 안길 일은 아니었다. 기억 속의 좋은 만화들은 대개 유명을 달리해 중고서점이나 출판사에서조차 구하기 쉽지 않았고, 만화를 좋아하는 선정위원들이 가지고 있는 공유영역도 재차 확인해야 했기 때문이다. 이제 그간의 선정작업에서 고려되었던 점과 작은 만화도서관을 꿈꾸는 분들에게 약간의 조언을 드리고자 한다.

지나치게 촘촘한 선정기준은 좋은 만화책을 고르는 데 제약이 될 수 있다는 판단하에 가능한 모든 가능성을 열어둔 채 책을 고르기 시작했다. 무엇보다 추천하는 사

지나치게 촘촘한 선정기준은
좋은 만화책을 고르는 데 제약이 될 수 있다는
판단 하에 가능한 모든 가능성을 열어둔 채
책을 고르기 시작했다.

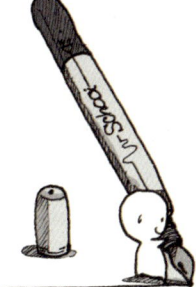

람이 재미나 감동을 받아 후보도서로서 인정하는 책이어야 했고, 창작만화를 우선적으로 찾아보았으며, 만화평론가들의 추천이나 다른 만화추천도서목록을 살펴보면서 검토 범위를 늘려갔다. 웹툰의 경우 인기도에 힘입어 단행본으로 출간된 것을 대상으로 하였으며, 선정성과 폭력성이 두드러진 작품은 배제하고 작가의 대표작들이 반영되도록 하자는 상식적인 수준의 선정기준을 도구로 삼았다. 지식과 정보의 전달을 우선시하는 교양만화의 경우, 노골적인 학습연계를 표방한 학습만화를 제외하고 아이들은 물론 어른들도 흥미롭게 볼 수 있는 다양한 분야의 책을 골고루 선정하려 했다.

감동을 주는 만화나 교양만화들은 적극 권장되어야 할 만화도서들이지만, 오락적 재미를 주는 만화가 함께 제공될 때 학생들의 적극적인 독서전이가 이루어진다. 공공성과 교육성을 지나치게 의식한 나머지 학생들에게 철저히 외면당하는 좋은 만화들은 비교할 수 있는 인기도서들이 함께 놓여 있을 때 접근성이 높아진다. 다양성 측면에서도 오락적 요소가 강한 만화책들의 선별도 필요하다고 여겨 과감하게 선정한 것이, 만화를 알고 아끼는 학생들과 선생님들의 우려와 비판을 받을 수 있다고 본다. 논란이 최소화 되도록 애썼으나 부족한 점이 있다면 겸허히 받아들이고 다듬어 나가겠다.

도매서점과 중고서점에서 여전히 유통되고 있는 도서들이 인터넷 서점 검색이나 대형서점 안내에서는 구입불가 도서로 나타나는 경우가 많다. 추천 만화책 목록을 만드는 선정위원이나 도서관에 좋은 만화책을 구입해 두려는 분들에게 매우 곤란한 요소이다. 책을 구입하거나 대여할 가능성을 말하는 이러한 현장성은 이미 선정된 도서들을 제외해야 할 요인으로 영향을 끼치기도 했다. 서울애니메이션센터의 '만화의 집'이나 부천의 '한국만화박물관'은 현장성 잃은 도서들을 열람할 수 있는 소중한 공간인데, 이러한 보존 작업이 학교도서관이나 공공도서관에서도 병행된다면 좋은 만화들을 구

> 만화이론서와 온라인 서점의 분류를 참고하여
> 17개의 내용 분류를 시도하였다.
> 도서관의 만화책 배열이나 만화의 종류를
> 가늠하는 데 유용할 수 있다고 믿는다.

하지 못해 확인하지 못하는 안타까운 현실에 큰 도움이 될 것이라 생각한다.

『만화책 365』에는 만화이론서와 온라인 서점의 분류를 참고하여 17개의 내용 분류를 시도하였다. 학문적 의미의 명확한 구분이 아니어서 다른 갈래와 중복될 수 있는 가능성이 없지 않으나 도서관의 만화책 배열이나 만화의 종류를 가늠하는 데 유용할 수 있다고 믿는다. SF, 판타지 등은 미래 가상, 상상 등으로 순화하였고, 가족, 일상 등은 드라마, 명랑에 포함될 수 있으나 좀 더 섬세한 분류를 만들기 위해 나누었다. 일러스트나 단편집, 혹은 실험적인 것들은 기타라는 분류에 넣었으며 인디만화는 별도로 묶지 않고 선정된 분류에 흩어 보았다. 이제 막 도서관에 만화도서를 구입하였다면 제목순으로 배열하는 것도 이용과 관리 측면 모두에서 효율적일 수 있다. 보통 애장판이라고 하지만, 완전판, 소장판, 신장판 등 다양하게 불리는 보존도서는 절판된 인기도서들의 복간본인데 출판사들마다 편집의 질이 다른데다가 간혹 삭제된 원본을 되살리면서 뜻하지 않은 선정적이거나 폭력적인 장면이 포함될 수 있어 주의를 요한다. 이 책에서는 어린이, 청소년, 일반이라고 하여 유동적일 수 있으나 최소한의 표시를 해두었는데 누구나 볼 수 있는 만화가 좀 더 세분화된 대상을 염두에 두고 있음을 보여주고 싶었다.

돌이켜 보면 내가 어릴 적 드나들었던 그 만홧가게들은 어둡고 퀴퀴한 냄새가 배어 있는 낡은 나무의자와 그들을 닮은 어깨 수그린 이들로 가득했다. 그러나 그곳에서 나오는 나의 얼굴은 기분 좋은 어지럼증으로 뿌듯했다. 이제 낡은 책처럼 손때 묻은 추억으로 그날을 떠올리는 나에게, 어릴 적 한 조각의 웃음과 그걸 만들어 준 만화는 나를 위로해준 따뜻한 처방전이었다. 이제 반년 간의 긴 작업이 매듭을 짓는다. 도서관에 작은 만화도서관이 생긴다면 어떤 책이 필요할까, 라는 작은 질문을 가슴에 담아두고 시작된 작업은 이제 여러분들의 검증을 받을 차례가 되었다. 어려움이 없지 않았으나, 만화에 대한 애정을 가득 담은 분들과 책들의 도움을 많이 받을 수 있었다. 이 책도 그런 계기가 될 수 있는 의미 있는 책이 되기를 바란다.

# 학교도서관저널 도서추천위원회가
# 어린이, 청소년에게 추천하는
# 좋은 만화책 365권,
# 추천도서 선정위원 및 서평 필자

### 『만화책 365』 도서선정위원

**위원장 왕지윤** 인천 경인여고 국어교사
**김광재** 학교 밖 독서지도
**김혜원** 학교도서관 문화살림
**박영민** 서울 신정초 사서교사
**신정임** 서울 반포중 사서
**신정화** 서울 삼광초 사서
**정 움** 서울 경희고 사서교사
**조선혜** 서울 대신고 사서교사
**한지연** 전남 영암초 교사

### 『만화책 365』 추천도서 서평 필자

**강애라** 서울 대치중 국어교사
**강은슬** 대학강사
**권현숙** 남양주 판곡고 사회교사
**김경란** 서울 양재초 사서
**김수정** 서울 장안초 교사
**김순필** 안동 송현초 사서교사
**김시진** 홍익대 국어교육과 대학원
**김은승** 용인 포곡고 사서
**김정숙** 서울 전동중 국어교사
**김혜진** 일러스트레이터
**김희경** 서울 상암중 수학교사
**남정미** 서울 염리초 사서
**류호순** 양천도서관 해피북독서클럽
**박병배** 전 한겨레문화센터 강사
**박사문** 대학강사
**박은영** 번역가
**박은하** 서울사대부초 사서교사
**박혜경** 국립전통예술고 국어교사
**배수진** 서울 대림중 사서
**배영태** 용인 포곡고 국어교사
**변영이** 길꽃어린이도서관 책밭매기독서클럽
**성희옥** 김제 백석초 교사
**염광미** 화성 예당초 사서교사
**예주영** 서울 숙명여고 사서교사
**오덕성** 서울영상고 사서교사
**유효숙** 대학강사. 과학교육
**유희영** 수원 동우여고 과학교사
**이동림** 창원 안골포초 교사
**이무현** 의정부 경민여중 역사교사
**이미영** 학교 밖 독서지도
**이선우** 건국대 철학과
**이수종** 서울 상암중 과학교사
**이인문** 서울관광고 사서교사
**이은선** 자유기고가
**이정현** 서울 숙명여중 사서
**이진욱** 학부모
**이찬미** 인천 부개어린이도서관 사서
**이호은** 의정부 경민여중 전문상담교사
**장미정** (사)환경교육센터 부소장
**정현아** 광양 중마고 사서교사
**조대근** 창원 용호초 교사
**최선옥** 시흥 서해초 사서
**최영희** 서울 장안초 교사
**한은주** 서울 숙명여고 지리교사
**허지연** 길꽃어린이도서관 책밭매기독서클럽

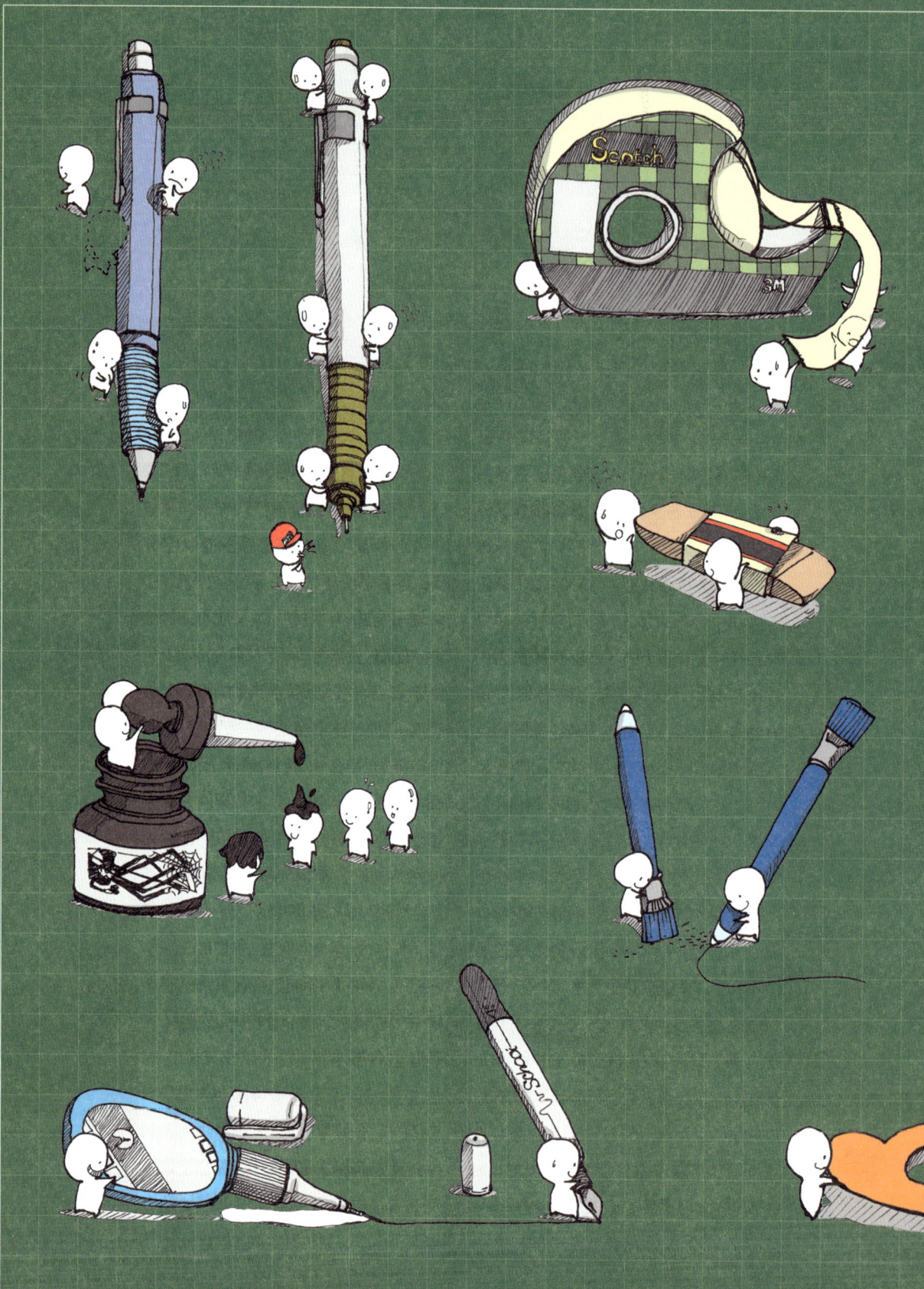

# 가족

딱딱하게 굳어버린 표정으로 정면을 응시하는 흑백의 가족사진. 어깨 좁힌 이들이 한 핏줄로 일가를 이루며 따뜻한 교감을 나누는 가족이라는 사실을 증명하기는 부족해 보일 때가 있다. 가족을 대상으로 그린 만화에서 우리가 보편적으로 기대하는 정서는 부드럽게 위로해주는 격려와 일체감, 흐뭇함이다. 14년 동안 일간지에 연재되어 온 정보통 가족의 일상사나 부모를 잃고 할아버지와 함께 사는 다섯 아이의 이야기를 담은 복간작은 그런 기대에 부응한다. 가족은 보다 다양한 표정을 담고 있다. 가장 가까워야 할 사람들에게서 느끼는 당혹스러운 거리감으로 인해 마음의 문을 닫는 가족도 있고, 축복받아야 할 아이의 탄생이 인생의 고단한 짐이 될 때가 있으며, 팔순을 넘어버린 어머니의 기억 속에 휴전선 너머 북녘 땅의 이야기가 가만히 놓이기도 한다. 소소한 일상의 기록이 시트콤처럼 유쾌하게 그려지는 만화를 보며 나의 가족과 지금은 돌아가신 누군가를 떠올리는 이들도 있을 것이다. 사진 속에는 담을 수 없었던, 선택할 수 없었지만 함께해 뜨거웠던 우리들의 가족이야기가 여기 시작된다.

# DAY 1

## 내 어머니 이야기 (전4권)

김은성 지음 | 새만화책 | 각권 240쪽 안팎 | 2008년 – 2014년
13,000원 – 16,000원 | 중·고등학생 | 한국 | 가족

2006년부터 만화지 〈새만화책〉에 연재하던 '내 어머니 이야기'를 단행본으로 엮었다. 작가가 자신의 어머니 이복동녀 씨의 삶을 만화로 담아냈다. 6.25전쟁 때 남쪽으로 내려온 어머니는 조그만 실마리만 있어도 고향을 생각해 낸다. 1부에서는 함경남도 북청에서 살던 어린 시절과 결혼 전까지의 이야기를 다루고 있으며 2, 3, 4부는 결혼생활과 전쟁 이야기, 남한에서의 정착 과정, 가족의 현재를 그려 냈다. 팔순이 넘은 노모의 입을 통해 한 가족의 내력과 한국 근현대사를 살아온 무수한 익명들의 역사를 엿볼 수 있다. 우리가 흔히 알고 있는 객관적 역사와 개인적 역사가 맞물려 있어 새롭고 신기하다. 한편, 북청 사투리의 재미난 표현을 보는 즐거움도 빼놓을 수 없다. 흑백의 목판화 같은 그림과 잘 어우러져 토속적인 분위기를 자아낸다. 마치 전래동화를 듣는 것과 같이 구성지고, 정겨운 만화이다.

**조선혜** 서울 대신고 사서교사

ⓒ 김은성, 『내 어머니 이야기』, 새만화책

## 달빛구두 (전3권)

정연식 지음 | 휴머니스트 | 각권 300쪽 안팎 | 2006년 | 각권 10,000원 | 고등학생 | 한국 | 가족

DAY 2

ⓒ 정연식, 『달빛구두3』, 휴머니스트

2년 간 '미디어다음'을 통해 연재되다가 많은 이들의 사랑을 받아 2006년 3권짜리 단행본으로 출간되었다. 시대적 배경은 1970~80년대로 조금은(아니 실은 상당히) 신파극적인 '어디서 한 번 들어본 것 같은, 또는 누구나 한 번 겪어 봄직한 사랑이야기'이다. 성일, 미숙, 기훈, 이 세 사람의 삼각관계에 대한 이야기는 조금 빤하지만, 결코 지루하지 않다는 점이 이 책이 가진 힘이다. 부모님 세대의 아련한 추억을 만나볼 수 있어 좋다. 누구에게나 추억은 있다. 가슴에 남아 있는 아픈 기억은 영영 지울 수 없지만, 오랜 기간 숙성시키면 나를 성장시킬 수 있는 거름이 된다. 좋은 기억만 가지고 살아가는 사람은 없다. 그래도 삶이 좋은 건 지금이 있기 때문이다. 현재 인터넷상에서 성인인증이 필요한 19금 만화책으로 분류되고 있는 것은 참 의아하다.

**정욱** 서울 경희고 사서교사

# DAY 3

## 대한민국 원주민

최규석 지음 | 창비 | 164쪽 | 2008년 | 11,000원 | 중·고등학생 | 한국 | 가족사

대한민국 건국 60여 년, 그 시간 동안을 오롯이 살아온 작가의 가족에 대한 삶의 기록이다. 건국이 되는 해에도 살았고 지금도 살고 있지만, 그 존재감은 미미한 사람들이다. 작가는 이들을 '대한민국 원주민'이라 부르고, '갑자기, 그리고 너무 늦게 세상의 흐름에 휩쓸려 미처 제 삶의 방식을 손볼 겨를도 없이 허우적대야 했던 사람들'이라고 풀이하고 있다. 이 책에 등장하는 가족 구성원은 묵묵하고 한결같다. 50년 동안 아침밥을 한 엄마, 가족을 위해 공장에서 일하는 누나, 하는 일마다 잘 풀리지 않는 큰 형, 날마다 술에 취한 아버지, 그리고 결코 만만치 않은 환경에서 그림을 그려야겠다고 선언하는 작가 자신. 이들은 가난하지만 씩씩하다. 대한민국에서 살아온 대부분의 사람들이 그랬다. 그들을 총칭하면 민중이 된다. 이 민중들이 대한민국을 지탱하는 주인이다. 그래서 '원'주민이다.

**김혜원** 학교도서관 문화살림

ⓒ 최규석, 『대한민국 원주민』, 창비

## 비빔툰 (전9권)

홍승우 지음 | 문학과지성사 | 각권 210쪽 안팎
2005년-2012년 | 각권 11,000원 | 초등고학년부터 | 한국 | 가족일상

**DAY 4**

ⓒ 홍승우, 『비빔툰4』, 문학과지성사

이 책의 별명을 '우리 시대 대표 가족만화'라고 한다면? 무려 14년 동안이나 한 가족의 이야기를 그려 왔으니 가능하겠다. 아빠 정보통, 엄마 생활미, 아이들은 정다운과 정겨운 그리고 비글이라는(비굴이 아님) 애완견이 그들 가족이다. '비빔툰1, 비빔툰2, 다운이에게 동생이 생겼어요, 우린 날마다 자라요, 아빠 사랑해요, 비빔툰6, 다운이가 초등학교에 가요, 인생은 다섯 가지 맛이에요, 끝은 또 다른 시작'이라는 9권의 부제만 봐도 세월을 느낄 수 있다. 작가는 2012년 9월 22일에 완결 기념으로 팬들과 함께 '작가와의 만남'을 했다. 만화를 사랑하는 모든 이들에게 반갑고 뜻깊은 행사였다. 한겨레신문 연재는 2011년 12월 21일에 끝났지만 이야기는 계속된다는 소식이다. 읽다 보면 가끔 소리 내어 웃게 되고 고개를 끄덕이게 된다.

**김광재** 학교 밖 독서지도

## DAY 5

### 아버지 돌아오다

최덕규 지음 | 이미지프레임 | 268쪽 | 2006년 | 8,800원 | 중학생 | 한국 | 가족

아버지가 죽었다. 남은 가족들은 장례를 치른다. 장례는 일사분란하게 진행되었다. 장례 중에 사위의 눈에 죽은 아버지의 모습이 보였다. 아버지는 다정한 사람이 아니었다. 전직이 경찰 간부여서인지 권위적이고 독선적인 모습으로 식구들에게 상처를 많이 주었다. 식구들은 아버지를 떠나보내면서 자신의 상처를 끄집어내고, 살펴보고, 다독인다. 그런데 그런 자리에 아버지가 나타난다. 아버지는 화해하려 애쓰지만, 식구들에게는 보이지도 들리지도 않는다. 단지 사위라는 관찰자의 눈에만 보일 뿐이다. 언뜻 줄거리만 이야기하면 판타지 같지만, 장례라는 질차를 빗대어 우리 가족의 모습을 조금의 포장도 없이 독자들에게 던져 놓은 리얼리티 만화다. 마지막에 아버지와 가족이 어떤 방법으로라도 화해를 하는 상투적인 결말이 아니어서 가슴이 서늘하다.

**김혜원** 학교도서관 문화살림

ⓒ 최덕규 『아버지 돌아오다』, 이미지프레임

# 열아홉

앙꼬 지음 | 새만화책 | 214쪽 | 2007년 | 9,000원 | 중·고등학생 | 한국 | 가족

**DAY 6**

ⓒ 앙꼬, 『열아홉』, 이미지프레임

어둠 속을 홀로 걷는 여고생의 뒷모습이 애처롭다. 표지를 장식한 이 까만 배경 속의 소녀처럼 어두운 터널 같은 사춘기를 보냈다는 작가. 그녀의 이야기는 놀라우면서도 신선하다. 또한 주변의 일상을 다뤘다고 하지만 「The life」의 주인공(에이즈에 걸린 게이 청년)처럼 강자보다는 약자, 소외된 사람들의 세상 이야기이기에 낯설다. 흰색과 검은색으로만 표현한 그녀의 그림은 '열아홉'에서 보여준 문제아 여고생의 학창시절만큼이나 거칠고 투박하다. 하지만 「진실이를 아시나요」나 「찔레꽃」 등에서 보여준 인간의 모순된 이면은 스물넷, 또는 그보다 어린 나이에 그렸다고 믿기에는 그 시선이 깊다. 어느 한쪽이 옳다거나 지나친 감정에 휩쓸리지 않은 채 담담히 그려낸 그녀의 만화는 세상을 좀 더 똑바로 바라볼 수 있도록 도와준다.

**정현아** 광양 중마고 사서교사

## DAY 7

### 영산강 아이들 (전4권)

최신오 지음 | 오영해 원작 | 최금락 각색 | 거북이북스
각권 110쪽 안팎 | 2010년-2011년 | 각권 8,500원 | 초등전학년 | 한국 | 추억

『검정고무신』과 비슷한 시기를 배경으로 하여 모든 것이 부족했던 시절을 살아가는 아이들의 모습을 담고 있다. 그 시절 도시의 아이들은 학교와 가정, 동네 어귀에서 벌어지는 소소한 사건 중심으로 생활해 나가는데 비해 영산강의 아이들은 살아가는 배경이 사뭇 다르다. 들로 산으로 강으로 친구들과 무리 지어 놀러 다니며 자연 속에서 자라나는 아이들의 모습이 건강하게 그려져 있다. 봄, 여름, 가을, 겨울이 한 권씩, 모두 네 권으로 구성되어 있고, 계절마다 다른 자연의 모습과 그 안에서 벌어지는 에피소드가 재미있게 전개된다. 요즘의 우리 어린이들은 시골에 살고 있어도 도시의 편리함을 대부분 갖추고 있어서 자연에서의 생활이 어떤 것인지 잘 모르고 자라는데, 그러한 아쉬움을 상당 부분 덜어 주리라 기대된다.

**신성화** 서울 삼광초 사서

ⓒ 최신오, 『영산강 아이들』, 거북이북스

## 우리, 선화

심흥아 지음 | 새만화책 | 154쪽 | 2008년 | 8,000원 | 고등학생 | 한국 | 가족

**DAY 8**

ⓒ 심흥아, 『우리, 선화』, 새만화책

작가들 중에 자신의 어린 시절에서 모티브를 얻어 책을 쓰는 경우가 많다. 이 책 역시 심흥아 작가가 학창 시절 절에서 살았던 경험을 바탕으로 쓴 것이다. 아버지와 같이 사는 쌍둥이인 우리와 선화 자매는 가난한 살림살이를 지고 이 집, 저 집 이사를 다닌다. 결국 스님의 제안으로 절에서 살게 되지만, 우리는 답답한 생활을 견디지 못하고 고등학교를 졸업하자마자 독립해버린다. 끊어질 듯 말듯 한 가족이라는 끈은 아버지가 새로 구입한 소박한 아파트를 매개로 다시 굳건해진다. 이야기의 처음부터 끝까지 그 어디에도 위기나 절정에 해당하는 대목이 없다. 그러나 다 읽고 난 후에는 따스한 여운을 남긴다. 그 이유는 아마도 특별한 이야기가 아니라 평범한 우리네 가족의 삶을 그리고 있기 때문일 것이다. 절제된 말투와 인물들의 한결같이 무표정한 눈·코·입은 이 만화의 매력이다.

**염광미** 화성 예당초 사서교사

# DAY 9

## 일곱 개의 숟가락 (전3권)

김수정 지음 | 행복한만화가게 | 각권 350쪽 안팎
2003년–2005년 | 각권 15,000원, 12,000원 | 초등전학년 | 한국 | 가족

ⓒ 김수정, 『일곱 개의 숟가락』, 행복한만화가게

아직도 영화판에서 대박을 꿈꾸는 할아버지 조대장, 투박하고 책임감 있는 일룡이, 꿈도 많을 시기에 대가족의 살림을 알뜰하게 꾸려나가는 명주, 맹랑하지만 미워할 수 없는 소룡이, 순하디 순한 삼용이, 겁도 많고 울보지만 똑 부러지는 조옹이까지. 아이고, 많기도 많다. 없는 살림에 이렇게 많은 이들이 아옹다옹 근근이 살아간다. 다른 가족에게 고통을 주는 존재임에도 감싸 안아야 하는 것이 살붙이라니 참으로 징하다. 게다가 맨주먹 하나로 가정의 존폐를 짊어져야 하는 만이가 참으로 짠하다. 자극적인 매체에 익숙해진 우리들에게 이 만화 속 인물들의 삶은 소박하면서도 어쩐지 청승맞아 보이기까지 한다. 그러나 한없이 따뜻하고 다복한 이 가정의 모습이 IMF를 넘어 지금의 장기 경제 불황 시대에도 여전히 살아남아 가족다움을 유지해 가기를 간절하게 바란다.

**한지연** 전남 영암초 교사

## 패밀리맨 (전3권)

정필원 지음 | 랜덤하우스코리아 | 각권 360쪽 안팎
2010년 | 각권 10,000원 - 12,000원 | 중·고등학생 | 한국 | 아버지

**DAY 10**

ⓒ 정필원, 『패밀리맨』, 랜덤하우스코리아

예전에는 몰랐다. '어머님은 짜장면이 싫다고 하셨'던 것을 진심으로 알았던 것처럼 아버지는 일상의 무게를 견뎌내야 하는 사람이라고, 태어날 때부터 그런 사람이라고 생각했었다. 작가는 전형적인 영웅물을 그리려고 이야기를 구상했다. 그 구상은 우리 주변의 가장 가까운 영웅인 아버지로 초점이 변경되었다. 사람 좋고 가족을 사랑하는 인자한 아버지는 얼굴에 화상을 입고 직장에서 해고되어 한순간에 가장의 책임을 다할 수 없는 상황에 처하게 된다. 그러나 아버지의 가장 큰 역할은 아이들의 든든한 산이 되어주는 것. 주인공은 드러나진 않지만 가족들의 곁에서 가족들을 지켜준다. 웹툰의 장점을 충분히 살려 표현한 아름다운 색감, 영화를 보는 듯한 장면의 표현, 그리고 유머 속에 보여주는 감동은 결코 가볍게 느껴지지 않는다. 아버지와 가족의 역할을 다시 생각하게 만드는 책이다.

**박영민** 서울 신정초 사서교사

# DAY 11

## 창공

다니구치 지로 지음 | 심선지 옮김 | 이숲 | 312쪽 | 2012년 | 10,000원 | 중·고등학생 | 일본 | 가족애

새벽 4시, 땀에 흠뻑 젖어 잠에서 깼다. 고관절과 다리에 통증이 돌아다니는 것 같았다. 어제 방송에서 CRPS(복합부위통증증후군)에 관한 프로그램을 봤다. 주인공들은 차라리 죽고 싶다고 호소했다. 내가 아는 사람이 이 병을 앓다가 견디다 못해 자살했다. 혹시 그가 나에게 빙의한 것은 아닌가? 죽음에 대해 오래 고민한 저자는 뜻밖에 닥친 죽음을 극복해 가는 한 가족의 이야기, 『창공』을 완성했다. 타쿠야는 교통사고로 죽음의 경계선에서 사경을 헤맨다. 18세의 바이크 레이서 소년 타쿠야가 깨어나던 날 40대 가장 카즈히로는 운명하게 된다. 그런데, 타쿠야의 몸에는 카즈히로가 빙의된다. 가족과의 애틋한 사랑 때문에 하늘나라로 가지 못한 그는 또 하나의 영혼 타쿠야의 도움을 받아 사랑하는 아내와 아들을 다시 만나고 하늘로 올라간다. 타쿠야는 마이크로 하늘로 날아올라 그를 창공으로 올려 보낸다. 『창공』의 생생한 기억 때문에 나도 이상하게 된 건가?

**이수송** 서울 상암중 과학교사

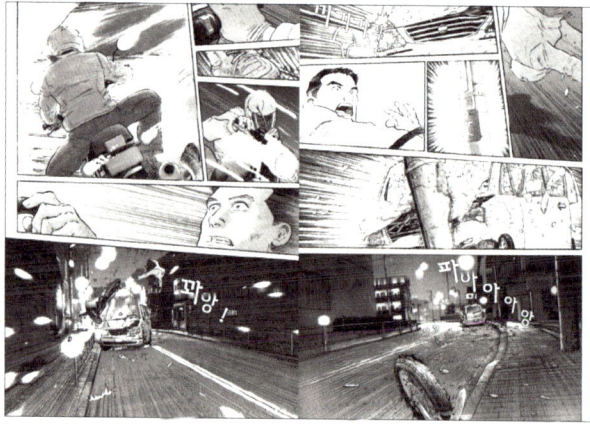

ⓒ 다니구치 지로, 『창공』, 이숲

# 아버지와 아들

에리히 오저 지음 | 윤경 옮김 | 새만화책 | 300쪽
2005년 | 12,000원 | 독일 | 초등고학년 | 부자이야기

**DAY 12**

ⓒ 에리히 오저, 『아버지와 아들』, 새만화책

허세라고는 전혀 찾아 볼 수 없는 아버지와 천진스런 아들 사이에 벌어지는 여러 상황을 4컷에서 8컷 정도의 분량으로 대사 없이 그려냈다. 그림의 순서에 따라 찬찬히 읽어 가다 보면 '어떻게 이런 생각을!' 하며 감탄과 함께 웃음이 절로 난다. 독일 작가의 작품임에도 이질감은 전혀 느낄 수 없다. 아버지와 아들이 만들어 가는 이야기는 편안하고, 따뜻하고, 유쾌하다. 이런 이야기를 70년 전, 2차 세계대전의 한복판에 있던 독일에서 그려냈다는 것을 알게 되면 이 작품의 유쾌함이 더더욱 놀라운 사실이 된다. 작가가 나치의 눈을 피해 꿈꾸었던 유토피아의 작은 단면을 이 작품을 통해 알 수 있을 것 같다.

**김혜원** 학교도서관 문화살림

# DAY 13

## 정가네 소사 (전3권)

정용연 지음 | 휴머니스트 | 각권 230쪽 안팎 | 2012년 | 각권 10,000원 | 한국 | 중·고등학생 | 가족사

같은 시대를 살고 있는 친구의 경험담을 들을 때에도 마찬가지겠지만, 나와는 다른 시대를 살았던 엄마나 할머니가 풀어 놓는 옛날에 살았던 이야기들은 정감과 친숙함이 있다. 그러나 한편으로는 직접 경험해 보지 못했다는 데서 오는 낯선 느낌이 동시에 존재한다. 바로 이 만화를 읽을 때 받는 느낌 그대로다. 이 책은 작가의 자전적인 이야기로 1권에서 할아버지, 할머니와 부모님의 삶에서 시작해 마지막 3권은 작가가 꽤 자랐을 때의 경험을 주로 다룬다. 각 단편들이 옴니버스식으로 구성되어 있어 실제로 경험담을 들을 때처럼 시간을 넘나들기도 하고 비슷한 이야기가 반복되기도 한다. 미사여구 없이 담백한 글을 읽는 듯한 정감 있는 그림체와 작가 나름의 고증을 거친 묘사들은 그 시대를 직접 경험하지 않았던 독자도 작가가 풀어 놓는 이야기에 쉽게 빠져들게 한다.

**이선우** 건국대 철학과

ⓒ 정용연, 『정가네 소사』, 휴머니스트

## 사랑하는 나의 아들아 (전14권, 미완결)

토베 케이코 지음 | 주정은 옮김 | 자음과모음 | 각권 250쪽 안팎
2003년-2010년 | 각권 8,000원 | 초등고학년부터 | 일본 | 가족

**DAY 14**

'히카루'라는 자폐아의 성장 과정을 다루었다. 자폐는 천 명에 한 명 정도의 확률로 아이들에게 나타난다. 만약에 내 아이가 자폐라면 그 아이가 자폐라는 것을 알게 되는 과정도 힘들고, 그것을 받아들이는 것도 힘들고, 그것을 주위 사람들에게 전달하는 것도 힘들다 그런 일련의 과정을 히카루와 그 가족을 중심으로 아주 상세히 다루고 있다. 자폐의 증상, 가족의 심리적 갈등, 주변 사람들의 주된 반응, 자폐아에게 접근하는 법 등 상당히 전문적인 지식을 바탕으로 이야기를 구성했다. 그러면서도 한 마을 사람들이 겪어내는 인간적인 갈등을 드라마틱하게 전달한다. 히카루가 주변의 도움으로 조금씩 변해가는 모습이 눈물겹다. 전문성과 감동과 재미를 골고루 느낄 수 있다. 눈물과 웃음을 동시에 자아내는 수작이다.

**김혜원** 학교도서관 문화살림

## 아기와 나 (전9권)

라가와 마리모 지음 | 대원씨아이 | 각권 200쪽 안팎
2011년 | 각권 8,500원 | 초등고학년부터 | 일본 | 가족

**DAY 15**

아기를 돌본다는 것은 힘들고 어려운 일이다. 하물며 어른도 하기 힘든 일을 아직 어린 아이인 형이 하게 된다면 어떨까? 이 만화는 엄마가 돌아가시고 아빠와 함께 동생을 키우게 된 주인공의 이야기이다. 보기만 해도 '아휴~, 예쁘다!'라는 감탄사가 절로 나오는 주인공의 동생 '미노루'는 천진난만한 아기이다. 자기 학교생활만으로도 충분히 바쁠 나이의 초등학생 형 '타쿠'는 동생을 돌보는 생활도 함께 해야 한다. 그 과정에서 벌어지는 가족애와 형제애, 그리고 이웃 간의 이야기들, 친구들과의 이야기는 우리에게 감동을 전달한다. 만화를 보는 내내 동생에 대한 타쿠의 따뜻한 보살핌과 형에 대한 미노루의 믿음과 사랑을 느끼며 울고 웃을 수 있다. 더불어 '가족이란?', '우리가 함께 한다는 것의 의미는?', '서로 아끼고 사랑한다는 것은?', '어려도 고민과 걱정은 다 존재한다는 것' 등 여러 문제들에 대해 생각해 볼 소중한 순간들을 경험할 것이다.

**박영민** 서울 신정초 사서교사

## DAY 16

### 아따맘마 (전18권, 미완결)
케라 에이코 지음 | 대원씨아이 | 각권 140쪽 안팎
2004년-2013년 | 각권 6,000원-7,000원 | 중학생 | 일본 | 가족

요미우리 신문 일요판에 17년 10개월을 연재한 일본의 가정일상 코믹만화다. 우리나라에서도 캐릭터를 잘 살려낸 성우들의 목소리로 매력을 더한 『아따맘마』의 애니메이션이 주목을 받기도 했다. 고향을 전라도로 각색하는 무리수를 두고 있지만, 일본 만화라는 사실을 알고 있음에도 우리네 보통 가족과 너무 닮은 모습이 공감 가는 웃음을 이끌어낸다. 아줌마 머리에 일자형 몸매를 가진 전형적인 엄마는 항상 집안일로 정신없이 바쁘고, 무뚝뚝하고 무심한 아빠를 챙겨주느라 난처한 비명이 끊이지 않는다. 영리한 척 하지만 엄마의 장난과 역습에 늘 당하고 마는 어리숙한 딸 아리와 쑥스러워하면서도 능청스러운 눈웃음을 머금은 아들 동동의 에피소드는 빠르게 다음 장을 엿보고 싶게 만든다. 애니메이션과 달리 세 쪽짜리 짧은 이야기지만 소소한 일상이 전하는 재미는 짧지 않다. **이찬미** 인천 부개어린이도서관 사서

## DAY 17

### 재미난 집 어느 가족의 기묘한 이야기
앨리슨 벡델 지음 | 김인숙 옮김 | 글논그림밭
248쪽 | 2008년 | 11,000원 | 고등학생 | 미국 | 가족·드라마

아내와 아이들에게 가혹하리만치 애정 표현이 인색하면서도 가족을 제외한 집 꾸미기와 정원 가꾸기 등의 모든 일에는 열정을 보이는, 어쩐지 한 가정의 가장으로서는 자격 미달인 아버지. 이 책은 커밍아웃을 하지 않은 'sissy'한 아버지와 일찍이 'butch'임을 깨달은 딸내미가 다수의 이성애자들과는 다른 존재로서 서로를 공명하는 이야기를 담고 있다. 비단 동성애자끼리의 공감이 아니라 냉랭한 부녀 관계에서 '부자연스럽게' 친해지는 과정을 담담하게 그려내고 있다. 자서전인 이 책에서 작가는 제임스 조이스의 『율리시스』를 빌려 딸과 아버지의 관계를 아버지가 없는 스티븐과 아들을 잃은 블룸의 만남이라고 표현하나, 피츠제럴드, 헨리 제임스 작품들의 인물과 대사를 빌려 등장인물의 성격이나 심경을 묘사하는 부분은 이 책이 만화책이면서 소설책과 같은 인상을 주는 데 한몫을 하기도 한다.

**한지연** 전남 영암초 교사

## 해님이네 집

**DAY 18**

이희재 지음 | 글논그림밭 | 163쪽 | 2010년 | 12,000원 | 초등전학년 | 한국 | 가족일상

두 딸을 끔찍하게 사랑하는 딸바보 만화작가 아빠의 가족이야기. 가족이란 울타리 안에서 빚어지는 여러 에피소드, 딸의 성장에 따라 겪게 되는 소동과 같은 일상의 이야기를 보여준다. 딸이 성장한 기록을 담은 딸의 실제 일기를 보는 풋풋한 재미도 있다. 소소한 일상 속에서 느낄 수 있는 잔잔한 행복이 책 안에 가득하다. 중학교 입학을 앞둔 딸이 5~6년 동안 길러 왔던 머리칼을 잘라야 했을 때, 이를 곱게 빗질하여 보관해서 훗날 가장 친한 친구에게 선물하는 딸의 정성을 얘기해주는 장면을 보면 아빠의 깊은 지혜를 느끼게 된다. 만화에 대한 그릇된 편견과 창작 제한의 부당함을 주장하는 작가의 말 또한 공감이 간다. 햇살처럼 맑은 가족 만화가 좀 더 많이 나오고 널리 읽혔으면 한다.

**신정임** 서울 반포중 사서

## not simple

**DAY 19**

오노 나츠메 지음 | 천강원 옮김 | 애니북스 | 320쪽 | 2007년 | 9,500원 | 고등학생 | 일본 | 가족

우울한 기운을 몰고 오는 그림체가 심상치 않다. 이야기의 배경은 서양인데, 저자가 일본인인 것이 특이해 프로필을 보니 이탈리아에서 유학을 했던 적이 있단다. 더럽게, 그리고 지독하게 재수 없는 한 남자의 이야기이다. 사람의 따뜻한 정이 그리운 이 남자는 끝내 사랑 한 번 못해보고 생을 마감한다. 주인공 이안이 누명을 쓰고 처참히 죽어가는 장면부터 시작되는 이 이야기는 과거로 되돌아가 내용을 펼친다. 피도 눈물도 없이 어린 아들에게 매춘 일을 시키는 엄마, 생김새는 닮았지만 눈빛이 언제나 차가운 아빠, 그리고 어떻게든 동생과 함께 살아보려다가 죽은 누나, 성인이 되었지만 여전히 불행한 삶을 사는 이안. 이 비정상적인 가족에게는 비밀이 있다. 독특한 그림과 스토리 덕분에 이 작가의 또 다른 작품을 안 찾아볼 수가 없게 한다. 조금은 괴기스럽게 그려진 등장인물들의 눈빛은 단순하지만, 강렬하다. 그렇게 한 명 한 명 빠져들게 만들다가 골수팬으로 만들어 버리는 이 저자, 참 무서운 사람이다. **정움** 서울 경희고 사서교사

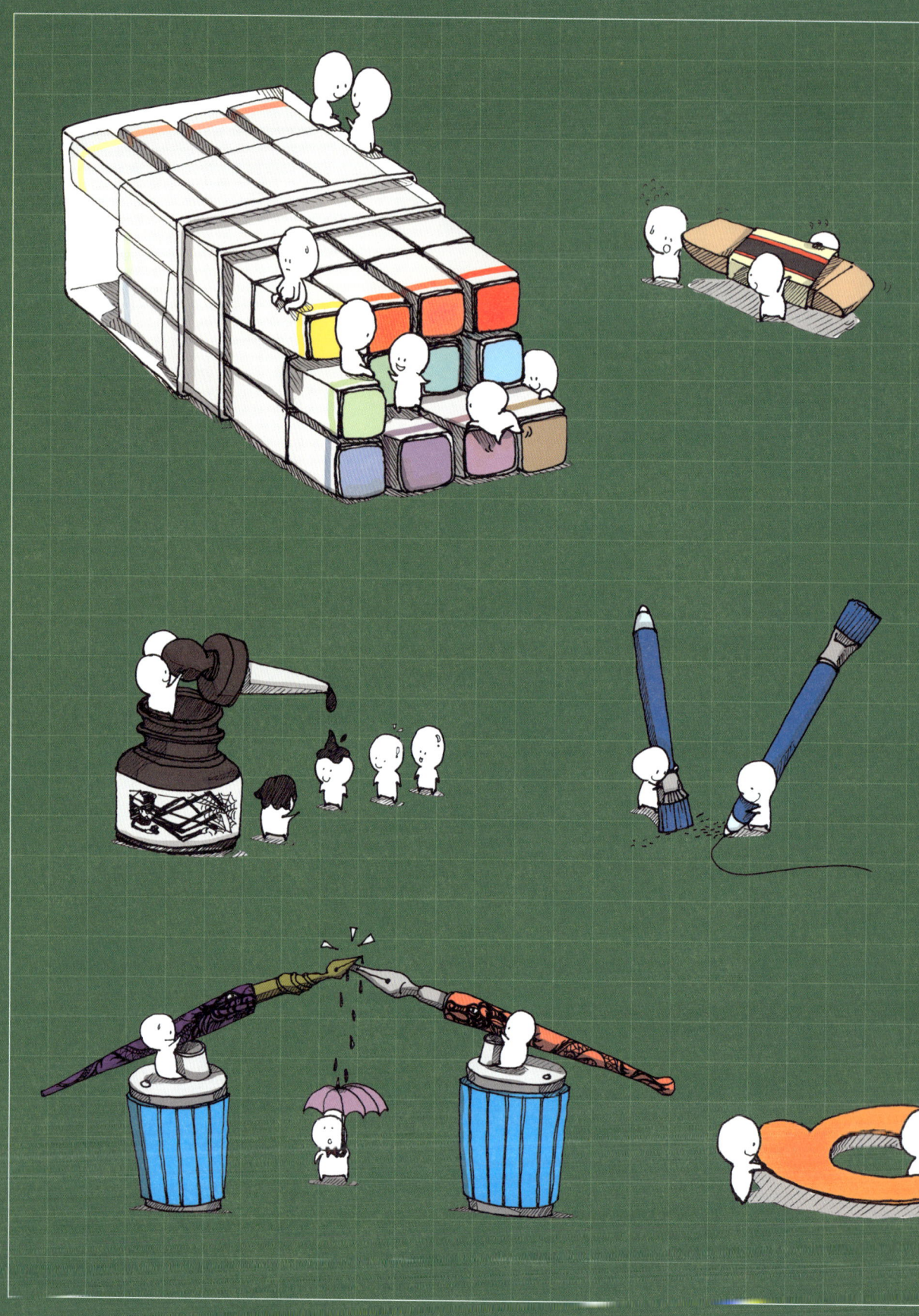

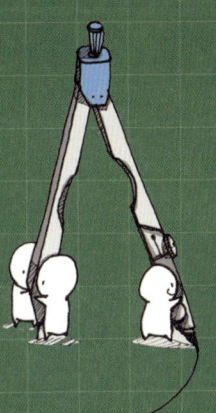

# 일상

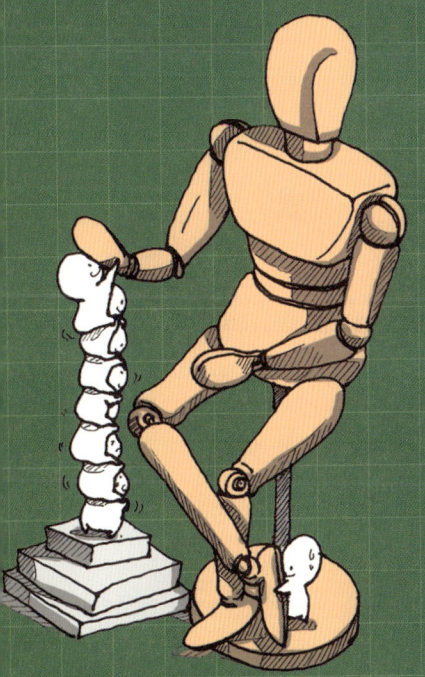

일상이란 매일 일어나는 반복된 일 혹은 보통의 일을 가리킨다. 별도의 분류로 취급하였으나 가족이나 드라마의 범주에서도 일상성은 내포되어 있다. 특히 만화에서는 웹툰을 통해 일기 형태의 작품이 다수 창작되면서 우리에게 친숙해진 점이 없지 않다. 모래알 같은 일상을 반짝이는 감수성으로 써 나간 것도 있고, 미국으로 건너간 초짜 부부의 생활도 있으며, 게으른 만화가 아내와 게이머 남편의 웃음 쏟아지는 에피소드도 있다. 진솔함과 자연스러움은 좋은 미덕이지만 말 그대로 평범함에 그친다면 작품의 매력은 떨어질 것이다. 반려동물, 혹은 동물들의 관찰 일기식 만화나 아기새와 엄마, 말발 좋은 팬더, 눈처럼 하얀 고양이 등 의인화한 동물들은 인간적인 표정으로 우리에게 친근함을 더한다. 감성에 세이는 잔잔한 일상에서 소박한 감동을 찾는 이들에게 위안을 주는 역할을 한다. 한쪽 만화와 한쪽 글의 형태, 혹은 카툰 형태의 그림에 얹어진 짧은 잠언들은 삶의 고단함에 지친 이들에게 던지는 응원의 메시지이기도 했다. 중년 신사와 이탈리아가 엿보이는 단편집, 엄마의 재혼으로 깨져버린 일상의 평온함, 바닷마을의 네 자매 이야기와 목욕관리사, 골방을 탈출한 만화가들의 여행기 등 드라마적 요소가 강하며 일상을 탈출하는 작품도 다소 포함되었다.

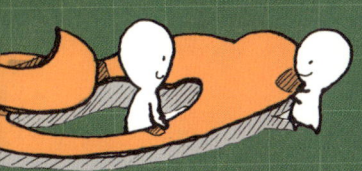

# DAY 20

## 3그램

수신지 지음 | 미메시스 | 178쪽 | 2012년 | 12,800원 | 중·고등학생 | 한국 | 투병기

언젠가 자신이 암에 걸릴 거라고 상상해 본 적이 있는가? 혹시 젊은 나에게는 죽을병 같은 건 찾아오지 않는다거나, 주변을 걱정시킬 정도의 질병 정도만 올 거라 철없이 상상하지는 않았을까? 그러나 병에 걸린다는 것은 젊다고 오지 않는 일도 아니고, 드라마처럼 로맨틱한 상황에서 찾아오는 것도 아니다. 『3그램』은 젊은 나이에 겪게 된 작가의 암 투병을 그린 만화로, 한 암환자의 투병 생활을 담백하게 그려내었다. 암에 걸린 사람의 병원에서의 일상은 보통사람의 일상과는 많이 다르다. 의사의 한마디에 울고 웃고, 불안감으로 인해 사소한 일에도 감정의 기복이 심해지게 마련이다. 이 만화는 암환자의 그런 감정들을 세심하게 관찰해 담아낸 만화이다.

**이선우** 건국대 철학과

ⓒ 수신지, 『3그램』, 미메시스

## 광수생각 (전3권)

박광수 지음 | 소담출판사 | 각권 130쪽 안팎
1998년 – 1999년 | 각권 8,500원 | 중·고등학생 | 한국 | 일상

DAY 21

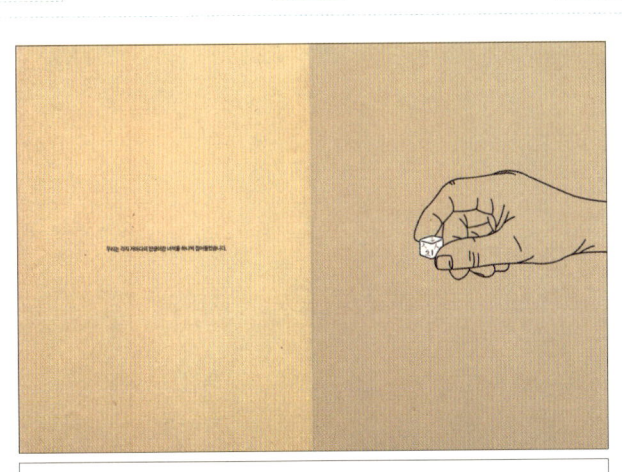

ⓒ 박광수, 『광수생각』, 소담출판사

1997년부터 유명 일간지에 연재되어 독자들의 꾸준한 사랑을 받아온 박광수의 만화 모음집이다. 평범하고 일상적인 캐릭터 '신뽀리'의 눈을 통해 세상을 바라본다. 누구나 살면서 겪을 수 있는 인생의 크고 작은 이야기들을 단순한 그림과 색, 간결한 문구로 표현하였다. 한쪽 면에는 만화를 그릴 당시의 심정에 대한 단상을 적어 놓았다. 『광수생각』은 우리가 살아가는 이야기를 꾸미거나 과장되지 않게 그린다. 평범한 사람들이 느끼는 기쁨과 슬픔, 절망과 희망이 고스란히 담겨 있어 쉽게 공감이 된다. 한 장 한 장 넘길 때마다 무언가 생각할 기회를 만들어 주기도 한다. 박광수의 만화는 너무 온정주의에 치우쳐 있다는 비판을 받기도 하지만 그의 따뜻한 위로는 희망과 감동으로 다가온다. 재미있으면서 긴 여운을 남기는 만화이다.

**조선혜** 서울 대신고 사서교사

# DAY 22

## 목욕의 신 (전3권)

하일권 지음 | 재미주의 | 각권 280쪽 안팎 | 2012년 | 각권 12,000원 | 고등학생 | 한국 | 일상

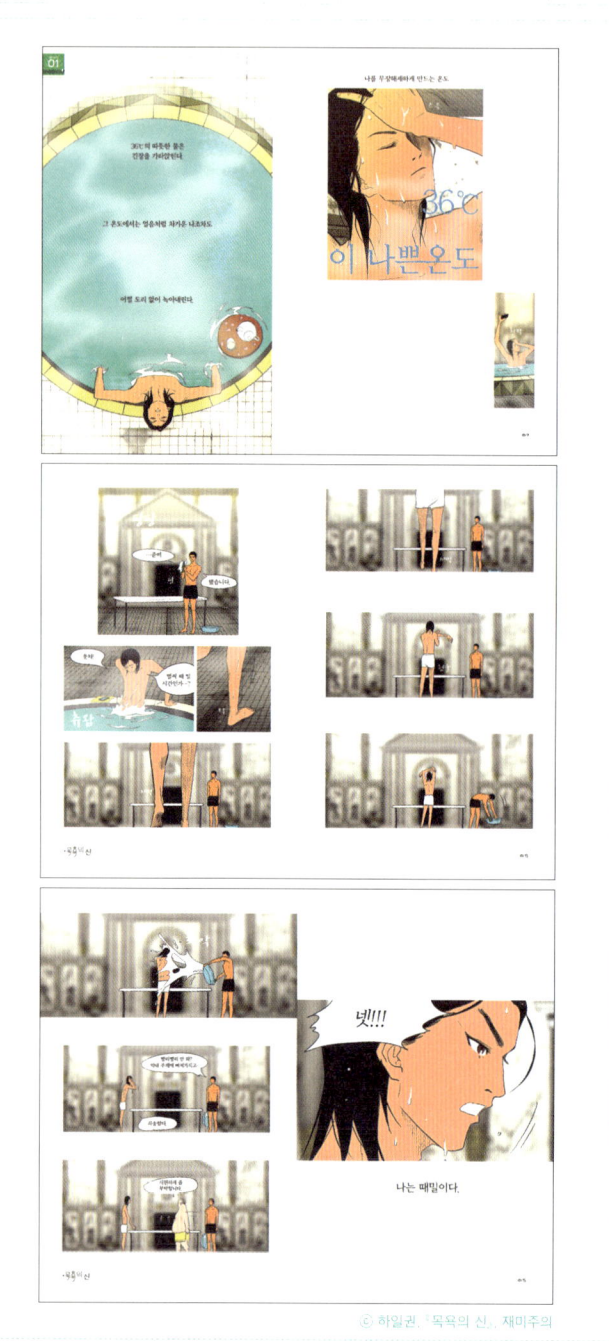

최근 유행하는 소셜네트워크에서는 오늘 뭘 먹었는지, 어디를 다녀왔는지, 쇼핑한 것은 무엇인지 끊임없이 업데이트된다. 자신의 일상과 생각을 일방적으로 쏟아내고 순식간에 수많은 사람들과 일상을 공유한다. 세상에 저만 잘났고, 저만 고뇌하면서 사나. 이 눈치 없이 눈꼴사나운 과시에 다수의 사람들은 친절하게 '중2병', '허세'라고 낙인찍어서 피드백을 준다. 그렇지만 누구에게나 바지에 똥 싼 추억은 아니더라도 몇 년 지나면 자다가 벽 차고 일어나 하이킥 할 행동과 말들이 있지 않나. 남들이 보기에 목욕탕 따위에 불과한 금자탕에는 자부심과 긍지를 가지고 누구보다 진지하게 쎄빠지게 일하는 때밀이들이 있다. 그런데 허세 주제에 신의 손을 지닌 타고난 때밀이라니, 기가 막힌 환상의 조합이다.

**한지연** 전날 영알초 교사

ⓒ 하일권, 『목욕의 신』, 재미주의

## 사금일기

호연 지음 | 애니북스 | 256쪽 | 2011년 | 10,000원 | 초등중학년부터 | 한국 | 일기

**DAY 23**

ⓒ 호연, 『사금일기』, 애니북스

고고미술사학이라는 엄청 고상한 분야를 『도자기』라는 만화로 일반인들에게도 쉽고 친근하고 재미있게 소개했던 작가 호연이 자신의 일기를 만화로 그렸다. 이미 웹툰을 통해 널리 알려진 이 만화는 모래알 같은 흔하디 흔한 일상에서 뭔가 그리고 싶고 남기고 싶은 날만 그린 것이라 한다. 세 컷짜리 만화로 그려진 그런 일상은 이내 금 같이 반짝였다. 피아노만 보면 연주하고 싶어 하는 마음과 단테가 포함된 품위 있는 독서 목록, 클래식 선율의 도움으로 마음을 편안하게 유지하는 그의 일상 모습에서 품위 있는 삶이라는 것이 어떤 것인지 배울 수 있었고 그것을 닮고 싶은 마음이 생기기도 했다. 허무개그 같고 부조리극 같은 현실 속에서 고상한 삶을 발견하고자 하는 그의 갈망이 엿보인다. 사금일기란 제목이 정말 잘 어울렸다.

**신정화** 서울 삼광초 사서

# DAY 24

## 생활의 참견 (전3권)

김양수 지음 | 소담출판사 | 각권 340쪽 안팎
2009년 | 각권 10,000원, 11,500원 | 중·고등학생 | 한국 | 명랑

네이버 웹툰으로 현재도 연재 중이다. 500회를 향해 달려가고 있는 걸 보면 많은 사람들에게 오래도록 사랑받고 있는 인기작이라는 것을 알 수 있다. 한 회당 20컷 정도로 구성되어 있는 이 짧은 이야기들이 모이니, 신기하게도 '내 이야기이기도 하고, 네 이야기이기도 한' 별로 특별하지 않은 이야기가 된다. 쉽게 지나쳐버리고, 기억 속에서 지워버리는 아무 일도 아닌 일들이 작가의 눈과 손을 통해 다시 살아난다. 우리의 기억을 다시 끄집어내 주니 더 반가울 수밖에 없다. 그런데 이런 일상의 짧은 에피소드들을 모아둔 책의 경우 여러 권을 단숨에 읽어버리기는 좀 힘들다. 이런 형태의 웹툰은 하루에 하나, 일주일에 한두 편만 올라오기 때문에 더욱더 뒷이야기가 궁금하고, 감칠맛 난다. 인생의 쓴맛, 단맛, 특별한 맛을 한 번에 다 보면 재미없다. 사람에 따라 다르긴 하겠지만, 이 책은 가끔 생각날 때나 짬이 날 때마다 조금씩 읽기에 좋은 책이다.

**정움** 서울 경희고 사서교사

© 김양수 『생활의 참견』 소담출판사

# 어쿠스틱라이프 (전6권)

난다 지음 | 애니북스 | 각권 270쪽 안팎
2011년-2013년 | 각권 11,500원-12,000원 | 고등학생 | 한국 | 카툰에세이

DAY 25

ⓒ 난다, 『어쿠스틱라이프』, 애니북스

2010년부터 인터넷에 연재된 웹툰이 3권의 책으로 엮여 출간되었다. 신혼부부의 소소한 일상에 대한 이야기를 위트 있게 그려내고 있다. 알콩달콩 깨소금 맛만 나는 염장스토리가 아니라 누구나 공감할 수 있는 이야기가 많아 남녀노소에게 꾸준히 사랑을 받아왔다. 만화가인 아내와 게임 개발자인 남편의 다양한 에피소드는 이 세상 모든 신혼부부들의 삶을 대표해서 보여준다. 별것 없기도 하고, 특별하기도 한 그들의 이야기를 하나하나 듣다보면 각종 웃음이 유발된다. 미소, 실소, 냉소, 박장대소… 하지만 단 하루도 같을 수 없는 평범하지만 평범하지 않은 짧은 이야기를 모아둔 책이라 단박에 3권을 읽으면 조금 지루하게 느껴질 수도 있다. 차례대로 읽을 필요가 없는 에피소드 모음이기 때문에 화장실에 한 권, 침대 옆에 한 권, 책상 앞에 한 권을 두자. 시시때때로 아무 곳이나 펼쳐보면 웃음이 나는 그들의 이야기이자 우리들의 이야기다.

**정움** 서울 경희고 사서교사

## DAY 26

### 커피 한 잔 더 (전5권)
야마카와 나오토 지음 | 오지은 옮김 | 세미콜론
각권 220쪽 안팎 | 2008년-2012년 | 각권 8,000원, 9,000원 | 고등학생 | 일본 | 일상생활

ⓒ 야마카와 나오토, 『커피 한 잔 더』, 세미콜론

따뜻하고 쌉쌀한, 가만히 향을 맡을 수 있을 것 같은 커피 같은 이야기들. 『커피 한 잔 더』는 그런 단편들이 모아진 만화이다. 소매치기가 등장하고, 탐정 사무소가 나오지만 자극적인 이야기는 없다. 융으로 거르는 넬 드립 방식으로 커피를 내리던 나이든 소매치기를 회상하는 은퇴한 노형사, 가쓰오부시를 준 인연으로 친구가 된 야옹군과 마시는 커피, 죽은 옛 친구가 그린 그림 속에 있던 카페를 직접 차려 커피를 내리는 이야기. 가끔은 현실 속의 우리 얘기들, 또 가끔은 따뜻하게 그려진 판타지 이야기 속에 커피콩이 갈아지고, 커피가 내려진다. 작가는 친절하게도 커피 내리는 방법을 만화 속에서 자연스럽게 보여주기도 하고, 넬 드립 방식이나 사이폰 방식 등을 소개해 주기도 한다. 단편 하나씩을 볼 때나 따뜻한 커피가 무척이나 마시고 싶어진다. 따뜻한 커피를 준비해 한 모금 마신 뒤에 따뜻함이 마음까지 내려왔을 때 읽는다면 만화를 더 음미할 수 있겠다.

**이미영** 학교 밖 독서시도

## 골방 탈출기

메가쇼킹만화가 외 지음 | 씨네21북스 | 233쪽
2008년 | 12,000원 | 중·고등학생 | 한국 | 여행기

**DAY 27**

여행은 그 이름만으로 우리에게 설렘을 준다. 이 책은 여행의 설렘을 같이할 수 있는 동반자이자 안내서다. 바다, 역사, 자연, 문화라는 네 개의 테마로 나누어 만화가들이 직접 체험한 여행과 여행지를 다루고 있다. 만화와 사진이 결합되어 있고 각종 여행 정보가 있어 새롭다. 거기에 작가들의 유머와 위트가 읽는 재미를 더한다. 또 작가들의 언어 사용이 독특하고 우리에게 익숙한 영화 패러디 작품 등을 만나볼 수 있어 절대 지루하지 않다. 재치와 익살이 넘치는 인물 간의 대화가 웃음을 유발한다. 한 번 손에 잡으면 놓기 힘들다. 지친 도시 생활에 찌든 도시인들에게 일상 탈출의 묘미를 선사할 것이다. 그야말로 웃기는 만화가들의 여행기다. **배영태** 용인 포곡고 국어교사

ⓒ 메가쇼킹만화가, 『골방 탈출기』, 씨네21북스

## 그린 (전4권)

토모코 니노미야 지음 | 학산문화사 | 각권 200쪽 안팎
2008년~2012년 | 각권 4,200원, 4,500원
중·고등학생 | 일본 | 농촌일상

**DAY 28**

'그린'은 여러 가지 의미가 있는 말이다. 초록이라는 뜻이지만, 나무, 숲, 산, 논, 밭, 환경 그리고 평화를 상징한다. 『노다메 칸타빌레』로 우리에게 알려진 토모코 니노미야의 『그린』은 농촌 이야기이기도 하고 사랑 이야기이기도 하다. 도시에서 조리사 공부 중인 와코는 마코토를 좋아한다. 하지만 마코토는 오로지 혹은 아직은 농사만 좋아한다. 와코는 적극적으로 마코토에게 접근하면서 시골 분위기에 점점 빠져든다. 부제가 '농촌 총각에게 시집갈래요'인데, 우리나라 농촌 총각들이 들으면 정말 좋아할 말이다. 애주가로도 유명한 작가의 취미가 밭일이라니, 이 작품의 구상은 밭에서 이루어졌을 수도 있겠다. 여기에서 '그린'에 '파릇파릇한 새싹'이라는 의미가 더해진다. 와코와 마코토의 사랑을 닮은 새싹!

**김광재** 학교 밖 독서지도

ⓒ 토모코 니노미야, 『그린』, 학산문화사

## DAY 29

### 내 이름은 팬더댄스1

조경규 지음 | 씨네21북스 | 210쪽 | 2009년
13,000원 | 중·고등학생 | 한국 | 명랑, 일상

ⓒ 조경규, 『내 이름은 팬더댄스1』, 씨네21북스

간혹 우리는 일상생활에서 작은 의문점들을 발견하고는 한다. '식용유 하나 만드는 데 얼마나 많은 콩을 짜야 할까?' 혹은 '한자를 쓰는 중국은 키보드를 어떻게 사용할까?' 같은 것 말이다. 『내 이름은 팬더댄스』는 그런 일상의 소소한 질문들을 모아 놓은 단편 만화집이다. 이 만화의 등장인물은 주인공 '팬더댄스'와, 그와 함께 대화를 나누는 '왕구리'가 거의 전부다. 단편마다 서로 다른 상황에 다른 역할을 맡고 있는 팬더댄스와 왕구리는 사소한 일상 안에서 서로 묻고 답한다. 귀여운 캐릭터가 내뱉는 질문들은 헛웃음이 나올 정도로 단순한 의문점이지만, 사실 누구나 살면서 한 번쯤은 가져 보았을 만한 데다가 답변 또한 꽤나 그럴듯하다. 팬더댄스의 이야기를 듣고 있는 독자들은 어느 순간 알게 모르게 그의 말에 공감하게 된다. **이선우** 건국대 철학과

## DAY 30

### 두 여자와
### 두 냥이의 귀촌일기

권경희 글 | 임동순 그림 | 미디어일다 | 255쪽
2011년 | 15,000원 | 중·고등학생 | 한국 | 귀농

ⓒ 임동순, 『두 여자와 두 냥이의 귀촌일기』, 미디어일다

멀쩡한 직장 그만두고 가족들 걱정도 뒤로하고 귀농 결심 한 달 만에 서산으로 내려간 '숭악한' 여자 둘, 경희씨와 동순씨. 길고양이 백작과 카라멜이 함께 하는 좌충우돌 귀농일기는 예상 밖으로 알콩달콩 깨가 쏟아진다. 농촌 생활은 불편하다? 아니 낭만적이다? 편견과 환상을 웃음으로 과감히 깨버린다. 귀농을 한다는 것은 '삶의 방식을 바꾸는 것'이라는 두 여자의 철학. 편리함을 버리는 대신 건강한 땅에서 직접 먹거리 농사를 지으며 여유로운 삶을 선택한 귀농 생활이 행복해 보인다. 돈벌이는 거의 없다. 하지만 쓸 일도 별로 없으니 악착같이 살 필요도 없다. 인터넷신문 일다에〈전원일기〉라는 제목으로 연재 중인 만화를 묶었다. 개성 있는 캐릭터들에 만화적인 상상력이 넘쳐난다. 마음 맞는 사람과 살면 이렇게도 행복할 수 있구나 하며 가족의 의미도 다시 생각하게 된다. 귀농을 꿈꾸는 사람들에게 주는 달콤 살벌한 귀농 팁이 쏠쏠하다. **에포힝** 서울 북명여고 사서교사

### 리틀 포레스트 (전2권)

이가라시 다이스케 지음 | 김희정 옮김
세미콜론 | 각권 180쪽 안팎 | 2008년-2009년
각권 8,000원 | 중학생 | 일본 | 농촌생활

**DAY 31**

ⓒ 이가라시 다이스케, 『리틀 포레스트』, 세미콜론

흔히 사용하는 우스갯소리에 '먹으려고 산다.'라는 말이 있다. 이 책은 요리만화로, 모두 서른네 번의 요리로 나뉘어져 있다. 일본 토호쿠 산간 지방 코모리에 사는 20대 아가씨 이치코는 농사를 짓거나 밥을 해 먹는 일로 하루를 보낸다. 그것도 혼자서 말이다. 봄, 여름, 가을 그리고 겨울에 따라 이치코의 하루는 무척 바쁘다. 농사 준비, 나물 캐기, 시원한 식혜와 디저트 그리고 남는 재료로 새로운 음식 만들기와 땔감 장만 등등. 도시에서 귀향한 이치코의 자급자족 생활은 요리만화를 넘어 농촌 생활을 맛보게 하고 사람들이 자연에 기대어 살고 있음을 깨닫게 해준다. 이치코 자신도 그곳에서 엄마를 이해하게 되고 마을 사람들과 하나가 되어가며 성장한다. 그림 선이 좀 더 깔끔했으면 하는 아쉬움은 있다.

**김광재** 학교 밖 독서지도

### 매미 울음소리 그칠 무렵
### 한낮에 뜬 달/햇살이 비치는 언덕길
### 돌아갈 수 없는 두 사람
(바다마을 다이어리1~4)(전4권)

요시다 아키미 지음 | 조은하 옮김 | 애니북스 | 각권 190쪽 안팎
2009년-2012년 | 각권 8,000원 | 중·고등학생 | 일본 | 일상

**DAY 32**

ⓒ 요시다 아키미, 애니북스

'매미 울음소리 그칠 무렵', '한낮에 뜬 달', '햇살이 비치는 언덕길', '돌아갈 수 없는 두 사람'. 1권에서 4권까지 각 권의 제목이다. 제목에서 연상되듯이 이 책은 살랑살랑 봄바람 같고 촉촉한 가을비 같기도 하다. 바닷가 마을 카마쿠라에서 네 자매의 소소한 일상이 실제 장소인 역, 신사, 단풍 명소 등을 배경으로 펼쳐지는데, 중심인물은 중학생인 '스즈'이다. 스즈는 아버지가 돌아가시고 이복 언니들과 함께 살고 있다. 축구를 잘하고 말수는 적고 속이 깊다. 할머니부터 살았던 집에서 집과 마당을 가꾸고 매실을 따고 축제에 참여하고 친구들과 어울리며, 언니들 연애도 구경하면서 지낸다. 예쁜 등장인물들과 카마쿠라를 자세하게 보여주는 그림도 좋지만, 컬러로 화사하게 그려진 표지 그림은 진짜 좋다.

**김광재** 학교 밖 독서지도

# DAY 33

### 일상날개짓 (전10권)

나유진 지음 | 코리아하우스 | 각권 280쪽 안팎
2009년 - 2013년 | 각권 11,500원 | 초등학생부터 | 한국 | 일상

어린 아들을 둔 싱글맘의 일상 이야기를 담은 일명 좌충우돌 감성 육아만화이다. 천진하고 사랑스러운 가람이와 누구보다도 씩씩하게 아이를 키우는 엄마의 일상을 아기새와 꼬꼬댁씨의 일상날개짓에 비유하였다. 한 포털 사이트 '도전 만화가' 코너에 처음 소개되어 정식 웹툰으로 연재하는 과정을 거쳐 현재 8번째 단행본까지 출간되었다. 그 사이 5살이던 아이는 어느새 9살의 어엿한 초등학생이 되었다. 아이와 엄마가 함께 성장하며 알콩달콩 살아가는 과정을 아기자기한 그림으로 그려냈다. 흔한 이야기이지만 재미있고 유쾌하다. 아이와 엄마의 평소 대화 모습을 보며 공감하다가 이내 감동하게 된다. 문득 '우리 엄마도 나를 이렇게 키우셨겠지' 하며 가슴이 뭉클해진다. 부모와 자녀의 사랑을 느낄 수 있는, 가슴이 따뜻해지는 카툰에세이다.

**조선혜** 서울 대신고 사서교사

# DAY 34

### 내 어린 고양이와 늙은 개 (전3권)

초(정솔) 지음 | 북폴리오 | 각권 320쪽, 328쪽
2011년 - 2013년 | 각권 12,000원 | 초등학생부터 | 한국 | 반려동물

『내 어린 고양이와 늙은 개』는 작가가 열다섯 살의 개 낭낙이와 어린 고양이 순대에게 바치는 연가(戀歌)이기도 하고, 반대로 낭낙이와 순대가 작가에게 바치는 연가이기도 하다. 이들의 소소한 일상에서 느껴지는 사랑의 강도는 가히 "나는 향기로운 님의 말소리에 귀먹고, 꽃다운 님의 얼굴에 눈멀었습니다."에 비견할 만하다. 개와 고양이의 너무 맑아서 슬픈 고백들에 머리가 숙여지고 가슴이 먹먹해진다. 네이버 웹툰에 연재된 만화 이외에 몇 편의 산문이 추가로 수록된 점도 이 책을 꼭 소장해야 할 이유가 된다. 만화에서 미처 다 하지 못한 세세한 이야기와 더불어 반려동물에게 가혹한 세상에 대한 안타까움과 준열한 비판, 반려동물을 향한 한없는 신뢰와 사랑이 모두 들어가 있다. 여러 언어로 번역되어 모두 함께 읽을 만한 작품이다.

**박사문** 대학강사

## 당신이 희망입니다

고도원 글 | 황중환 그림 | 오픈하우스 | 203쪽 | 2008년 | 12,000원 | 중·고등학생 | 한국 | 그림에세이

DAY 35

2001년 지인 몇 명에게 보내기 시작한 〈고도원의 아침편지〉는 이제 300만 명을 훌쩍 넘는 구독자가 생길 만큼 유명하다. 평소 책 읽기를 즐겨 하는 그가 감명 깊게 읽고 밑줄을 그어 두었던 구절에 자신의 감상을 덧붙여 보낸 이메일의 반응이 이렇게 뜨거우리라고 상상했을까? 그 인기로 인해 벌써 책으로도 몇 번 묶여 나왔던 편지글이 이번에는 만화가 황중환 씨에 의해 그림으로 재탄생했다. '믿음', '희망', '사랑', '응원'이라는 네 개의 주제 아래 엄선된 글은 카툰으로 인해 다시 새로운 이야기가 되어 독자에게 다가온다. 글만 읽어도, 글이 싫은 사람들은 그림만 보아도 서로 통하는 두 이야기, 그 절묘한 배치가 인상적이다. 쉽게 읽히는 책이지만 단숨에 쭉 읽어나가기보다는 옆에 두고 하나하나 곱씹어가며 보면 좋을 책이다. 때로는 글 따로, 그림 따로 생각하며 보아도 좋겠다.

**정현아** 광양 중마고 사서교사

## 딩스&뚱스 in 아메리카 (전2권)

이다혜 지음 | 코리아하우스 | 각권 280쪽, 288쪽 | 2012년 | 각권 11,500원 | 초등고학년부터 | 한국 | 일상

DAY 36

강원도 아가씨와 경상도 남자가 결혼을 했다. 이 두 사람의 별명이 '딩스'와 '뚱스'다. 직장을 구하는 우여곡절 끝에 미국 연구실에 취업이 되었다. 설레는 마음을 안고 도착한 미국땅, 시작부터 사건투성이다. 강원도 아가씨는 하루하루 일어난 에피소드를 만화로 그렸다. 그리고 포털 사이트 '다음'에 연재를 시작했다. 그렇게 시작하는 이 만화는 신혼부부의 좌충우돌 미국 적응 분투기다. 말이 안 통해서 혹은 사고방식이 달라서 매일매일 새롭게 겪어 내는 일이 재미있게 그려져 있다. 그러면서 둘은 나름의 해결 방식을 찾고, 또 우연히 도와주는 사람들이 생기고, 차츰 타국 생활에 적응해 간다. 시간이 흐르면서 아이도 생겼다. 아이의 별명은 '땡스'다. 딩스, 뚱스, 땡스는 여전히 재미있게 살고 있고, 당연하게 만화는 여전히 진행되고 있다.

**김혜원** 학교도서관 문화살림

## DAY 37  바람개비 소년 하루의 꿈

강도하 지음 | 황금나침반 | 216쪽 | 2007년 | 9,000원 | 중·고등학생 | 한국 | 여행

하루는 종이로 만든 바람개비 소년이다. 엄마 아빠도 바람개비였다. 아빠는 낡아서 사라졌고 엄마는 스스로 고정핀을 빼 찢겨버리는 종이의 운명을 선택했다. 세상에는 하루 혼자만 남았다. 소년은 조금씩 크고, 고민을 한다. 나는 어떤 운명을 받아들일 것인가. 엄마 아빠처럼 낡거나 찢겨버릴 것인가. 하루는 바람을 찾아 세상으로 나선다. '바람을 찾아 단 바람개비를 돌리고 싶다'는 소망이 생긴다. 그리고 여러 대상들을 만난다. 그들과의 이야기를 통해 자신의 삶은 자신이 찾아야 한다는 것을 깨닫는다. 이런 형식을 만화 에세이라고 표현할 수 있겠다. 그림 한 컷에 글이 길다. 녹록치 않은 주제를 다루다 보니 글이 잠언 같다. 천천히 생각하면서 읽을 책이다.

**김혜원** 학교도서관 문화살림

## DAY 38  스마일 브러시 오래된 사진

와루 지음 | 걸리버 | 291쪽 | 2011년 | 11,500원 | 중·고등학생 | 한국 | 일상

인터넷 블로그에서 '와루'라는 닉네임으로 활동하는 작가의 웹툰북이다. 어린 시절의 아련하고 따뜻한 추억들을 서른여덟 편의 에피소드로 구성하였다. 장롱 깊숙이 보관해 두었던 앨범에서 오래된 사진 한 장을 꺼내어 떠오르는 사건이나 느낌을 들려주는 형식을 취한다. 한 장의 사진, 그 속에 담긴 이야기는 단지 작가 자신만의 이야기가 아닌 우리 각자의 이야기로 이어진다. 기억 저편에 묻어 놓았던 추억의 조각들이 하나둘 떠오르면서 숨어 있던 감성을 자극한다. 아기자기하고 깔끔한 그림과 예쁜 글씨체가 소소한 일상 이야기와 잘 어울린다. 오밀조밀하고, 조금은 쓸쓸하지만, 가슴 설레는 이야기들이 잔잔한 울림을 준다. 따뜻하면서도 조용한 반전이 있어 웃음과 감동을 함께 느낄 수 있다. 오래도록 간직하고 싶은 책이다.

**조선혜** 서울 대신고 사서교사

## 주식회사 천재패밀리 (애장판)(전6권)

토모코 니노미야 지음 | 학산문화사 | 각권 360쪽 안팎
2005년 – 2011년 | 각권 7,000원 | 중·고등학생 | 일본 | 일상

**DAY 39**

시작은 뻔하다. 천재이면서 까칠하고 돈을 무척 중요하게 생각하는 주인공 카츠와 똑똑하지만 자유분방하고 자연을 사랑하는 하루는 고등학생이다. 그 둘은 엄마와 아빠의 재혼으로 형제가 된다. 그들의 좌충우돌하는 생활이 비즈니스 이야기에 맞물려 전개된다. 물론, 토모코 니노미야 작품답게 이야기는 행복한 결말로 끝난다. 그런데 이야기가 꽤 재미있다. 이유는 뭘까? 등장하는 인물과 인물 사이 혹은 사건과 사건 사이의 틈새를 잘 연결했기 때문일 거다. 한마디로 작가의 탁월한 능력 덕분이다. 평생 한 번 보기도 어려운 천재가 서너 명이나 등장하고, 인물들의 개성도 특별하고, 가치관이 많이 다른 사람들을 조화롭게 엮어가면서 이야기를 끌어가는 솜씨가 대단하다. 작가의 인간에 대한 무한한 애정과 신뢰가 돋보이는 작품이다.

**김광재** 학교 밖 독서지도

## 지우개

권윤주 지음 | 열린책들 | 161쪽 | 2009년 | 13,000원 | 초등고학년부터 | 한국 | 일상

**DAY 40**

널리 알려진 'SNOWCAT'의 시리즈라 볼 수 있다. '혼자 놀기'의 진수를 보여줬던 스노우캣이 왜 혼자가 되었을까, 하는 진지한 고민을 풀어낸다. 혼자도 좋았지만 어쩌다 보니 혼자가 되어 버린 여러 상황들이 공감을 불러일으킨다. 한 발짝 떨어져서 자신을 살펴보는 통찰력이 뛰어나다. 단순한 그림과 그림보다 많은 여백들이 오히려 더 많은 이야기를 안고 있다. 단편들 중에 단연 「지우개」 편이 돋보인다. 엄마의 잔소리는 사라져 버리고픈 마음을 충동질한다. 이런 상황에 자신을 지우개로 싹싹 지워가는 과정이 실감나게 그려져 있다. 분신과도 같은 스노우캣이 있어 삶이 나를 속일지라도 좌절하거나 슬퍼하지 않으련다. 인생은 가까이서 보면 비극이지만 멀리서 보면 희극이라지 않은가. 일상의 소소한 이야기와 사소해 보였던 주변의 물건들이 잔잔하게 감동을 준다.

**예주영** 서울 숙명여고 사서교사

## DAY 41

### 토리빵 (전7권, 미완결)

토리노 난코 지음 | 이혁진 옮김 | AK커뮤니케이션즈 | 각권 130쪽 안팎
2011년-2012년 | 각권 6,500원 | 초·중·고등학생 | 일본 | 동식물 관찰기

봄날 아이들과 도서관을 찾던 길에서 더벅머리 직박구리가 이리저리 오가며 시끄럽게 우는 소리를 들었다. 『토리빵』을 보지 않았다면 직박구리는 다투듯 모이를 먹는 줄 몰랐을 거다. 참새는 모이를 물고 다른 장소로 이동하며 먹는다. 기억을 더듬어보니 공원에서 그 모습을 본 기억이 난다. 『토리빵』은 일상에서 한 번쯤 관찰한 사실을 만화로 그려냈고 재미있는 설명은 기억을 떠올리는 데 탁월한 효과가 있다. 기본 4컷 만화로 구성했고, 배경은 일본이지만 우리나라 도심에서도 관찰할 수 있는 새들의 이야기가 중심으로 펼쳐진다. 엉뚱하리만큼 사소하고 작은 것에 관심을 두어 호기심을 발동하는 작가의 개성이 만화 속에 드러나 재미를 더한다. 잘 모르는 일본 음식과 문화는 설명을 달아 이해를 도왔다. 일본과 다른 듯 닮은 생활을 발견하는 재미도 있다.

**허지연** 길꽃어린이도서관 책밭매기독서클럽

## DAY 42

### 파페포포 메모리즈/파페포포 투게더/파페포포 안단테 파페포포 레인보우/파페포포 기다려 (파페포포 시리즈)(전5권)

심승현 지음 | 홍익출판사 | 각권 220쪽 안팎 | 2007년-2012년
각권 12,800원 | 중·고등학생 | 한국 | 카툰에세이

파페와 포포의 사랑이야기. 시리즈는 1권 『파페포포 메모리즈』부터 근래 출간된 5권 『파페포포 기다려』까지 그 둘의 사랑과 인생의 이야기가 펼쳐진 카툰에세이다. 애니메이션을 전공한 작가는 웹사이트 다음에 자신의 사랑과 실연을 소재로 한 카툰을 올리기 시작했다. 아름다운 그림과 순수하고 감성적인 글은 화제가 되었고 단행본으로도 출간되어 지속적으로 큰 사랑을 받고 있다. 청춘의 가장 큰 고민인 '사랑'에 대한 작가의 글은 많은 사람들에게 눈물과 웃음을 주었다. 그동안 이런 감성의 글과 그림은 여성적 가치에 맞는 것이라 여겨져 여성 독자들만 그 대상이 되곤 했다. 그러나 사랑에 울고, 삶의 무게를 글로 표현한 이 내용은 21세기를 살아가는 남녀노소를 망라한 청춘들의 마음을 사로잡았다. 아마도 그것은 인생의 무게가 남녀를 가리지 않고 누구에게나 동일하기 때문일 것이다.

**박영민** 서울 신정초 사서교사

## Tesoro 오노 나츠메 초기 단편집

오노 나츠메 지음 | 조은하 옮김 | 이숲 | 250쪽 | 2009년 | 10,000원 | 중·고등학생 | 일본 | 일상이야기

DAY 43

'테조로'는 이탈리아어로 '보물'이라는 뜻이다. 또 애완동물이나 사람을 다정하게 부르는 호칭이기도 하단다. 제목에서 주는 느낌처럼 삶 속에 보물처럼 반짝이는 순간과 감정들을 포착해 놓았으며, 주로 가족 간의 소통과 화합을 소재로 하고 있다. 여행 간 아내가 빨리 돌아오기를 기대하는 남편의 모습, 각자의 삶을 존중하면서도 서로의 믿음과 애정을 잃지 않는 노부부의 이야기, 자신의 딸이라는 고아소녀의 폭탄 발언에도 변명하거나 화내지 않고 따뜻하게 소녀를 품어준 정치가, 그리고 남자친구에게 실연당한 딸을 위로해 주는 아버지의 모습 등의 에피소드가 팍팍한 삶 속에 우리에게도 보물 같은 순간이 있음을 깨닫게 해 준다. 이야기의 주제를 있는 그대로 드러내지 않고 암시적으로 표현하고 있어 마치 단편 소설을 읽는 듯한 느낌을 준다. 읽는 내내 따뜻함을 느낄 수 있는 책이다.

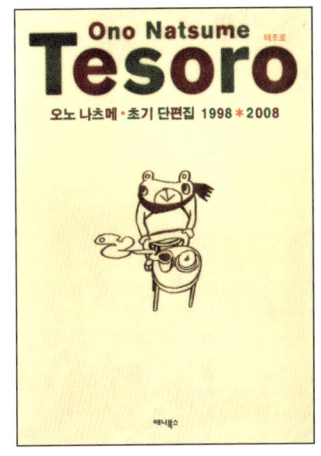

**이호은** 의정부 경민여중 전문상담교사

# 연애

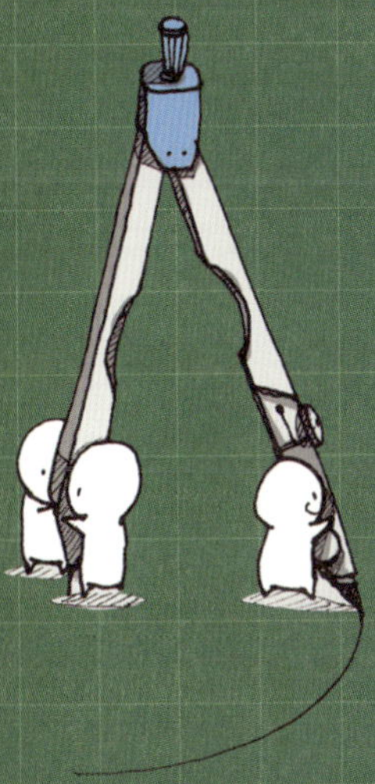

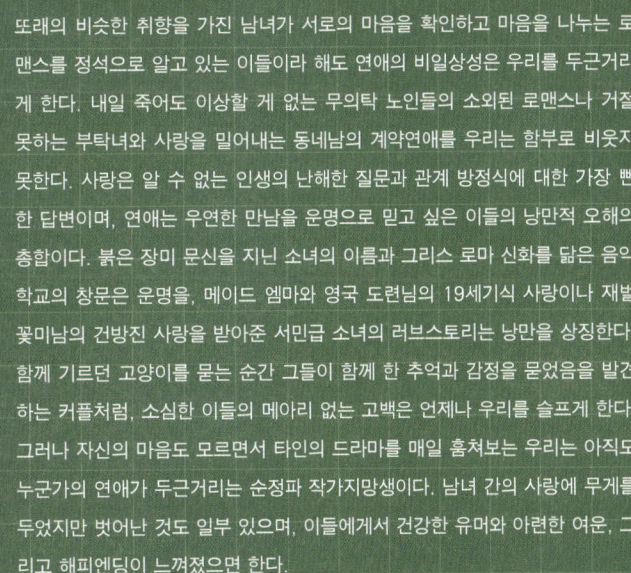

또래의 비슷한 취향을 가진 남녀가 서로의 마음을 확인하고 마음을 나누는 로맨스를 정석으로 알고 있는 이들이라 해도 연애의 비일상성은 우리를 두근거리게 한다. 내일 죽어도 이상할 게 없는 무의탁 노인들의 소외된 로맨스나 거절 못하는 부탁녀와 사랑을 밀어내는 동네남의 계약연애를 우리는 함부로 비웃지 못한다. 사랑은 알 수 없는 인생의 난해한 질문과 관계 방정식에 대한 가장 뻔한 답변이며, 연애는 우연한 만남을 운명으로 믿고 싶은 이들의 낭만적 오해의 총합이다. 붉은 장미 문신을 지닌 소녀의 이름과 그리스 로마 신화를 닮은 음악학교의 창문은 운명을, 메이드 엠마와 영국 도련님의 19세기식 사랑이나 재벌 꽃미남의 건방진 사랑을 받아준 서민급 소녀의 러브스토리는 낭만을 상징한다. 함께 기르던 고양이를 묻는 순간 그들이 함께 한 추억과 감정을 묻었음을 발견하는 커플처럼, 소심한 이들의 메아리 없는 고백은 언제나 우리를 슬프게 한다. 그러나 자신의 마음도 모르면서 타인의 드라마를 매일 훔쳐보는 우리는 아직도 누군가의 연애가 두근거리는 순정파 작가지망생이다. 남녀 간의 사랑에 무게를 두었지만 벗어난 것도 일부 있으며, 이들에게서 건강한 유머와 아련한 여운, 그리고 해피엔딩이 느껴졌으면 한다.

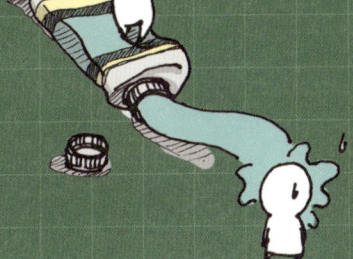

# DAY 44

## 고양이 장례식

홍작가 지음 | 미들하우스 | 240쪽 | 2010년 | 9,800원 | 중·고등학생 | 한국 | 드라마

사랑, 이별, 재회를 주제로 한 3편의 단편 모음집이다. 「고양이 장례식」, 「그 때 불던 그 바람」, 「오늘의 커피」가 수록되어 있다. 첫 번째 작품은 헤어진 연인이 함께 기르던 고양이의 장례식을 치르고자 다시 만난 이야기를 그렸다. 처음 만난 순간과 같이 지내던 기억들이 떠오르지만 돌아오는 길, 고양이와 함께 과거를 떠나보낸다. 「그 때 불던 그 바람」에서 정후는 직장 상사 때문에 회사를 그만두려고 하지만 오히려 그와 함께 유럽 여행을 가게 된다. 우여곡절 끝에 그 둘은 각자 가지고 있던 미련을 내려놓는다. 「오늘의 커피」에서는 바리스타인 커피 점장을 통해 전작 주인공의 인연이 교차된다. 독립적으로 보이는 각각의 이야기는 우연적이면서 필연적으로 연결된다. 오래된 응어리를 내려놓을 때 비로소 새로운 인연을 맞이할 수 있음을 느끼게 한다. 차분한 분위기와 실사에 가까운 그림체로 그려진 이 책은 마치 한 편의 잘 짜인 영화와 같다. 여백과 여운이 있다.

**조선혜** 서울 대신고 사서교사

ⓒ 홍작가, 「고양이 장례식」, 미들하우스

## 그대를 사랑합니다 (전3권)

강풀 지음 | 재미주의 | 각권 350쪽 안팎 | 2012년
각권 12,000원 | 중·고등학생 | 한국 | 사랑이야기

**DAY 45**

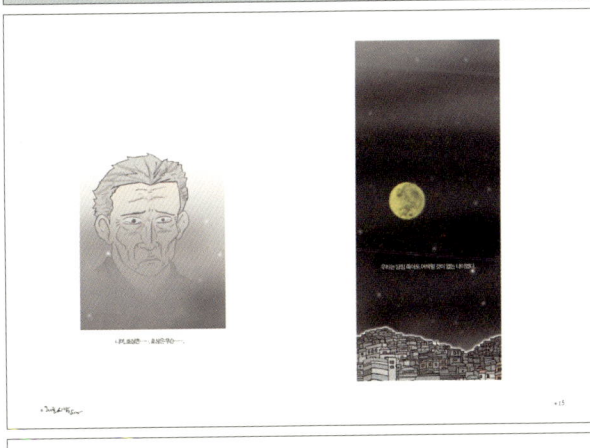

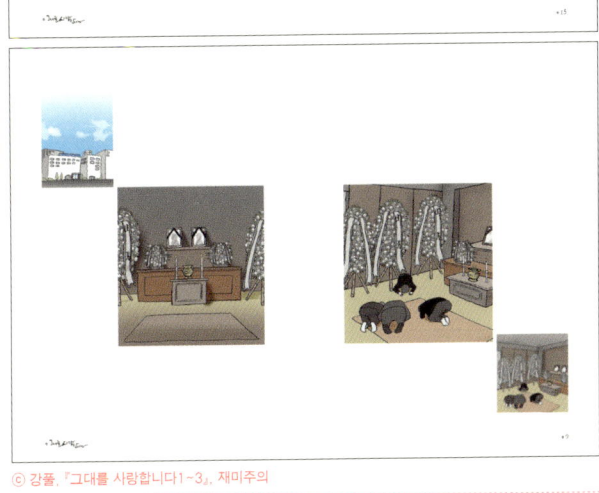

ⓒ 강풀, 『그대를 사랑합니다 1-3』, 재미주의

강풀 작가의 '순정만화' 3부작 중 하나다. 욕망이 배제된 가장 순도 깊은 사랑에 대해 이야기한다. 인간이 살면서 가장 마지막 시간에 시작되는 사랑, 그것의 모습이 보고 싶다면 이 책을 읽길 권한다. 이야기는 네 명의 노인이 끌고 간다. 혼자 사는 할아버지와 혼자 사는 할머니, 그리고 치매 할머니를 보살피는 할아버지 부부. '그 사람의 마지막을 함께 하고 싶다.'는 것이 그들의 사랑법일까? 치매 할머니와 함께 이 세상을 버리는 할아버지의 모습에서는 미안하고 안타까운 기분이 든다. 이분들이 편안히 세상을 사시게 할 수는 없을까. 조용한 방에서 혼자 앉아 읽을 책이다. 거울도 없는 것이 좋겠다. 책을 덮을 때쯤, 눈물범벅이 된 자신의 모습을 볼 자신이 없으니 말이다. 그래도 한바탕 울고 나면, 따뜻해진 가슴이 선물처럼 남아 있다.

**김혜원** 학교도서관 문화살림

# DAY 46

## 바보 (전2권)

강풀 지음 | 재미주의 | 각권 408쪽 | 2011년-2012년 | 각권 12,000원 | 중·고등학생 | 한국 | 드라마

강풀의 '순정만화' 시리즈 두 번째 이야기로, 유년기에 대한 애틋한 감성을 불러일으키는 지고지순한 사랑 이야기이다. 주인공 승룡이는 어린 시절 연탄가스 사고로 아버지를 잃고, 자신도 뇌에 손상을 입었다. 어머니마저 병으로 돌아가시고 난 후, 학교 앞에서 토스트를 팔며 동생 지인이와 살고 있다. 한편, 외국에서 유망한 피아니스트의 길을 걷던 지호는 어느 날 예고도 없이 귀국한다. 매일 같이 토성에 앉아 지호를 기다리던 승룡은 마침내 지호를 만나게 되고 두 사람을 둘러싼 인연과 애틋한 이야기들이 하나씩 펼쳐진다. 우리는 흔히 뭔가를 줬으면 받아야 된다고 생각하고, 받으면 돌려줘야 한다고 생각한다. 하지만 승룡이는 다르다. 바라거나 기대하는 것 없이 단지 그 사람이 있어 행복한 바보이다. 바보 같은 사람들의 바보 같은 이야기는 위로와 감동으로 다가온다. 외롭고 상처받은 사람에 대한 따뜻한 시선이 돋보이는 만화이다.

**조선혜** 서울 대신고 사서교사

ⓒ 강풀, 『바보1, 2』, 재미주의

# 보지 못하고 듣지 못하고 사랑해 (전3권)

고영훈 지음 | 형설라이프 | 각권 260쪽 안팎 | 2011년-2012년
각권 12,000원 | 중·고등학생 | 한국 | 사랑이야기

**DAY 47**

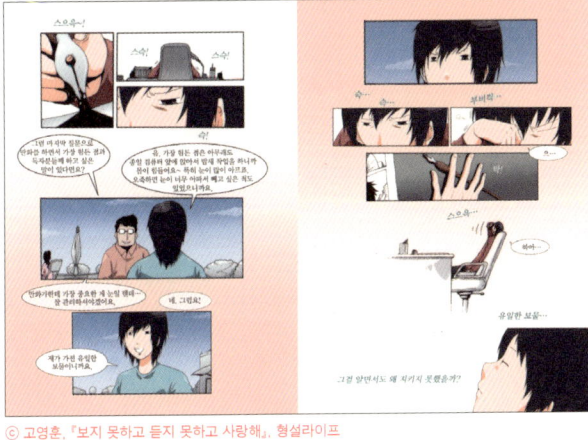

ⓒ 고영훈, 『보지 못하고 듣지 못하고 사랑해』, 형설라이프

인터넷을 통해 소비된다고 해서 모든 웹툰이 가볍기만 한 것은 아니다. 운이 좋은 독자는 그 어떤 문학작품보다 감성적이고 따스한 웹툰 『보지 못하고 듣지 못하고 사랑해』를 만날 수도 있다. 제목 그대로 이 작품은 보지 못하는 남자와 듣지 못하는 여자의 사랑을 다루고 있다. 그게 가능할까? 보지 못하는 상대를 사랑한다는 것이, 듣지 못하는 상대방의 목소리에 귀를 기울인다는 것이 가능할까? 그러나 좀처럼 불가능해 보이는 이들의 소통은 독자들로 하여금 진정한 사랑의 의미를 되새겨 보게 만든다. 게다가 장애를 가지고 살아가는 이웃들을 그저 딱하게 여기는 것이 아니라 그들의 내면을 조금쯤은 이해할 수 있게 해 준다. 웃음과 슬픔 사이의 균형을 절묘하게 잡는 이 작가의 역량은 안타까움이나 연민 대신 영혼의 충만함을 선사한다.

**김시진** 홍익대 국어교육과 대학원

# DAY 48

## 사랑해 (전12권)

김세영 글 | 허영만 그림 | 김영사 | 각권 300쪽 안팎
2006년-2007년 | 각권 9,500원 | 고등학생 | 한국 | 가족, 사랑

만화가 허영만과 스토리작가 김세영이 함께 만든 사랑과 인생에 대한 만화. 2000년 모 스포츠지에 연재될 당시에는 펜으로 그려졌던 흑백만화가 올컬러 작업을 거쳐 다시 출간되었다. 서른넷의 만화스토리 작가 석철수는 어느 날 스무 살의 나영희를 만나게 된다. 둘은 열네 살이라는 나이 차를 극복하고 연애를 하다가 예기치 않은 임신으로 결혼에까지 이른다. 부부가 서로 사랑하며 아이를 키우는 소소한 일상을 코믹하고 따뜻하게 그렸다. 딸 지우는 엄마, 아빠와 함께 세상을 만나고 따뜻한 사랑을 배우며 성장한다. 지우의 성장만큼 철수와 영희의 사랑도 깊어진다. 중간 중간 삶과 사랑에 대한 수많은 인용문들이 절묘하게 배치되어 있어 사랑의 본질에 대해서 생각하게 한다. 단순한 그림체와 채색이 잘 어우러져 사랑스러운 느낌을 잘 표현했다. 사소하지만 소중한 일상의 행복과 감동이 잔잔하게 펼쳐지는 만화이다.

**조선혜** 서울 대신고 사서교사

ⓒ 허영만, 『사랑해11』, 김영사

## 세브리깡 (전3권)

강도하 지음 | 바다출판사 | 각권 345쪽 안팎
2010년~2009년 | 각권 11,800원 | 고등학생 | 한국 | 일상, 연애

DAY 49

『위대한 캐츠비』, 『로맨스 킬러』, 그리고 『큐브릭』. 청춘 3부작으로 명명된 강도하의 전작들에는 거친 사연에 우울한 그늘이 짙게 배어 있는 캐릭터들이 많았다. 생생한 표정과 주인공들의 심리를 대변해주는 꼼꼼한 배경 묘사는 여전하다. 남의 도움 요청을 거절 못하는 일명 동네 부탁녀 '세브리깡'은, 자신을 끊임없이 스토킹하는 '초연'으로 인해 인생이 변해버렸다고 믿는 한량 '이글'의 부탁을 받고 계약 연애를 시작한다. 비정상적으로 틀어져 버린 청춘과 연애의 일상담은 사무실에서 일하는 '진구'와 '봄비', 그리고 자신이 버림받았다는 것을 인정 못하는 '혁도'의 공통분모다. 나른하면서도 감성적인 내레이션이 돋보이는 전작의 특징을 이어가면서도 좀 더 밝아지고 낭만적인 설정이 늘어났다. 차가운 결말 대신 따뜻한 화해를 선택한 작가의 새로운 시도가 느껴진다.

**왕지윤** 인천 경인여고 국어교사

# DAY 50

## 속좁은 여학생 (전3권)

토마 지음 | 씨네21북스 | 각권 260쪽 안팎
2008년~2009년 | 각권 8,000원, 9,500원 | 고등학생 | 한국 | 연애

작가는 '속이 좁고 꽁한 어른들'의 이야기를 쓰겠다는 작정을 하고 이 만화를 시작했단다. 그 의도에 꼭 들어맞는 제목 『속좁은 여학생』, 정말이지 어울린다. 순정 만화 속에 언제나 등장하는 '운명적인 사랑, 순애보, 아름다운 이별', 이 만화에서는 꿈도 꾸지 마시길. 자기중심적이고 외로움에 괴롭고 자존감 낮은, 속좁은 주인공들에겐 어울리지도 않는다. 게다가 이제 20대 후반, 30대 초반의 이들에게 그런 사랑은 이미 물 건너간 어린 애들의 얘기. 운명적인 사랑을 꿈꿔 왔으나 외로움에 지쳐 차츰 상대를 찾아보려는 소설가 나미루, 남자친구가 있지만 2번이나 다른 사람에게 마음을 빼앗기는 한소미, 사랑이 귀찮기도 낯설기도 한 나미국. 이들의 사랑은 위대하거나 눈물겹지 않다. 답답하고 찌질하고 구차히다. 그렇지만 여전히 설렌다. 그래서 충분히 공감할 수 있는 사랑 이야기. 파스텔톤의 채색과 말풍선 속의 손글씨가 속좁은 여학생의 마음을 더욱 살려준다.

**이미영** 학교 밖 독서지도

ⓒ 토마, 『속좁은 여학생』, 씨네21북스

## 순정만화 (전2권)

강풀 지음 | 재미주의 | 각권 400쪽 | 2011년 | 각권 12,000원 | 중·고등학생 | 한국 | 연애

**DAY 51**

강풀의 첫 장편 만화로 온라인에 먼저 연재되어 폭발적인 반응을 얻었다. 온라인 만화의 장점을 살려 칸에 얽매이지 않고 자유롭게 그렸다. 그 안에는 우리 일상에서 일어날 수 있는 소박한 사랑 이야기가 담겨 있다. 출근길 엘리베이터에서 아래층 여고생 수영과 서른 살 연우가 처음 만난다. 발랄한 여고생과 숙맥 아저씨의 사랑이야기. 열두 살 차이라는 자칫 자극적일 수도 있는 소재를 작가 특유의 따뜻한 감성으로 순수하게 그려냈다. 사랑에는 어떤 장벽도, 조건도 무의미함을 느끼게 한다. 주인공인 여고생과 직장인 이외에도 각 인물과 사건 들이 씨줄과 날줄처럼 연결되어 있다. 사람들 사이의 인연과 관계에 대해서도 생각해 보게 된다. 사람을 향한 작가의 따뜻한 시선 때문일까. 읽을수록 행복해진다. 작은 일상의 소중한 사랑이야기가 덩달아 사랑을 하고 싶게 만든다.

**조선혜** 서울 대신고 사서교사

ⓒ 강풀, 『순정만화1, 2』, 재미주의

## DAY 52

### 위대한 캣츠비 (전6권)

강도하 지음 | 애니북스 | 각권 300쪽 안팎
2005년-2006년 | 각권 9,800원, 12,000원 | 중·고등학생 | 한국 | 연애

ⓒ 강도하, 『위대한 캣츠비』, 애니북스

『위대한 캣츠비』의 맛은 쓰다. 야릇하게 여운을 남기는 쓴맛이다. 사실 쓴맛이 이렇게 여운을 남기는 것은 매운맛처럼 통증을 주기 때문이 아니라 단지 이를 느끼는 감각세포가 혀의 가장 깊숙한 곳에 위치하고 있기 때문이다. 사랑이 종종 맛에 비유되는 것은 이런 이유일까. 살짝 내밀어도 맛볼 수 있는 단맛에서 시작되어 익숙지 않은 쓴맛과 함께 끝나니까. 이 만화에는 우리의 미각세포를 자극하는 여러 이야기가 등장한다. 사랑과 이별, 시작과 미련, 환영과 집착이라는 상투적이지만 결코 진부할 수 없는 이야기뿐 아니라 가능성의 팔다리가 잘린 채 미운 오리로 낙인찍힌 이 시대 젊음의 방황, 소외, 무기력한 현실과 고독의 이야기가 있다. 벗겨진 허울의 무게만큼 초라하게 내려간 우리의 모습을 들여다보는 것이 유쾌하지만은 않지만 신 정성을 찾게 이끄는 이정표를 그 속에서 발견할 수 있을 것이다.

**이은선** 자유기고가

## 허니와 클로버 (전10권)

우미노 치카 지음 | 최윤정 옮김 | 학산문화사
각권 180쪽 안팎 | 2003년 | 각권 4,200원, 4,500원 | 중·고등학생 | 일본 | 로맨스

**DAY 53**

ⓒ 우미노 치카, 『허니와 클로버』, 학산문화사

언니가 한창 일본 순정 만화와 영화에 빠져 있을 때, 나는 왜 저러나 싶었다. 영화를 다운받아 밤새 보고 있는 언니가 한심해 보였다. 그러던 어느 날 언니 컴퓨터에서 무심코 동영상 파일 하나를 열었는데, 청순함의 극치를 달리는 한 소녀가 커다란 헤드폰을 낀 채 화판에 붓질을 하고 있었다. 아오이 유우가 여주인공으로 등장하는 영화 〈허니와 클로버〉였다. 영화를 먼저 보았기 때문에 원작을 읽으면서도 자꾸 영화 속 장면들이 겹쳐 집중을 방해했다. 순수한 청춘 남녀들의 이야기가 섬세하게 묘사되어 있다. 천재 화가 하구미와 그녀를 둘러싼 청년들이 자신들의 꿈을 향해 달려가는 이야기는 풋풋한 사랑이야기와 함께 수줍게 버무려져 있다. 덕분에 보는 내내 수줍은 사춘기 소녀가 되어 있었다. 그들의 이야기는 참으로 깨끗하고, 건전하다. 만일 조금 지루하게 느껴진다면, 이야기 속으로 뛰어들어가 등장인물 중 한 명이 되어 보는 것은 어떨까. 누구라도 상관없다.

**정움** 서울 경희고 사서교사

## DAY 54

### 사랑해야 하는 딸들

요시나가 후미 지음 | 시공사 | 210쪽 | 2004년 | 5,000원 | 중학생 | 일본 | 드라마

지은이는 우리나라에서 영화로도 제작되었던 『서양골동양과자점』의 원작자로, 주로 소년들의 사랑을 다뤘던 작가의 이력에 비춰본다면 조금 색다른 작품이다. 어머니로 시작된 사랑 이야기는 이후 딸과 할머니 그리고 주변 인물들에 이르기까지 다양한 여성들의 사랑을 그리고 있다. 이를 통해 이성 간의 사랑을 주로 이야기하고 있는 것 같지만 실은 어머니와 딸, 할머니와 어머니에 이르기까지 모녀간의 사랑과 그 방식이 중심에 있다. 아주 예쁜 외모를 가졌음에도 늘 못났다고 말하는 할머니로 인해 외모 콤플렉스를 갖게 된 어머니, 이런 할머니로 인해 예쁜 외모는 아니지만 항상 딸을 귀엽다고 칭찬해 준 어머니. 각기 사랑의 방식은 다르지만 그 속에 흐르는 공통된 마음은 결코 다르지 않다는 것을 보여주는 이 이야기는 어머니로 대표되는 여성들의 진정한 사랑에 대해 생각해 보게 한다.

**정현아** 광양중마고 사서교사

## DAY 55

### 에시리쟈르 (전2권)

신일숙 지음 | 학산문화사 | 각권 334쪽, 293쪽
2010년 | 각권 9,800원 | 중·고등학생 | 한국 | 신의, 사랑

이 작품의 무대는 화려하고 이국적인 풍경의 바그다드와 사마르칸트의 사막지대이다. 옛날 옛적 예언자 모하메드의 자손인 바그다드의 임금님이 위세를 떨치는 시절의 이야기이다. 아련한 사막의 풍경은 잔잔하게 풀어져 가는 이야기를 부담 없이 느낄 수 있는 소품이라고 할 수 있다. 이야기의 줄거리는 예언자의 여자아이 '에시리쟈르'와 왕비의 운명을 타고난 에시리쟈르와 결혼해 왕위를 잇는 후계자가 되고자 하는 왕자들의 왕위찬탈전이라고 할 수 있다. 이 과정에서 생기는 배신과 복수 그리고 운명적인 사랑이 사막을 배경으로 펼쳐지고 있다. 1권과 2권의 끝부분에서 이야기가 갑자기 마무리되는 아쉬운 점이 있긴 하지만 전체적으로 가벼운 마음으로 읽을 수 있는 사랑 이야기라고 할 수 있다. 임금이니 왕비니 하는 세속적인 욕심은 버리고 진정한 자유를 찾아 떠나는 두 주인공 라뮤드와 에시리쟈르의 이야기는 모든 것은 신의 뜻이며 누구의 뜻대로도 되지 않는 운명을 말하고 있다. 인샬라!

**최영희** 서울 장안초 교사

## 엠마 (전10권)

모리 카오루 지음 | 북박스 | 각권 200쪽 안팎
2003년 - 2008년 | 각권 3,500원 - 4,000원 | 중·고등학생 | 일본 | 드라마

**DAY 56**

19세기 말 런던, 신분 격차로 인한 고난을 겪어야 했던 두 남녀의 사랑과 이별을 그린 만화. 신흥 부르주아 가문의 장남인 존스는 어릴 적 가정교사인 캐롤 부인의 하녀 엠마를 보고 첫눈에 반한다. 엠마는 비록 천애 고아 출신이지만 미모와 기품 있는 태도, 차분한 말투와 신중한 행동으로 주변인들의 호감을 받는다. 이런 인물들과 더불어 산업혁명으로 인해 신구체제의 가치관이 부딪치는 역동적인 시대 상황 속의 긴장감이 현실감 있게 그려졌다. 자신의 감정을 쏟아내면서도 사랑을 강요하지 않는 주인공들의 조심스러운 진지함은 단순해 보였던 하녀와 도련님의 로맨스를 우아하며 색다르게 만든다. 영국과 메이드를 좋아하는 작가의 취향이 반영되고 성실한 조사와 열정, 낭만적 상상이 뒷받침된 작품이다.

**이찬미** 인천 부개어린이도서관 사서

## 오르페우스의 창 (신장판) (전18권)

이케다 리요코 지음 | 장혜영 옮김 | 대원씨아이 | 각권 184쪽 안팎 | 2012년 | 각권 4,800원 | 고등학생 | 일본 | 순정

**DAY 57**

전작 『베르사유의 장미』로 전 세계적인 사랑을 받았던 이케다 리요코의 1976년 작품. 독일 음악학교에 장학생으로 입학한 이자크는 비극적 사랑을 불러온다는 낡은 창에서 동급생 율리우스를 만나게 된다. 아버지의 재산을 물려받기 위해 남장여자로 살아가는 율리우스는 상급생 클라우스를 사랑하지만, 자신의 정체를 밝히기 전 살인사건에 휘말린다. 대리석처럼 미끈하고 우아한 등장인물들의 세련된 표정은 그리스 로마 신화를 연기하는 배우들의 몸짓을 연상시키며, 비극적인 연극의 무대를 완성해 간다. 비극적 사랑의 운명을 예언하는 음악학교의 낡은 창 이야기가 세계 대전의 도화선이 된 오스트리아의 빈과, 뜨거운 혁명으로 들끓던 러시아의 페테르부르크까지 이어지며 시대의 불온한 공기마저 담아낸다. **왕지윤** 인천 경인여고 국어교사

## 꽃보다 남자 (완전판) (전20권)

이케다 리요코 지음 | 장혜영 옮김 | 대원씨아이 | 각권 184쪽 안팎 | 2012년 | 각권 4,800원 | 고등학생 | 일본 | 순정

**DAY 58**

우리 속담의 '금강산도 식후경'과 비슷한 의미인 일본 속담 '꽃보다 경단'에서 따온 『꽃보다 남자』는 1996년 아사히 TV 애니메이션 방영, 2001년 대만에서의 드라마 제작을 필두로, 일본, 한국, 중국에서도 드라마로 제작되는 호사스런 인기를 누렸다. 동명의 영화도 2편이나 만들어졌다. 평범한 여학생이 명문학교에 입학하게 되면서 재벌의 '끝판왕'이라 할 4인방을 만나 벌어지는 이야기. 청춘물에서 흔히 보는 오해와 사랑, 어긋남 등이 들어가 있고, 더불어 재벌이 평범한 여성을 사랑한다는 상황으로 여성 독자들에게 환상을 심어주는, 그야말로 순정 만화이다. 하지만 돈과 권력으로 타인을 무시하는 사람들 사이에서 바른 말을 하는 당당하고 매력적인 주인공은 독자를 끌어들인다. **박영민** 서울 신정초 사서교사

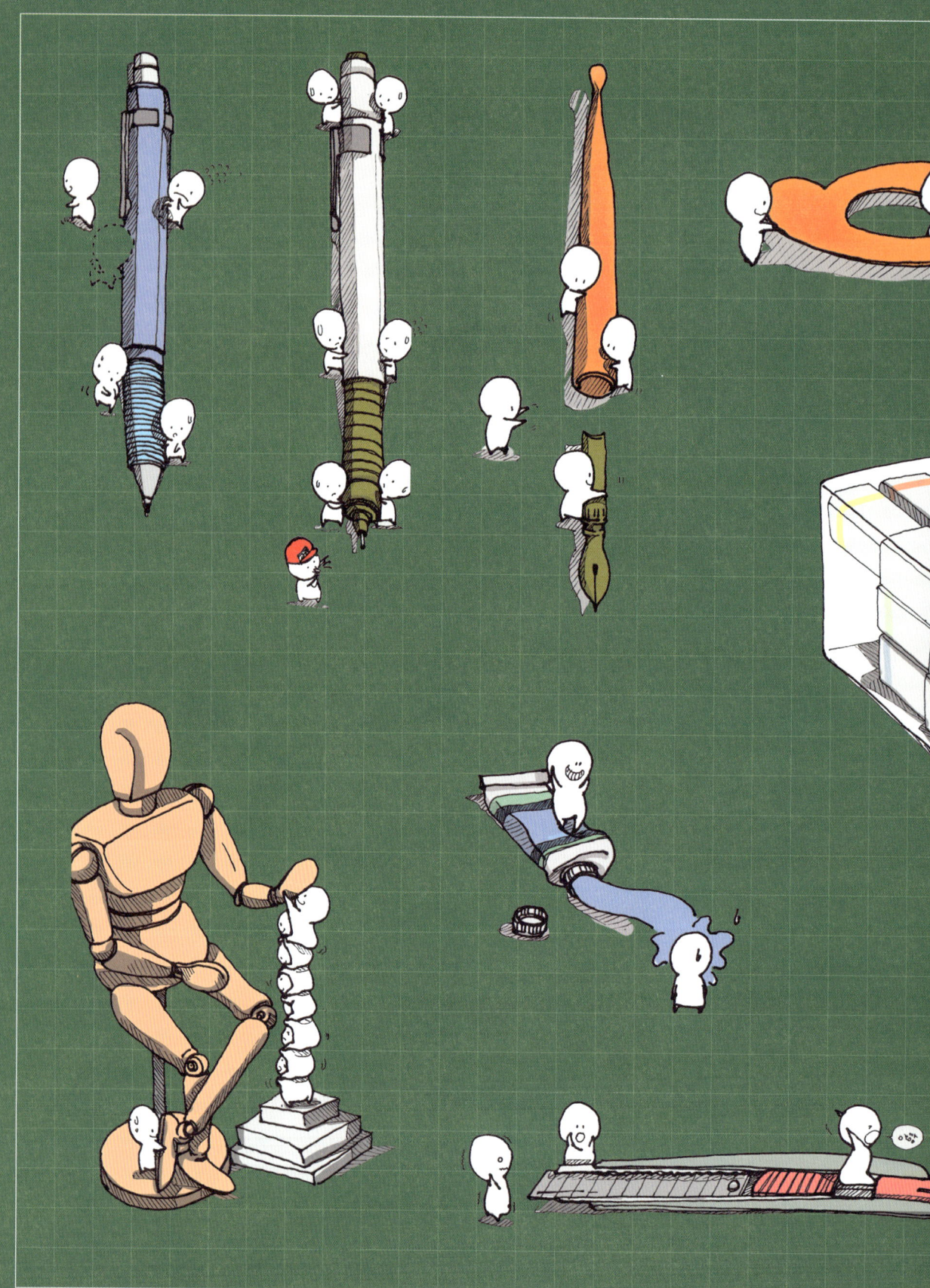

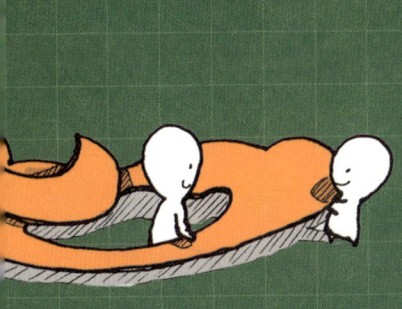

# 명랑 1

머리 크기가 몸뚱이만 한 이등신 몸매를 지닌 70년대 만화 주인공들은 또래 아이들과 골목길을 누비고 다녔는데, 만화책의 제목도 편안한 느낌의 아이들 이름이 가득했다. 특정 출판사에서 복간을 시도했다가 다시 절판되어, 이제는 디지털로 복원되는 웹툰이 아니면 보기가 힘들어진 점이 아쉽다. 추억담은 어른들의 기억을 재구성하여 친근한 캐릭터들을 낯선 옛 공간과 마주하게 하는 방식으로 그려진다. 세계 만화의 경우 오랫동안 나이를 먹지 않는 유명 캐릭터들이 많은데, 어린 인디아나 존스인 '땡땡이'나 파란 마을의 요정 '스머프', 로마인에 대항하는 골족 영웅 '아스테릭스' 등 어린이를 대신하는 활기찬 주인공들로 어른과 어린이들의 사랑을 동시에 받고 있다. 일본 명랑만화의 출발점이라고 일컬어지는 도라에몽과 명랑로봇 히어러 닥터 슬럼프, 케로로 등은 텔레비전을 통해 더욱더 친숙해진 캐릭터들인데, 최근에 국내 캐릭터들이 그들을 대신해 어린이들의 추억을 채워주고 있는 점은 고맙다.

## DAY 59

**아무거나 꿀꺽/으스스한 집/신나는 채소밭
구름나라 사탕할멈/이상한 먹보마을
장난감 방의 비밀/우당탕 시골 농장**
(꼬마 밤송이 뽀알루의 모험)(전7권)

피에르 바이, 셀린 프레퐁 지음 | 보리 | 각권 32쪽 | 2011년 | 각권 10,000원 | 초등저학년 | 프랑스 | 모험

꼬마 밤송이 뽀알루는 아침에 일어나 맛있게 아침식사를 하고 엄마에게 뽀뽀를 한 다음 집을 나선다. 집을 떠난 뽀알루는 곧바로 모험의 세계로 간다. 입이 커다란 인어 아줌마에게 잡아먹혀 인어 뱃속에 들어가기도 하고, 유령들이 사는 으스스한 집에 가기도 하고, 채소밭 땅속 여행을 하는가 하면 식인종들에게 잡혀 이상한 먹보 나라에도 간다. 공갈 젖꼭지를 물고 있는 여자아이의 장난감 방과 시골 농장 등등 가는 곳마다 위기를 만난다. 어려운 일이 닥치면 엄마와 다정하게 찍은 사진만 보아도 기운을 얻는 뽀알루. 뽀알루의 모험은 아이들의 올바른 생활지도를 전혀 고리타분하지 않게 암시하고 있다. 사랑받으며 자라는 아이는 어려움을 이겨내는 힘을 갖고 있으며 그 힘은 올바른 생활습관이라는 것을 알게 한다. 뽀알루는 기본이 바로 선 어린이다!

**신정화** 서울 삼광초 사서

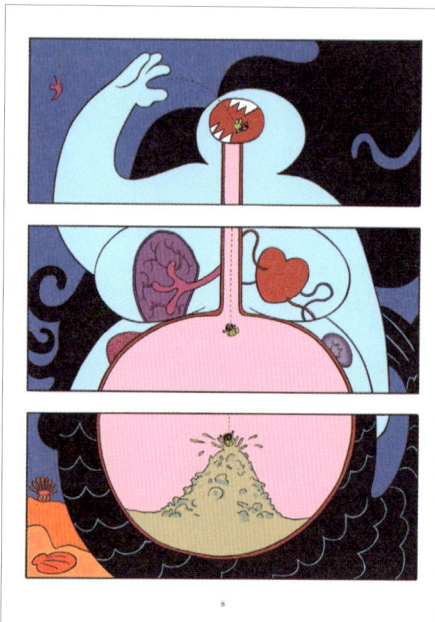

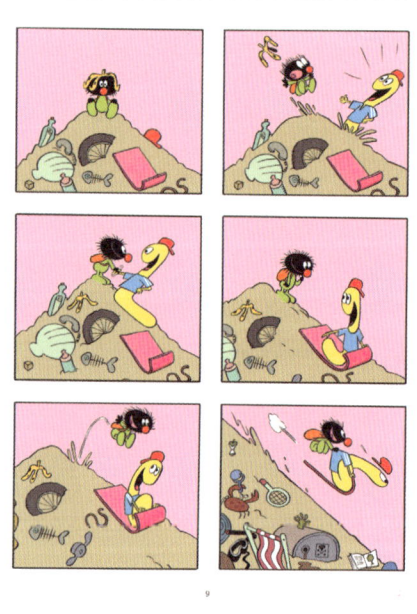

ⓒ 피에르 바이 · 셀린 프레퐁, 『아무거나 꿀꺽』, 보리

## 두근두근 탐험대 (전5권)

김홍모 지음 | 보리 | 각권 110쪽 안팎 | 2008년-2009년 | 각권 9,000원 | 초등중학년 | 한국 | 모험

**DAY 60**

ⓒ 김홍모, 『두근두근 탐험대』, 보리

어찌어찌하다 보니 탐험이 시작되었다. 모험의 세계로 떠나는 아이들은 작정하고 나선 것이 아니었지만 바로 눈앞에서 펼쳐지는 일촉즉발의 변화무쌍한 상황을 제법 잘 헤쳐 나간다. 아이들은 용을 만나 놀라고 용들도 아이들을 보고 놀라는 상황이 우습지만 그럴듯하다. 용궁 구경에 이어 옛날에 걸리버가 다녀왔던 곳들을 둘러본 아이들은 결국 '날마다 시험 보는 나라'에 이른다. 이 판타스틱한 나라가 실은 공부에 시달리고 점수에 주눅 들어 살아가는 우리 아이들의 현실인 것을 알기에 참담하고 섬뜩하다. 명품어린이가 되기 위해 맞추어야 할 문제들은 철저히 기능과 기회주의를 요구한다. 명품어린이는 무엇을 위한, 누구를 위한 명품인지 묻게 된다. 아이들보다도 어른들이 보고 반성해야 할 만화가 아닌가 하는 생각이 들었다.

**신정화** 서울 삼광초 사서

# DAY 61

## 땡땡의 모험 (전24권)

에르제 지음 | 류진현 외 옮김 | 솔출판사 | 각권 62쪽
2011년 | 각권 11,000원 | 초등학생부터 | 벨기에 | 모험

"내 일생의 유일한 라이벌은 '땡땡'이다." 프랑스 드골 대통령의 말이다. 땡땡은 벨기에 만화가 에르제가 어린이 잡지에 연재한 만화이다. 140cm의 주인공 어린이는 전 세계를 돌아다니며 모험을 벌인다. 007 제임스 본드를 연상시키는 행동과 재치로 악당들을 해치우는 모습에 열광한 독자들 덕분에 전 세계 60개국 3억 부 이상 팔린 유럽의 대표적 만화이다. 우리나라에서는 영문판으로 아이들이 재밌게 영어를 익힐 수 있다는 장점으로 많이 알려져 있지만, 이 책이 주목을 받는 진정한 이유는 아시아를 비롯한 세계사에 대한 유럽의 시각을 작가만의 유머로 재밌게 풀어냈다는 점이다. 물론 작가가 지닌 서구 중심의 사고에 대한 비판도 들린다. 이 부분은 독자가 비판적으로 읽으면서 이해해 나가면 될 것이다. 스티븐 스필버그가 〈틴틴의 모험〉이라는 제목으로 영화를 제작했으며, 그 영화 속에서 원작자의 모습을 볼 수 있다고 하니 잘 찾아보자.

**박영민** 서울 신정초 사서교사

ⓒ 에르제, 『땡땡의 모험』, 솔출판사

# 머털도사와 또매형 (전2권)

이두호 지음 | 청년사 | 각권 230쪽 안팎 | 2005년 | 각권 8,000원 | 초등전학년 | 한국 | 모험

**DAY 62**

ⓒ 이두호, 『머털도사와 또매형1, 2』, 청년사

'머털도사 탄생 20주년'을 기념하여 출간된 시리즈물 중 하나이다. 머털도사는 뒤로 물러서고, 개구쟁이 또매의 악동 짓과 모험, 판타지가 전면에 펼쳐진다. 작품의 양 축을 지지하는 상반되는 두 가지의 욕망을 주목할 만하다. 우선 전폭적인 지지와 사랑을 주는 대상(할머니), 낯선 세상으로의 모험(제일봉과 도깨비동굴), 도술로 인한 전지전능한 능력에서부터 사랑하는 여자 앞에서의 호언장담(천하장사, 장원급제)에 이르기까지 이 모든 것은 남자아이의 욕망을 대변하고 해소한다. 한편 두 번의 가출 끝에 열심히 글공부하는 순한 효자가 된다는 결론은 지배적 질서 안으로 자식을 포섭하려는 어른의 욕망이다. 작품의 매력은 당연히 전자에서 비롯된다. 어린이는 물론이거니와 어린 시절의 황당무계함과 유치함이 주는 순수함과 유쾌함에 푹 빠져 보고 싶은 어른들에게도 추천한다.

**박사문** 대학강사

# DAY 63

## 신판 보물섬 (전5권)

길창덕 지음 | 한국만화영상진흥원 | 각권 270쪽 안팎
2010년 | 각권 9,000원 | 초등저학년부터 | 한국 | 명랑

ⓒ 길창덕, 「신판 보물섬1」, 한국만화영상진흥원

만화 꺼벙이와 순악질 여사라는 캐릭터를 한 번도 보지 못한 30대가 있을까? 간결한 선으로만 그려진 캐릭터, 색칠 하나 없지만 생동감이 넘치는 캐릭터들의 행동과 명랑만화 특유의 과장된 화법은 21세기를 살고 있는 초등학교 저학년 아이들도 즐겁게 웃으며 볼 수 있겠다. 낄낄거리며 보는 만화라고 얕보면 안 된다. 캐릭터들이 뱉어내는 말풍선은 언어의 유희를 느낄 수 있으며, 고사성어나 속담, 명언, 수학적 문제들을 적절히 사용하는 내용들은 전혀 어색하거나 거부감이 들지 않는다. 오히려 어려운 단어와 속담, 명언, 수학 문제들이 쉽게 이해되고 명언이나 속담은 외워지기까지 한다. 학습만화가 주를 이루는 요즘, 학습만화라는 허울을 걸치고 학습이 될 만한 정보들을 아주 소량으로 담고 있는 만화보다는 과장된 그림체로 웃으며 책장을 넘기게 되지만 보고 나면 얻는 것이 더 많은 책이다. 부모님들도 옛 기억을 떠올리며 아이들과 함께 읽을 수 있다.

**배수진** 서울 대림중 사서

# 아스테릭스 (전33권)

르네 고시니, 알베르 우데르조 지음 | 오영주 옮김 | 문학과지성사
각권 60쪽 안팎 | 2001년-2008년 | 각권 8,000원, 9,500원 | 초등중학년 | 프랑스 | 모험

**DAY 64**

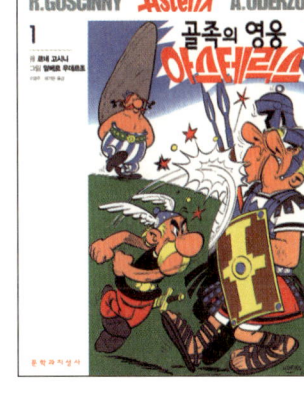

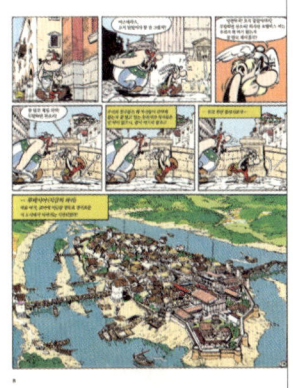
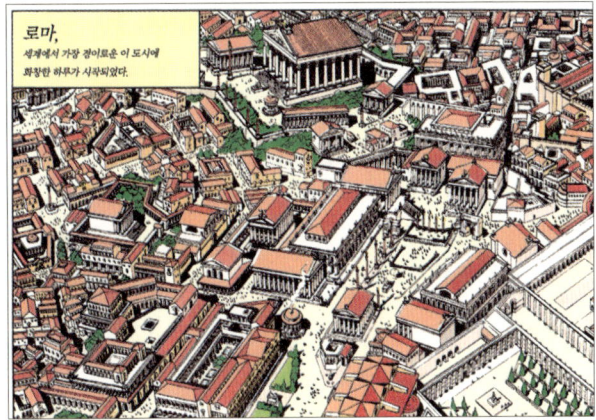

ⓒ 르네 고시니, 알베르 우데르조, 『아스테릭스』, 문학과지성사

프랑스 작가가 그린 만화라는 점을 염두에 두고 볼 필요가 있다. 지금의 프랑스가 자신들의 조상을 갈리아 족이라 여기는 믿음의 밑바탕에는 로마로부터 자존심을 지킨 민족이라는 자부심이 깔려 있다. 주인공 아스테릭스는 머리회전이 빠른 꾀돌이다. 여기에 먹으면 엄청난 기운이 나는 신기한 약물 덕에 해결 못할 일이 없다. 아스테릭스가 그 약물에 빠져 천하장사가 된 오벨릭스와 함께 거대제국 로마의 귀족과 군인들을 골탕 먹이며 즐거워하는 내용을 보면 통쾌한 기분이 절로 난다. 자잘한 글씨와 우리에겐 낯선 캐릭터 때문에 처음엔 집중이 어려울 수 있으나 보면 볼수록 그들의 풍자와 익살에 결국 소리 내어 웃게 된다. 킬킬거리며 읽다 보면 올림픽과 축구, 클레오파트라 등등 유럽의 역사와 문화에 대하여 많은 것을 알게 된다. 이렇게 재미있는데 공부도 되는 만화라니 더욱 좋지 아니한가.

**신정화** 서울 삼광초 사서

# DAY 65

## 안녕?! 자두야!! (전20권, 미완결)

이빈 지음 | 학산문화사 | 각권 140쪽 안팎 | 1998년 – 2014년
각권 4,500원 | 초등저학년 | 한국 | 명랑, 일상생활

ⓒ 이빈, 『안녕?! 자두야!!』, 학산문화사

만화책 좀 그만 보라는 엄마도 재미있게 볼 수 있는 만화는 없을까? 『안녕?! 자두야!!』는 9살 아들을 둔 엄마인 작가의 1980년대 어린 시절 이야기다. 말괄량이 초등학생 '자두'와 술 좋아하는 아빠, 짠순이 엄마, 새침데기 여동생 '미미', 악동 남동생 '아기'를 보면 유쾌하고 가슴이 따뜻해진다. 부모와 아이들이 함께 볼 수 있는 고마운 만화책이다. 엄마는 자두를 통해 예전의 자신을 떠올리고, 아이는 못 말리는 자두가 자기와 닮았다 한다. 나 역시 책을 읽으며 우리 부모님도 보고 싶고, 나는 부모 노릇을 잘하고 있나 살피게 된다. 내 아이가 자두처럼 잘 뛰어놀고 주변도 살필 줄 아는 사람으로 자랐으면 좋겠다. 통일, 성, 이웃, 절약, 환경 등 어려운 주제들도 일상생활에서 자연스럽게 배울 수 있다. TV에서 방영 중인 애니메이션도 재미있다.

**김수정** 서울 장안초 교사

## 우주인 (전2권)

이향우 지음 | 이미지프레임 | 각권 130쪽 안팎 | 2007년 | 전권 12,000원 | 중학생 | 한국 | 일상, 연애

**DAY 66**

ⓒ 이향우, 『우주인』, 이미지프레임

일상과 공상이 겹친 듯한 몽환적인 분위기의 책. 제목은 우주에 속한 사람이란 사전적 의미와 풍성한 분홍 파마머리를 지닌 주인공의 이름에서 땄다. 옥탑 방에서 애완동물과 사는 주인이가 바쁘게 즐겨하는 행동은 온종일 구름 보기, 누워 있기 등이다. 일반인과 다른 생활 리듬과 사고를 지닌 주인이를 이해하고 어울리는 친구도 백수, 백조들이다. 결국 우주인이란 지구의 리듬에서 벗어나 보다 여유 있는 우주의 호흡으로 살아가는 이들의 상징은 아닐까? 극적 전개나 깊이 있는 사색은 없어 심심하지만 카페에 앉아 따뜻한 커피 한 모금 마시며 책을 넘기면 바쁜 일상을 돌이켜 보게 하는 여유를 준다. 처음엔 흑백 원고로 소개됐는데 책의 재출간을 맞아 작가가 한 장 한 장 색을 입혔다고 한다. 아기자기한 공책 느낌 나는 판형으로 소장 욕구를 일으킨다.

**이찬미** 인천 부개어린이도서관 사서

# DAY 67

## 을식이는 재수 없어 1

이경석 지음 | 새만화책 | 216쪽 | 2009년 | 12,000원 | 초등저학년 | 한국 | 명랑

표지에는 제법 미끈하게 생긴 녀석이 약간 눈을 치뜨고 야비하게 웃고 있다. 이 녀석이 '재수 없는' 을식이구나, 단번에 알아볼 수 있다. 그런데 속을 보니 을식이보다 홍식이가 더 재수 없는 건 어찌된 영문일까? 나만 그런가? 이마에 앉은 파리를 양미간을 찌푸려 잡는 개인기, 코딱지 튕겨 입 속에 넣기(이때 입은 당연히 남의 입이다. 으~ 생각만 해도 구역질 난다.), 좋아하는 여자 친구와 어떻게 하면 뽀뽀를 할 수 있을까 궁리하는 대목, 건조 다이어트로 뺀 살은 비 맞으면 말짱 도루묵 된다는 이야기 등등 기상천외한 엽기 개그가 가득하다. 하여간 처음부터 끝까지 그림도 엽기적이고 내용도 엽기적이다. 이런 이야기들을 통해 주인공들의 우정을 더욱 돋보이게 하고, 우리가 의심도 해 보지 않고 믿고 있던 것들이 사실과 다르다는 것을 깨우쳐 준다. 공부해서 남 준다는 경우처럼, 남 주는 거 아닌가?

**신정화** 서울 삼광초 사서

ⓒ 이경석, 『을식이는 재수 없어1』, 새만화책

짱뚱이의 나의 살던 고향은
짱뚱이의 우리는 이렇게 놀았어요 / 짱뚱이의 보고 싶은 친구들
짱뚱이의 우리 집은 흥부네 집 / 짱뚱이의 내 동생은 거북이
짱뚱이의 사랑하는 울 아빠 (짱뚱이 시리즈) (전6권)

오진희 글 | 신영식 그림 | 파랑새어린이 | 각권 160쪽 안팎 | 2008년 | 각권 8,500원 | 초등저학년 | 한국 | 고향

**DAY 68**

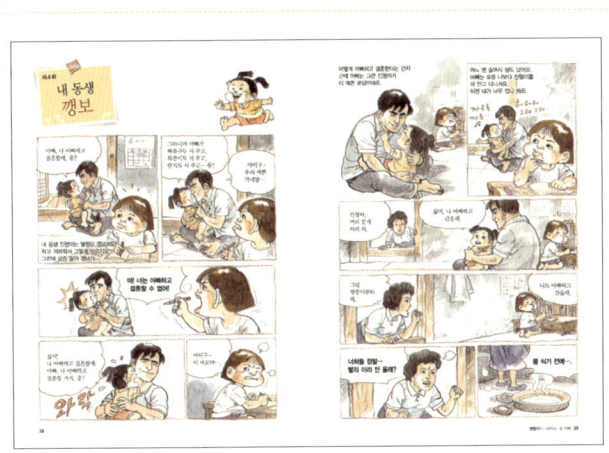

ⓒ 신영식, 『짱뚱이의 나의 살던 고향은』/『짱뚱이의 우리 집은 흥부네 집』, 파랑새어린이

"갯벌에 사는 눈이 툭 튀어나오고 입은 엄청 큰 물고기가 있는데, 너처럼 이리 펄쩍 저리 펄쩍 뛰어다니는 고기란다."라는 대사를 통해 주인공 짱뚱이가 왜 짱뚱이인지, 그 이유는 못생긴 데다 장난도 심했기 때문임을 알 수 있다. 그래도 남자아이도 아니고 여자아이에게 이 별칭은 좀 심한 것 아닌가 싶었다. 사실 아이들은 다 그렇지 않은가! 아이들이 귀엽다고는 하지만 한참 개구쟁이일 때 예쁘기는 어렵다. "개구쟁이라도 좋다! 튼튼하게만 자라다오~."라고 했던 예전의 광고 카피가 생각나면서 요즘 공부에 치여 제대로 놀 기회조차 가져보지 못하고 커 버리는 아이들이 안타까워진다. 아이들의 장난과 응석을 모두 받아주는 품이 넓은 아빠와 이웃의 어려움을 외면하지 않는 엄마, 언니와 네 명의 동생, 모두 여덟 명의 식구들이 가난하지만 행복하게 살아가는 모습이 보기 좋다.

**신정화** 서울 삼광초 사서

## DAY 69

### 크레용 신짱 베스트 셀렉션 (전5권)

요시토 우스이 지음 | 학산문화사 | 각권 150쪽 안팎
2012년-2014년 | 각권 7,000원 | 초등학생부터 | 일본 | 명랑

액션유치원 해바라기반 다섯 살 신짱. 낮잠과 와이드쇼를 사랑하는 전업주부 엄마 미시에. 덥수룩한 수염에 꼬질꼬질 발 냄새가 지독한 아빠 히로시. 꽃미남과 반짝이는 보석을 좋아하는 여동생 히마와리. 신노스케에게 시달리는 애견 시로까지 신짱 가족이 펼치는 다양한 이야기가 모였다. 「나는 노하라 신노스케! 태풍을 부르는 5세 아동이닷~」편, 「오늘도 나와 엄마의 영원한 배틀은 계속된다」편, 「나의 취미는 객사 놀이·좋아하는 말은 '평온'」편, 「나는 매일 생기발랄·세상은 온통 재미있는 일로 가득해」편으로 구성된 개그 걸작선이다. 문득 1990년대 학교 앞 서점에 찾아가서 서점주인에게 이런 버릇없는 만화는 아이들에게 팔지 말라고 항의를 했던 때가 생각난다. 그러나 이제 5살 신짱이 펼치는 예측불허의 행동을 개콘을 보듯 웃을 수 있을 만큼 나는 신짱과 친근해졌다. 학원 공부에 시달리는 아이들이 신짱 가족의 얘기를 보고 킥킥 웃는 모습이 그려진다.

**최영희** 서울 장안초 교사

ⓒ 요시토 우스이, 『크레용 신짱 베스트 셀렉션』, 학산문화사

## 토리 GO! GO! (전3권)

김나경 지음 | 애니북스 | 각권 200쪽 안팎 | 2003년 – 2007년 | 각권 8,500원 | 한국 | 초등저학년 | 명랑

DAY 70

ⓒ 김나경, 『토리 GO! GO!』, 애니북스

『토리 GO GO!』의 엉뚱하고 귀여운 주인공 토리는 작가 김나경의 어린 시절이다. 초등학생 '토리'는 호기심 많은 말괄량이라 항상 엉뚱한 짓을 저지르고는 엄마의 꾸지람을 듣는다. 언니 우리처럼 의젓하지도, 동생 로리처럼 얌전하지도 않아 "어디서 저런 말썽꾸러기가 나왔어~"라는 소리를 듣지만, "왜 나 민 갖고 그래~!"라고 하는 토리의 하소연에는 이 세상의 둘째들은 공감할 수 있는 설움이 배어 있기도 하다. 토리와 그 가족 그리고 친구의 소소한 이야기를 담은 이 만화는 부담 없이 읽을 수 있는 코믹물이다. 완벽에 가까운 토리의 이등신 몸매는 이야기의 코믹성을 더한다. 토리의 성은 도씨다. 도토리, 자연히 언니는 도우리, 동생은 도로리. 이름에서도 성격이 보인다.

**이선우** 건국대 철학과

## DAY 71

### 개구리 하사 케로로 (전24권, 미완결)

요시자키 미네 지음 | 이명희 외 옮김 | 각권 180쪽 안팎
2003년-2014년 | 각권 3,500-4,500원 | 초등저학년부터 | 일본 | 명랑

애니메이션 〈개구리 중사 케로로〉의 원작 단행본! 지구 정복을 꿈꾸는 천진난만 외계 개구리들의 지구 생활 이야기로 대한민국 국군에 없는 직위를 번역하는 과정에서 애니메이션과 단행본의 제목에 차이가 생겼다. 신변 노출로 인한 구조 불가 통보와 함께 잠정 유보된 지구 정복을 위해 생계형 가사도우미가 된 케로로의 음흉(?)하고 귀여운 매력이 돋보이는 만화이다. 여중생 앞에서 꼼짝도 못하고 빌빌거리며 노동으로 밥값을 하는 외계인 설정부터 터지는 웃음은 에피소드마다 어이를 상실케 하며 천의 매력을 발산하는 케론별 5마리 개구리들과 히나타 가족 캐릭터로 곱절이 된다. 주의! 지구 정복기가 아닌 지구 적응기를 펼치는 유들유들한 개구리 캐릭터가 너무 친근하고 귀여워서 애완용으로 곁에 두고 싶어질 수 있다. 게다가 집안일까지 능수능란하게 해낼 테니까.

**이은선** 자유기고가

## DAY 72

### 닥터 슬럼프 (완전판) (전2권)

토리야마 아키라 지음 | 학산문화사 | 각권 230쪽 안팎
2010년-2012년 | 각권 9,800원 | 초등학생부터 | 일본 | 명랑

『드래곤볼』의 히트 전에 토리야마 아키라가 만들어 낸 또 하나의 선풍적 인기 만화로 1980년 연재가 시작된 명랑만화다. 펭귄 마을에 사는 센베 박사가 만들어 낸 인조로봇 아라레는 예측 못할 괴력과 왕성한 호기심으로 학교와 마을을 휘젓고 다닌다. 다소 불쾌할 수 있는 화장실 유머마저 사랑스럽게 만드는 아라레의 낙천성과 순수함이, 독신으로 살며 미모의 학교 여선생님을 흠모하는 센베 박사의 결함 많은 발명품과 어우러져 만들어 낸 해프닝이 시종일관 유쾌한 웃음 에너지를 뿜어낸다. 어안렌즈에 비친 둥근 세상처럼 작지만 떠들썩한 마을 안에서 살아가는 펭귄 마을 사람들과 엉덩이가 머리에 얹어진 외계인, 끊임없이 파괴로봇을 만들어내지만 번번이 아라레에 의해 방해받는 닥터 마시리트 등, 끝도 없이 쏟아지는 등장인물들. 결국 모두가 아라레의 매력과 괴력에 무릎 꿇고 가족처럼 어울린다는 행복한 명랑만화다.

**왕지윤** 인천 경인여고 국어교사

## 도라에몽 (개정완전판) (전45권)

후지코 F. 후지오 지음 | 대원씨아이 | 각권 200쪽 안팎
1995년-2002년 | 각권 3,500원, 4500원 | 초등학생 | 일본 | 명랑

**DAY 73**

도라에몽의 주인공 진구는 착하고 상냥하지만 겁이 많고 무엇을 해도 잘 안된다. 퉁퉁이와 비실이에게 매일 괴롭힘을 당하고, 학교에서는 선생님에게, 집에서는 엄마에게 혼이 난다. 어느 날 진구를 도와주기 위해 미래에서 진구의 손자의 손자 장구가 온다. 도라에몽이라는 귀엽게 생긴 고양이형 로봇과 함께. 도라에몽은 진구가 어려움에 처할 때마다 곁에 있어준다. 4차원 주머니에서 기발한 발명품을 꺼내 소원을 들어주거나 어려운 일을 척척 해결해 준다. 진구는 도라에몽을 만난 이후로 용기가 생긴다. 각 단편의 스토리들은 기발함과 창의성으로 가득하다. 그렇다고 허무맹랑하지 않다. 정도를 지나치면 탈이 나거나 엉뚱한 결과를 맞이하는 등 신중한 교훈이 잘 어우러져 있다. 무궁무진한 상상력이 돋보이는 유익한 만화이다.

**조선혜** 서울 대신고 사서교사

## 마팔다 (전8권)

끼노 지음 | 조일아 옮김 | 비앤비(B&B) | 각권 90쪽 안팎
2002년-2004년 | 각권 3,500, 4,000원 | 중학생 | 아르헨티나 | 명랑

**DAY 74**

조국과 세계 평화에 대한 생각에 잠 못 이루는 귀여운 꼬마 마팔다의 이야기이다. 마팔다는 예닐곱 살답지 않게 생각이 깊고 국제 정세에 관심이 많으며, 그에 대한 주관이 뚜렷한 아이다. 이야기의 배경이 되는 약 50년 전의 아르헨티나는 지금의 우리도 간과해서는 안 될 문제점을 갖고 있다. 기울어가고 있는 국내 경제 상황, 주변 국가에서 일어나고 있는 테러와 전쟁, 그리고 기아와 빈곤은 50년 전의 문제이기도 하지만 지금도 여전히 반복되고 있는 문제이기 때문이다. 마팔다가 걱정하는 문제는 마팔다 혼자만이 아니라 현재의 우리가 함께 생각해 봐야 할 문제이기도 한 것이다. 진지한 문제를 어린아이의 순수한 시각으로 바라본 이 만화는 결코 진지하지 않으며, 독자는 씁쓸하지만 흐뭇한 미소를 짓게 될 것이다.

**이선우** 건국대 철학과

## DAY 75

### 박떡배와 오성과 한음

박수동 지음 | 산하 | 215쪽 | 2000년 | 8,000원 | 초등고학년 | 한국 | 역사, 유머

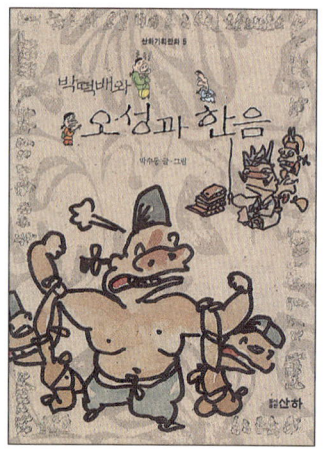

더운 여름 미역을 감는 시원한 계곡물의 냄새와 서당 친구들과 눈싸움 할 때 느껴지는 차가운 눈의 촉감이 고스란히 전해진다. 조선 시대 명신인 오성과 한음을 주인공으로 하여, 서당에서 친구들과 어우러지면서 생겨나는 이야기를 풀어놓았다. 박수동 화백의 토속적인 그림 배경 안에서 펼쳐지는 해학과 지혜가 가득한 이야기를 통해 동심과 추억을 느낄 수 있는 만화책이다. 심각하거나 폭력적이지 않은 명랑하고 진솔한 이야기만으로도 독자가 충분히 공감하고 재미를 느낄 수 있다는 사실이 기분 좋다. 유머와 교훈과 사람 냄새가 나는 정이 가득한 만화책. 우리 아이들이 스마트폰 말고 사람의 온기가 느껴지는 이런 만화책을 손에 들고 키득대는 모습을 그려본다. '절친'을 갈망하는 아이들이 만화를 보며 오성과 한음 같은 죽마고우를 좋은 롤모델로 삼아 진정한 친구를 얻는다면 좋겠다.

**신정임** 서울 반포중 사서


## DAY 76

### 스머프와 친구들

페요 지음 | 김미선 옮김 | 아이즐북스 | 187쪽 | 2010년 | 9,500원 | 초등중학년 | 벨기에 | 모험

30여 년 전 독특한 캐릭터로 아이들의 사랑을 받았던 개구쟁이 스머프는 지금 다시 읽어도 여전히 재미있다. 사람도 동물도 아닌 이들은 자기네 종족끼리 집단을 이루며 오순도순 살고 있다. 파란색 피부에 하얀색 모자와 바지를 입은 귀여운 스머프 친구들이 등장하여 살아가는 모습은 마치 우리 아이들 일상의 단면을 보여주는 것 같다. 파파스머프를 비롯하여 다양한 성격의 스머프들이 만들어가는 스토리는 우리 주변에서 흔히 일어나는 일이라 친근하고 자연스럽다. 문제를 일으키는 개구쟁이 스머프들과 사랑과 지혜로 문제를 해결해가는 파파스머프, 그리고 이들을 끝까지 잡으러 다니는 가가멜과 부하 고양이 아지라엘의 쫓고 쫓기는 모험 이야기도 항상 흥미진진하다. 현실에 바탕을 둔 내용과 개성 있는 캐릭터가 가득한 스머프는 오랫동안 아이들에게 사랑을 받을 것 같다.

**이동림** 창원 안골포초 교사

## 심술쟁이가 뭐 어때?

DAY 77

찰스 M. 슐츠 지음 | 김철균 옮김 | 종이책 | 128쪽 | 2007년 | 6,800원 | 초등학생부터 | 미국 | 명랑

〈PEANUTS〉는 1950년 10월 2일 처음 신문 연재만화로 등장했다. 속어로, 변변치 않은 인물, 주변머리 없는 인물이란 뜻이다. 하지만 탄생 이후 어떤 만화보다도 전 세계인들의 사랑을 독차지하며 애니메이션으로, 캐릭터 상품들로 거듭났다. 연재는 하루도 쉬지 않고 계속되었으며 2000년 2월 13일 작가가 숨을 거둔 바로 그 다음날 아침 끝을 맺었다. 최근에 이 책을 처음 본 세대는 익숙한 캐릭터 '스누피'가 이 만화에서 시작했다는 걸 알고 놀랄지 모른다. 누군가는 이 만화를 평범하고 사소해 보이는 아이들의 일상으로 치부할 수도 있다. 하지만 등장인물들의 대화를 읽다보면 나도 모르게 무릎을 치게 된다. 그런 감동이 네 칸 안에서 완성된다는 점이 경이로울 뿐이다. 만화치곤 지나치게 심각하다 느낄 수도 있다. 하지만 움베르토 에코를 비롯한 수많은 철학자들마저 사로잡은 슐츠의 통찰과 해학은 독보적인 것으로 남았다. 『심술쟁이가 뭐 어때?』는 피너츠 시리즈의 일부로 영어 원문도 함께 실려 있다. **김혜진** 일러스트레이터

## NEW 아기 공룡 둘리 (전6권)

DAY 78

김수정 지음 | 대원키즈 | 각권 170쪽 안팎 | 2009년 | 각권 9,000원 | 한국 | 초등저학년 | 명랑

이 시대에 둘리는 만화 캐릭터를 지칭하는 보통명사다. 그만큼 한 시대를 누린 만화였고, 다양한 캐릭터 상품의 재생산으로 우리에게 친숙한 주인공이 되었다. 이 만화가 많은 아이들에게 오래도록 인기를 끈 것은 아이들이 좋아하는 공룡을 주인공으로 하고 그가 초능력을 가지고 있다는 점이 크게 작용했다. 거기에 한 인물이 익숙해져 갈 만하면 등장하는 희동이, 또치, 마이콜 같은 새로운 인물들의 등장으로 익숙함과 새로움의 흐름을 잘 조절한 점도 중요하다. 아주 익숙한 것에서 웃음을 만들어 내는 작가의 유머 감각은 말할 것도 없다. 만화의 소비 주기가 점점 짧아지고 있는 이 시대에 아직도 이 만화를 말하는 것이 무리일 수 있으나, 만화의 고전이라는 의미에서 다시 한 번 떠올려 본다.

**김혜원** 학교도서관 문화살림

## DAY 79

### 요철 발명왕 (전4권)

윤승운 지음 | 씨엔시레볼루션 | 각권 340쪽 안팎
2010년 | 각권 9,000원 | 초등학생부터 | 한국 | 발명

『맹꽁이 서당』 윤승운 화백의 초기 작품으로 엉터리 발명왕 요철이의 이야기를 담고 있다. 1975년 어린이 잡지 〈어깨동무〉의 별책 부록으로 연재되어 선풍적 인기를 끌었던 것을 복간한 것이다. 방학 숙제 해주는 기계, 한 번에 300마리씩 쥐를 잡는 쥐틀 기계 등을 발명하며 발명왕 에디슨을 꿈꾸나, 늘 엉뚱한 발명품으로 사람들을 골탕 먹이는 요철이와 그런 요철이로 인해 골치 아파하는 요철이 아버지가 등장한다. 70년대 요철이의 발명품을 살펴보면 상상력은 대박이지만 실용성은 완전 제로이다. 하지만 엉뚱해서 지루하지 않은 것이 이 책의 매력이다. 이미 발명된 것들이 차고 넘치는 세상에서 주위의 비난과 만류에도 멈출 수 없는 요철이의 발명 열정과 엉뚱한 상상력은 창의적인 발명의 밑바탕이 되리라 여겨진다.

**김순필** 안동 송현초 사서교사

## DAY 80

### 요츠바랑! (전12권, 미완결)

아즈마 키요히코 지음 | 금정 옮김 | 대원씨아이 | 각권 200쪽 안팎
2011년 – 2013년 | 각권 5,200원 | 초등학생부터 | 일본 | 명랑

아주 귀엽고 천진난만한 아이의 일상이다. 요츠바가 옆집에 이사를 오면서 벌어지는 이 만화의 이야기들엔 큰 사건은 없지만 웃음을 유발하는 사소한 일상이 있다. 요츠바가 옆집 '에나'네 가족들과 어울리면서 생기는 일들을 잔잔하게, 하지만 세심하게 표현하였다. 6살밖에 안 된 요츠바의 의문들은 우리가 당연하게 여기던 것들을 다시 한 번 되돌아보게 한다. 『아즈망가 대왕』으로 소소한 것들을 주제로 삼아 특별하게 만들었던 작가의 능력은 여기서도 드러난다. 많지 않은 컷이지만 우리의 주변에서 벌어지는 매우 평범한 일을 보여줌으로써 우리가 겪고 있는 일상들이 얼마나 소중한 것인지, 따뜻한 사람과 함께 한다는 것이 어떤 의미인지 깨닫게 해준다.

**박영민** 서울 신정초 사서교사

명랑은 "흐린 데 없이 밝거나
　　　　　 유쾌하고 활발한"이라는 뜻이다.
이 영역에는 어린이 독자를 염두에 두고
유쾌한 정서로 그려진 코믹한 캐릭터들의
만화를 모아 보았다.

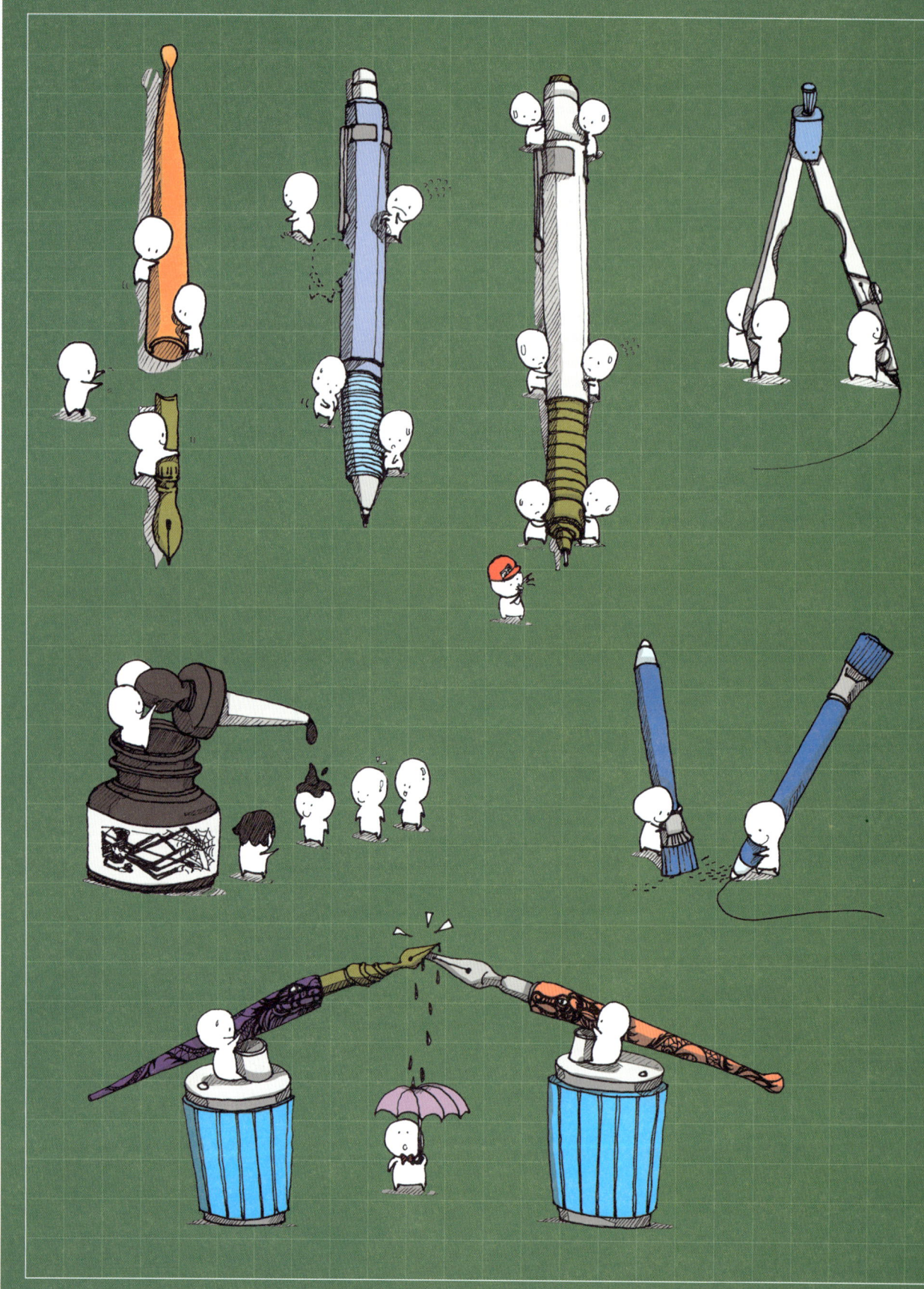

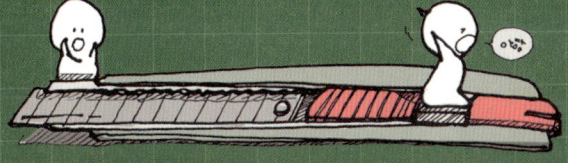
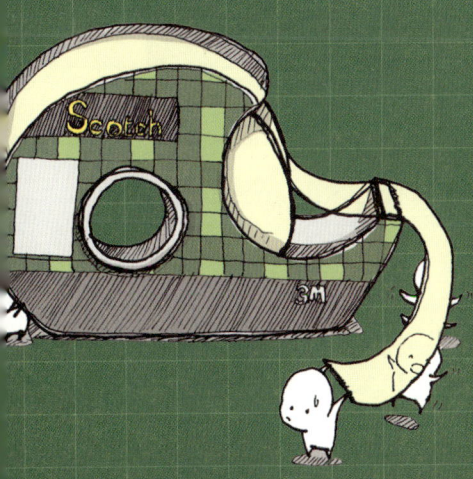

# 명랑 2

명랑만화가 가진 순기능에도 불구하고 앞서 언급된 작품들은 만화를 어린이들의 전유물로 인식시킨 측면이 있다. 여기에 소개된 명랑만화들은 다양한 웃음과 엽기, 공감 코드를 통해 독자대상을 폭넓게 확장시킨 개그만화들이다. 편의점에서 일어나는 재미나는 에피소드를 귀여운 캐릭터로 담아낸 만화는 일상 공간을 코믹하게 변모시키고, 부실 마트의 부조리한 경영이 오히려 흥행을 불러오는 마트 이야기에는 현실의 공간을 다르게 들여다보는 재미와 비정규직 알바의 비애가 공존한다. 전자회사부터 광고기획팀, 세계 정복을 꿈꾸는 회사까지 직장 청춘인들의 질풍 같은 하루는 우울하다. 그러한 공간을 만화적 상상력으로 유쾌하게 비틀고 있는 만화들이 있다. 성게와 불가사리, 쭈꾸미 등 해산물 캐릭터들의 호들갑스러운 일상담이나 사람 같은 사물들의 가슴 찡한 공감툰은 우리 스스로의 모습을 투영하며 웃을 수 있는 따스한 여유를 안겨준다. 철학적 메시지의 4컷 동물만화나 시종일관 해프닝이 끊이지 않는 동아리 부서의 이야기를 다룬 일본 만화는 개성적인 캐릭터들과 극단적으로 과장된 사건들을 통해 색다른 웃음의 타이밍을 선사한다.

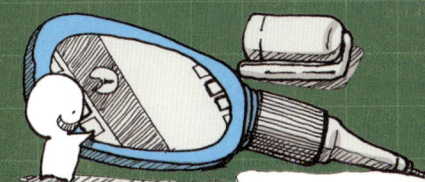

# DAY 81

## 가우스 전자 (전2권)

곽백수 지음 | 중앙북스 | 각권 416쪽, 413쪽
2012년 | 각권 12,000원 | 고등학생 | 한국 | 직장인만화

『가우스 전자』는 가상의 대기업을 배경으로 그 속에서 근무하는 다양한 개성을 가진 직장인들의 일상을 그린 만화이다. 누구나 마주칠 법한 직장 동료들 속에서 좌충우돌하는, 어리숙하지만 성실한 이상식을 중심으로 얌체 같은 여대생, 독특한 정신세계를 가진 동거인인 외국인 노동자까지, 다양한 인물들이 일상 속에 얽히면서 만들어내는 유머를 그리고 있다. 가볍게 웃음을 주는 컷도 있지만, '주변을 걱정할 정도로' 큰 웃음을 주는 컷도 종종 눈에 띈다. 이렇게 웃음을 주는 것은 내용 자체가 인위적으로 의도된 것이 아니라, 일상 속에서 억울하고 답답한 상황을 작가 특유의 재치로 절묘하게 웃음으로 승화시켰기 때문이다. 이 만화를 통해서 혹시 자신이 작품 속에서 풍자되고 있는 그런 모순적인 행동을 하고 있는지 반성하게 된다면, 이 책의 가치를 더 느낄 수 있을 것이다.

**박병배** 전 한겨레문화센터 강사

ⓒ 곽백수, 『가우스 전자』, 중앙북스

## 들어는 보았나! 질풍기획! (전5권)

몰락인생 지음 | 재미주의 | 각권 330쪽 안팎 | 2011년－2012년
각권 12,000원 | 중·고등학생 | 한국 | 직장인만화

**DAY 82**

ⓒ 몰락인생, 『들어는 보았나! 질풍기획!』, 재미주의

이 작품은 네이버 웹툰에서 2010년 11월 프롤로그를 시작으로 해서 2012년 6월 후기를 끝으로 막을 내렸다. 이후 총 82화의 구성이 다섯 권의 책으로 엮여 나왔다. 이 만화는 광고 기획사 사원들의 일상을 그리고 있다. 매일매일 전쟁과도 같은 직장인의 하루하루를 그려내고 있다. 숨 막히는 직장의 하루는 늘 바쁘고 피곤하다. 그러나 작가는 그런 일상의 연속 속에서도 인간적인 따뜻함을 놓치지 않고 있다. 끼가 있는 작가의 재치가 돋보인다. 또한, 특정 상황에 대한 인물의 과장된 표정을 통해 독자의 공감을 유발한다. 오늘도 학교에서, 직장에서 질풍기획의 사원들처럼 치열한 일상을 살아가는 이들이 읽었으면 한다. 아마 이 책 속에서 자신의 모습을 발견할 수 있을 것이다.

**배영태** 용인 포곡고 국어교사

# DAY 83

## 먼 곳으로 가고파 (전2권)

도리 미키 지음 | 새만화책 | 각권 100쪽, 96쪽 | 2007년 | 각권 8,000원 | 중·고등학생 | 일본 | 명랑

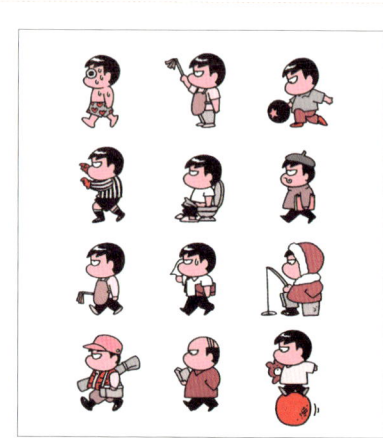

도리 미키는 1958년생, 메이지 대학에서 문학을 전공했다. SF개그 만화가로 수상도 여러 번, '노상관찰학회' 회원으로 '사건, 사고, 재해'의 영상 자료, '공사중' 표지판의 캐릭터 사진 수집이 취미다. 작가의 이력만으로도 웃음이 나온다. 그의 책『먼 곳으로 가고파』는 제목만으로는 내용을 예측할 수가 없다. 섣부른 예상으로 책을 읽기 시작하면 당황스러울 수도 있다. 아홉 개의 칸으로 나눈 방식도 조금 낯설다. 하지만 곧 공간과 시간 면에서 상식을 뒤엎는 기발한 변조가 아홉 개로 나뉜 칸들을 절묘하게 활용하고 있다는 것을 발견하게 된다. 이 책은 불친절하다. 도무지 한 번에 이해가 안 되는 것도 많다. 하지만 엉뚱하다 생각하며 책장을 넘기다 보면 어느샌가 배꼽을 쥐게 된다. Micky Bird가 창조하는 궁극의 부조리 만화를 만난다는 것은 새로운 세계의 발견이다.

**김혜진** 일러스트레이터

ⓒ 도리 미키,『먼 곳으로 가고파』, 새만화책

# 스멜스 라이크 30 스피릿 (전2권)

고리타 지음 | 애니북스 | 각권 256쪽, 248쪽 | 2007년 | 각권 10,000원 | 고등학생 | 한국 | 일상

**DAY 84**

ⓒ 고리타, 『스멜스 라이크 30 스피릿2』, 애니북스

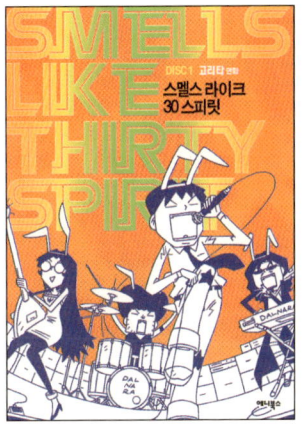

2006년 온라인포털 '다음'에 연재된 작품으로 록rock에 대한 작가의 애정을 깊이 느낄 수 있는 만화다. 주인공 최홍기는 계속되는 야근과 접대 등으로 무의미한 회사 생활에 지쳐가던 중 마치 계시처럼 '달나라 밴드'라는 직장인 밴드에 가입하게 된다. 우승 상품이 달나라 여행이라는 황당무계한 설정에 더하여 독특하고 사연 있는 인물들이 나타나 입상을 위해 좌충우돌 의기투합을 벌인다. 인물들의 과장된 돌발 행동과 극의 전개가 다소 산만하지만 만화다운 애교로 넘어가기에 무리는 없다. 각 장은 곡명으로 구성됐는데 에피소드나 대사에 맞춰 소개한다. 책의 모습 또한 CD 케이스 같은 판형으로 재미를 주지만 글과 그림만으론 록의 매력에 푹 빠지기 어렵다. 비용을 무시할 수 없지만 부록으로 음악 CD가 나왔더라면 더 좋았을 뻔했다.

**이찬미** 인천 부개어린이도서관 사서

# DAY 85

## 악당의 사연 1

랑또 지음 | 영컴 | 270쪽 | 2012년 | 12,000원 | 중·고등학생 | 한국 | 명랑

악당과 정의의 용사 간에 벌어지는 웅장한 대결 뒤에 숨겨진 평범하고 옹졸한 일상성을 보여주는 명랑 개그 만화다. 세계 정복을 꿈꾸는 홍어단과 이에 맞서 싸우는 레인저 용사들의 싸움이 일어나는 대한민국. 청년실업의 그늘에서 벗어나 최고그룹 입사의 첫날 꿈이 무너져버린 주인공 김도식은 홍어단에 들어가 괴수 디자인을 하던 중 미팅에서 만난 레인저 용사 핑크와 연애를 이어간다. 어이없는 웃음 코드에 미소가 번지다가 홍어폰 에피소드부터 입질이 오기 시작하고, 레인저들이 싸대기몬과 대결하는 장면에서 이 만화의 뒤집기 코드가 빛을 발한다. 명분과 행동이 일치하지 않는 악당들의 허세에 맞물려 등장하는 괴수들은 귀엽고 심지어 애처롭기까지 하다. 반면 진지할수록 망가지는 영웅캐릭터들은 속물적인 사생활로 인해 철없는 장난꾸러기들의 집단처럼 비쳐진다.

**왕지윤** 인천 경인여고 국어교사

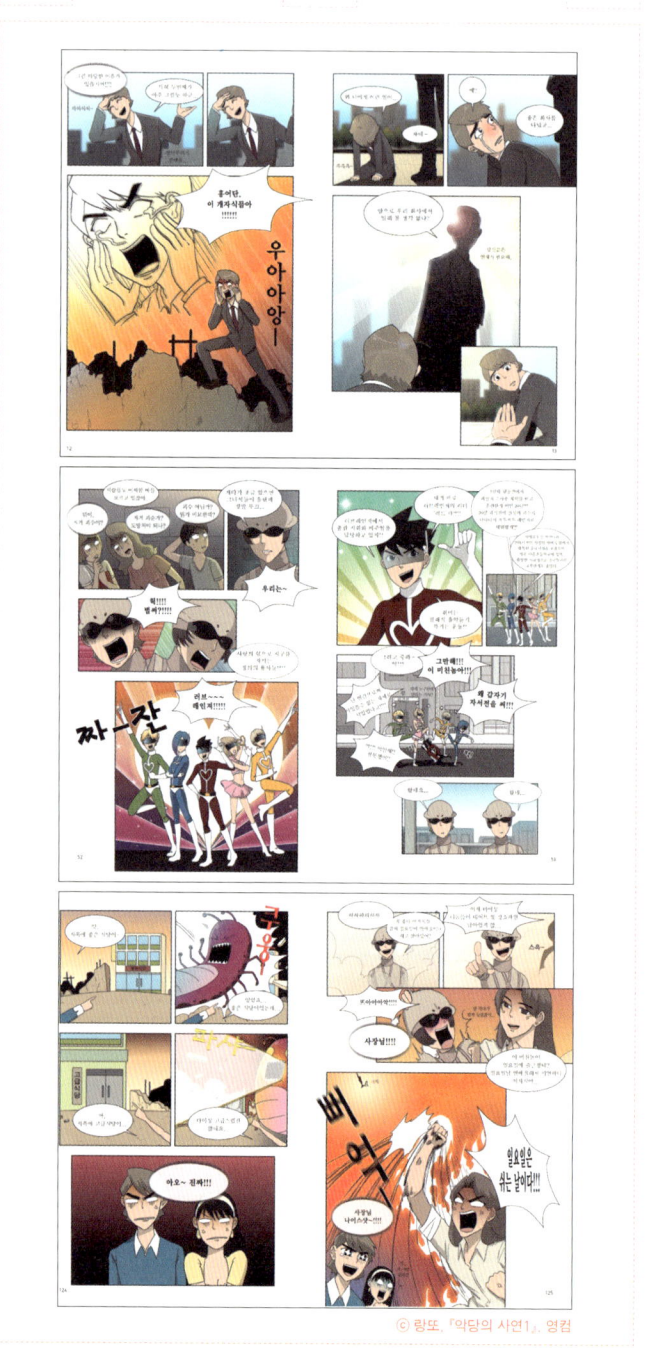

ⓒ 랑또, 『악당의 사연1』, 영컴

## 츄리닝 (전6권)

이상신 글 | 국중록 그림 | 애니북스 | 각권 250쪽 안팎
2004년-2007년 | 각권 9,500원 | 고등학생 | 한국 | 명랑

DAY 86

ⓒ 국중록, 『츄리닝4』, 애니북스

2000년대, 웹툰이라는 만화 장르가 제대로 보급되기 시작할 때, 『츄리닝』도 〈스포츠투데이〉에 연재를 시작하였다. 웹툰이었기에 단행본 또한 부담 없이 볼 수 있는 옴니버스식 만화 모음집으로 나왔다. "한심한 사람끼리 한심한 만화를 같이 만들어보자"라는 저자들의 창작 동기처럼 일상의 소재를 만화적 상상력으로 재탄생시키고 있다. 1권 「가보」 편은 〈TV쇼 진품명품〉을 패러디한 장면이 나온다. 예상가 2억 원의 도자기가 나오고 전문위원단의 감정이 이루어진다. "이런 보물의 가치는 함부로 정해지는 게 아닙니다."라는 전문위원의 말과 함께 전문위원의 손에 부딪힌 도자기가 산산이 부서진다. "이 작품의 최종감정가는…" 전문위원은 얼마라고 말했을까? 전문위원의 밀은 우리에게 공감과 웃음을 준다. 이것이 『츄리닝』의 웃음 코드로, 한 번쯤은 우리가 상상했던 솔직한 모습이 그려져 있다. 책을 읽고 나면 일상이 유머로 보이는 치명적인 후유증도 동반된다.

**조대근** 창원 용호초 교사

## DAY 87

### 곤(GON) (전7권)

마사시 타나카 지음 | 미우 | 각권 170쪽 | 2012년 | 각권 8,000원 | 중·고등학생 | 일본 | 명랑

호기심 가득한 큰 눈에 작은 체구. 공룡 곤은 장난기 많은 골목대장이다. 몸집은 작지만 누구보다도 강하다. 공룡 특유의 단단한 피부와 튼튼한 이빨, 그 강함으로 원하는 것을 얻기 위해, 먹고 싶은 것을 먹기 위해 숲 속을 무법자처럼 휘젓고 다니며 우리가 알고 있는 먹이사슬을 붕괴시킨다. 어떤 동물보다 강한 곤도 너무 작은 생물인 진드기 앞에선 한없이 약해져 심한 괴로움을 겪는다. 그러다가 다른 동물의 도움을 받아 벗어나게 된다. 이처럼 다른 생물과의 공존하는 방법도 보여준다. 하루하루를 새로운 동물들과 어울리며 때로는 이기적이지만 대부분 약한 동물에게 힘이 되어주는 정의로운 곤의 모습에서 이런 든든한 친구 한 명 있었으면 좋겠다는 생각도 든다. 세밀하게 묘사된 그림체 덕분에 한마디의 대사가 없는 만화지만 동물들의 생각과 느낌이 충분히 전해진다. 또한 다양한 동물들과의 에피소드를 통해 몰랐던 동물에 대해서도 알 수 있다. 이 만화를 통해 아프리카 사파리의 일상을 상상해보자. **이정현** 서울 숙명여중 사서

## DAY 88

### 골때리는 연극부(신장판) (전12권)

타카하시 유타카 지음 | 학산문화사 | 각권 190쪽 | 2006년
각권 3,500원 | 중·고등학생 | 일본 | 명랑

긴 설명이 필요할까? 『골때리는 연극부』는 만화라는 매체의 성격을 가장 극명하게 보여주는 작품이다. 첫 페이지를 펼치면서부터 파격적으로 등장하는 인물들의 모습에 나도 모르게 웃음을 터뜨리게 되는 간결하고 단순한 만화인 것이다. 이 만화의 포인트는 그야말로 웃음. 그 이외에는 아무것도 안중에 없다는 듯 작가는 시종일관 포복절도할 만한 상황을 만들어내고, 이래도 웃지 않을 도리가 있겠느냐고 반문한다. 물론 이 만화에도 줄거리가 있고, 갈등 상황도 있다. 그러나 기본적으로는 이 모든 것이 독자의 웃음을 위한 장치로 기능한다. 교훈을 주는 만화를 읽는 것도 중요하고, 감동을 주는 만화도 필요하다. 그러나 누가 뭐라고 해도 역시 만화의 기본은 웃음 아닌가. 그 기본에 뻔뻔스럽다 싶을 만큼 충실한 작가에게 박수를 보낸다.

**김시진** 홍익대 국어교육과 대학원

## 넌피플1

고리타 지음 | 코리아하우스 | 280쪽 | 2012년 | 11,500원 | 고등학생 | 한국 | 시사, 풍자

**DAY 89**

이솝우화는 이야기꾼이었던 아이소포스가 지은 우화 모음집을 말한다. 친숙한 동물이 나오고 교훈이 들어 있기에 어린이 인성교육을 위한 교재로도 쓰인다. 『넌피플』을 이솝우화에 비교한다면 이야기꾼 아이소포스 대신 기발한 상상력의 대가 고리타가 있다. 또한 동물 대신 우리 주변의 흔한 사물이 주인공이고 교훈 대신 웃음과 공감이 그 자리를 차지하고 있다. 이런 『넌피플』의 특징은 「컵라면」편에서 잘 드러난다. 누나를 좋아하는 어린 컵라면은 아직 어리다는 이유로 연애를 거부당한다. 이에 어린 컵라면은 머리에 뜨거운 물을 붓고 오랜 시간 그녀의 집 앞에서 기다린다. 어린 컵라면의 용기에 감동을 받은 누나는 그를 받아들이려고 한다. 하지만 뜨거운 물을 부은 채 너무 오래 방치된 컵라면은… 어떻게 되었을까? 작가의 상상력에 도전해 보시라! 이외에도 단행본에는 웹툰에서 볼 수 없었던 작가의 코멘터리가 있다. 소소한 웃음과 함께 깊은 생각을 하게 한다. **조대근** 창원 용호초 교사

## 마린 블루스 (전3권)

정철연 지음 | 학산문화사 | 각권 200쪽 안팎
2003년 – 2012년 | 각권 9,500원 | 초등학생부터 | 한국 | 일상유머

**DAY 90**

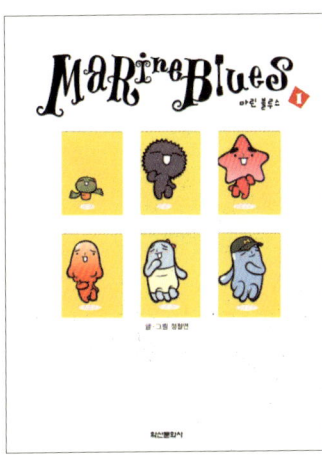

성게, 홍합, 불가사리 등의 해산물을 의인화하여 사무실 이야기나 삶의 이야기를 보여주고 있다. 단순화된 캐릭터만큼 절제된 대화와 그림으로 전체 상황을 그려서 각 에피소드를 집약시켜 보여준다. 작가는 귀엽고 깜찍한 캐릭터를 만드는 능력도 뛰어나고 일상의 순간을 잡아 집약해서 보여주는 이야기꾼의 능력도 남다르다. 인간, 동물, 식물, 무생물을 같은 공간에서 서로 뛰놀게 만드는 만화의 힘이 작품 곳곳에서 재미와 공감을 만들어낸다. 감기군, 독감군 등 무형의 존재를 캐릭터로 만들어 등장시킨 점도 무척 기발하다. 캐릭터를 보는 재미와 이들의 성향을 빗대어 만든 상황을 상상해 보는 재미가 가득한 만화이다.

**신정임** 서울 반포중 사서

## DAY 91

### 멋지다! 마사루 오나전판 (전5권)
우스타 쿄스케 지음 | 대원씨아이 | 각권 260쪽 안팎
2009년 | 각권 9,500원 | 중·고등학생 | 일본 | 명랑

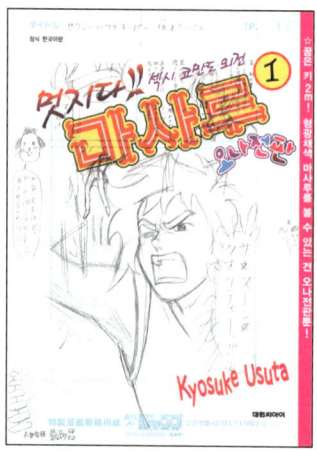

다니던 학교를 떠나 전학을 가는 학생의 가장 큰 걱정은 '새 친구를 잘 사귈 수 있을까'일 것이다. 전학생 후명은 새 학교에서 친구를 잔뜩 사귀자고 결심하지만, 엉겁결에 도저히 정상인으로 보이지 않는 마사루와 얽히고설키게 된다. 주인공 마사루는 '애교 코만도'라는 격투기부의 부장으로, 어깨에는 외계인에게 빼앗은 링을 끼고 다니고, 이해할 수 없는 스타일에 이상한 노래를 흥얼거리고 다니는 괴짜이다. 만화를 보는 우리 역시 "도대체 이게 무슨 실없는 소리지?"를 외치겠지만, 어느새 너무 많은 것에 의미를 부여하고 머리를 써야 하는 요즘 세상과 달리, 의미라곤 전혀 없이 편안한 마사루의 세계에 푹 빠져든다. 마음에 들지 않는 친구와 어울려 보고 점차 친해지며, 미처 알아채지 못한 그의 매력에 빠져보고 싶지 않은가. 덧붙여 아이 원츄!('원츄'의 의미와 자세한 동작은 만화책 필독)

**한은주** 서울 숙명여고 지리교사

## DAY 92

### 백곰카페 (전4권)
히가 아로하 지음 | 김혜성 옮김 | 대원씨아이
각권 160쪽 안팎 | 2010년-2012년 | 각권 6,500원 | 중·고등학생 | 일본 | 명랑

백곰, 판다, 펭귄 등 등장 동물들의 특징을 잘 살린 그림들이 정겹다. 백곰이 운영하는 카페의 단골손님인 동물들이 각기 좋아하는 먹이와 백곰 셰프가 소개하는 레시피도 그럴듯하다. 이 만화는 말개그를 재미있어 하는 사람이라면(일본어라 감이 잘 안 오지만) 언어유희적인 부분들이 흥미로울 것 같다. 또한 펭귄이 매일 서 있다고 생각했는데 보통 펭귄의 자세는 그들에게는 앉아 있는 자세라든지 판다가 뒹굴거리는 것도 판다 입장에서는 하나의 일이라는 등, 동물들의 습성이나 특징들이 내용 속에 녹아 있는 것도 좋다. 레시피가 나오는 만큼 자주는 아니지만 간혹 보이는 종이 접기는 풀과 가위만 있으면 되는 훌륭한 놀잇감이다. 보고 있으면 오리고 접고 싶어지는 동심을 느끼게 된다. 읽는 동안 다소 심심하긴 하나 무공해의 청청함이 느껴진다.

**강애라** 서울 대치중 국어교사

## 보노보노 (전26권)

이가라시 미키오 지음 | 서미경 옮김 | 서울문화사 | 각권 130쪽 안팎
2009년-2012년 | 각권 4,200원, 5,000원 | 초등학생부터 | 일본 | 명랑, 동물

**DAY 93**

복잡한 현대사회로부터 일상 속에 숨어 있는 작고 단순한 기쁨들을 발견할 수 있는 숲 속으로 초대하는 만화. 일반적인 네 컷 만화의 구조를 보이고 있지만 기승전결 구조에서 벗어난 이야기 형식을 취한다. 이런 형식은 이야기 처음과 끝이 불분명한 허무개그 같은 면도 있지만 주인공 보노보노와 그의 숲 속 친구들이 일상 속에서 일어난 조그만 사건이나 변화에도 놀라고 감동하는 모습들은 어이없음에도 불구하고 일정 부분 빵터지는 웃음과 공감대를 선사해준다. 매사 어리숙하고 천진난만해 보여도 보노보노가 보여주는 한결같은 우직함과 지나가듯 툭 던지는 선문답 같은 간결한 대화는 보고난 뒤 오래도록 잔잔한 여운을 남긴다. 더불어 귀엽고 사랑스러운 캐릭터가 주는 편안함은 사람과 친화력이 있는 동물을 의인화한 만화가 가지는 장점이지 싶다.

**최선옥** 시흥 서해초 사서

## 쌉니다, 천리마마트 (전5권)

김규삼 지음 | 미우 | 각권 280쪽 안팎 | 2012년 | 각권 12,000원 | 중·고등학생 | 한국 | 풍자, 명랑

**DAY 94**

『쌉니다, 천리마마트』는 비일상적인 인물들이 마트라는 너무나도 일상적인 공간에서 상식을 뛰어넘는 갖가지 사건을 일으키는 과정을 무덤덤하게 보여준다. 무표정한 얼굴로 건네는 농담만큼 재미있는 것은 없다는 사실을 여실히 증명하는 만화이다. 게다가 망하려고 발버둥을 치면 칠수록 점점 더 흥하게 되는 이상한 마트라는 설정은 독자들의 허를 찌르며 웃음을 유발한다. 동네 깡패나 아프리카 빠야족 등 다양한 구성원을 자랑하는 천리마마트 점원들도 사랑스럽다. 그들은 의외로 의리가 있고, 열정적이며, 묘하게 성실하고 순진하다. 따스하고 기발한 웃음 속에, 거대기업에서 구조조정을 당하는 샐러리맨들의 아픔이라든가, 한국 사회에서 소외당하는 계층의 서글픔 같은 것도 자연스럽게 녹아 있는 이 천리마마트에 한번쯤은 가보길 권한다.

**김시진** 홍익대 국어교육과 대학원

# DAY 95

## 와라! 편의점 (전10권, 미완결)

지강민 지음 | 코리아하우스 | 각권 280쪽 안팎
2008년-2013년 | 각권 11,000원 | 중·고등학생 | 한국 | 명랑

우리 곁에 늘 편의점이 있어서 참 좋다. 편의점 물건은 비싸다. 하지만 언제나 열려 있고, 없는 게 없어서 자주 이용하게 된다. 금요일 밤 12시에 갑자기 버터구이 오징어가 먹고 싶어서 견딜 수 없을 때도 집 근처 편의점이 있어 안심이다. 이 책은 편의점 아르바이트생들의 눈을 통해 그려지는 다양한 편의점 에피소드와 일상의 이야기이다. 편의점은 별의별 사람들이 다 이용하기 때문에 별의별 일들이 시시때때로 일어난다. 대학생 때 스스로 용돈을 마련하기 위해 인생 처음으로 아르바이트를 시작했던 곳이 편의점이었다. 그래서 그런지 몰라도 이 책에서 소개되는 이야기 하나하나에 격한 공감을 할 수 있어 더 재미있었다. 그 당시만 해도 굉장히 특별한 일이라고 생각했었던 일들이 이렇게 책으로 엮여 많은 사람들의 공감을 받고 있는 걸 보면, 그게 다양한 우리네들의 인생이 아닌가 싶다. 편의점이 우리 곁에 있는 한 편의점 에피소드는 계속된다. 쭉~!

**정웅** 서울 경희고 사서교사

# DAY 96

## 자유부인 (전2권)

데니코 지음 | 세미콜론 | 각권 172쪽 | 2012년 | 각권 11,000원 | 고등학생 | 한국 | 명랑

『자유부인』의 부제는 '마님과 점년이의 환타스틱 신문물 체험기'이다. 부제에서 느껴지는 수상한 기운처럼 이 만화에는 기상천외하고 가차 없이 배꼽을 자극하는 이야기들이 가득하다. 근대 우리나라로 추정(?)되는 모호한 배경 속에서 펼쳐지는 마님과 점년이의 애증과 학대의 코믹한 공생 이야기는 가히 타의 추종을 불허한다고 말할 법하다. 작가의 걸쭉한 입담과 자극적 색감, 놀라운 표현력이 이들의 황당무계한 이야기들에 놀라운 활력을 부여하며 극히 제한된 등장인물만으로 도대체 어디로 흘러갈지 예측할 수 없는 이야기를 끌고 가는 기발함이 대단하다. 언어유희적 요소가 넘쳐나고 있어 읽기가 조금도 지루하지 않은 데다 익숙하고 친근한 옛 말투에 노출될수록 빠지게 되니 당신도 곧 중독자가 되기 멀지 않았으리라.

**이은선** 자유기고가

## 키드갱 (전23권, 미완결)

신영우 지음 | 삼양출판사 | 각권 150쪽 안팎
2001년 - 2013년 | 각권 3,000 - 4,500원 | 초등학생부터 | 한국 | 명랑

**DAY 97**

갱단의 두목이 자신의 부하들을 잡아들인 경찰에게 앙심을 품고 복수를 위해 아기를 납치하여 기르게 된다면? 피비린내 나는 잔인한 복수와 애증의 스토리가 연상되지만 사실 이 『키드갱』에는 피비린내보다는 살냄새가 낭자하다. 보통보다 더 불의를 참지 못하는 인간미 넘치고 엉뚱하기 짝이 없는 갱들, 피의 화요일 일당과 아기 철수를 둘러싼 좌충우돌 육아스토리. 98년 시작하여 2007년 21권, 2011년에 22권이 발행된 후 네이버 웹툰에서 연재되고 있는 향수를 자극하는 코믹만화로 1기는 도서 1~22권의 내용이며, 2기로 새로운 연재가 진행 중이다. 하나하나 개성으로 가득한 캐릭터들 속에서 쉴 새 없이 빵터지는 웃음으로 배꼽을 잡다 보면 어느새 당신도 『키드갱』의 애독자가 되어 있을 것이다.

**이은선** 자유기고가

## WORKING!! (전11권)

카리노 타카츠 지음 | 설은미 옮김 | 학산문화사
각권 45쪽 안팎 | 2010년 - 2013년 | 각권 5,500원 | 중학생 | 일본 | 명랑

**DAY 98**

스퀘어 에닉스의 격주간 만화잡지에 2005년부터 연재되어 2011년 애니메이션 2기까지 만들어진 4컷 만화. 길거리 캐스팅으로 패밀리 레스토랑 '와그나리아'의 종업원으로 픽업된 타카나시는 작고 귀여운 것에 한없이 약해지는 미니콤이다. 나이를 심하게 배반하는 작은 키와 동안으로 그에게 머리 쓰다듬질을 당하는 포푸라, 남성 공포증을 폭력으로 해소하는 이나미, 손님은 안중에도 없이 일도 제대로 하지 않는 먹튀 여점장까지. 이들의 조합으로 제대로 영업될 것 같지 않은 레스토랑의 생활이 담겼다. 이루어지지 않는 실패의 연애담이 주는 웃음, 개성 있는 주인공들의 일상, 사차원적인 성격과 충돌로 인한 해프닝 등이 아즈마 키요히코의 『아즈망가 대왕』을 떠올리게 한다. 허점 많은 캐릭터들의 인간적인 매력이 세세한 배경 묘사가 생략된 일터의 여백을 따뜻하고 유쾌한 에너지로 채워준다.

**왕지윤** 인천 경인여고 국어교사

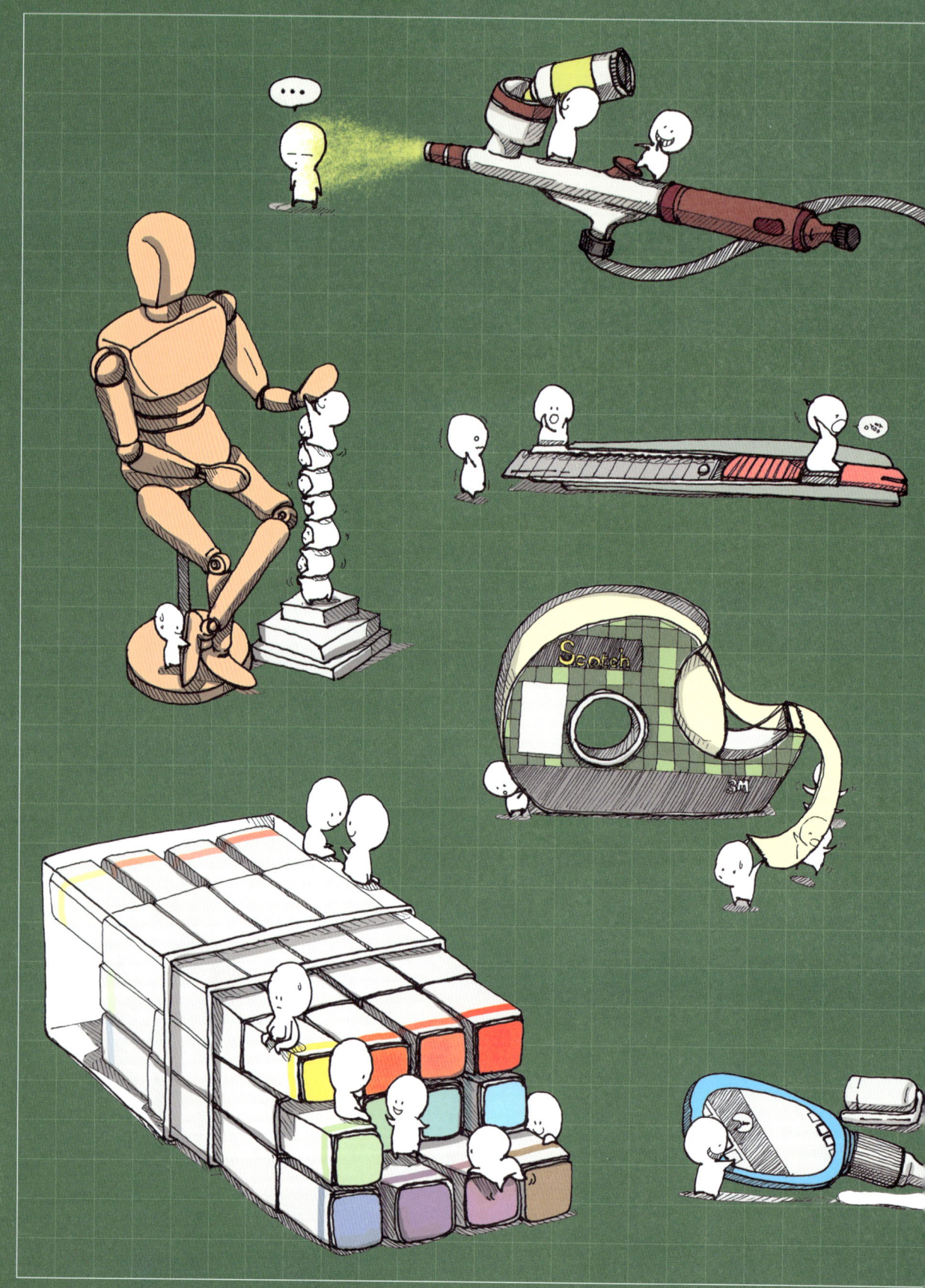

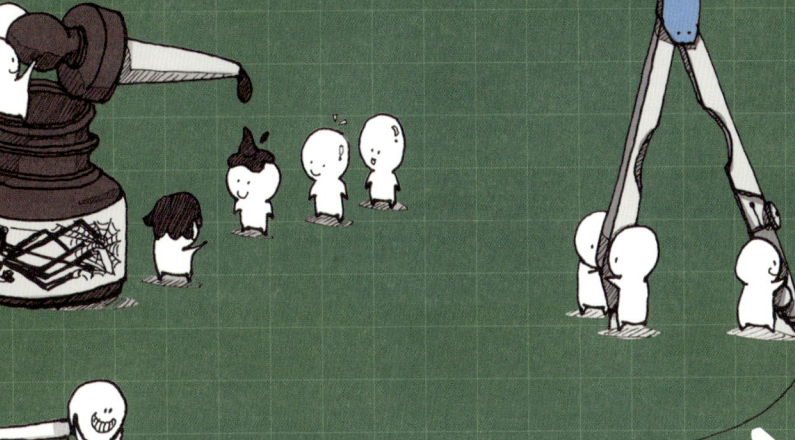

# 학교

만화를 사랑하고 아이들을 좋아하는 중학교 미술샘은 시종일관 명랑한 톤으로 학교를 그려냈다. 소박한 펜션으로 농밀하게 담은 소소한 교단일기에는 아이들에게 받은 선생님의 상처가 고스란히 담겨있다. 아이로 남고 싶어 하는 마술사와 가난이 두려운 아이의 행복한 주문은 규율과 통제, 입시와 경쟁만이 가득한 이 시대 학교를 조롱하는 또 하나의 판타지다. 어두운 학창시절 마음 컸던 친구와의 씁쓸한 재회나 일란성 쌍둥이가 느끼는 가족의 굴레는 담담해 보여도 오랫동안 그들의 일상에 그늘을 드리운다. 그래도 아이들은 농업고등학교에서 빡센 스케줄을 소화하며 실습을 하고, 밑바닥 인생들이 재활용 밴드를 결성해 오디션에 도전한다. 고양이옷을 입은 소심한 남성의 몽환적 악당 응징물처럼 우리는 테마파크에서 우리의 손을 잡아 줄 누군가를 발견하지 못해 울지도 못하는 열등생인지 모른다. 웃을 일 없는 학교의 시간표에서 발견한 빈틈은 사컷만화의 발랄한 여고생의 발걸음에도 있고, 트마우마 남학생과 새침데기 여학생의 진실게임에도 있으며, 불량학생들을 두려워하지 않는 조폭선생님의 눈에도 고여 있다. 『타이밍』, 『란의 공식』처럼 학교를 배경으로 한 미스터리나 착한 마음에 반비례하는 외모로 오해받는 학교 전설의 비극 『엔젤전설』 등 소개 못한 많은 책들이 가득한 분야다.

# DAY 99

## 고양이 제트 (전2권)

변기현 지음 | 이미지프레임 | 각권 229쪽, 219쪽 | 2007년 | 각권 9,500원 | 중·고등학생 | 한국 | 풍자

어린 시절의 만화는 단순했다. 나쁜 놈과 좋은 사람은 생긴 것에서부터 다르다. 이 책 속 나쁜 놈도 정석대로 그려진다. 얼굴에 긴 상처를 새긴 채 과거를 잊고 싶은 주인공이 꿈꾸는 Z 세계는 낮은 채도와 주황빛 음영으로 편안하고 차분하게 그려진 반면, 팍팍한 현실은 흑백 그림 속 거친 말투가 걸러지지 않고 실린다. 고양이 분장으로 꿈속에서 살아가는 Z. 사건이 벌어지면서 줄거리는 추리만화의 성격을 띠게 되고 이때부터 이야기에는 박진감이 생긴다. 일반적인 카툰과는 달리 섬세하고 사실적으로 표현된 그림과 궁금증을 자아내는 줄거리는 속도감을 끌어올린다. 포털사이트에 연재됐던 작품으로, 마지막 이야기로 갈수록 늦었지만 개과천선하여 꿈꾸던 영웅의 모습으로 우뚝 서는 Z를 기대했건만 결국 안타깝게 마무리 되었으니 아쉬움이 남는다.

**남정미** 서울 염리초 사서

ⓒ 변기현, 『고양이 제트』, 이미지프레임

# 나쁜 친구

앙꼬 지음 | 창비 | 180쪽 | 2012년 | 13,000원 | 중·고등학생 | 한국 | 학교

**DAY 100**

© 앙꼬, 『나쁜 친구』, 창비

단편집 『열아홉』을 통해 자신의 남다른 학창 시절을 살짝 엿보인 작가는 장편 만화인 이 책을 통해 그보다 어린 시절의 이야기를 담고 있다. 부모의 무관심과 폭력 속에 문제아의 길을 걷던 정애, 그런 그녀와 단짝이 된 주인공 진주. 가출과 일탈 행동을 벌이며 그녀 역시 아빠에게 폭력을 당하지만 그럴수록 자꾸 엇나간다. 하지만 그렇게라도 관심을 갖고 꺼내 줄 사람이 없던 정애는 여전히 어둠 속에 있고, 그녀를 혼자 두고 나온 진주는 다른 삶을 살게 된다. 작가 나이 서른에 내놓은 이 책은 이전보다 그림체가 한결 부드럽고 섬세하다. 이젠 십대에서 벗어나 밤이 아닌 낮에 살기 시작했다는 그녀의 말처럼 그 변화가 그림에도 녹아든 듯하다. 혹시 만화처럼 힘든 십대를 보내는 아이들이 있다면 이 책을 통해 작가와 같이 밤의 어둠에서 걸어 나오길 바란다.

**정현아** 광양 중마고 사서교사

# DAY 101

## 삼봉이발소 (전3권)

하일권 지음 | 소담출판사 | 각권 330쪽 안팎 | 2008년 | 각권 10,000원 | 중·고등학생 | 한국 | 학교

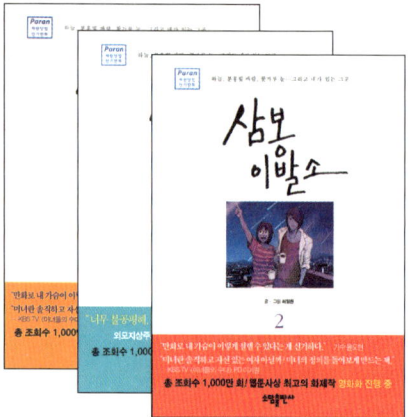

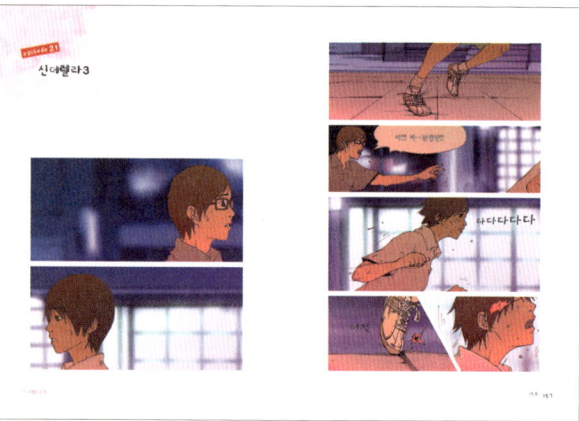

하일권의 데뷔작인 『삼봉이발소』는 외모지상주의에 대한 비판을 외모바이러스라는 황당한 설정을 통해 코믹하게 풀어나간다. 외모바이러스는 외모에 심각한 콤플렉스를 가지고 있던 사람들이 충격적인 이야기를 듣고 자괴감에 빠져 발작을 일으키는 병이다. 삼봉이발소의 잘생긴 주인 김상봉은 커다란 가위와 분무기를 들고 다니며 외모바이러스에 걸린 사람들을 치료한다. 외모로 인한 차별과 편견 때문에 상처 입은 사람들을 어루만지고, 뒤틀린 마음에 가려져 있던 내면의 장점과 아름다움을 끌어낸다. 바이러스를 치료하는 장면이 다소 엽기적인 게 흠이지만 외모지상주의 사회의 면면들을 다양한 사람들의 관점으로, 유머러스하면서도 깊이 있게 그려내고 있다. 작가는 이 만화를 통해 누구나 행복해질 권리가 있으니 힘내라고 말한다. 이 만화를 보고 세상에 단 하나뿐인 그대로의 나 자신을 가꾸고 사랑할 수 있는 용기를 얻길 바란다.

**조선혜** 서울 대신고 사서교사

ⓒ 하일권, 『삼봉이발소』, 소담출판사

## 스쿨홀릭 (전8권)

신의철 지음 | 한스미디어 | 각권 250쪽 안팎 | 2009년 – 2012년
각권 9,800원 – 12,000원 | 중·고등학생 | 한국 | 학교

**DAY 102**

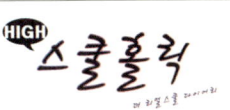

306화 진화의 시작

중학교에서 근무하다 고등학교로 온 지 어언 한달

이곳에서 나는 진화된 존재들을 만나고 있다.

고딩들은 좀 더 진화된 종족임에 분명하지만

오스트랄로 초딩쿠스 → 호모 중딩스 → 호모 고딩스

어쩐지 직립보행은 더 힘들어 보인다.

게다가 중딩들보다

시간은 금이다

고딩들... 집단혼수상태
침묵은 금이다
에너지가 부족해보인다.

수업시간
뭐지? 오늘 만우절인가?
우우우우울~~~
일부러 시체놀이 하는거지?
피곤한 고딩들은 3년 내내 잠이 부족하다.

호모 고딩스들은 약 1000일간
사람답게 살고 싶어요.
저 교실에 들어가 천일동안 이 공부를 다 하거라.

햇볕을 보지 못한 채 책과 문제를 벗삼은 후

버텼다, 1000일!!!
드... 드디어...
비로소

ⓒ 신의철, 『스쿨홀릭7』, 한스미디어

학교에는 학생이 있고, 교사가 있다. 그들 사이에 벌어지는 일은 때때로 너무 우습기도, 즐겁기도, 마음 아프기도 하다. 『스쿨홀릭』은 미술교사로 재직한 경력이 있는 작가의 경험에서 나왔다. 이 만화는 웹툰을 엮은 것으로 학교라고 생각하면 짐작할 수 있는 교훈적 내용이 아닌 그야말로 재미에 집중하고 있다. 만화에 등장하는 학생들은 친구들과 지내는 것이 즐겁다. 학생들은 학교 선생님과 때로는 친구처럼 일상을 나누고 따뜻하게 학교생활을 지속해 나가고 있다. 물론 서로를 놀리고 시험에 힘들어하는 것은 여느 학원물과 다르지 않지만, 그 바탕에 흐르는 것은 서로에 대한 애정이다. 작가는 교직 생활을 마무리하고 이제는 본격적인 만화가로의 길에 접어들었다. 이제는 교사가 아니기에 교사로 재직할 때는 다룰 수 없었던 새로운 느낌의 에피소드들이 그려져 읽는 재미가 더해졌다.

**박영민** 서울 신정초 사서교사

# DAY 103

## 아냐의 유령

베라 브로스골 지음 | 공보경 옮김 | 작가정신 | 228쪽
2011년 | 10,000원 | 중·고등학생 | 미국 | 그래픽노블

어린 나이에 미국으로 이민, 종교도 문화도 다른 그 사회에서 갈등을 경험했던 작가가 자신의 힘겨웠던 경험을 쓰고 그렸다. 책 속의 유령은 스스로의 가치를 제대로 알지 못하고 위태롭게 고비를 넘고 있는 또 다른 자아. 적당히 일탈했다 다시 제자리로 되돌아오는 자신을 돕는 것 역시 유령으로 분한 자신이다. 귀여운 꼬마 유령이 달콤한 유혹의 순간에는 성숙한 소녀의 모습이다가 마음의 갈등이 심해지면서 오싹하고 무시무시하게 변해간다. 굳건해진 모습으로 덜 자라난 또 다른 자신을 땅속에 묻어버리는 마지막 장면은 축하해주며 박수를 쳐주고 싶은 부분. 보통의 만화책보다 튼튼하게 제본되고 대형 서점 문학서가에서 찾을 수 있는 이 책은 코믹 만화보다 깊은 주제를 담고 있는 '그래픽노블graphic novel'에 속한다.

**남정미** 서울 염리초 사서

ⓒ 베라 브로스골, 『아냐의 유령』, 작가정신

## 안나라수마나라 (전3권)

하일권 지음 | 소담출판사 | 각권 330쪽 안팎
2011년 | 각권 11,500원 | 중·고등학생 | 한국 | 성장이야기

**DAY 104**

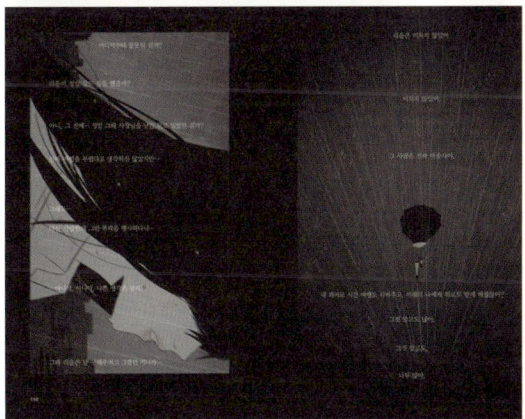

ⓒ 하일권, 『안나라수마나라3』, 소담출판사

기발하다. 기발해도 너무나 기발하다. 이런 만화를 그릴 수 있는 사람의 머릿속에는 도대체 무엇이 더 들어 있을까? 남들은 가지고 있지 못한 그 무엇이 첨가되어 있음이 분명하다. 작가의 다른 작품인 『삼봉이발소』, 『두근두근 두근거려』 등도 기발한 상상력으로 세워진 독특한 플롯 덕분에 많은 이들의 사랑을 받는 중이다. '안나라수마나라'는 이 책 속에 등장하는 마술사의 마법 주문이다. 가난 때문에 자신의 꿈조차 잊은 채 살아가는 여고생 '윤아이'와 더 이상 사람들이 찾지 않는 오래된 놀이공원의 천막에 사는 수상한 마술사 '리을'의 만남. 그들의 만남이 심상치 않다. 어른들이 좋아하는 어른이 되기 위해 앞만 보고 달리는 청소년들에게 진짜 자신의 꿈이 있기는 한 걸까? 자신의 꿈이 이루어질 것을 의심하지 않고, 믿는 사람은 외쳐보자! '안.나.라.수.마.나.라!' 꿈은 꿀 때 비로소 이루어진다.

**정움** 서울 경희고 사서교사

# DAY 105

## 울기엔 좀 애매한

최규석 지음 | 사계절출판사 | 144쪽 | 2010년 | 13,800원 | 중·고등학생 | 한국 | 학교

다시 봐도 재미있다. 원장에게는 정선생, 학생들에게는 태섭쌤이라 불리는 등장인물은 작가를 닮았다. 지금은 유명해진, 아니 이미 유명해서 마니아도 있는 작가는 미술학원에서 대학 입시를 위한 만화를 가르친 경험으로 책을 냈다. 따라서 내용은 실화에 버금간다. 외모와 따로 노는 이름인 원빈이 주인공으로 부모의 경제력에 따라 좌지우지되는 학생들 상황을 '울기엔 좀 애매한'이라는 맞춤한 제목으로 그렸다. 태섭쌤부터 은수와 원빈이 그리고 엑스트라 급 파키스탄 사람인 아즘까지 유머를 잃지 않는 캐릭터가 우울한 이야기와 균형을 이루고 있다. 이야기 끝에 실린 '작업 노트'를 읽는 재미도 쏠쏠하다. 콘티를 짜고 32색 물감으로 수채화 그림을 마무리하는 수다가 유쾌하고 진솔해서 든든하다.

**김광재** 학교 밖 독서지도

ⓒ 최규석, 『울기엔 좀 애매한』, 사계절출판사

## 강특고 아이들 (전7권)

김민희 지음 | 서울문화사 | 각권 150쪽 안팎
2007년-2010년 | 각권 4,000원 | 중학생 | 한국 | 학교, 명랑

**DAY 106**

『르브바하프 왕국 재건설기』를 통해 독특한 유머 코드를 보여준 김민희 작가의 2007년 작 학원 명랑 시트콤으로, 산간 오지에 자리 잡은 강원도특수학교는 해리포터의 호그와트와 엑스맨의 돌연변이 영재학교의 여집합에 놓여질 재래식 교육기관이다. 절벽 위의 급식소와 교복을 바느질하는 사색의 탑 등 교육관이 궁금해지는 환경은 이곳이 엽기변신술의 교장선생님과 텔레포트 능력의 교감선생님이 울타리가 된 일종의 명랑 학원 사파리임을 말해준다. 신체 일부를 동물로 바꿀 수 있는 세나와 그러한 여동생을 두려워하여 청각이 예민하게 발달한 지문, 능력만큼이나 정신세계가 다른 차원으로 뻗어 있는 특별한 학생들로 가득하다. 입학도 하기 전에 졸업을 꿈꾸는 느슨한 학생들도 진지함이나 비장감을 찾을 수 없는 개성 강한 멘붕 캐릭터들을 보노라면 자신들이 평범한 학생임을 알게 될 것이다.

**왕지윤** 인천 경인여고 국어교사

## 그 남자! 그 여자! (특별판)(전10권)

츠다 마사미 지음 | 학산문화사 | 각권 380쪽 안팎 | 2011년-2012년
각권 9,800원 | 고등학생 | 일본 | 학교, 연애

**DAY 107**

원제는 '그 남자와 그 여자의 속사정'으로 1996년부터 십 년간 연재된 츠다 마사미의 대표작이다. 완벽한 모범생을 연기해 온 여고생 유키노가 라이벌 동급생인 아리마에게 가식적이며 위선적인 성격임을 발각당한 뒤 좌충우돌 일어나는 명랑 순정 연애물이다. 타인의 칭찬과 시선을 즐기며 순진하고 영리한 여고생의 모습을 연기하다가 집에서는 묶은 머리에 안경을 쓴 추리닝 타입의 허영녀로 돌변하는 여주인공의 모습이 애잔한 동정과 유쾌한 공감을 이끌어낸다. 완벽함으로 똘똘 뭉친 주인공들의 인간적인 괴로움과 약점을 바라보며 그들의 로맨스에서 독자들은 위로와 치유의 과정을 엿보게 된다. 초반 연재물을 바탕으로 26화의 애니메이션으로도 만들어졌는데, 내면 묘사에 탁월한 안도 히데아키의 연출력과 속도감 있는 전개가 돋보인다.

**왕지윤** 인천 경인여고 국어교사

## DAY 108

### 아즈망가 대왕 (신장판)(전3권)

아즈마 키요히코 지음 | 이은주 옮김 | 대원씨아이 | 각권 250쪽 안팎
2011년 | 각권 8,000원 | 중·고등학생 | 일본 | 학교생활

배경은 여고, 교복 입은 여학생들이 주인공이다. 알고 보니 초능력을 가졌다거나 하는 반전은 없고 우리 옆을 둘러보면 있을 법한 평범한 여고생들의 이야기이다. 그녀들의 평범하고 소소한 일상이 유쾌하게 펼쳐진다. 너무 평범하면 재미가 없으니 캐릭터가 나름 독특하다. 엉뚱하고 느릿한 '오사카', 또래들인 초등학생보다 머리가 좋아 일찍 고등학교에 들어 온 천재 '치요', 겉모습과 다르게 귀여운 걸 좋아하는 '사카키', 엉뚱한 담임 '유카리'까지 발랄한 여성들이 벌이는 에피소드들이다. 만화는 4컷으로 나뉘어져 전체적 이야기의 흐름을 따라갈 필요가 없어 독자가 원하는 어느 부분이든 읽으며 즐길 수 있는 것이 큰 장점이다. 여학생들이 모여 있으면 벌어질 법한 로맨스도 없이, 평범한 일상과 허를 찌르는 유머로 3권을 이끌어온 작가의 능력에 감탄이 절로 난다. 천진난만 일상이 즐거움이었던 고등학교 때가 생각나는 만화이다. **박영민** 서울 신정초 사서교사

## DAY 109

### 언제나 상쾌한 기분 (전6권, 미완결)

라가와 마리모 지음 | 서수진 옮김 | 대원씨아이 | 각권 210쪽 안팎
2006년-2013년 | 각권 3,500원-4,500원 | 중·고등학생 | 일본 | 학교

남녀공학에서 벌어지는 러브스토리. 각자 마음에 품고 있는 이성을 향한 복잡한 마음이 다소 지루하고 남매간에 벌어지는 묘한 감정이 이해되지 않으나 어쨌거나 그 사랑은 풋풋하다. 훗날 생각해 보면 피식 웃음 나올 일들이 그 시기엔 왜 그리 심각했을까. 사소한 사건으로 우울해지기도 하고 또 그 우울함이 별것 아닌 일들로 기쁨으로 뒤바뀌기도 하는데 그 우울감과 기쁨 속엔 어김없이 그가 버티고 있다. 중간 중간 장면에 따른 시놉시스와 작가의 솔직한 낙서가 섞인 내용은 작품 줄거리와는 또 다른 시각으로 읽어보는 재미가 있다. 일본에서 격주간 발행되는 소녀 만화 잡지 〈하나토유메 플라넷〉에 실렸던 작품. 일본 만화를 즐겨 보았던 사람이라면 상쾌한 기분으로 덮을 수 있겠으나 그 문화에 문외한이라면 갸우뚱할 부분이 많겠다.

**남정미** 서울 염리초 사서

## 오디션 (개정판) (전10권)  DAY 110

천계영 지음 | 서울문화사 | 각권 200쪽 안팎 | 2011년 | 각권 7,000원 | 초등중학년부터 | 한국 | 음악

요즘 세간의 화젯거리인 서바이벌 오디션은 만화 속 세상에서는 한바탕 벌어진 지 이미 오래다. 발표되었던 2001년, 그 당시 학원가에서 천계영 작가의 『오디션』을 몰랐다면 간첩이었을 정도다. 송송그룹의 회장은 외동딸에게 회사를 상속한다는 유언에 조건을 달았다. 생전에 우연히 마주쳤던 네 명의 천재 소년을 찾아 오디션에 참가하여 우승해야 한다는 것이다. 탐정 친구와 힘을 모아 어렵게 천재 소년들을 찾고 토너먼트 형식의 오디션을 치르는 동안 여러 난관을 헤쳐 나가는 과정이 흥미진진하게 펼쳐진다. 허구와 사실을 버무린 음악세계에 대한 묘사도 그럴듯하고 매번 새로운 상대와의 대결로 음악적 역량이 향상되는 재활용밴드가 기특하다. 만화니까 가능한 9등신의 늘씬한 등장인물에 현란한 패션 코드의 최대치가 유감없이 펼쳐진다.

**신정화** 서울 삼광초 사서

## 옥이샘의 교실 이야기  DAY 111

옥상현 지음 | 시공미디어 | 240쪽 | 2011년 | 13,000원 | 초등중학년 | 한국 | 학교, 선생님

초등학교 초임교사로 자신이 직접 겪은 일을 그린 만화다. 오지의 작은 학교, 여자선생님의 비율이 압도적인 환경 속에서 남자선생님으로 근무하면서 겪는 어려움과 보람이 잘 드러나 있다. 담임을 맡은 교실에서 수업과 생활지도에 직접 만들어 활용했던 교구와 게시물들은 일선의 동료교사들에게 당장 활용이 가능한 자료로도 인기가 높다. 그중 독서그래프를 만들어 아이들의 독서활동을 격려한 대목에 깊이 공감했다. 독서량에 따라 원시인에서 현대인으로 달라지는 모습이 압권이다. 멋진 현대문명인이 되려면 독서를 많이 해야 한다는 노골적인 가르침이 유머러스하게 담겨 있다. 천진한 아이들과 선생님 사이에 벌어지는 여러 가지 에피소드가 잔잔한 재미와 배우고 가르치는 사제 간의 정으로 깊어지는 과정을 전해준다.

**신정화** 서울 삼광초 사서

# DAY 112

## 은수저 (전9권)

아라카와 히로우 지음 | 서현아 옮김 | 학산문화사 | 각권 190쪽 안팎
2012년 - 2014년 | 각권 5,500원 | 중·고등학생 | 일본 | 학교생활

1권 표지에는 젖소, 2권에는 말 그리고 3권에는 돼지가 그려져 있다. 이 책은 어떤 책일까? 유고는 기숙사 생활을 할 수 있다는 이유만으로 농업고등학교를 지원한다. 그의 계획은 '자연 속에서 시간을 갖고 장래를 생각하기'였지만, 그를 기다리는 건 낙농의 현실이다. 애완동물이 아닌 가축을 돌보는 일이니 노동의 강도는 만만치 않다. 학과 공부는 잘하지만, 농사일은 젬병인 유고는 친구들의 도움을 받으며 일에 점차 적응해나간다. 작가는 홋카이도에서 고등학교를 졸업한 후에 7년간 가업인 낙농업을 한 경험을 고스란히 책에 담았다. '2012 일본 만화 대상'을 수상했고, 일본에서는 1권과 2권의 판매 부수가 150만 부를 돌파했다. 먹을거리, 가업, 가족, 농사의 중요성, 진로, 책임까지 다양한 생각을 끌어내는 동시에, 재미도 있다.

**김광재** 학교 밖 독서지도

# DAY 113

## 입시명문 사립 정글고등학교 (전11권)

김규삼 지음 | 대원씨아이 | 각권 250쪽 안팎 | 2006년 - 2011년
각권 9,500원 | 중·고등학생 | 한국 | 학교

교훈을 약육강식, 급훈은 적자생존으로 하고 있는, 전국에서 대학을 제일 많이 보내는 입시명문 사립 고등학교를 배경으로 한다. 툭하면 자살을 시도하는 전교 1등의 불사조, 고민 상담을 빌미로 바가지요금을 씌우는 와인바 상담실, 성적을 빌미로 체벌을 당연시하는 교사, 교복과 급식업자 선정에서 매점까지 비리로 운영하는 뻔뻔하고 염치없는 이사장까지. 사회면을 장식했던 어디서 본 듯한 섬뜩한 인물과 사건들이 풍자적으로 그려져 시종일관 웃음을 터뜨리게 만든다. 좋은 대학 입학이라는 유일한 목표 아래 다른 것들은 사소한 것들로 치부하는 오늘날 대한민국 고등학교의 모습을 비틀고 과장해서 유머로 승화시켰다. 정글의 법칙만이 존재하는 교육 환경을 섬뜩한 공포물 형식으로 풀어낸 황준호의 『공부하기 좋은 날』을 함께 읽어보는 것도 괜찮을 듯하다.

**한지연** 전남 영암초 교사

## 조폭선생님 (전16권)

모리모토 코즈에코 지음 | 장혜영 옮김 | 대원씨아이 | 각권 245쪽 안팎
2003년-2011년 | 각권 4,000원, 4,200원 | 고등학생 | 일본 | 학교, 드라마

DAY 114

조폭 패밀리의 후계자 쿠미코가 문제아들이 가득한 '시로킹 고등학교'의 수학선생님으로 부임하면서 겪게 되는 사건을 그렸다. 간결한 그림체와 나른한 듯하면서도 속도감을 지닌 스토리로 의외의 개그 코드를 이끌어 내고 있다. 학생들의 마음을 얻는 수단이 주인공의 카리스마와 압도적 싸움 실력임에는 변함없지만, 아무런 선입견 없이 학생들을 끌어안으려는 열정이 더 눈에 들어온다. 운동과 싸움, 외모의 삼박자를 갖춘 다재다능 꽃미남 학생 '사와다 신'과 패밀리의 고문 변호사 '시노하라 선생님'이 여선생님을 사이에 두고 벌이는 애정 구도 또한 낯간지럽지만 재밌다. 문제 학교의 불량학생도 길거리의 거친 어깨들도 온순하게 만드는 별칭 '양쿠미' 선생의 카리스마 앞에 독자들도 무릎 꿇고 말 것이다.

**왕지윤** 인천 경인여고 국어교사

## COMIC (전9권)

하시현 지음 | 시공사 | 각권 200쪽 안팎 | 2000년-2004년 | 각권 3,500원 | 중학생 | 한국 | 학교, 연애

DAY 115

'왜 우리나라엔 학생 순정 만화가 없는 걸까.'라는 의문에서 시작된 작품으로, 만화 공모전에 당선된 송혜원이 인기 만화가이자 동갑내기 강태수와 알콩달콩 다투며 사랑을 키우는 이야기다. 극중 혜원의 에피소드는 작가와 주변 인물의 실제 이야기를 모티브로 했다고 하며, 자신의 경험을 회고하는 듯 갓 데뷔한 초보 만화가로서의 무지와 실수가 도드라진다. 다만 이야기는 만화가다운 고뇌와 열정보다 네 남녀의 사랑과 우정에 집중됐다. 이성에 눈을 뜬 십대 아이다운 순수함과 질투심, 오해로 불거진 갈등이 흥미롭다. 지금은 촌스럽게 느껴지는 당시 유행 패션과 학생 문화도 볼 수 있다. 만화가 원수연의 그림체로 원앨리라 말하는 시상식 장면의 오마주 등 어여쁜 그림체의 무난한 애교 대사가 유치하지만 코믹하다. **이찬미** 인천 부개어린이도서관 사서

## 타조알 선생의 교실 풍경

이성수 지음 | 나라말 | 2007년 | 중·고등학생 | 한국 | 학교, 일상

DAY 116

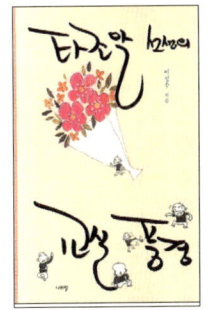

전국국어교사모임의 계간지 〈함께여는 국어교육〉에 연재되어 감동과 재미를 안겨 주고 있는 국어교사 이성수의 학교만화. '타조알 선생'은 머리 모양이 타조알 같다고 해 얻은 필명이라 한다. 제목처럼 이 책은 학생들과 함께하며 겪은 소소한 일들을 소박한 펜선으로 담았다. 감동을 위해 미화되지 않은 일기처럼 선생님의 마음을 읽지 못하는 아이들에 대한 서운함과 불쑥 밀려오는 부끄러움까지 가감 없이 보여준다. 만화 속의 학교는 꿈을 질식시키는 감옥이나 철부지들의 놀이터로 비판받거나 희화화되곤 했다. 이 책은 우리를 불편하게 하는 학교의 현실과 거기에 담긴 감정을 농밀하게 표현했다. 다른 학교가 아니라 우리 학교, 주변 친구들의 모습이 담긴 정겨운 교단일기다. **왕지윤** 인천 경인여고 국어교사

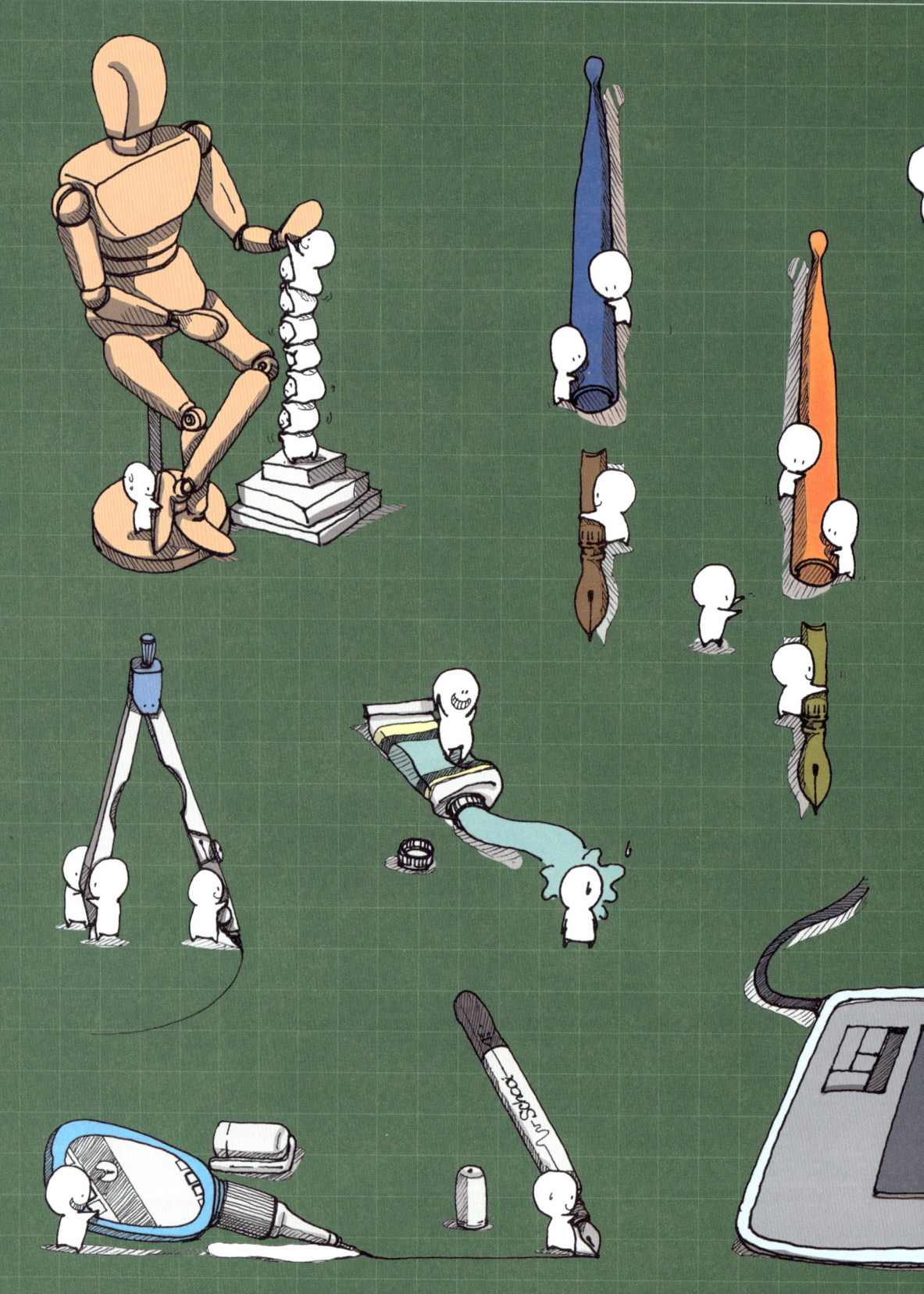

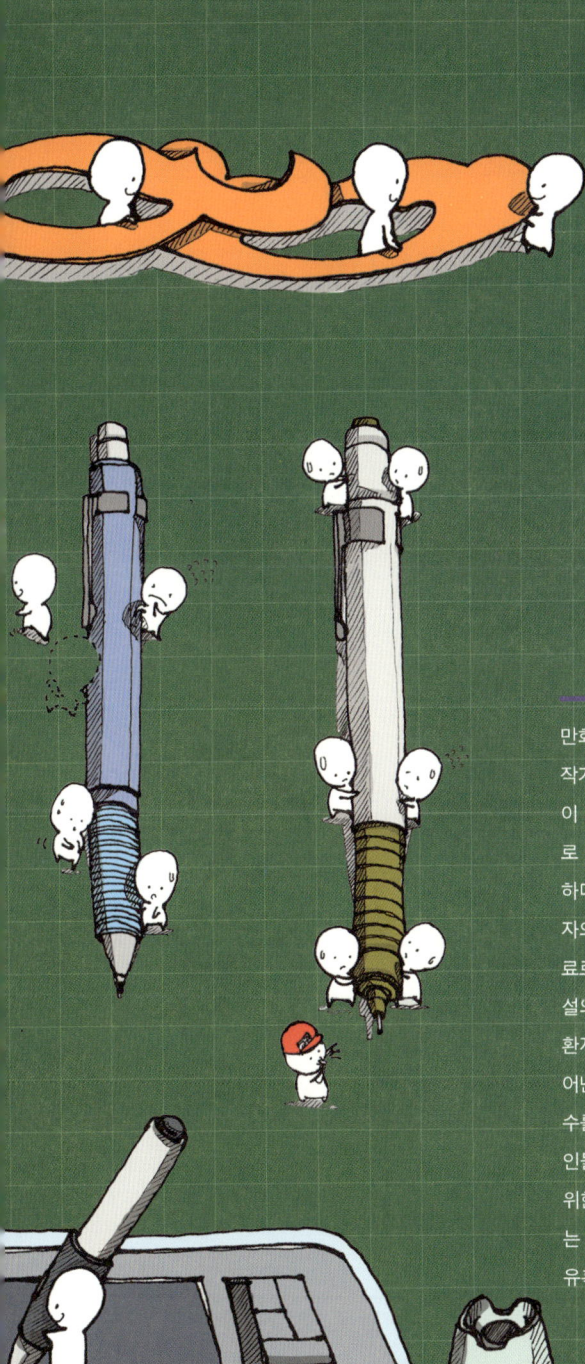

# 직업·전문

만화잡지 데뷔와 연재를 꿈꾸는 학생 만화가들의 집필활극에서 글작가와 그림작가, 편집자의 분업과 협업은 거의 당연한 것처럼 그려진다. 꼼꼼한 조사와 깊이 있는 배경지식을 흥미로운 이야기로 만들어내며 그것을 가장 적절한 그림으로 옮기는 콤비들은 좀 더 색다른 경험을 원하는 독자들의 지적 호기심을 자극하며 전문가의 힘을 느끼게 한다. 맛의 협객을 자처하는 채소트럭장수와 취재기자의 입맛기행, 평범한 음식에서 만들어지는 특별한 이야기, 가족의 일상을 재료로 디테일한 요리 묘사를 보이는 우리 만화들은 맛의 풍경화를 그려내는 전설의 와인만큼이나 다채로운 식감을 그림을 통해 전한다. 외딴섬의 진료의사나 환자들의 가슴 찡한 사연들은 삶과 죽음의 경계를 오가는 이들의 절박함이 묻어난다는 점에서 산악구조액션, 화재재난구조대의 벅찬 감동을 닮았다. 신의 한 수를 찾는 열혈고수들의 만화는 인생의 선택을 한 점의 바둑돌로 은유하는 선인들의 인생 훈수를 떠올리게 한다. 괴상한 수의학과 학생이나 주역을 따내기 위한 배우들의 연기대결, 그리고 잇 아이템 없이 고시생 패션 탈출로를 알려주는 만화가의 섬세한 센스 등 소재주의를 넘어서는 다채로운 만화들이 우리를 유혹한다.

# DAY 117

## 드레스 코드 (전2권, 미완결)

천계영 지음 | 예담 | 각권 272쪽 | 2012년 | 각권 11,000원 | 중·고등학생 | 한국 | 패션

『드레스 코드』는 『오디션』, 『하이힐을 신은 소녀』 등으로 잘 알려진 천계영 작가가 자신을 주인공으로 내세운 웹툰이다. 패션에 전혀 관심이 없던 작가가 작품을 준비하면서 자신의 몸과 스타일에 대해 적극적으로 고민하고 도전한다. 그러면서 조금씩 스타일리시하게 변화해간다. 1권에는 쇼핑하는 방법부터 네크라인, 칼라, 체형별 코디법 등 실질적인 정보가 담겨 있다. 2권 코디노트 편은 특히 허리 라인, 키, 사이즈 등에 초점을 맞추어 어떻게 비율과 조화에 신경 써야 할지 디테일하게 설명한다. 기본적이면서 한정적인 패션 아이템들로 자신의 개성을 살리는 법을 알려주어 실생활에서 유용하겠다. 간결하고 귀여운 그림체가 작가 특유의 세밀하고도 위트 있는 스토리와 잘 어우러져 있다. 다양하고 알찬 정보가 담겨 있는 꼭 읽어볼 만한 패션정보 만화이다.

**조선혜** 서울 대신고 사서교사

ⓒ 천계영, 『드레스 코드』, 예담

## 미생 아직 살아 있지 못한 자(전9권)

윤태호 지음 | 위즈덤하우스 | 각권 280쪽 안팎 | 2013년 | 각권 11,000원 | 고등학생 | 한국 | 직장생활

**DAY 118**

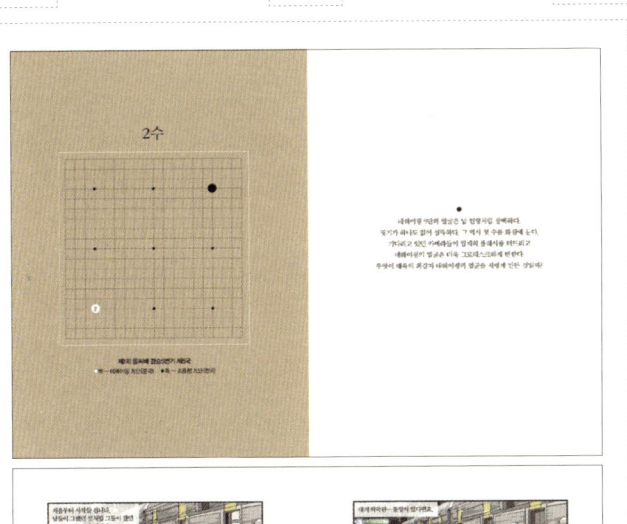

ⓒ 윤태호, 『미생』, 위즈덤하우스

바둑에서는 두 집을 만들어야 '완생(完生)'이라 말한다. 두 집을 만들기 전은 모두 '미생(未生)', 즉 아직 완전히 살지 못한 돌, 상대로부터 공격받을 여지가 있는 돌이다. 바둑을 아는 사람들은 곧잘 바둑을 인생에 비유하곤 한다. 이 만화가 그렇다. 이야기 전체의 틀은 바둑의 기보에 두고 있지만, 작가가 이야기하는 것은 직장 생활에서의 삶이다. 주인공 '장그래'는 열한 살에 한국기원 연구생으로 들어가 프로기사만을 목표로 두고 살아가던 청년이다. 그러다가 입단에 실패하고 '회사'라는 새로운 세계에 들어선다. 검정고시 출신 고졸에, 사회생활 경험도 없는 장그래가 신입사원을 거쳐 한 부서의 일원이 되어가는 과정이 우리네 삶과 많이 닮아 있다. 구석구석 자리 잡은 촌철살인의 대사들이 읽는 이의 마음을 휘어잡는다. 삶에서 프로가 되고 싶은 사람들은 꼭 읽어야 한다.

**김혜원** 학교도서관 문화살림

# DAY 119

## 식객 (전27권)

허영만 지음 | 김영사 | 각권 340쪽 안팎 | 2008년-2010년 | 각권 8,500원 | 초등중학년부터 | 한국 | 요리

음식 이야기는 끝이 없다. 음식을 만드는 방법에 대해서 이야기를 시작했어도 식재료에 대한 이야기, 요리 비법에 대한 이야기, 조리 과정에서 벌어지는 에피소드까지 줄줄이 이어진다. 게다가 음식이라는 것은 우리의 생명을 유지하는 데 꼭 필요한 것이고 누군가를 추억하게 해주는 특별한 기능도 있다. 이 추억담은 때론 코끝을 찡하게 만들기도 하고, 지적 호기심이 충만한 아이라면 나처럼 『자산어보』를 찾아 읽게 될지도 모른다. 생선 요리를 소개할 때면 『자산어보』에 소개된 내용을 인용하곤 하여 궁금증이 커진 끝에 소중한 우리고전을 만날 수 있었다. 등장인물들의 건강한 생활력과 활발한 사건 전개로 재미도 있을 뿐만 아니라 각 지방의 특색요리를 통해 그 지방의 사회지리적 배경을 이해하게 되는 것까지, 이 만화의 미덕은 끝이 없다.

**신정화** 서울 삼광초 사서

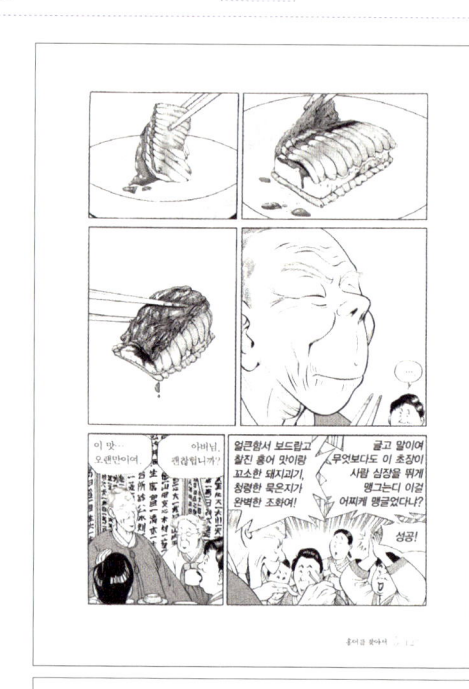

ⓒ 허영만, 『식객9』, 김영사

## 오무라이스 잼잼 (전4권, 미완결)

조경규 지음 | 씨네21북스 | 각권 450쪽 안팎 | 2011 - 2013
각권 12,800원 - 14,000원 | 초등중학년부터 | 한국 | 일상음식

DAY 120

ⓒ 조경규, 『오무라이스 잼잼』, 씨네21북스

함께 먹는 행위만큼 사람과 사람 사이를 끈끈하게 묶어주는 것이 또 있을까? 피를 나눈 형제도 함께 음식을 나누는 일을 아예 못하게 된다면 더 이상 '식구'라 말하기 어렵게 되지 않던가! 음식에는 그저 목숨을 유지하는 데 필요한 것 이상의 다른 비상한 무엇인가가 깃들어 있다. 평범한 일상 음식, 어제도 먹고 오늘도 먹을, 어쩌면 내일도 먹게 될 그 음식에 결코 평범치 않은 그 무엇을 찾아내는 솜씨가 이 작가의 특별한 능력이다. 지구 최후의 날, 마지막으로 먹고 싶은 음식을 묻는다. 뜻밖에 돈가스라는 대답을 들었지만 이내 나도 다르지 않다는 생각을 하게 된다. 먹는 이야기는 곧 사는 이야기였다. 행복한 삶이라는 게 화려하고 먼 것이 아닌 것처럼 맛있는 음식이란 것도 일류 식당에 가야만 먹을 수 있는 고급 요리가 아닌 것이다.

**신정화** 서울 삼광초 사서

# DAY 121

### 피크 (전5권, 미완결)
홍성수 지음 | 임강혁 그림 | 영상노트 | 각권 240쪽 안팎
2014년 | 각권 12,000원 | 중·고등학생 | 한국 | 산악구조대

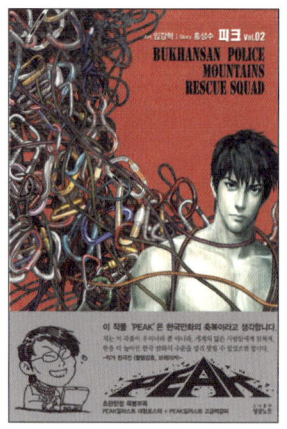

산악구조대. 사람들이 산을 오르는 이유는 제각각이지만, 오직 사람을 살리기 위해 산을 오르는 이들이 있다. 산악구조대는 한순간의 방심으로 생긴 사고 현장에서 목숨을 건 구조 활동을 벌인다. 이 만화는 이런 산악구조대의 모습을 그려내고 있다. 『피크』를 읽으면서 독자는 몇 번이나 숨 막히는 순간을 경험할 것이다. 사람을 구조하는 순간순간 위급 상황의 긴장감을 느낄 수 있기 때문이다. 느닷없이 터지는 산악 사고에 목숨을 건 산악구조대의 구조 활동을 그린 이 만화는 웹툰으로 먼저 알려져 그 인기에 힘입어 책으로 출판된 작품이다. 이 만화를 읽다보면 장면 하나하나가 마치 자신이 현장에 있는 것처럼 느끼게 된다. 독자들도 이 만화를 읽다보면 어느 순간 내용이 끝날 때까지 작품을 읽고 있는 자신의 모습을 발견할 것이다.

**김은승** 용인 포곡고 사서

ⓒ 임강혁, 『피크3』, 영상노트

## 따끈따끈 베이커리 (전26권)

하시구치 타카시 지음 | 이경주 옮김 | 대원씨아이 | 각권 200쪽 안팎
2002년-2007년 | 각권 3,500원, 3,800원 | 중·고등학생 | 일본 | 요리

**DAY 122**

멋진 요리는 그저 바라보는 것만으로도 오감을 자극한다. 그런데 거기에 상상력과 모험까지 더해진다면, 그 짜릿함은 동급 최강이 된다. 그 때문에 수많은 요리 만화가 히트를 기록하고 있는데, 그 선봉에 서 있는 작품 중의 하나가 바로 이『따끈따끈 베이커리』이다. 주인공 아즈마가 자기만의 맛있는 빵을 만드는 과정을 보여주는 이 만화는 끊임없이 독자의 상상력을 자극한다. 매번 새로운 빵을 만들어야 하는 아즈마에게 주어지는 과제 자체가 독자에게는 호기심을 자극하는 도전이 되는 것이다. 만화 속에는 아즈마의 친구들이나 숱한 경쟁자들도 등장하지만, 모든 등장인물들의 마음속은 맛있는 빵을 만들고 말겠다는 의지와 열정으로 꽉 차 있다. 그야말로 만화적인 상상력 속에 펼쳐지는 제빵의 세계에서 만화의 매력을 한껏 느낄 수 있는 작품이다.

**김시진** 홍익대 국어교육과 대학원

## Dr. 코토 진료소 (전25권)

야마다 타카토시 지음 | 대원씨아이 | 각권 200쪽 안팎
2001년-2010년 | 각권 3,500원-4,200원 | 중·고등학생 | 일본 | 의료이야기

**DAY 123**

〈골든타임〉(MBC-TV 드라마)을 보다가 '골든타임은 병원에서 삶과 죽음을 오가는 환자의 목숨을 다투는 시간'이라는 설명을 들은 후 주인공 의사의 수술 장면을 보니 이 만화가 생각났다. 아니, 닥터 코토가 생각났다. 그 둘의 공통점은 수술을 잘하고 환자에게 애정이 있고 매번 어려운 상황을 잘 이겨나간다는 점이다. 코토만의 특징이라면 뱃멀미를 하고 컵라면을 자주 먹고 늘 웃는 얼굴이다. 코토는 의료사고의 누명을 쓰고 외딴섬 코시키에 온다. 의료시설도 시원찮고 간호사도 한 명뿐이지만 씩씩하게 일을 해나간다. 처음에는 돌팔이라는 말도 듣지만, 곧 마을 사람들과도 친해진다. 따뜻하고 훈훈한 이야기가 되는 데에는 시게 아저씨나 우치 할머니 같은 개성 있는 조연들의 역할도 크다. 착한 드라마 같은 책이다.

**김광재** 학교 밖 독서지도

## DAY 124

### 닥터 노구찌 (정식한국어판)(전9권)

무츠 도시유키 지음 | 학산문화사 | 각권 340쪽 안팎 | 2010년
각권 6,000원 | 중학생부터 | 일본 | 직업

세균학자 노구찌 히데요(1876~1928)는 천 엔짜리 일본 화폐에 그려진 인물이다. 실존 인물을 바탕으로 하여 꾸며진 이 만화에서는 호빵 찌는 냄새가 난다. 따뜻하다. 노구찌는 어린 시절 화상을 입어 왼쪽 손의 손가락이 모두 달라붙었다. 가정 형편도 넉넉지 않아 언제나 친구들에게 놀림받던 노구찌는 놀림감이 되는 것이 싫어 공부를 시작한다. 열정과 성실함 그리고 끊임없는 도전 정신으로 의사가 된 노구찌는 매 순간 최선을 다한다. 늘 희망과 함께 노력하는 노구찌의 말들은 오래도록 가슴속에 남는다. 타인의 행복을 통해 나의 행복도 찾고자 했던 그의 삶은 감동적이다. 기발한 내용, 소재들이 워낙 많이 다뤄지는 요즘 만화들에 비해 조금은 진부한 면이 있긴 하지만 오히려 그래서 더 신선하게 느껴진다. 걷잡을 수 없는 황당 스토리도 아니고 스펙터클한 반전이 있는 것도 아니지만, 그래서인지 오히려 실망은 덜하고 여운이 남는다.

**정움** 서울 경희고 사서교사

## DAY 125

### 동물의사 Dr. 스크루 (애장판)(전12권)

사사키 노리코 지음 | 대원씨아이 | 각권 200쪽 안팎 | 2002년-2010년 | 각권 6,500원
초등고학년부터 | 일본 | 동물

동물 이야기는 인간에게서 느낄 수 없는 또 다른 감동 때문에 많은 사람들이 좋아한다. 『동물의사 Dr. 스크루』도 비슷한 이유로 선택하는 사람들이 많을 테지만, 주인공이 수의사가 아닌 수의과 대학생이고 주된 배경은 동물병원이 아니라 수의과 대학과 주인공 마사키의 집이기 때문에 죽어가는 동물을 기적적으로 살리는 헌신적인 수의사의 이야기를 기대한 사람들의 바람과는 달리 스토리는 단조롭고 소소하다. 이 만화를 손에서 놓지 못하게 하는 것은 스토리보다 캐릭터의 힘이다. 어쩌다 보니 수의과 대학에 진학하게 된 주인공 마사키, 쥐를 극도로 싫어하면서도 친구 따라 수의과에 들어온 니카이도, 쿨하다 못해 남 같은 외할머니, 이상한 대학원생 세이코와 같은 사람들뿐 아니라 무섭게 생겼지만 주인을 잘 따르고 똑똑한 시베리안 허스키 '꼬마', 귀찮아하면서도 꼬마를 보살피는 고양이 '미케', 폭군닭 병돌이와 같은 동물들까지 한결같이 유니크하고 매력적이다.

**박혜경** 국립전통예술고 국어교사

## 미스터 초밥왕 (애장판) (전14권)

테라사와 다이스케 지음 | 학산문화사 | 각권 340쪽 안팎
2002년-2010년 | 각권 6,000원 | 초등학생부터 | 일본 | 음식

**DAY 126**

초밥왕을 뽑는 전국대회에 참가한 주인공과 경쟁자들이 벌이는 초밥의 향연이 펼쳐지는 만화이다. 초밥을 만들기 위해 재료 고르는 법, 재료 다루기, 요리사의 마음, 경쟁에 대한 모습 등 여러 소재가 등장해서 다양하게 이야기가 전개된다. 음식에 관한 다른 만화처럼 일단 여러 가지 정보와 즐거움이 있어서 쉽게 읽힌다. 일본의 대표 음식인 초밥을 가지고 이야기를 재미있게 풀어낸 점이 좋다. 이기기 위해 수단과 방법을 가리지 않는 비열한 경쟁의 이야기가 아니라 선의의 경쟁을 해 나가는 공정함의 가치를 볼 수 있는 만화여서 읽은 후 느낌도 깔끔하다. '초밥'이란 음식을 소재로 쓴, 한국의 『식객』 같은 만화라 할 수 있겠다. 음식과 문화, 진로 등을 탐구해 보는 계기를 만들어 줄 수 있다는 점에서 휴식과 충전의 시간인 점심시간, 학교도서관에서 많은 학생들이 탐독하는 애독서가 되었으면 한다.

**신정임** 서울 반포중 사서

## 바쿠만 (전20권)

오바 츠구미 글 | 오바타 다케시 그림 | 오경화 옮김 | 대원씨아이 | 각권 176쪽 안팎
2009년-2012년 | 각권 4,500원, 5,000원 | 중·고등학생 | 일본 | 직업, 만화가

**DAY 127**

첫사랑 아즈키와의 약속으로 고등학교 졸업 전 만화가로 데뷔하여 애니메이션을 만들기로 결심한 모리타카는 비상한 머리를 가진 수재 아키토가 써준 콘티로 자신의 그림을 입혀 〈주간 점프〉의 만화 연재에 도전한다. 『데스노트』의 두 콤비가 다시 만나 만들어진 화제작으로 만화가에 대한 전문적인 팁을 제공하고, 만화 주간지의 연재, 공모 시스템을 사실적으로 묘사해 직업적인 호기심과 만화적인 재미를 동시에 안겨준다. 만화가였으나 죽음을 맞이한 삼촌과 동일한 사랑 방식을 고집하는 모리타카와 아즈키의 모습은 그야말로 현실성 없는 답답한 판타지로 보이지만, 만화 스스로 만화를 이야기하게 하면서 만화와 현실의 경계를 오가는 구성 방식이 색다른 매력을 안겨준다. 만화를 연상시키는 소도구와 방안지의 이미지를 활용한 책디자인도 인상적이다.

**왕지윤** 인천 경인여고 국어교사

## DAY 128

### 신의 물방울 (전40권, 미완결)
아기 타다시 글 | 오키모토 슈 그림 | 학산문화사 | 각권 220쪽 안팎
2005년 – 2014년 | 각권 5,000원 | 고등학생 | 일본 | 와인

칸자키 시즈쿠는 세계적으로 유명한 와인평론가 칸자키 유타카의 아들이다. 그러나 와인이라고는 한 번도 마셔본 적 없는 평범한 맥주회사 영업사원이다. 그러던 어느 날 칸자키 유타가가 세상을 떠나고 만다. 그는 12병의 위대한 와인과 '신의 물방울'이라 불리는 1병이 무엇인지 맞추는 이에게 모든 유산을 상속하겠다는 유언을 남긴다. 시가 20억 원이 넘는 와인 컬렉션을 두고 친아들 시즈쿠와 천재 와인평론가 토미네 잇세가 대결을 펼친다. 시즈쿠는 잇세와의 대결을 통해 점차 성장해간다. 이 책은 우리를 신비한 와인의 매력에 빠져들게 한다. 흥미진진한 스토리 안에 와인에 대한 정보가 잘 녹아 있다. 무엇보다도 섬세하고 뛰어난 표현력이 압권이다. 와인 입문서로서 일반인은 물론이고, 소믈리에를 꿈꾸는 청소년들에게도 도움이 되겠다.

**조선혜** 서울 대신고 사서교사

## DAY 129

### 요시오의 하늘 (전6권)
air dive 지음 | 이지현 옮김 | 각권 220쪽 안팎 | 2011년 – 2012년 | 각권 8,500원
초등고학년부터 | 일본 | 의사이야기

쉴 새 없이 밀려드는 환자 때문이겠지만 사무적인 태도로 몇 마디 말을 건네고는 사라져 버리는 게 우리가 흔히 보는 의사의 모습이다. 인간으로서의 연민과 따뜻한 마음으로 생명을 대하는 의사에 대한 목마름 때문일까? 의사를 주인공으로 한 휴먼 스토리는 만화건 드라마건 거의 실패가 적다. 일본의 소아뇌신경외과의 '타카하시 요시오'는 한 의사가 환자를 치료하는 것만이 아니라 절망에 빠진 어린 환자와 가족들에게 살아갈 수 있는 용기와 희망을 줄 수 있다는 것을 보여준다. 실화를 바탕으로 한 다큐멘터리 만화로서 그가 태어난 1949년 삿포로의 생가에서부터 요시오의 어린 시절과 성장 과정을 꼼꼼한 자료 조사를 통해 재현하는 한편, 그가 치료한 특별한 환자들의 이야기가 다른 한편으로 이어지는 입체적 구성이 재미를 더한다. 각 권 뒤에는 일화에 등장하는 환자 가족과 요시오의 대담이 부록으로 실려 있고, 생가와 마을, 요시오가 일하는 병원의 작가 스케치가 사실성을 더한다.

**박혜경** 국립 전통예술고 국어교사

## 유리가면 (전49권, 미완결)

스즈에 미우치 지음 | 서수진 옮김 | 대원씨아이 | 각권 200쪽 안팎
2002년 – 2013년 | 각권 4,500원 | 고등학생 | 일본 | 배우이야기

**DAY 130**

요즘 연예계에서 '아이돌'은 몇 년 전부터 지속적으로 인기를 얻어왔고, 이들은 가수를 넘어서 '연기'까지 영역을 확장하고 있다. 청소년들은 아이돌을 열망하며 그들처럼 노래도, 연기도 하며 스타가 되고 싶어 한다. 이 만화는 아이돌이라는 허상을 좇는 우리 아이들에게 진정한 꿈과 '연기'를 알려줄 책이다. '연기'에 대한 열정으로 뜨거운 인생을 살아가는 주인공의 이야기이다. 천부적 능력을 지닌 '마야'는 자신도 몰랐던 재능을 발견하게 된다. 반면, 배우와 감독 부모를 둔 완벽한 조건을 가진 '아유미'는 철저한 노력형 천재이다. 그 둘이 운명적인 라이벌이 되어 이야기를 이끌어 나간다. 전형적인 인물의 등장은 식상할 수 있으나 그들이 보여주는 '연기'에 대한 집념은 눈여겨볼 만하다. 또한 그들이 배우로 공연하는 연극을 만화 속에서 재현함으로써 두 여자의 무대 뒤 싸움이 아닌 연기자로 무대에서 싸우는 그녀들의 모습을 확인할 수 있다는 점이 매력적이다.

**박영민** 서울 신정초 사서교사

## 출동! 119 구조대 (전10권)

소다 마사히토 지음 | 대원씨아이 | 한규선 옮김 | 각권 370쪽 안팎
2004년 – 2005년 | 각권 5,500원 | 중학생 | 일본 | 직업, 소방관

**DAY 131**

어릴 적 자신과 애견을 구해준 소방관의 모습을 롤모델로 삼은 아사히나 다이고는 소방관 시험에 합격해 한가시 소방서에 들어간다. 불량했던 학생 시절 자신의 마음을 다잡아 준 오챠 선생님과, 독특한 카리스마로 특별한 가르침을 준 구조대 대장 소미 소장은 다이고의 열정과 도전을 지지한다. 소다 마사히토의 작품을 읽노라면 그가 작품에서 열정과 광기의 경계가 무엇인지 짓궂게 질문하고 있다는 인상을 받는다. 본능적으로 화재의 위험성을 감지하는 천재적 영감을 지닌 주인공 다이고가 이해할 수 없는 방법으로 위기를 모면할 때마다 독자는 결과가 좋으면 이대로 상관없는 것인지 묻고 싶어지는 것이다. 그러나 화재 현장의 박진감을 불속에 뛰어든 소방관의 눈으로 느끼게 하는 이 재난만화를 보고 있노라면, 불길 앞에 놓인 꺼져가는 생명의 절박함이 그보다 먼저 만져질 것이다.

**왕지윤** 인천 경인여고 국어교사

## DAY 132

### 키친 (전7권)

조주희 지음 | 마녀의책장 | 각권 160쪽 안팎
2009년 – 2012년 | 각권 10,000원 | 고등학생 | 한국 | 요리

이 만화를 처음 접한 이유는 주제가 음식이기 때문이었다. 당시 『심야식당』이라는 일본 작가의 만화책을 흥미롭게 본 터라 우리나라 작가의 음식 만화책이 반갑게 느껴졌다. 여성들이 좋아할 수려한 그림체가 이야기보다 먼저 들어왔다. 철저한 자료 조사를 토대로 음식에 대한 설명과 실사 같은 그림체를 특징으로 한 『식객』과는 다르게 음식 조리나 설명은 많은 부분 생략하고 요리보다 요리에 얽힌 이야기에 집중하였다. 국어교사라는 작가의 이력에 걸맞게 음식과 맛에 대한 묘사가 섬세하고 색다르게 다가온다. 더불어 작품에 덧붙은 요리 솜씨가 없다는 작가의 생활만화에도 공감이 간다. 음식을 만드는 방법이 아닌, 음식에 대한 사람들의 추억을 함께 나눌 수 있는 따뜻한 책이다.

**박영민** 서울 신정초 사서교사

## DAY 133

### 히카루의 바둑 (완전판)(전20권)

호타 유미 글 | 오바타 타케시 그림 | 정은서 옮김 | 서울문화사 | 각권 210쪽 안팎
2011년 – 2012년 | 각권 9,500원 | 고등학생 | 일본 | 직업, 바둑

일본 〈주간 점프〉에 연재되어 제2의 바둑 붐을 몰고 왔으며 우리나라에서는 '고스트 바둑왕'이라는 번역으로 소개되어 애니메이션이 방영된 바 있다. 낡은 창고에서 핏자국 묻은 바둑판을 만진 초등학생 신도우 히카루의 몸속으로 헤이안 시대의 바둑기사 후지와라 사이의 영혼이 들어와 말을 건다. 그의 열망에 이끌려 바둑을 두기 시작한 히카루는 어느새 자신의 판단으로 바둑을 두며 친구들과 프로 기사들과의 대결에서 두각을 나타낸다. 후지와라 사이는 예술가들에게 찾아오는 영감靈感의 인격화다. 천재 바둑소년 도우야 아키라와의 대결을 통해 바둑을 진지하게 생각하기 시작한 히카루는 사이가 그의 곁을 떠나는 순간 잠자던 열정을 일깨운다. 신의 한 수를 추구하는 한·중·일 바둑 국수들의 대국을 지켜보며 흑백의 바둑돌이 안겨주는 궁극의 희열을 맛보는 건 기분 좋은 덤이다.

**왕지윤** 인천 경인여고 국어교사

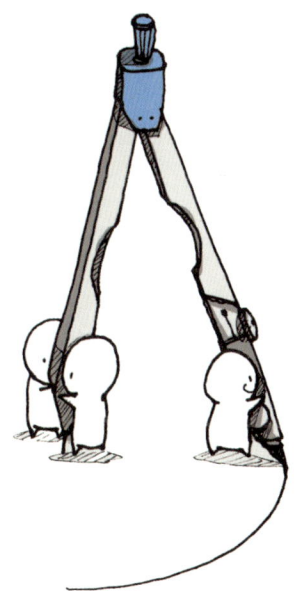

꼼꼼한 조사와 깊이 있는 배경지식을
흥미로운 이야기로 만들어
독자들의 지적 호기심을 자극하며
전문가의 힘을 느끼게 한다.

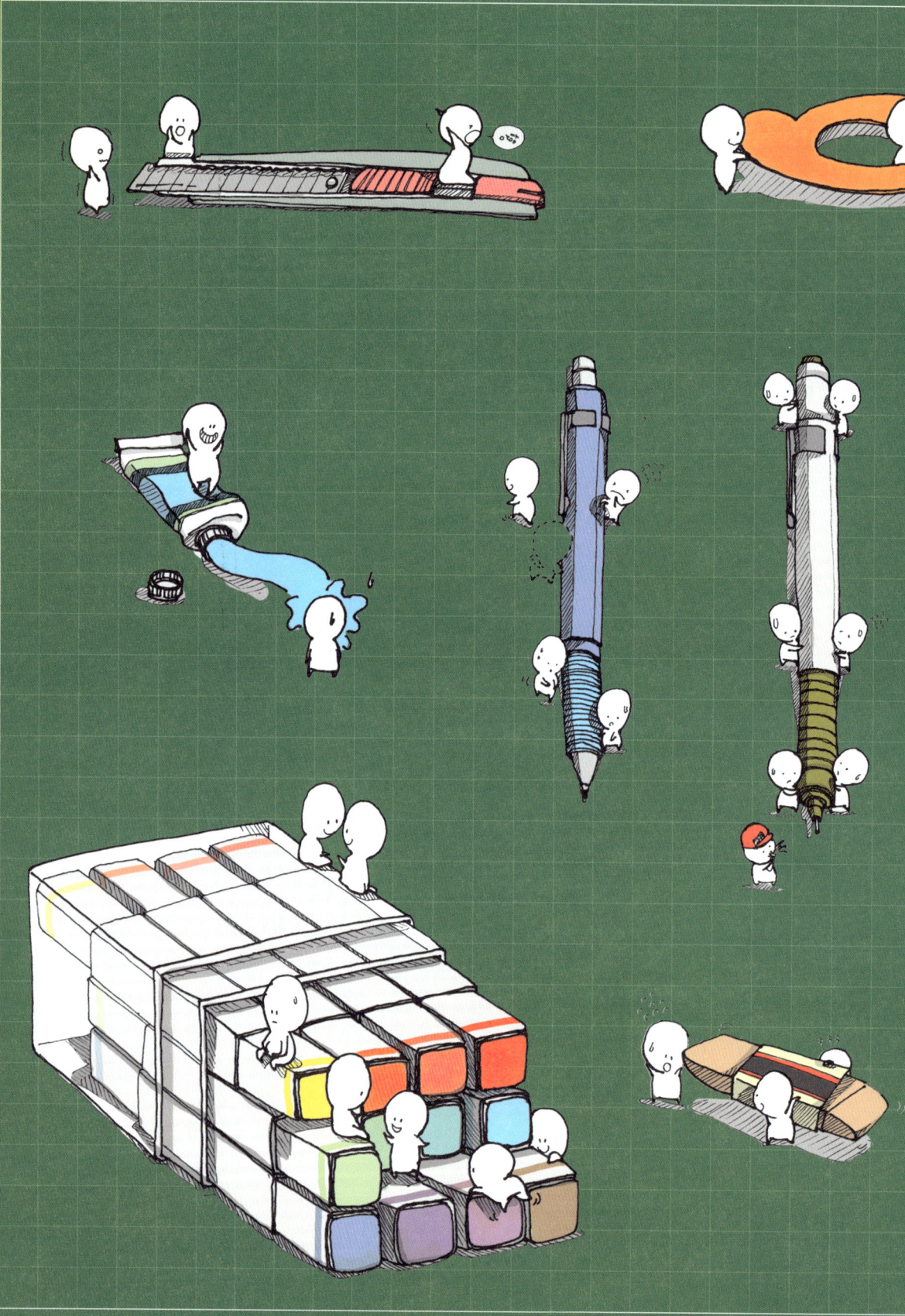

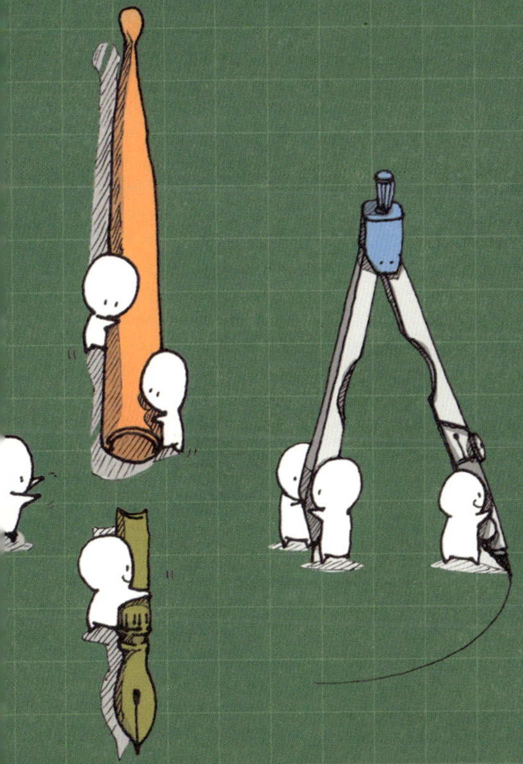

# 드라마

인생은 종종 험난한 굴곡을 매만지며 흐르다 바다에 이르는 강물의 유장한 흐름에 비유된다. 자신의 내면에 켜켜이 쌓인 세월의 지문을 만들어가는 나무처럼 강바닥을 쓸어내리며 깊이를 얻는 과정은 세월을 거친 인간의 삶과도 맞닿아 있기 때문이다. 평소에 들을 수 없었던 어른들의 지나간 가족사나 여성 국극의 창시자인 예인의 이야기는 긴 호흡에 누구나 겪을 수 있는 특별하지 않은 이야기를 통해 희로애락을 담아간다. 만화와 재회, 거짓말 등 특정한 테마나 코드를 통해 묶은 단편집은 입체적으로 그러한 삶을 표현하고 있다. 우울한 기억으로 도배된 슬픈 성장담이나 성공의 삶을 살던 중년 건축가의 균열된 삶, 소심하고 외로운 독신남의 기이한 인생 여정, 그리고 평생 콘돔 사용을 선고받은 불치병 연애 커플의 이야기까지 그래픽노블이라 불리는 서구 예술만화는 진지하고 다채롭게 형상화되어 고급독자들의 호기심을 자극한다. 사소하고 일상적인 에피소드를 작은 웃음소리 나게 담아내는 일본 만화의 담백함은 반려동물이야기나 음악이야기에서 더 매력이 크다.

# DAY 134

## 그녀들의 크리스마스 / 어른들의 크리스마스

한혜연 지음 | 거북이북스 | 각권 196쪽, 212쪽 | 2011년 | 각권 9,500원 | 고등학생 | 한국 | 순정

ⓒ 한혜연, 『그녀들의 크리스마스』『어른들의 크리스마스』, 거북이북스

'크리스마스'라는 말을 들으면 우선은 누구든지 설렌다. 그것이 교육된 것이라 해도 그 말에는 무엇인가를 기대하게 하는 마법이 있다. 누군가와 함께 있어야 할 것 같고, 선물이 오가야 할 것 같다. 이런 크리스마스와 관련된 기대에 대한 소녀적 감성의 여러 변주들을 그린 만화책이다. 『그녀들의 크리스마스』가 먼저 나왔다. 서로 너무나 취향이 달라 어울리지 못하던 다섯 친구가 5년 뒤 크리스마스에 사랑하는 사람과 함께 만나기로 한다. 5년 뒤 그들의 사랑이야기는 달콤 쌉쌀하다. 8년의 시간 차이를 두고 『어른들의 크리스마스』가 나왔다. '그녀들'이 '어른들'이 되었으니 이야기는 좀 더 범위가 넓어지고 다양해졌다. 하지만 그 어른들도 크리스마스는 뭔가 특별한 날이길 바란다. 아직 이들이 덜 큰 걸까, 아니면 크리스마스는 여전히 기대해도 좋은 날일까.

김혜원 학교도서관 문화살림

## 가지 (전2권)

구로다 이오우 지음 | 송치민 옮김 | 세미콜론
각권 294쪽, 306쪽 | 2011년 | 각권 9,500원 | 고등학생 | 일본 | 드라마

DAY 135

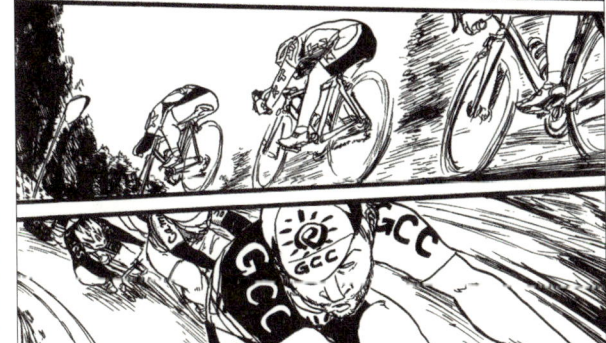

ⓒ 구로다 이오우, 『가지』, 세미콜론

가지가 등장하는 단편 모음집. 맥주 안주로 어울리는 가지 구이가 나오기도 하고, 식초에 절인 스페인의 가지 절임이 등장하기도 한다. 그렇지만 요리 만화는 아니다. 가지는 말하자면 단편마다 등장하는 조연 배우쯤. 각각의 단편들은 가지와 함께 인생의 작은 조각들을 이야기하고 있다. 그런데 그렇게 작은 조각들임에도 가슴에 막막함을 안겨주기도 한다. 아무것도 하고 싶지 않고, 어디에도 가고 싶지 않은 아이들, 아무래도 상관없는 백수, 은거자가 되고 싶은 청춘. 이야기 속에서 맛있는 음식이 되어 등장하는 가지, 후지산을 뒤덮어버릴 정도로 쑥쑥 자라는 미래 이야기 속의 가지와는 어딘지 상반되는 등장인물들. "가지는 맑은 날을 하루도 헛되이 하지 않으니까." 어쩌면 우리는 가지에게서 배워야 하는 것이 아닐까? 아무것도 하고 싶지 않고, 아무래도 상관없지만 어딘가 부딪치는 청춘들의 이야기, 때론 시와 같이 간결하고 울림 있는 대사들, 바로 『가지』에 담겨 있다.

**이미영** 학교 밖 독서지도

# DAY 136

## 거짓, 말

토마 외 지음 | 거북이북스 | 248쪽 | 2007년 | 9,500원 | 고등학생 | 한국 | 드라마

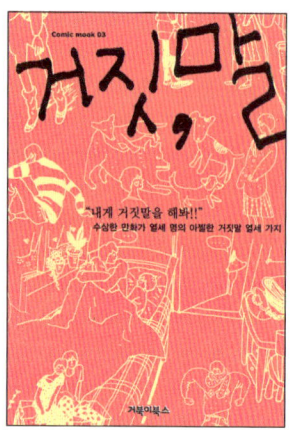

ⓒ 김진태·임광묵, 『거짓, 말』, 거북이북스

'거짓말'은 때로 자신을 드러내는 방식이기도 하고, 또 어떨 때는 상대를 위한 배려이기도 하다. 하지만 좀 더 거짓말에 다가가 보면 때론 거짓말은 감동으로 다가온다. 이 책은 작가 열세 명의 거짓말을 다루고 있다. 대부분의 만화는 빨리 읽히지만 이 만화는 책장이 느릿느릿 넘어가는 부분이 많다. 독자는 느린 속도 속에 자신의 생각을 넣어야 한다. 거기에 자신의 경험을 더한다면 거짓말은 감동으로 다가온다. 좀 더 감수성이 예민하다면 이 책을 읽다가 눈물을 흘릴지도 모른다. 이와 유사한 형식의 코믹 무크(Comic mook) 시리즈 제1호 〈밥〉, 제2호 〈에로틱〉, 제4호 〈유혹〉을 찾아 더 읽기를 권한다. 여러 작가가 한 가지 소재로 다양한 이야기를 펼친다. 그 맛깔나는 세상을 만나볼 수 있을 것이다.

**배영태** 용인 포곡고 국어교사

## 바늘땀

데이비드 스몰 지음 | 이예원 옮김 | 미메시스 | 325쪽
2012년 | 16,800원 | 고등학생 | 미국 | 그래픽노블

**DAY 137**

ⓒ 네이비드 스몰, 『바늘땀』, 미메시스

두껍다, 무겁다, 비싸다. 그러나 끌린다. 여섯 살 소년이 화가 잔뜩 나서 방문을 두 팔로 막고 버티고 서 있는 표지를 보니 소년의 인생 스케치가 만만치 않아 보인다. 미국 디트로이트. 아버지, 엄마, 형 모두 차갑다. 소년은 자주 아프지만, 아픈 일보다 더 힘든 건 가족의 무관심이었다. 가난했느냐고? 천만에. 아버지는 의사다. 작가는 자신의 이야기를 흑백 드로잉으로 때로는 거칠게 때로는 부드럽게 그리면서 대비된 명암을 이용해 우리를 책으로 이끈다. 얼마나 힘들었을까 하는 우려는 "작업은 매우 힘들었지만 보람 있었고 심지어 신나기까지 했다."는 작가의 말로 대신한다. 작가가 전해주는 이야기는 춥고 슬프고 안타까웠지만 작은 희망은 늘 함께였다. 그건 자신을 사랑하려는 작가 자신의 노력 때문이었다. 여운이 오래 남는다.

**김쌍재** 학교 밖 독서지도

# DAY 138

## 수상한 내 인생

장 르뇨 글 | 에밀 브라보 그림 | 이충호 옮김 | 다림
120쪽 | 2012년 | 11,000원 | 중학생 | 프랑스 | 성장만화

ⓒ 에밀 브라보, 『수상한 내 인생』, 다림

엉뚱한 꼬마 몽상가 장은 궁금한 것이 많다. 여행을 떠났다는 엄마가 돌아오지 않는 이유가 가장 큰 궁금증이다. 이웃집 말괄량이 소녀 미셸은 엄마의 부재를 궁금해 하는 장에게 엄마에게 편지가 왔다며 읽어준다. 그 편지를 통해 엄마에 대해 상상을 해보지만 크리스마스 때 산타할아버지의 추억을 미셸에게 자랑하다가 엄마도, 산타할아버지도 거짓인 걸 알게 된다. 장도 어렴풋이 알고 있던 사실이었지만 인정하지 않고 모른 척하다가, 그 사실을 받아들이며 한 단계 성장한다. 비슷한 아픔을 겪고 있는 친구들이 담담하게 자신의 현실을 받아들이고 이야기하는 것도 장의 성장에 도움이 되었을 것이다. 다양한 색감과 친숙한 일화, 순수한 장의 시선으로 표현된 이 책은 어린 시절 그림일기를 보는 듯한 느낌이다. 새 학기가 시작되고 '이름'만을 물어보는 선생님의 질문에 미소를 지으며 여유 있게 대답하는 장의 모습은 독자의 마음을 따뜻하게 해준다.

**이정현** 서울 숙명여중 사서

# 아스테리오스 폴립

데이비드 마추켈리 지음 | 박중서 옮김 | 미메시스 | 344쪽
2010년 | 26,800원 | 고등고학년 | 미국 | 그래픽노블

**DAY 139**

ⓒ 데이비드 마추켈리, 『아스테리오스 폴립』, 미메시스

저명한 건축학 교수인 아테리오스 폴립이 오십 번째 생일을 맞이한 날 벼락으로 집이 불타면서 떠나게 되는 긴 여정을 담은 작품. 철학적 담론과 삶에 대한 성찰은 이루 말할 수 없을 정도로 다양하지만 가장 돋보이는 부분은 '타인과의 소통'에 관한 것이다. 부인과의 이혼에서 비롯된 삶의 균열은 재산을 잃고 떠난 여정에서 한쪽 눈을 잃으면서 절정에 달한다. 그러나 이러한 균열은 오히려 쌍둥이의 죽음으로부터 형성되기 시작한 그의 내면에 싸인 단단한 껍질을 깨뜨리고 타인과의 소통을 가능하게 해준다. 모든 것을 잃은 순간에 가장 소중한 것을 찾게 된다는 아이러니한 설정과 여정의 끝에서 빈털터리의 몸으로 찾아간 그의 부인과 처음으로 진정한 소통을 하게 되는 부분을 사각형과 타원형의 말풍선이 절묘하게 어우러지는 형태로 묘사한 부분은 정말 뛰어나다. 다소 배경 지식이 필요한 부분도 있지만, 누구에게나 감동과 여운을 줄 수 있는 좋은 책이다.

**박병배** 전 한겨레 문화센터 강사

# DAY 140

## 에식스 카운티

제프 르미어 지음 | 박중서 옮김 | 미메시스 | 512쪽 | 2011년
26,800원 | 고등학생 | 캐나다 | 그래픽노블

이 책은 현재와 과거, 미래를 넘나들며 에식스 카운티라는 작은 마을에서 사는 사람들의 삶을 담담하게 서술하는 대하 서사시이다. 만화책에 푹 빠져 망토와 가면을 쓰고 직접 만화책도 쓰는 레스터와 외삼촌 케니, 레스터의 친구이자 과거에는 대단한 하키 선수였다지만 지금은 주유소에서 일하는 지미, 가장 눈부신 시절에 함께 하키장을 누비고 다녔음에도 한 명은 시골 농장에 자신을 고립시키고, 또 다른 한 명은 도시의 군중 속에 묻혀 자신을 철저하게 외롭게 만들었던 르뫼프가 형제, 그리고 에식스 카운티의 초기 정착민 마거릿 수녀. 이 인물들과 사건들이 씨줄과 날줄처럼 서로 얽혀 이야기가 전개되는데 그 서사의 비극성과 장엄함은 소설 『백년 동안의 고독』은 저리 가라다. 에식스 카운티에는 부조리하고 역설적인 삶의 원형이 고스란히 담겨 있다.

**한지연** 전남 영암초 교사

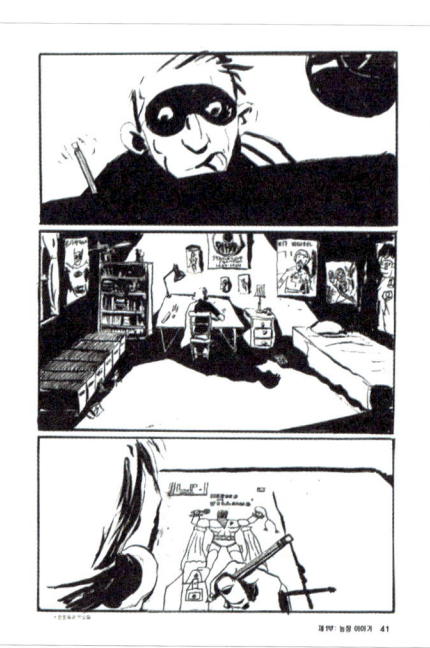

ⓒ 제프 르미어, 『에식스 카운티』, 미메시스

# 지미 코리건 세상에서 가장 똑똑한 아이

크리스 웨어 지음 | 박중서 옮김 | 세미콜론 | 380쪽 | 2009년 | 33,000원 | 고등학생 | 미국 | 드라마

DAY **141**

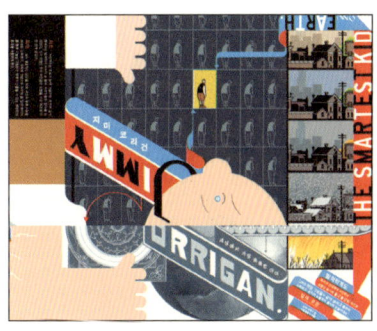

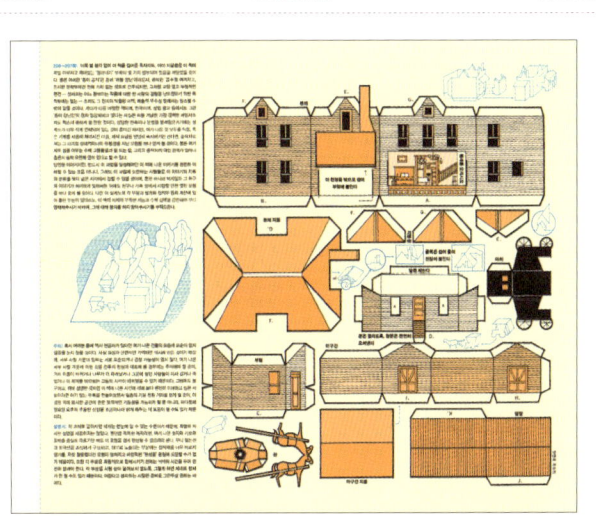

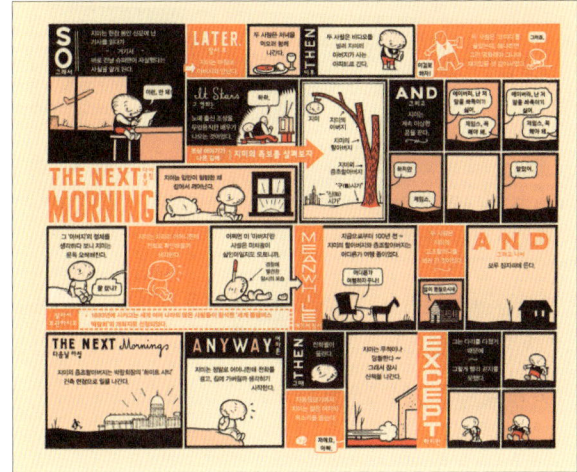

ⓒ 크리스 웨어, 『지미 코리건: 세상에서 가장 똑똑한 아이』, 세미콜론

『지미 코리건』을 분석하거나 설명할 생각으로 읽으면 낭패 당하기 십상이다. 그 어느 상황도 자연스레 연결되거나 친절한 서사로 다가오지 않는다. 마치 꿈을 꿀 때와도 같다. 그래서 밑도 끝도 없이 진행하는 것처럼 보이지만 이 책은 치밀하고 철저하게 계획되어 있다. 작가 자신의 실제 이야기와도 연결된 만큼, 세심하게 조직된 이야기 속에 숨은 혼란스럽고 처절했던 고민들이 뭉클하게 다가온다. 퍼즐처럼 풀어져 나가다 다시 미궁으로 빠져드는 개인적 고뇌가 작가 특유의 세련된 디자인 감각으로 살아난다. 판형도 구성도 낯설지만 아름답다. 우리 사는 꼴이 그렇다. 부모를 돌봐야 하고 그 일들은 끝이 없고 그러는 동안 나란 존재는 흐려지고 그러다 보면 또 살아야지 다짐하게 되고… 표지도 면지도 어느 것 하나 빠트리지 않고 꼼꼼하게 읽어주길 바란다. 이런 책을 만들다니! 『지미 코리건』에 붙인 부제 '세상에서 가장 똑똑한 아이'는 바로 작가 크리스 웨어다.

**김혜진** 일러스트레이터

# DAY 142

## BECK (전34권)

사쿠이시 해럴드 지음 | 최윤정 옮김 | 학산문화사 | 각권 200쪽 안팎
2000년-2009년 | 각 3,800원-4,500원 | 중·고등학생 | 일본 | 드라마

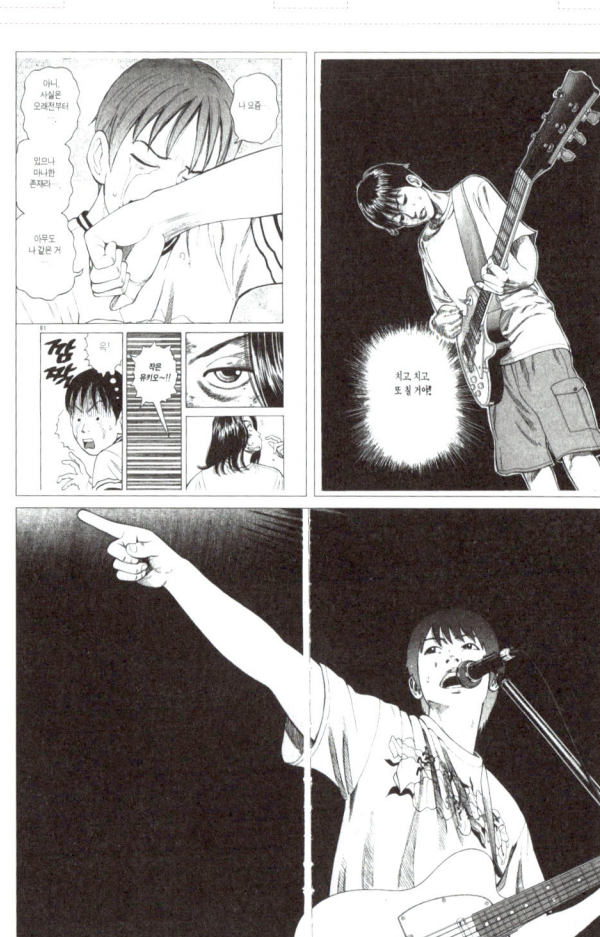

ⓒ 사쿠이시 해럴드, 『BECK』, 학산문화사

음악을 통해 성장해가는 'BECK'이라는 밴드와 그 멤버들의 이야기를 다룬 만화책이다. 이야기의 중심에 있는 '유키오'는 평범한 중학생으로 어느 날 길에서 만난 강아지(BECK)의 주인 '류스케'를 통해 자신의 숨은 재능을 발견하게 되고, 밴드에 입문하게 된다. 좋아하는 가수라고는 아이돌 여가수가 전부였던 그는 새로운 음악을 접하면서 음악에 대한 열정을 키우게 된다. 그리고 밴드의 멤버들과 함께 수많은 시련을 겪으며 세계적인 록페스티벌의 전설로 남을 만큼 우뚝 성장하게 된다. 음악이라는 장르의 특성상 그림만으로 그 열기와 감동을 전하기엔 한계가 있다. 그렇지만 그만큼 독자들이 상상력을 마음껏 펼칠 수 있다는 장점이 되기도 한다. 일본에서는 만화의 인기에 힘입어 애니메이션과 영화로도 제작되었다고 하니, 참고해 보면 좋을 것 같다.

**정현아** 광양 중마고 사서교사

## 개를 기르다

다니구치 지로 지음 | 박숙경 옮김
청년사 | 179쪽 | 2005년 | 7,500원
초등중학년부터 | 일본 | 드라마, 동물

**DAY 143**

ⓒ 다니구치 지로, 『개를 기르다』, 청년사

개를 기르는 사람들은 재미난 일들도 많이 겪게 되는데 그런 에피소드들을 모두 제치고 다니구치 치로는 죽음에 대해 깊게 사유토록 만드는 만화를 그렸다. 누군가 그랬다. 개를 키우면 인간보다 개의 수명이 훨씬 짧기 때문에 개의 일생이 빠르게 진행되는 것을 지켜보게 되며, 그것은 마치 우리의 삶을 축소판으로 보는 것 같다고. 작가는 키우던 개의 마지막 몇 개월의 상황을 담담히 그려내는 과정을 통해 진한 감동을 전달한다. 하늘로부터 받은 목숨을 모두 살고 갈 수 있도록 지켜보는 개 주인의 자세에서 이토록 숙연해지는 것은 경제 사정이 어려워지자 키우던 개를 버리는 사람이 늘었다는 기사를 접한 후의 부끄러웠던 기억이 되살아난 때문이다. 이 책에는 네 편의 단편이 더 있다.

**신정화** 서울 삼광초 사서

## 고스트 월드

대니얼 클로즈 지음 | 박중서 옮김 | 세미콜론 | 80쪽
2007년 | 8,000원 | 고등학생 | 미국 | 그래픽노블

**DAY 144**

ⓒ 대니얼 클로즈, 『고스트 월드』, 세미콜론

떫은 감을 단감인 줄 알고 크게 한 입 베어 물었다가 호되게 당한 느낌이 드는 책이다. 매우 얇은 두께의 가면을 쓰고 있던 녀석에게 만만하게 접근했다가 혼났다. 여자인지 남자인지도, 학생인지 성인인지도 모르게 어중간하게 그려진 등장인물부터, '그래서 얘는 대체 왜 이러는 거야? 어쩌라는 거야?', 머릿속에 남는 것이 전혀 없다. 애꿎은 번역자를 탓하게 된다. 불안한 십대들의 마음을 잘 반영하고 있다고 하는데, 잘 모르겠다. 미국문화가 정서가 맞지 않는 것 같다는 평계를 대 본다. '내 이해력이 달리는 걸까?' 고민에 빠져 있다가, 블로그 한 명이 쓴 걸 보고 나니 좀 위로가 된다. 뭔가 공허한데, 그 공허함이 바로 작가가 표현하고자 했던 것이라 해도 손색이 없단다. 이 책이 끝까지 이상하다고 느껴지는 것은 내가 더 이상 청소년이 아니기 때문일까? 학생들에게 당장 읽혀봐야겠다.

**정웅** 경희고등학교 사서교사

## DAY 145

### 아돌프에게 고한다 (전5권)

데즈카 오사무 지음 | 장성주 옮김 | 세미콜론
각권 250쪽 내외 | 2009년 | 각권 9,000원
고등학생 | 일본 | 상상, 가상역사

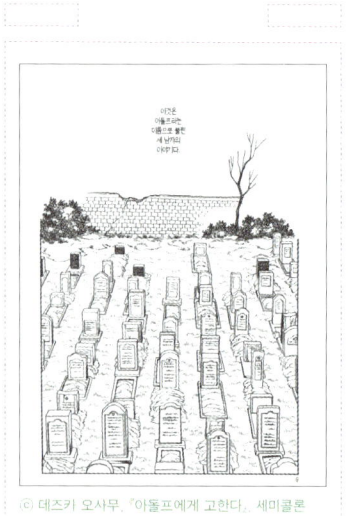

ⓒ 데즈카 오사무, 『아돌프에게 고한다』, 세미콜론

『우주소년 아톰』과 『밀림의 왕자 레오』로 기억되는 일본 만화의 신, 데즈카 오사무가 1983년부터 3년간 연재하여 발표한 전쟁 역사만화다. 제2차 세계대전이 일어나기 직전 아돌프라는 이름을 지닌 유대인과 일본인 소년, 그리고 독일의 총통이 기자의 입을 빌려 소개된다. 만화가의 전쟁 체험과 역사적 자료 수집, 그리고 히틀러의 출생에 대한 극단적인 설정이 예측할 수 없는 스토리로 이어지며 시대를 관통한다. 저마다 자신들의 정의를 내세웠으나 결국 가해자와 피해자의 자리를 오간 이들의 이야기는 군국주의적 망령에 사로잡힌 20세기 전반의 광기를 예리하게 짚어낸다. 지나치게 의존적인 여성이 많이 나타나는 점, 피해자로서 일본의 모습에서 조선의 그림자가 지워진 점은 아쉽지만 세밀하게 드러나는 인물들의 뛰어난 심리묘사가 단연 압권이다. **왕지윤** 인천 경인여고 국어교사

## DAY 146

### 열네 살 (전2권)

다니구치 지로 지음 | 양억관 옮김 | 샘터사
각권 216쪽, 224쪽 | 2004년 | 각권 7,000원
중·고등학생 | 일본 | 가족

ⓒ 다니구치 지로, 『열네 살』, 샘터사

열네 살 시절로 돌아가 아버지의 가출을 막아보려는 한 중년이 있다. 어머니의 무덤 앞에서 잠이 든 채 꿈을 꾸는 이야기 형식으로 중년이 되어서까지 떨칠 수 없는 유년기의 아픔과 의문을 볼 수 있다. '만일 당신이 시간을 되돌릴 수 있다면 가장 먼저 무엇을 할 것인가?'라는 질문을 나와 같은 독자들에게 해보며 각자의 맘속에 눌려져 있는 무의식과 욕망을 가만히 들여다본다. 소유한 시간과 매 순간의 선택이 중요함을 느끼며 과거와 현재, 미래가 따로 있을 수 없는 것임을 새삼 깨닫게 된다. 우리나라와 비슷한 가족 모습과 중학 시절 등이 짜임새 있는 이야기로 펼쳐져 마치 흑백의 그림으로 잘 그려진 일본 소설을 본 느낌이다. 이 시대 아버지의 모습을 떠올리며 아들과 아버지가 함께 읽으며 소통할 수 있는 책이다. **신정임** 서울 반포중 사서

## 푸른 알약

프레데릭 페테르스 지음 | 유영 옮김
세미콜론 | 190쪽 | 2007년 | 11,000원
고등고학년 | 스위스 | 사랑

**DAY 147**

ⓒ 프레데릭 페테르스, 『푸른 알약』, 세미콜론

에이즈에 걸린 애인과 그녀의 아들을 함께 키우면서 겪게 되는 주인공의 갈등과 사랑이 호소력 있게 다가온다. 이길 수 없는 병과 함께 살면서 사랑과 죽음을 동시에 곁에 두는 주인공. 결국 평생 그들을 따라다닐 푸른 알약을 선택했지만 그 선택이 평화롭게 느껴진다. 그의 고뇌와 감정을 따라가다 보면 살아 있는 동안 할 수 있는 모든 행동의 소중함을 알게 된다. '내가 주인공이라면 어떠했을까?' 하는 질문을 스스로에게 하며 자신에 대한 성찰을 할 수 있었을 정도로 작가가 주제를 잘 전달했다. 거친 흑백 그림으로 주인공의 혼돈스러운 상황과 마음을 잘 표현한 소설 같은 만화이다. 에이즈에 대한 무지와 무분별한 공포를 없앨 수 있는 책으로, 많은 사람이 읽어보았으면 한다. **신정임** 서울 반포중 사서

## 해적 이삭 (전2권)

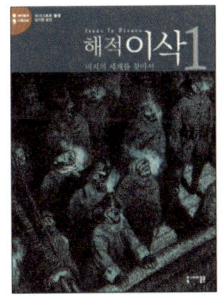

크리스토프 블랭 지음 | 김이정 지음
세미콜론 | 각권 98쪽 | 2006년 | 각권 11,000원
고등고학년 | 프랑스 | 그래픽노블

**DAY 148**

ⓒ 크리스토프 블랭, 『해적 이삭』, 세미콜론

표지부터 남다른 분위기를 풍기는 이 만화책은 2002년 앙굴렘 세계만화축제에서 최우수 작품상(Prix Du Meilleur Album)을 수상했다는 이력이 먼저 눈길을 끈다. 한국 만화에서는 보기 힘든 독특한 그림체와 입체적인 면모를 보이는 인물들, 독특한 발상, 남다른 스케일 등의 요소와 탄탄한 스토리는 처음에 가졌던 기대를 충분히 만족시켜준다고 하겠다. 그러나 만화 본연의 즐거움을 느끼기에는 다소 무겁게 느껴지는 진지한 분위기와 끊임없이 이어지는 사건들은 몰입을 방해하기도 한다. 워낙 문화적 배경이 다르고 내용 자체가 생소하기 때문일 수도 있다. 비록 모든 사람에게 즐거움을 선사하긴 어렵겠지만, 모험담을 좋아하고 보다 새로운 것을 추구하는 사람에게는 추천할 만한 책이다.

**박병배** 전 한겨레문화센터 강사

## DAY 149

### 조선 호랑이 백호
안수길 지음 | 자음과모음 | 358쪽 | 2003년 | 13,000원 | 초등중학년부터 | 한국 | 드라마, 동물

일제는 우리를 식민 지배하면서 우리의 얼까지도 말살하려고 민족정기가 서린 영물로 숭배하던 조선호랑이를 남획하여 멸종에 이르게 했다고 한다. 이 책은 그런 역사적 배경 위에 조선호랑이와 우리 민족의 사연을 엮어 만들어 낸 창작만화다. 전반부에서는 호랑이의 짝짓기와 저질 대사가 자주 눈에 거슬렸는데 후반부로 갈수록 민족 수난사와 연결되며 조상의 얼과 영물로서의 조선호랑이의 가치에 대해 알게 되었다. 근대화, 산업화라는 허울 좋은 이름으로 우리 국토를 파헤치고 자연을 훼손하여 거기에 깃들어 살던 호랑이가 제 본성대로 살 수 없게 만들었던 탓에 사람을 해치게 된 사연과 호환虎患이 두려워 호랑이를 죽여도 탓을 할 수 없었던 사정이 맞물려 있다. 호랑이의 습성을 알고 보니 짝짓기에 대한 묘사도 지나친 것이 아니었다.

**신정화** 서울 삼광초 사서

## DAY 150

### 춘앵전(전14권)
전진석 글 | 한승희 그림 | 서울문화사 | 각권 200쪽 안팎 | 2008년 – 2011년
각권 4,500원 | 초등고학년부터 | 한국 | 드라마

우리나라의 유명한 여류 국악인 '임춘앵'의 이야기를 다루었다. 임춘앵은 광주에서 창무극, 판소리, 검무, 승무 등의 춤사위와 소리를 수학한 예인이다. 이야기는 임춘앵의 어린 시절부터 시작한다. 소리 예인이라고 하면 무게 있는 사람을 연상하지만, 첫 장면부터 임춘앵의 말괄량이 이야기가 시작된다. 불의를 못 참아, 남자아이들과도 싸움을 하고, 못된 아버지를 응징하는 일도 마다하지 않는다. 그런 아이가 권번학교에서 춤과 소리를 배우면서 새로운 세계를 만나고, 끝없는 노력을 통해 통쾌한 결말을 보여준다. 기생, 권번처럼 지금 이 책을 읽는 사람들에게는 낯선 공간이 등장하지만, 주인공의 캐릭터는 현재의 시각으로도 매우 유쾌하다. 속도감 있게 잘 짜인 줄거리로 긴장과 통쾌함을 동시에 느끼게 하는 수작이다.

**김혜원** 학교도서관 문화살림

## 호텔 아프리카 (전4권)

박희정 지음 | 서울문화사 | 각권 250쪽 안팎
2005년-2012년 | 각권 8,000원 | 고등학생 | 한국 | 드라마, 순정

**DAY 151**

백인이든 흑인이든, 많이 가진 자이든 그렇지 못한 자이든 상관없이 사랑으로 충만한 사람들이 들르는 곳이 바로 호텔 아프리카다. 먼 길을 떠난 주인을 하염없이 기다리는 노견, 고향에 자식들을 남겨두고 결국 타국에서 자식들을 가슴속에 묻어야 했던 멕시코 이민자 가정부, 작은 마을을 떠나 큰 도시에서 그리 달콤하지만은 않은 사랑과 이별을 하고 다시 고향으로 돌아온 시린 청춘들. 호텔 아프리카에 다녀간 인종이나 혈연·성별, 그리고 다른 성적 성향을 넘어 인연으로 엮인 사람들의 이야기를 잔잔한 호흡으로 풀어낸다. 다름과 틀림을 구분하지 못하고 다름을 인정하지 못하는 이들에게 호텔 아프리카 사람들 이야기는 좋은 지침이 될 수 있을 것이다.

**한지연** 전남 영암초 교사

## 노다메 칸타빌레 (전25권)

니노미야 토모코 지음 | 서수진 옮김 | 대원씨아이 | 각권 170쪽 안팎
2002년-2011년 | 각권 4,200원 | 중·고등학생 | 일본 | 명랑

**DAY 152**

이럴 땐 스마트폰이 딱 좋다. 바로 모차르트의 〈2대의 피아노를 위한 소나타〉를 들을 수 있으니까. 노다메의 뾰족해진 입과 치아키의 얼짱 각도를 상상하면서 말이다. 9년 세월 동안 이 책과 함께 하면서 책을 즐기는 방법도 다양했다. 드라마와 영화를 봤고, 한 번은 피아노 건반이 그려진 가방을 사기도 했다. 또, 니노미야의 토모코 팬이 되어 다른 작품들을 읽기도 했다. 그 사이 하나도 변하지 않은 노다메와 치아키의 외모는 만화의 특성이라고 해 두지. 그 둘은 연인이 되어서도 서로 '녀석'과 '선배'로 부르며 함께 성장을 한다. 보기 좋다. 지금은 〈노다메 칸타빌레 스페셜 베스트 OST〉를 듣는데 이 또한 좋다. 아주 오래전에 기록된 음표가 모든 부분이 서로 다른 두 사람에게 의미가 되는 과정이 꽤 흥미롭다.

**김광재** 학교 밖 독서지도

## DAY 153

### 별을 지키는 개 (전2권)

무라카미 다카시 지음 | 비로소 | 각권 125쪽, 170쪽 | 2011년 | 각권 7,500원, 8,000원
초등고학년 | 일본 | 드라마

가족이란 무엇일까, 내내 이런 생각을 하게 된 따뜻한 만화였다. 살아갈 이유와 삶의 의미를 안겨주는 것이 가족이라면 굳이 피를 나눈 혈연관계가 아니어도 가족이라 부를 수 있겠다. 그것이 사람이 아닌 동물이어도 마찬가지다. 가족을 위해 일만 했던 가장인 아빠는 직장을 잃고 가족에게서도 버림을 받는다. 아빠를 따르는 개 해피와 둘은 여행을 시작하고 여행 도중에 만난 소년을 도와주지만 소년에게 지갑을 도난당하기까지 한다. 드넓은 해바라기 밭에 멈춘 자동차에서 아빠는 병이 위독해지고 해피는 그의 곁을 끝까지 지킨다. 결국 둘은 사체로 발견된다. 해피엔딩의 결말을 기대했다면 실망하지 말고 두 권을 다 보자. 두 권에 실린 여러 단편들은 서로 연결 고리를 갖고 있어 끝까지 흥미롭다. 둘의 장례식을 치러주기 위해 아빠의 행적을 찾아 나선 사회복지사의 이야기, 소년이 아빠의 지갑을 훔친 사연, 해피의 쌍둥이 '쌍성'이 혼자 사는 할머니에게 삶의 희망을 주는 이야기 등 각박한 세상에 눈물이 왈칵 쏟아지는 감동을 주는 따뜻한 만화이다.

**예주영** 서울 숙명여고 사서교사

## DAY 154

### 소라닌 사랑을 이어주는 노래

아사노 이니오 지음 | 랜덤하우스코리아 | 424쪽 | 2010년 | 9,000원 | 고등학생 | 일본 | 드라마

'아프니까 청춘'이고 '천 번을 흔들려야 어른이 된다'는데, 지금 우리 청춘들은 지나치게 아프고 천 번도 넘게 무섭도록 흔들리고 있는 것 같다. 청춘의 아픔에 격하게 흔들리고 있는, 일본의 또래 청춘들의 이야기 『소라닌』이다. 현실에 타협하고 복종하며 살아가는 '메이코'와 꿈을 이룰 날을 기대하며 포기하지 않는 연인 '나루'. 메이코가 더 이상 현실에 타협할 수 없는 지점에 이르러 회사를 그만두고, 이야기는 조금씩 꿈과 현실에서 불안해하는 청춘들의 모습을 보여준다. '하면 된다'는 의지만으로 세상을 살아갈 수 있다고 생각했던 청춘. 메이코는 나루에게 꿈을 이루라고 권한다. 믿음과 의지만 있으면 되는 일이었지만, 세상은 뜻하지 않은 방향으로 둘을 이끌어 간다. 감자의 싹에서 나는 독소를 뜻하는 소라닌(solanin). 꿈과 현실 사이를 방황하던 청춘의 하루를 다시 생각하게 만드는 책이다. 영화로도 제작되었다니 만화를 본 후, 영상을 감상하는 것도 좋겠다. **박영민** 서울 신정초 사서교사

## 심야식당 (전12권, 미완결)

아베 야로 지음 | 조은정 옮김 | 미우 | 각권 180쪽 안팎
2008년-2014년 | 각권 8,500원 | 고등학생 | 일본 | 드라마, 요리

**DAY 155**

'영업시간은 밤 12시부터 아침 7시경까지. 사람들은 심야식당이라고 부른다. 손님이 오냐고? 근데 꽤 많이 오더라니까.'라며 만화는 시작한다. 메뉴는 돼지고기 된장국 정식, 맥주, 청주, 소주뿐. 그 외는 재료가 있으면 주인이 만들어 준다. 주방을 중심으로 혹은 주인을 중심으로 ㄷ자로 배치된 식탁에서 대부분 혼자 밥을 먹는ㄴ 이들은 음식을 나누며 친구가 되기도 하고 연인이 되기도 한다. 밤늦게 퇴근한 회사원, 술집 아가씨, 빈집털이범, 형사, 깡패, 스트리퍼 등 다양한 손님은 각자 좋아하는 음식을 먹으며 반주 몇 잔에 힘을 얻거나 피로를 잊는다. 주인 역시 만만치 않다. 긴 얼굴에 왼쪽 눈에 있는 흉터, 그리고 담배를 자주 피운다. 책을 읽다 보면 먹고 싶어진다. 맛난 음식을 먹을 때의 기분을 잘 알고 있기 때문일 거다.

**김광재** 학교 밖 독서지도

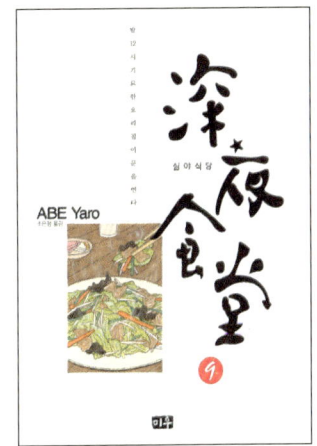

## 좋은 사람 (애장판) (전18권)

타카하시 신 지음 | 학산문화사 | 각권 273쪽 안팎
2004년-2006년 | 각권 5,500원 | 고등학생 | 일본 | 일상, 연애

**DAY 156**

빛을 머금은 듯 흐린 펜션과 파스텔톤 색채가 인상적인 다카하시 신의 만화는『최종병기 그녀』라는 작품을 통해 색다른 방식의 연애 이야기를 담아낸 바 있다. 홋카이도에 사는 기타노 유지는 육상부 출신으로 스포츠 대기업 라이텍스에 들어가기 위해 도쿄로 향한다. 지극히 당연하지만 어리석을 정도로 순진하고 착하게 살아가는 주인공의 선행이 그의 의도와는 별개로 착실하게 보상받는다는 것이 이 만화의 쾌감이다. 애장판 번역이 첫 출간된 코믹스판의 오류를 수정했다고 하나, 뒷표지마다 단체 사진처럼 연출된 캐릭터들의 변모를 지켜보던 재미가 사라진 건 아쉽다. 기막힌 우연과 그의 매력에 사로잡힌 여성 캐릭터들을 보며 코웃음 치던 당신도 어느 순간 이 착해 빠진 만화와 남자 주인공의 실눈에 반하고 말 것이다.

**왕지윤** 인천 경인여고 국어교사

# DAY 157

## 천재 유교수의 생활 (전34권, 미완결)

야마시타 카즈미 지음 | 학산문화사 | 각권 190쪽 안팎 | 1996년-2013년
각권 4,200원, 4,500원 | 중·고등학생 | 일본 | 드라마

"세상은 오직 오해에 의해서만 진행되는 것이다. 모든 사람이 서로 합의하는 것은 전반적인 오해에 의해서다." 프랑스 시인 보들레르의 말이다. 어쩌면 유교수는 오해를 가장 덜 하는 사람이 아닐까? 9살 때 아버지가 교수로 있는 대학에서 셰익스피어 강의를 듣고 이해했다고 했으니 천재는 맞겠지만, 아버지는 이를 인정하지 않는다. 아버지는 어른이란 논리적인 두뇌를 갖추는 거라 생각했던 아들을 데리고 친구들을 찾아다닌다. "아버지에게 어른이란 논리를 뛰어넘는 뭔가를 이해할 수 있는 인간을 말하는 거라며, 아버지가 보기에 나는 아직도 어린이라고." 할아버지 유택은 손녀 하나코에게 말한다. 25권, 제178화. 「어른이란 뭐예요?」편의 이야기이다. 33권을 읽어도 유교수의 매력은 끝이 보이질 않는다. 오래 간직하고 싶은 책이다.

**김광재** 학교 밖 독서지도

# DAY 158

## 피아노의 숲 (전23권, 미완결)

이시키 마코토 지음 | 손희정 옮김 | 삼양출판사 | 각권 220쪽 안팎
2009년-2013년 | 각권 4,500원, 4,800원 | 중학생 | 일본 | 드라마

『피아노의 숲』 21권이 모두 있다면 번호대로 방바닥에 늘어놓고 싶다. 그건 이찌노세 카이를 찬찬히 보고 싶기 때문이다. 작가는 표지에 카이를 그렸는데 어릴 적 모습부터 청년 모습까지 모두 근사하다. 뻗친 긴 머리와 계란형 얼굴이 영락없이 꽃미남이다. 그중 5권의 카이 모습이 제일 마음에 든다. 커다란 잎을 우산처럼 든 옆모습에서 호기심이 느껴진다. 카이는 햇빛과 나무, 숲을 좋아하는 아이로 그 옆에는 항상 아지노 선생님과 엄친아 쇼우헤이가 있다. 물론 피아노 없는 카이는 상상할 수도 없다. 카이의 피아노는 감동을 주고, 아지노의 가르침은 깨달음을 주고, 쇼우헤이의 경쟁심은 안타까움을 전달해 준다. 카이와 함께 콩쿠르에 참여하는 연주자들 이야기는 때로 너무 생생해서 논픽션이 아닐까 하는 생각마저 든다. 카이의 성장이 기대된다.

**김광재** 학교 밖 독서지도

"인생은 종종 험난한 굴곡을 매만지며
흐르다 바다에 이르는 강물의 유장한 흐름에 비유된다."

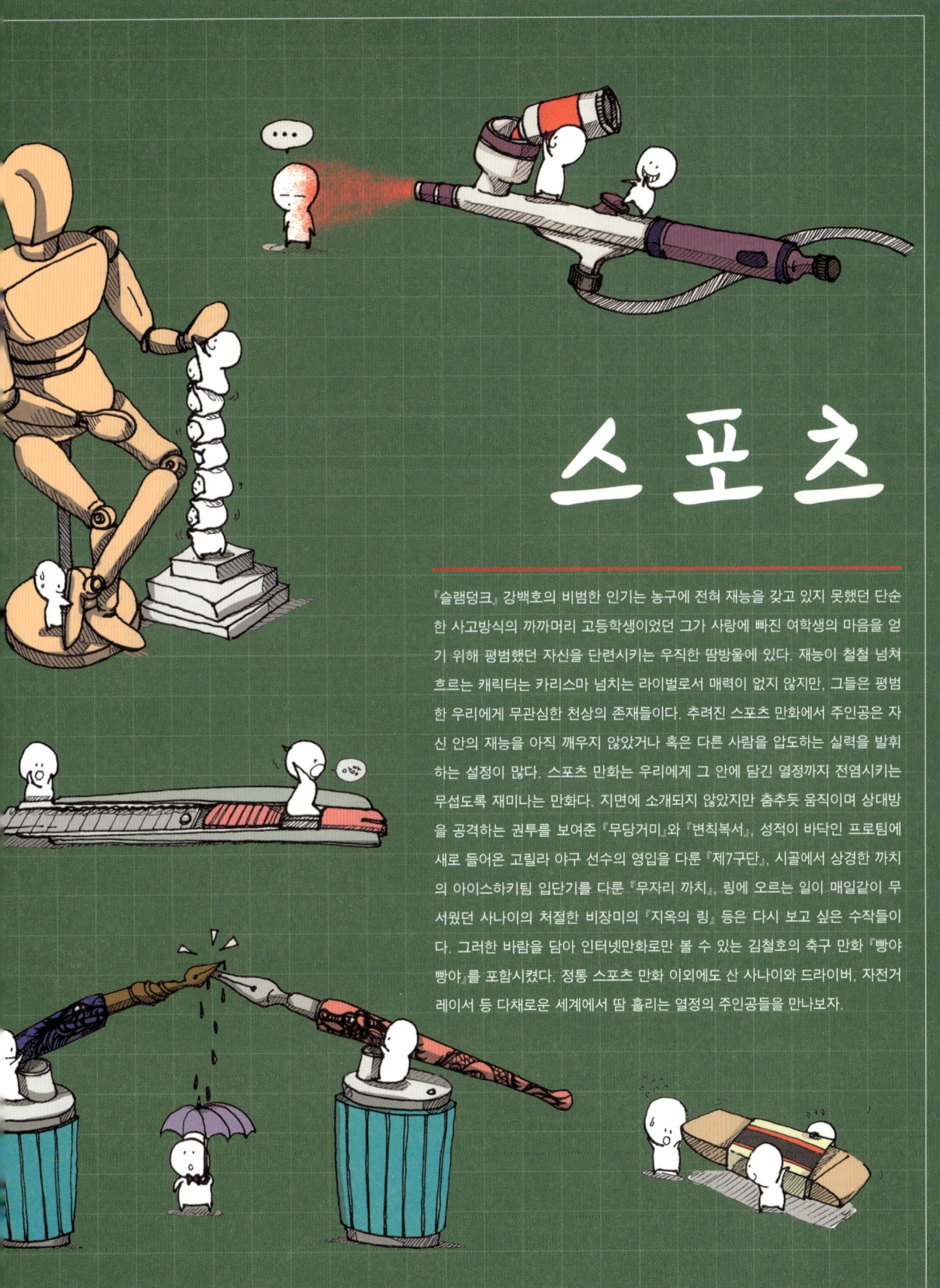

# 스포츠

『슬램덩크』 강백호의 비범한 인기는 농구에 전혀 재능을 갖고 있지 못했던 단순한 사고방식의 까까머리 고등학생이었던 그가 사랑에 빠진 여학생의 마음을 얻기 위해 평범했던 자신을 단련시키는 우직한 땀방울에 있다. 재능이 철철 넘쳐흐르는 캐릭터는 카리스마 넘치는 라이벌로서 매력이 없지 않지만, 그들은 평범한 우리에게 무관심한 천상의 존재들이다. 추려진 스포츠 만화에서 주인공은 자신 안의 재능을 아직 깨우지 않았거나 혹은 다른 사람을 압도하는 실력을 발휘하는 설정이 많다. 스포츠 만화는 우리에게 그 안에 담긴 열정까지 전염시키는 무섭도록 재미나는 만화다. 지면에 소개되지 않았지만 춤추듯 움직이며 상대방을 공격하는 권투를 보여준 『무당거미』와 『변칙복서』, 성적이 바닥인 프로팀에 새로 들어온 고릴라 야구 선수의 영입을 다룬 『제7구단』, 시골에서 상경한 까치의 아이스하키팀 입단기를 다룬 『무자리 까치』, 링에 오르는 일이 매일같이 무서웠던 사나이의 처절한 비장미의 『지옥의 링』 등은 다시 보고 싶은 수작들이다. 그러한 바람을 담아 인터넷만화로만 볼 수 있는 김철호의 축구 만화 『빵야빵야』를 포함시켰다. 정통 스포츠 만화 이외에도 산 사나이와 드라이버, 자전거 레이서 등 다채로운 세계에서 땀 흘리는 열정의 주인공들을 만나보자.

# DAY 159

## 내 파란 세이버 (전5권)

박흥용 지음 | 바다출판사 | 각권 350쪽 안팎 | 2007년 | 각권 8,500원 | 초등고학년부터 | 한국 | 성장

ⓒ 박흥용, 『내 파란 세이버』, 바다출판사

이 책의 시대적 배경은 1960년대 말부터 1980년대 초까지다. 주인공 '최대한(모름지기 만화 주인공의 이름이란!)'은 미군 전투기 '쌕쌕이'의 조종사를 꿈꾸는 '짱깨집' 아들이다. 주인공은 학교 선생님으로부터 사이클 대회에 나가보라는 제의를 받고 진정한 자전거의 세계로 몰입한다. 이런 줄거리만 보면 이 만화는 단순한 스포츠 만화로만 보인다. 하지만 이 작품은 그것을 배경으로 하여, 최대한을 구하려던 거지 아저씨의 죽음을 통해 인간 생명에 대한 근원적인 질문을 던지고 있다. 작품 속에는 6,70년대의 소도시 생활 모습이 잘 나타나 있다. 그런 의미에서 보면 이 작품은 맨몸을 자전거에 얹고 쉼 없이 페달을 밟으며 달려온 지난 근대화 과정의 은유로도 읽힌다. 어떤 면에서 이 책은 현재 한국 사회 중년들의 리얼한 초상인 듯하다.

**김혜원** 학교도서관 문화살림

## 퍼펙트 게임 (전3권)

장이 지음 | 북돋움 | 각권 220쪽 안팎 | 2008년 | 각권 8,500원 | 중·고등학생 | 한국 | 야구

**DAY 160**

ⓒ 장이, 『퍼펙트 게임』, 북돋움

제목에서 주는 강렬한 느낌과는 달리 『퍼펙트 게임』은 평범한 사회인들의 야구 이야기를 담은 만화이다. 비록 『공포의 외인구단』처럼 야구만을 위해 사는 선수들이 주인공인 정통 야구 만화는 아니지만 역설적이게도 그 어떤 야구 만화보다도 야구의 재미를 느낄 수 있게 해주는 것이 이 책의 매력이다. 그것은 야구와 인생을 교묘하게 교차하면서 매 순간 긴장 속에 살아가는 우리들의 이야기를 잘 담아냈기 때문이고, 그 가운데서도 유치하지도 않고 지나치지도 않은, 미소를 슬며시 짓게 하는 유머를 맛깔스럽게 담아냈기 때문이다. 왜 이 만화가 베스트셀러가 되지 않았을까 하는 의문을 갖게 할 정도로 모든 면에서 균형이 잘 잡힌 만화다. 야구를 좋아하는 사람에게도, 좋아하지 않는 사람에게도 적극적으로 추천하고 싶은 책이다.

**박병배** 전 한겨레문화센터 강사

## DAY 161

## 폴리나

바스티앙 비베스 지음 | 임순정 옮김 | 미메시스 | 206쪽 | 2011년 | 18,000원 | 고등학생 | 프랑스 | 발레

우리는 학교 입학 후부터 성인이 되기까지 많은 사람을 만난다. 그 성장 과정 속에 어떤 스승을 만나는가는 아주 중요한 일이다. 안무가로 성장한 '폴리나'는 발레 학교에서 '보진스키' 선생님과 '리토프스키' 선생님을 만난다. 이 둘은 예술에 대한 관점이 완전히 다르다. 두 사람의 지도를 각각 받은 '폴리나'는 결국 춤에 대한 이해를 하지 못하고 후에 독일로 가 우연히 공연팀을 만나 성공한 댄서이자 안무가가 된다. 그런데 '폴리나'의 성공에는 학창 시절 배운 것들이 자양분으로 작용하였다. 학창 시절에는 몰랐던 것들이 성인이 되어 새록새록 기억이 나 그것들이 결국 자신의 변화에 기여한 것이다. 예술에 대한 작가의 관점을 바탕으로 독자는 많은 생각을 하게 될 것이다. 장면과 장면 사이에 긴 시간의 공백이 있어 이를 상상으로 따라잡아야 한다는 것도 매력이다.

**배영태** 용인 포곡고 국어교사

ⓒ 바스티앙 비베스, 『폴리나』, 미메시스

## 겁쟁이 페달 (전29권, 미완결)

**DAY 162**

와타나베 와타루 지음 | 이형진 옮김 | 대원씨아이 | 각권 200쪽
2010년-2014년 | 각권 4,200원 | 초등고학년부터 | 일본 | 자전거

자전거를 다룬 전형적인 스포츠 만화다. 자기는 모르지만 타고난 재능이 있고 아주 작은 자극이 있을 때마다 비약적으로 실력이 느는 지극히 전형적인 만화 주인공이 등장한다. 주인공의 자전거는 초등 4학년 때 산 바구니 달린 아줌마 자전거다. 그런 자전거로 왕복 90km인 아키아바라를 매주 갔다 온다. 단지 피규어나 캐릭터 상품을 사기 위해서다. 본인은 자신이 얼마나 빠른지도 모른다. 이 주인공에게 훈련된 사이클 선수가 경쟁자로 다가온다. 주인공은 고등학교에 가서 자전거부를 위해 고군분투한다. 속도감이 확실히 느껴지는 그림체와 주인공의 천진한 외모가 불균형한 듯하면서도 잘 어울려서, 이야기의 진지함과 코믹함을 동시에 느끼게 한다. 일본 만화잡지 〈주간 소년 챔피언〉에 아직도 연재 중이다.

**김혜원** 학교도서관 문화살림

## 공포의 외인구단 (애장판) (전10권)

**DAY 163**

이현세 지음 | 학산문화사 | 각권 280쪽 안팎 | 2009년 | 각권 8,500원 | 중·고등학생 | 한국 | 야구

1980년대 국내에서 폭발적인 인기를 불러 모았던 만화『공포의 외인구단』의 애장판이다. 한국 만화의 거장 이현세의 작품으로, 프로야구라는 자본주의 경쟁 사회의 단면을 그리고 있다. 어깨를 다친 투수 오혜성을 비롯하여 도태되고 괄시받는 선수들이 손병호 감독을 만나 외인구단으로 재탄생한다. 승리를 위한 목숨을 건 지옥훈련 끝에 이들은 프로야구 사상 최강팀으로 거듭난다. 100승을 목표로 경기를 치르던 이들은 마지막 1승을 앞두고 패배를 하고 만다. 비록 100연승을 달성하진 못하지만 상처받은 이들이 초인적인 훈련을 거쳐 변해가는 과정이 놀랍다. 한편, 이 만화는 경쟁 시대의 극한을 보여주기도 한다. 성공을 위해서라면 무슨 짓이든 할 수 있는 무한경쟁 사회의 비정함과 비극을 경험하게 한다. 거칠고 투박하지만 인간 내면의 심리묘사가 탁월한 작품이다.

**조선혜** 서울 대시고 사서교사

## DAY 164

### 더 파이팅 (전105권, 미완결)

모리카와 조지 지음 | 허강미 외 옮김 | 학산문화사 | 각권 200쪽 안팎
2000년-2014년 | 각권 3000원-4,500원 | 중학생 | 일본 | 권투

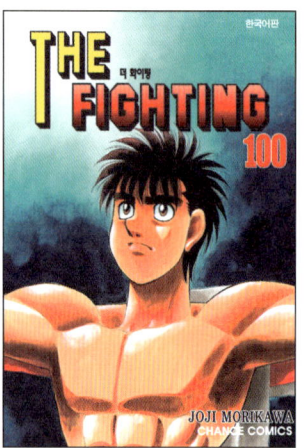

깜짝 놀랐다. "아무리 시간이 지나도 자신감이 생기지 않아서, 열심히 연습하고 반복해서 그렇게 했으니 괜찮다고 자신에게 말하면서 링에 오른다."(98권. 6쪽)는 일보의 말에! 나는 늘 일보는 열심히 하고 승리를 많이 했으니 두려움은 없을 거라 생각했는데, 그건 아니었다. 놀라움은 압천 체육관 관장님에게도 계속된다. "타이틀 매치도, 4회전도 그 선수가 인생을 걸고 있다면 무게는 같아."(98권. 61쪽)라고 하니까. 그야말로 그 선생님에 그 제자라고나 할까! 천생연분이다. 일보와 관장님을 보고 있으면 '꿈'을 이루는 과정이 험난하다는 걸 실감할 수 있다. 그럼에도 복싱만 죽어라고 해대는 이 만화가 재미있다. 일보는 1권 소년의 모습에서 청년으로 커버렸다. 남은 이야기는 뭘까 진짜 궁금해서 101권을 또, 기다린다.

**김광재** 학교 밖 독서지도

## DAY 165

### 러프 (소장판) (전6권)

아다치 미츠루 지음 | 박해진 옮김 | 대원씨아이 | 각권 360쪽 안팎
2009년 | 각권 7,500원 | 초등고학년부터 | 일본 | 수영

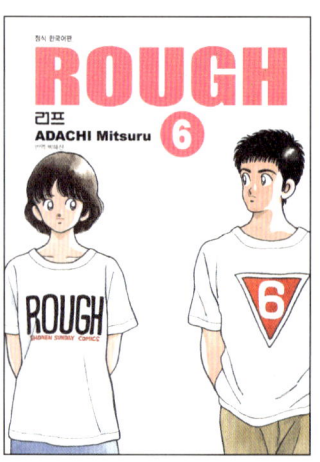

『H2』, 『터치』, 『미유키』 등 여러 만화 작품이 애니메이션이나 드라마, 영화로도 제작될 만큼 많은 사랑을 받은 스포츠 전문 만화 작가 아다치 미츠루의 수영 만화. 에이센 고등학교에 같이 입학한 수영 선수 야마토 케이스케와 집안의 원수인 다이빙 선수 니노미야 아미의 달콤한 청춘 로맨스이다. 니노미야 아미로 인해 야마토가 수영 선수로서 성장하는 과정과 함께 생활하는 친구들과의 우정을 통해 고교 1학년생의 자아가 성숙되고 목표가 이루어지는 내용을 달콤한 로맨스로 풀어냈다. 8, 90년대의 '워크맨'이 등장하는 낭만적 감성이 요즘 아이들에게는 잘 와 닿지 않을 수도 있겠지만, 유머러스한 대사와 섬세한 복선을 통해 물 흐르듯 진행되는 이야기가 흥미와 설렘을 준다. 적당히 닫힌 결말로 두 주인공 사이의 사랑이 이루어지는 부분은 여운을 남기고, 청소년은 물론 성인 독자에게도 설렘과 가슴 떨림을 준다.

**이인문** 서울관광고 사서교사

## 빵야빵야 (전6권)

김철호 지음 | 김철호프로덕션 | 각권 120쪽 안팎
2010년 | 각권 300원(전자북) | 초등학생 | 한국 | 축구

**DAY 166**

왕년의 복서였던 아버지 철권의 권유로 억지 권투 생활을 시작한 성일의 꿈은 어릴 적부터 재능을 보였던 축구를 계속하며 선수가 되는 것이다. 한강고등학교에 입학한 성일은 아버지 몰래 축구를 하기 위해 빵 봉투를 머리에 쓰고 신분을 숨긴 채 맹활약을 한다. 천부적인 재능을 지닌 주인공을 통해 웃음 넘치는 스포츠 만화를 그려온 작가는 하나의 만화에 권투와 축구를 모두 담아냈다. 실제 당시의 인기 만화가들과 유명 개그맨을 염두에 둔 캐리커처들이 시합을 하는 장면은 아는 사람만 볼 수 있는 색다른 볼거리다. 주인공을 돋보이게 하기 위해 당시 세계적 스타들을 유치한 조롱거리로 만드는 에피소드가 등장하는 무리수를 두기도 했지만 주인공을 놀려대던 이들이 거꾸로 당하는 장면은 언제 봐도 통쾌하다. 여성 캐릭터들이 번덕스러운 성격에 단순한 팬클럽의 역할에만 머무는 것은 아쉽다.

**왕지윤** 인천 경인여고 국어교사

## 산 (전17권, 미완결)

이시즈카 신이치 지음 | 설은미 옮김 | 학산문화사 | 각권 210쪽 안팎
2006년-2013년 | 각권 4,200원-4,800원 | 중·고등학생 | 일본 | 등산

**DAY 167**

주인공 산포를 설명해주는 키워드를 세 가지로 말한다면 산과 커피, 그리고 바나나이다. 직업은 자원봉사 구조대원, 일본 북알프스에서 텐트를 치고 살며 일 년 내내 산속을 돌아다닌다. 물론 체구도 크고 건강하다. 산을 정말로 사랑해서 늘 행복한 그를 보고 있으면 자신이 좋아하는 곳에서 좋아하는 일을 하는 즐거움이 연상된다. 배경은 대부분 산이고, 등장인물들 또한 등산복이나 유니폼을 입은 모습이고, 각 편의 이야기 구조도 비슷해서 언뜻 매력이 없어 보일 수도 있겠지만, 이 책의 진정한 매력은 '어쩔 수 없는 일'을 알아가는 데 있다. 산에 가는 일부터 조난을 당해서 살았거나 혹은 죽었거나 하는 모든 일은 우리 힘으로 어쩔 수 없는 일들이다. 살아 있는 동안에는 밥을 먹고 삶을 사는 일처럼 밀이다. 다만, 자기기 히는 일에 열정을 가지고 최선을 다하면 된다고 '산'은 말한다.

**김광재** 학교 밖 독서지도

## DAY 168

### 슬램덩크(완전판 프리미엄 세트)(전24권)

이노우에 다케히코 지음 | 대원씨아이 | 각권 250쪽 안팎 | 2011년
각권 9500원 | 고등학생 | 일본 | 농구

'왼손은 거들 뿐'이라는 유명한 대사를 유행시킨 만화이다. 어린 시절, 만화가 학생들에게 선풍적인 인기를 끌던 때가 있었다. 황미나, 신경숙 등 여학생들의 감성을 자극하는 순정 만화가 물론 대세를 이루었지만, 훤칠하고 멋진 모습의 다양한 운동선수들이 나오는 『슬램덩크』도 인기의 한 축을 담당했다. 농구는 알지도 못하는 '강백호'가 마음에 둔 여학생의 호감을 사기 위해 농구부에 들어가면서 벌어지는 이야기이다. 독자는 강백호와 함께 자연스럽게 농구의 기초부터 함께 알아가게 된다. 단순한 주인공 강백호가 주변의 사람들(할아버지 감독님, 농구부 주장 채치수, 농구 천재 서태웅 등)에게 받은 영향을 통해 성장해 나가는 모습을 지켜보는 것도 즐겁다.

**박영민** 서울 신정초 사서교사

## DAY 169

### 아이실드21(전37권)

이나가키 리이치로 글 | 무라타 유스케 그림 | 권윤희 외 옮김 | 대원씨아이
각권 190쪽 안팎 | 2003년-2010년 | 각권 4,500원 | 중·고등학생 | 일본 | 럭비

일본 성장 만화의 전형적인 유형으로 자신이 약하다고 생각하는 중심 인물 세나를 통해 우리 청소년들이 자신의 환경에 굴하지 않고 이를 받아들여 극복하려고 노력하는 과정들을 그린, 다소 모범적인 유형의 만화이다. 주인공 세나는 '똘마니' 혹은 '빵셔틀'이라 불리는 그런 존재였다. 하지만 오랜 빵 심부름은 그에게 빠른 다리를 가지게 해주었고, 단 두 명밖에 없는 미식축구부의 주장이자 이야기를 이끌어 가는 핵심 인물 중 하나인 히루마에게 재능을 보이게 되어 아이실드21로서의 활약이 시작된다. 미식축구를 잘 몰라도 충분히 이해할 수 있을 정도로 게임의 규칙을 잘 설명해 놓아서 누구나 쉽게 다가가 재미를 느낄 수 있을 것 같다. 학생들, 학부모, 교사 모두에게 의미 있는 성장을 이끌어 낼 수 있는 결론이 매력적이다.

**오덕성** 서울영상고 사서교사

## 이니셜 D (전48권, 미완결)

시게노 슈이치 지음 | 신현숙 외 옮김 | 학산문화사 | 각권 180쪽 안팎
1998년-2014년 | 각권 4500원 | 고등학생부터 | 일본 | 카레이싱

**DAY 170**

스포츠 성장 만화류가 가지는 다소 교훈적인 점이 좀 지루하고 식상한 독자들이라면 자동차 레이싱이라는 새로운 소재로 다가온 이 만화는 한번쯤 읽어보는 것도 좋을 것이다. 대부분의 스포츠 만화 중심 인물이 그렇듯이, 주인공 후지와라 타쿠미 또한 운전에 탁월한 능력이 있으나 그 재능이 재능인지 모르고 두부가게 배달원으로 살아가다가 모종의 사건을 계기로 레이싱을 접하는 것으로 이야기가 이어진다. 1997년 초판을 시작으로 현재 45권까지 이어서 출간되고 있으며, 애니메이션과 영상으로도 제작되었다. 그림 자체로는 그다지 매력적이지 않을 수 있으나, 인물들의 감정이입과 속도감에 있어선 탁월함을 만끽할 수 있다. 내용이 다분히 활동적인 경향성을 보이므로, 활동이 적은 독자들은 그다지 매력을 느끼지 못할 수 있다. 무료한 나날에 멋진 레이싱의 세계에 빠져들어 보자!

**오덕성** 서울 영상고 사서교사

## 핑퐁 (전5권)

마츠모토 타이요 지음 | 김완 옮김 | 애니북스
각권 200쪽 안팎 | 2007년 | 각권 8,000원 | 중·고등학생 | 일본 | 탁구

**DAY 171**

하나의 화면에 많은 것을 우겨넣은 듯한 광각렌즈 구도 안에, 검은색 먹선으로 만들어 낸 강렬한 흑백의 대비, 공의 흐름과 주인공들의 빠른 움직임에 속도감을 입히는 원근감의 과장을 보고 있노라면 개성 강한 스타일리스트의 손길이 느껴질 것이다. 불안한 동거를 하고 있던 스마일의 희생과 페코의 막무가내 기질은 탁구 대회의 엇갈린 주목을 계기로 균열을 일으킨다. 배수의 진을 치고 일본에 유학 온 중국선수 콩 웬거, 자신의 롤모델을 무서운 연습량으로 넘어선 사쿠마 마나부, 그리고 카이오 학원의 최고 실력자 드래곤이 벌이는 시합 장면은 긴장과 이완을 거듭하며 색다른 탁구 만화의 재미를 배가시킨다. 마음속의 히어로를 찾아가는 이들의 여정엔 말랑말랑한 로맨스 한 장면 없지만, 피 뜨거운 젊음의 비행을 만끽할 수 있는 땀내 느껴지는 만화다.

**왕지윤** 인천 경인여고 국어교사

## DAY 173

### 하나오 (전3권)
마츠모토 타이요 지음 | 김완 옮김 | 애니북스
각권 250쪽 안팎 | 2006년 | 각권 8,000원 | 중·고등학생 | 일본 | 야구

마츠모토 타이요. 우리는 이 문제적 작가를 어찌해야 좋을까? 쓰는 작품 하나하나 매력이 요동친다. 현대 일본 만화계에서 천재라 불리는 만화가, 그 마츠모토 타이요의 『하나오』다. 시니컬하고 현실적인 성격에 마치 어른 같은 초등학교 3학년 아들 시게오, 서른 나이에 요미우리 자이언츠에 입단하여 홈런왕이 되고 싶은 아이 같은 아빠 하나오. 여름방학이 되자 엄마가 시게오를 아빠 하나오의 집에 보낸다. 야구왕이 되고자 엄마와 자신을 버린 아빠를 결코 용서할 수 없는 시게오. 그러나 천하태평 천진난만 하나오는 시게오바라기, 매일 시게오를 데리고 동네 구경에 곤충채집, 야구 관람, 끝도 없이 논다. 시게오는 불평불만이 가득하면서도 아빠 하나오와 놀아준다. 이상하게 놀기만 했을 뿐인데 시게오의 삶에 변화가 생긴다. 친구가 생기고 모험이 나타나고 얼굴에는 쉽사리 웃음이 지어진다. 현실적인 시게오의 생각들을 들여다보면 팍팍한 우리 어른들의 삶, 아니 건조한 우리 아이들의 인생 또한 연이어 떠오르게 된다. 우리에게도 꿈을 나눠줄 하나오가 무척이나 필요한 듯싶다. **이미영** 학교 밖 독서지도

## DAY 173

### 해피 (전23권)
우라사와 나오키 지음 | 신현숙 옮김 | 학산문화사
각권 200쪽 안팎 | 2010년 | 각권 4500원 | 중·고등학생 | 일본 | 테니스

이만큼 권선징악이 효과적으로 강조된 만화도, 이만큼 열렬히 주인공을 응원하며 읽게 되는 만화도 찾기 어렵다. '해피'는 순진무구한 눈망울로 하루하루를 열심히 살아가는 주인공 '미유키'와 그녀를 끈질기게 괴롭히는 온갖 악역들과 다종다양한 역경을 둘러싸고 펼쳐지는 만화이기 때문이다. 그러나 미유키는 불평을 늘어놓는 법도, 힘없이 고개를 꺾고 포기해버리는 법도 없다. 그저 자신의 자리에서 자기가 할 수 있는 최선을 다할 뿐이다. 물론 그런 삶의 방식은 독자로서는 너무나 답답하고 미련하게만 보인다. 그러나 항상 웃는 얼굴로 역경과 싸우는 그녀의 모습을 응원하며 이 만화를 읽다보면, 어느 사이엔가 잊고 있었던 명쾌한 삶의 진리를 다시 한 번 깨닫게 된다. 정직과 최선이 바로 행복의 열쇠라는 사실을 말이다.

**김시진** 홍익대 국어교육과 대학원

## H2(소장판) (전17권)

아다치 미츠루 지음 | 정재은 옮김 | 대원씨아이
각권 360쪽 안팎 | 2011년 | 각권 7,500원 | 중·고등학생 | 야구

**DAY 174**

오랜만에 보니 더 재밌다. 어쩌면 만화계에서는 '고전(古典)'이 된 작품이 아닐까 하는 생각도 든다. 일본에서는 1992년부터 1999년까지, 우리나라에는 1996년에 소개되어 아직까지도 사랑을 받는 책이니까. '청춘야구만화'라는 짧은 정의 외에 히로와 히데오, 히까리와 하루까의 애정 만화(사각관계) 혹은 그들의 성장 만화라고 할 수도 있다. "17살 봄. 우리는 고등학생이 되었다. 그리고 각각의 무대에 준비된 청춘 드라마를 한 페이지씩 열어가기 시작했다."로 시작되는 그들 이야기를 보는 동안 때로는 함께 기뻐하고 힘들어하며 응원을 하게 된다. 야구 경기 장면은 면이 사선으로 나뉘어 실감 나고 선남선녀 주인공들은 몰입을 유도한다. 델리 스파이스의 노래 '고백'도 잊지 말자. 2권 122쪽 '이미 첫사랑 진행 중'이 바로 그 가사이니 말이다.

**김광재** 학교 밖 독서지도

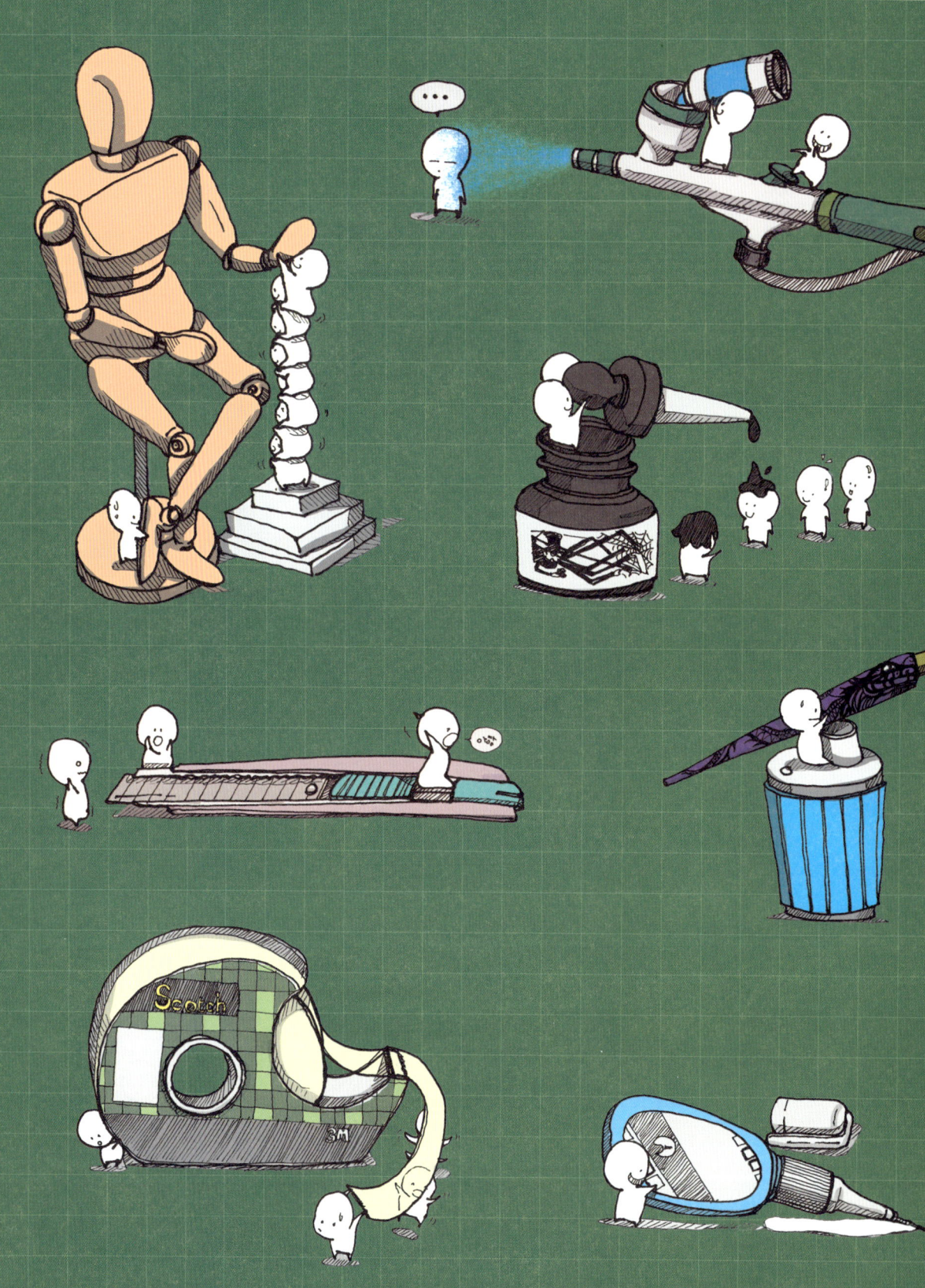

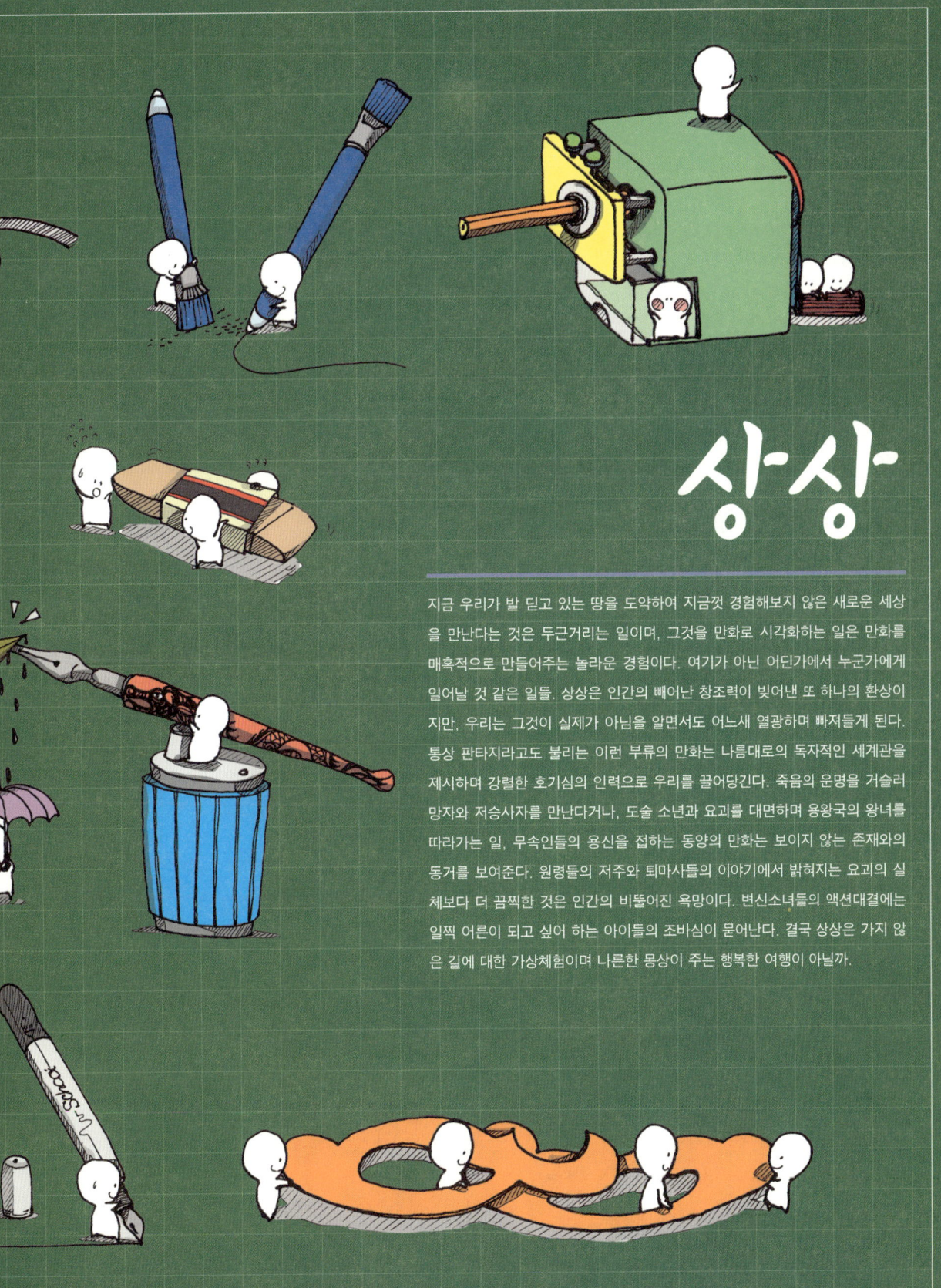

# 상상

지금 우리가 발 딛고 있는 땅을 도약하여 지금껏 경험해보지 않은 새로운 세상을 만난다는 것은 두근거리는 일이며, 그것을 만화로 시각화하는 일은 만화를 매혹적으로 만들어주는 놀라운 경험이다. 여기가 아닌 어딘가에서 누군가에게 일어날 것 같은 일들. 상상은 인간의 빼어난 창조력이 빚어낸 또 하나의 환상이지만, 우리는 그것이 실제가 아님을 알면서도 어느새 열광하며 빠져들게 된다. 통상 판타지라고도 불리는 이런 부류의 만화는 나름대로의 독자적인 세계관을 제시하며 강렬한 호기심의 인력으로 우리를 끌어당긴다. 죽음의 운명을 거슬러 망자와 저승사자를 만난다거나, 도술 소년과 요괴를 대면하며 용왕국의 왕녀를 따라가는 일, 무속인들의 용신을 접하는 동양의 만화는 보이지 않는 존재와의 동거를 보여준다. 원령들의 저주와 퇴마사들의 이야기에서 밝혀지는 요괴의 실체보다 더 끔찍한 것은 인간의 비뚤어진 욕망이다. 변신소녀들의 액션대결에는 일찍 어른이 되고 싶어 하는 아이들의 조바심이 묻어난다. 결국 상상은 가지 않은 길에 대한 가상체험이며 나른한 몽상이 주는 행복한 여행이 아닐까.

# DAY 175

## 거북바위 (전2권)

고우영 지음 | 애니북스 | 각권 211쪽 | 2008년 | 8,000원 | 초등고학년부터 | 한국 | 전설

ⓒ 고우영, 『거북바위』, 애니북스

1978년 〈소년중앙〉에 연재된 고 고우영 작가의 작품 『거북바위』는 2008년 '신 고전열전' 시리즈로 다시 만나게 되었다. 변화된 맞춤법과 사투리는 원본에 가깝게 수정을 거쳤기에 세월이 주는 불편감은 내려놓아도 좋겠다. 이 만화는 아버지의 유언으로 3년간 재주를 익히기 위해 떠난 삼형제가 물, 불, 바람의 도술을 익히는 과정과 만나는 인물들을 재미있게 이야기하고 있다. 우직하면서도 정감 있는 대장장이, 자신의 생각과는 다르게 표현하는 삐뚤어진 성품을 타고난 여인, 우직할 정도로 막내 화동을 지키는 검마 등 주인공을 둘러싼 인물의 특징이 살아 있다. 인물 중 화동을 둘러싼 인물과 이야기가 많은 부분을 차지하고 이야기 끝맺음에 무게감이 덜하여 아쉽지만 재주를 갈고 닦는 과정에서 만나는 사람들의 됨됨이 가랑비에 옷 젖듯 작가가 전하고픈 메시지를 담고 있어 재미와 교훈을 고루 갖추었다.

**허지연** 길꽃어린이도서관 책밭매기독서클럽

# 세 개의 그림자

시릴 페드로사 지음 | 배영란 옮김 | 미메시스 | 274쪽 | 2012년 | 15,000원 | 고등학생 | 프랑스 | 상상

DAY 176

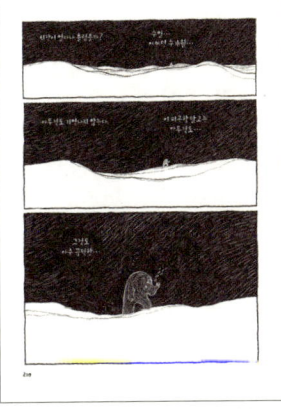 

ⓒ 시릴 페드로사, 『세 개의 그림자』, 미메시스

환상적이다. 부드러운 곡선으로 그려진 나무들 사이로 길을 떠나는 어른과 아이는 어디로 갈까, 어떤 사이일까 궁금해진다. 모험을 떠나는 걸까, 여행을 떠나는 걸까? '그때는 삶이 참 소박하고 즐거웠다. 체리 향기, 신선한 공기, 푸른 강 내음…' 아빠와 엄마 그리고 조아킴은 행복했다. 죽음을 알리는 세 개의 그림자가 언덕 위에 나타나기 전까지는 말이다. 조아킴의 운명을 피하려고 아빠는 여행을 떠난다. 산을 넘고 강을 건너는 그들의 여행은 필사적이다. 아슬아슬하다. 작가는 신화와 우화를 섞어 흥미진진하게 이야기를 끌어간다. 흑백으로 그렸으나 둥그란 선에 마법이라도 부렸는지 그림이 살아 있다. 그들 여행의 끝은 "일어서서 버텨라. 그리고 삶이 있는 곳에 머물러라."라는 시로 대신한다. 참 아름다운 책이다.

**김광재** 학교 밖 독서지도

# DAY 177

## 신과 함께 (저승편) (전3권)

주호민 지음 | 애니북스 | 각권 250쪽 안팎 | 2010년 | 각권 10,000원 | 초등고학년부터 | 한국 | 저승

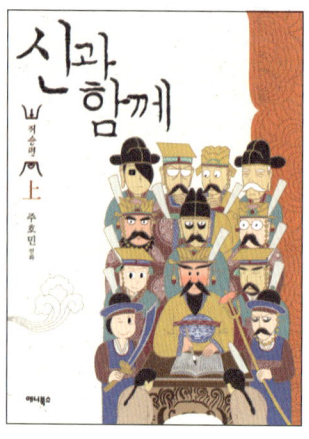

뜨끔뜨끔. 따끔따끔. 책을 읽는 내내 들리는 소리, 바로 내 양심이 찔리는 소리다. 제자들에게 재미도 있고, 교훈도 있는 만화책 뭐 없냐고 물었더니 권해준 책이다. 그러나 등장인물들의 캐릭터가 조금은 유치하게 그려진 표지만 보고 선뜻 손이 가지 않았던 책이기도 하다. 특별히 나쁜 짓도 좋은 짓도 하지 않고 살던 남자 김자홍이 건강상의 문제로 생을 마감한다. 죽은 자가 저승으로 가기 위해서는 49일이라는 기간 동안 7번의 재판을 받아야 한다. 김자홍은 국선 변호사 진기한을 만나 차례차례 어려운 재판의 관문을 지혜롭게 통과해 나간다. 한국의 신화를 바탕으로 하고 있어, 저승차사를 비롯한 온갖 귀신들이 등장한다. 만화책을 읽으면서 이토록 자기반성을 자주 한 건 처음이다. '이대로라면 나는 죽어서 더 고통스럽게 살겠군.' 뫼비우스의 띠로 된 칼 위에서 평생 걷고, 길게 늘인 혀 위에 과실수가 자라나는 저승은 생각하기도 싫다. 베풀면서 착하게 살아야겠다.

**정웅** 서울 경희고 사서교사

ⓒ 주호민 『신과 함께(저승편)』, 애니북스

## 기울어진 아이 ('어둠의 도시들' 시리즈 1)

브누아 페테르스 글 | 프랑수와 스퀴텐 그림 | 정장진 옮김
세미콜론 | 161쪽 | 2010년 | 22,000원 | 고등학생 | 프랑스 | 상상

DAY **178**

ⓒ 프랑스와 스퀴텐, 『기울어진 아이』, 세미콜론

1983년 출간하기 시작하여 지금도 작업이 진행되고 있는 판타지 그래픽노블 '어둠의 도시들' 시리즈 중 한 권. 사진과 그림을 함께 사용한 것이나, 펜을 이용하여 아주 정교하게 그린 그림들이 낯설다. 내용의 전개도 낯설기는 마찬가지. '밀로스, 몽미셸, 오브라크 고원지대' 등 열 곳 이상의 장소를 넘나들고, 750년대쯤의 시간과 1899년 언저리의 시간이 넘나드니, 가벼운 마음으로 읽어서는 작가의 의도를 알아차리기는커녕, 줄거리를 따라가기도 버겁다. 전면에 깔린 무수한 은유와 상징, 실험 들을 걷어내 보면, 이야기는 한 아이의 성장기다. 그리고 중년 화가의 삶의 목적에 관한 이야기다. 둘은 사진과 그림이라는 아주 다른 형식으로 시작해서 접점을 만들면서 이야기를 끝낸다. 자신의 세계는 자신이 만들어 가야 한다는 철학에 대한 유럽식 은유를 파악하려 애쓰기보다, 한발 비켜서서 그들은 이렇게도 표현하는구나, 하는 정도로 읽으면 좋겠다.

**김혜원** 학교도서관 문화살림

# DAY 179

## 크로니클스 (전6권)

김기정 글 | 홍성군 그림 | 거북이북스 | 각권 190쪽 안팎
2007년–2010년 | 각권 8,800원 | 초등학생 | 한국 | 신화

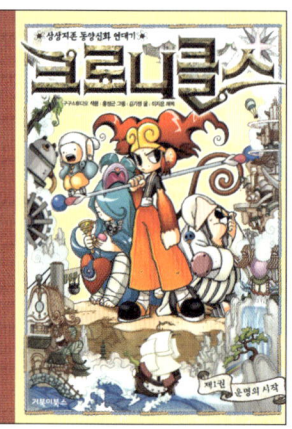

『서유기』와 동양신화가 만났다. 여기에 추리와 판타지가 더해져 삼장법사는 '삼짱'으로 손오공은 대마왕 '손손'으로 저팔계는 도적 두목 '돈팔계'로 다시 태어났다. 책의 만듦새에도 정성을 기울여 글을 쓴 이와 그린 이 외 채색한 이가 표지에 따로 표시된다. 학습만화와 온라인 게임 캐릭터 만화가 득세하는 우리 만화 시장에서 어린이들의 상상력과 감성을 북돋우는 데 한몫하겠다는 우리 창작 만화이다. 심심찮게 튀어나오는 유머가 치밀한 줄거리를 다소 지루하게 따라가는 사이 사이마다 쉼을 준다. 『서유기』를 제대로 읽고 본다면 책 속에 담겨 있는 동양사상과 중국이나 일본, 인도 등의 동양신화를 알게 되는 재미의 두 마리 토끼를 한꺼번에 잡을 수 있는 책이다. 두드러진 입체감으로 화려하게 그려진 그림들이 그린 이가 따로 표시된 이유를 알 수 있게 만든다.

**남정미** 서울 염리초 사서

© 홍성군, 『크로니클스』, 거북이북스

## 혜성을 닮은 방 (전3권)

김한민 지음 | 세미콜론 | 각권 200쪽 안팎 | 2008년 | 각권 12,000원 | 중·고등학생 | 한국 | 소통

**DAY 180**

ⓒ 김한민, 『혜성을 닮은 방』, 세미콜론

혹시 이런 상상은 어떠신지. 나만 알고 있다고 생각한 나의 혼잣말을 엿듣는 사람이 있다면? 게다가 그것이 녹음되어 한 권의 책으로 저장되어 있다면? 이 책은 이런 상상에서 이야기를 시작한다. '누나'라는 등장인물이 있다. 남동생의 누나가 아니라 이름이 누나다. 누나는 변변한 스펙도 없는 실업자다. 그에게 수상한 프로젝트가 주어진다. 사람의 기억과 생각이 저장된 에코 도서관을 위해 일하게 된 것이다. 첫 번째 임무가 꿈과 현실을 오가는 소년 '무이'의 생각을 몰래 듣고 녹음하는 일이다. 무이의 세계는 독특하다. '혼자어'라는 그의 언어는 꿈과 현실이 동등하게 존재하는 평행 세계를 이야기한다. 이 책은 독특하고 자유롭다. 만화칸, 말풍선 같은 만화 형태들도 얽혀 있고, 현실과 꿈, 과거와 현재들도 얽혀 있다. 그 자유로움에 익숙해지기만 하면 흥미진진하게 읽을 수 있다.

**김혜원** 학교도서관 문화살림

# DAY 181

## 로봇 드림

사라 바론 지음 | 김진용 옮김 | 세미콜론 | 208쪽 | 2010년 | 12,000원 | 초등학생부터 | 미국 | 드라마

한 마디의 대사도 없이 그림으로만 모든 상황을 전개하는 이 책은 개와 로봇 사이의 불운한 우정을 이야기하고 있다. 같이 도서관에 가고 영화를 볼 수 있는 로봇을 주문한 개는 함께 간 바닷가 여행에서 로봇이 덜컹거리며 고장이 나자 버리고 떠나버린다. 한 달, 두 달 시간이 흐르면서 버려진 로봇은 꼼짝없이 갇혀버린 모래사장을 벗어나 다시 개에게 돌아가기를 꿈꾸고, 떠난 개는 오리, 개미핥기와 같은 친구들을 사귀면서 로봇의 빈자리를 대신할 누군가를 찾아 허전함을 메우려고 노력한다. 언젠가 누군가에게 아무런 죄책감 없이 무심하게 내뱉었을 말과 무책임한 행동들, 그리고 그로 인해 상대방이 느꼈을 야속함과 원망과 같은 애매하고 복잡한 감정의 편린들이 이 단순하게 의인화된 등장인물들로 인해 오히려 더 묵직하게 떠오른다.

**한지연** 전남 영암초 교사

ⓒ 사라 바론, 『로봇 드림』, 세미콜론

## 아이코 악동이 (전3권)

이희재 지음 | 보리 | 각권 175쪽 안팎 | 2008년
각권 8,800원 | 초등학생 | 한국 | 모험

**DAY 182**

ⓒ 이희재, 「아이코 악동이」, 보리

악동이는 1980년대 만들어진 캐릭터다. 당시 콧물 방울을 달고 다니던 악동이는 온 동네를 휘젓고 다니는 말썽쟁이였지만, 밉기보다는 애잔했다. 사랑받고 싶어 하는 아이들의 기본 욕구가 온몸에서 드러났다. 만화의 소비 주기가 매우 짧은 현실에 비추어 보면, 악동이 같은 캐릭터가 아직도 그 역할을 맡아서 하고 있는 사실이 매우 반갑다. 21세기의 악동이는 과거에 비해 좀 더 세련되어지고, 힘이 있다. 하지만 말썽쟁이인 것은 여전하다. 그래야 악동이란 이름에 걸맞겠지만. 이 책에서 악동이는 '순기'나 '금복이' 그리고 또 다른 친구들과 함께 거울나라와 현실 세계를 오가며 모험을 펼친다. 그 모험을 통해 옛이야기, 판타지, 신화 등의 세계로 읽는 이를 이끌고 간다. 30년이 지나도 악동이가 여전히 아이인 것이 반가운 책이다. **김혜원** 학교도서관 문화살림

## 안녕, 전우치? (전2권)

하민석 지음 | 보리 | 각권 205쪽 안팎 | 2010년
각권 11,000원 | 초등저학년 | 한국 | 모험

**DAY 183**

ⓒ 하민석, 「안녕, 전우치?」, 보리

고전문학으로 『전우치전』을 읽은 아이들은 별로 없는 것 같다. 판타지 문학이 외국 것만 있는 것으로 알면 어쩌나 염려될 정도로 우리 고전에 대한 아이들의 관심이 보잘것없어서 걱정이다. 미남배우 강동원이 주연으로 전우치 역을 했던 영화 〈전우치〉를 아는 아이는 더러 있다. 과연 영상 매체의 위력이 문학보다 한 수 위다. 이제 영화와 대적할 만화로 그려진 전우치를 만나보기 바란다. 여기서는 전우치가 옆집에 사는 아이로 등장한다. 고전문학의 주인공을 데려다 이렇게 비밀스러우면서도 친근한 캐릭터로 등장시킨 것이 반갑다. 아이들은 만화를 보며 전우치와 함께 친구가 되어 전우치가 부리는 도술로 어디든 슝슝 갈 수 있다. 신나고 신비한 모험이 꼬리를 물고 이어진다. 먹과 붓으로 그린 따스한 그림체가 고전을 전하는 데 썩 잘 어울린다. **신정화** 서울 삼광초 사서

# DAY 184

### 3X3 EYES (전17권)

타카다 유조 지음 | 박시우 외 옮김 | 학산문화사 | 각권 380쪽 안팎
2011년-2012년 | 각권 8,000원 | 고등학생 | 일본 | 요괴

1987년에 연재가 시작되어 2002년에 완결되고, 7년 만에 외전外傳이 발표된 다카다 유조의 장편 연재 만화로, 인간이 되려는 요괴와 그를 지켜주는 '우', 그리고 세상을 멸망시키려는 귀안왕의 모험과 대결을 그리고 있다. 인도 힌두 신화와 도교 사상 등이 어우러져 독특한 분위기를 연출하며 일본과 홍콩, 아시아를 배경으로 펼쳐지는 요괴 모험담이 예측을 불허한다. 세 개의 눈을 가지고 있으며 귀엽고 온순한 '파이'라는 인격과 냉혹하고 차가운 '삼지안'의 인격을 동시에 지닌 여주인공, 그리고 영혼을 빼앗긴 덕분에 불사의 몸이 되어 그녀를 지켜주는 남주인공의 헌신이 연재 당시 독자들을 매료시켰다. 애장판 일부 장면에서 잔혹하거나 대담한 장면 묘사가 포함되어 있어 '확인'이 필요하다. 읽는 내내 요괴보다 더 탐욕스러운 인간의 모습이 괴롭게 밟힌다.

**왕지윤** 인천 경인여고 국어교사

# DAY 185

### 게게게의 기타로 (전7권)

미즈키 시게루 지음 | 김문광 옮김 | AK커뮤니케이션즈 | 각권 300쪽 안팎
2009년-2010년 | 각권 8,000원 | 중학생 | 일본|요괴

1960년대에서 2000년대까지 장편 애니메이션이 여러 번 제작될 정도로 일본에서는 국민 만화라 불리는 작품으로, 우리나라에선 한때 해적판으로 떠돌기도 했다고 한다. 일본에는 가지각색의 민담과 신이 많기로 유명한데 작가는 그림 형제처럼 이들 이야기를 수집해 요괴 도감을 만드는 등 요괴 만화의 대가로 추대받는다. 그 대표작인 이 만화책은 잡지 연재 당시의 원고를 그대로 복사해 출간한 완역본이라 할 수 있다. 화면이 거칠고 거뭇해 보이지만 전지적 작가 시점의 판소리 발림 같은 구연이 옛날 만화다운 유치함과 향수를 자아낸다. 또한 이 만화책은 어린이가 주인공인 책에서 종종 보이는 착한 결말이나 도덕적 교훈에 대한 강박관념이 탈색되어 있다. 엉성한 선으로 그려진 게게로와 사람들에 비해 요괴와 배경은 세밀한 선으로 그려내어 어둠의 세상에 주목하게 만든다.

**이찬미** 인천 부개어린이도서관 사서

## 나만의 천사 관용소녀 (전2권)

가와하라 유미코 지음 | 김은영 외 옮김 | 시공사 | 각권 490쪽 안팎
2011년 | 각권 11,000원 | 초등학생부터 | 일본 | 상상

**DAY 186**

하루 세 번의 따뜻한 우유와 함께 애정을 듬뿍 담아 키우면 마음이 녹아내리는 아름다운 미소로 행복감을 선사하는, 생명을 가진 인형 관용소녀. 귀족들의 유희였던 만큼 보통 사람들이 소유하기에는 벅찬 지출이 뒤따르지만 스스로 주인을 찾았을 때에만 눈을 뜨는 신비로운 고집과 고생을 행복으로 돌려주는 미소 덕분에 관용소녀의 이야기에는 다양한 주인들이 등장한다. 어린 시절 남몰래 꿈꿔본 적 있을 낭만적이고 짓궂은 상상을 아름다운 소녀의 미소와 함께 그려낸 재미있고 귀여운 이야기들이 독자들의 얼굴에도 미소가 번지게 해 줄 것이다. 또한 단편들로 이루어져 있어 언제든지 아무 쪽이나 펴들어도 각각의 이야기 속으로 놀러갈 수 있기 때문에 며칠을 나누어 저축해 둔 행복을 끄집어내는 느낌으로 들여다봐도 좋을 것 같다.

**이은선** 자유기고가

## 도깨비 신부 (전6권, 미완결)

말리 지음 | 이미지프레임 | 각권 180쪽 안팎
2004년-2007년 | 각권 5,500원 | 초등고학년부터 | 한국 | 상상

**DAY 187**

『도깨비 신부』는 대부분의 사람들은 보지도 듣지도 못하는 영적 존재들을 보고 듣고 느끼는 여자아이의 이야기이다. 아름다운 목소리로 바다를 항해하는 선원들을 홀리는 사이렌이나 양손을 올린 채 콩콩 뛰어다니는 식인귀 강시처럼 누구에게나 강한 기억을 남긴 신비하고 기이한 요정과 귀신, 마녀, 신들의 이야기가 있을 것이다. 이국적 배경 속에 존재하던 신화적 대상들을 우리는 이 책을 통해 보다 가까이에서 만나게 된다. 우리네 산천초목을 뛰고 날아다니며 조상들과 함께 숨 쉬던 도깨비와 잡신, 수호신의 이야기는 그래서 더 긴장되기도 하지만 더욱 친근하고 재미있는 대상들이다. 어디에서도 듣지 못했던 한국적 도깨비와 세습무의 이야기를 바로 곁에서 함께 보고 듣고 느끼는 기회를 이 책은 선사한다. 물론 한번 손에 잡으면 쉽사리 놓을 수 없는 재미, 감동도 함께.

**이은선** 자유기고가

# DAY 188

## 리니지 (전7권)

신일숙 지음 | 학산문화사 | 각권 300쪽 안팎
2011년-2012년 | 각권 9,800원 | 중학생부터 | 한국 | 상상

누적 회원 천만이 이용했다는 온라인 게임 '리니지'의 원작이다. 무대가 되는 에덴이란 국가는 환상의 세계로 왕과 기사, 요정과 마법사가 존재하는 공간이다. 권력과 배신과 사랑과 운명이 여러 장치를 통해 정교하게 엮여 있다. 이야기의 큰 줄기는 이렇다. 의붓아버지에게 쫓겨난 어린 왕자 '데포로쥬'는 조국의 곳곳을 돌아다니며 자신의 운명의 기사를 만나고 조금씩 성장한다. 성인이 된 왕자는 자신의 자리를 찾기 위해 혈투를 벌이고 당연히 자기 자리를 찾는다. 신화에서 흔히 만날 수 있는 '아버지의 부재'라는 모티브와 자신의 세상을 떠나 새로운 세상을 구축하고 다시 자신의 세상으로 돌아오는 '입사식入社式'의 모티브를 주축으로 한다. 단순해 보이는 이야기지만 작가의 치밀한 구성력과 정교한 캐릭터 때문에 인물이 생생하다. 곳곳에 배치된 사랑의 모티브도 가슴 설레게 한다. **김혜원** 학교도서관 문화살림

# DAY 189

## 마니 (전2권)

유시진 지음 | 시공사 | 각권 468쪽, 376쪽 | 2002년 | 각권 9,000원 | 중·고등학생 | 한국 | 상상

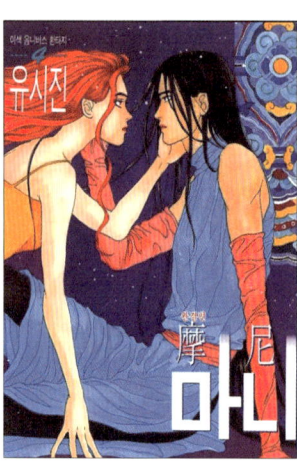

고려 속요 '처용가'에서 동해 용왕의 아들 처용은 신라에 와서 벼슬을 하던 중 역신이 자신의 아내를 범하자 초연하게 본디 내 것이지만 빼앗긴 것을 어찌하냐고 체념한다. 이 책에 등장하는 주술인 해루는 바로 그 애잔한 처용과 인간 사이에 태어난 아이로 용왕족인 소양과 마니의 왕위 계승 문제에 휩싸인다. 자신을 죽이려고 하는 소양을 피해 인간계로 내려온 마니가 학교생활을 하면서 겪는 이야기들을 옴니버스 형식으로 엮었는데 이야기의 구성과 전개가 군더더기 없고 만듦새도 깔끔하다. 처용가를 차용한 만화라니 발상이 신선하고 독특하다. 아니, 그 처용이라고? 막연히 상상했던 역사 속 인물과 만화가의 손에 다른 모습으로 그려진 허구 인물과의 비교도 재미나다. 그렇다면 그 이후에는 어떻게 되었을까? 역사적 호기심과 상상력을 자극한다.
**한지연** 전남 영암초 교사

## 바사라 (전16권)

타무라 유미 지음 | 위서연 옮김 | 서울문화사 | 각권 300쪽 안팎
2005년 - 2010년 | 각권 7,000원 | 고등학생 | 일본|가상역사

**DAY 190**

적왕에 의해 목숨을 잃은 운명의 소년 타타라를 대신하여 쌍둥이 여동생 사라사는 오빠의 이름을 짊어진 채 네 명의 수호자를 찾으러 다니는 전쟁과 복수의 긴 여정에 오른다. 오아시스에서 만나 함께 사랑에 빠지게 된 청년 슈리가 그녀의 숙적 적왕이라는 사실을 모른 채 절대적 사랑을 느낀 두 사람은 서로의 감정에 충실하며 비극적 운명을 거스른다. 산만해 보이던 그림체를 배반하는 팽팽한 긴박감과 매력적인 조연들의 활기찬 충돌은, 탁월한 심리묘사와 함께 순정 만화 특유의 섬세함을 잃지 않는다. 새로운 나라를 건설하려는 주인공들과 왕위를 수호하려는 자들 간의 대립으로 거대 담론을 이끌어낸다는 점에서 소년만화의 재미도 함께 녹여냈다. 왜곡된 이미지를 불러일으키는 표지 일러스트나 인물의 악한 면을 과거의 에피소드로 변호하는 패턴은 불만스러우나 흥미진진하다.

**왕지윤** 인천 경인여고 국어교사

## 수역 (애장판)(전2권)

우루시바라 유키 지음 | 오경화 옮김 | 대원씨아이
각권 250쪽 안팎 | 2011년 | 각권 12,000원 | 고등학생 | 일본 | 상상

**DAY 191**

비 부족 사태로 호수 물이 말라가는 무더운 여름, 졸음이 쏟아질 때마다 꿈속에서 하루 종일 비가 내리는 물의 고장을 찾아가게 되는 수영부 소녀 카와무라 치나미. 그곳 폭포에서 할아버지 연배의 아빠를 모시고 사는 소년 스미오를 만나게 된다. 마을에 사는 건 두 사람뿐. 혼절하는 손녀딸을 걱정하는 할머니와 이야기를 나누던 치나미는 그곳에서 느낀 친숙함의 비밀을 알게 된다. 전작 『충사』에서 눈에 보이지 않는 벌레들이 만들어 낸 기묘한 현상들을 판타지로 풀어냈던 작가가 사라진 마을에 대한 향수와 그리움을 특유의 미려하면서도 흐릿한 그림체와 독특하면서도 따뜻한 상상력으로 가득 채웠다. 잃어버린 수역을 헤엄치는 치나미와 스미오를 통해 수몰되었던 전설의 기억을 되찾는 결말이 촉촉한 감동을 안겨준다.

**왕지윤** 인천 경인여고 국어교사

# DAY 192

## 아르미안의 네 딸들 (완전판)(전3권)

신일숙 지음 | 학산문화사 | 각권 320쪽 안팎 | 2008년 | 각권 9,000원
중·고등학생 | 한국 | 로맨스

제목인 '아르미안'은 고대 갈데아 대륙 근처의 페르시아 언저리 어디쯤에 있는 여성이 통치하는 가상의 국가이다. 이 책에 등장하는 지명과 이름은 온갖 신화와 역사가 뒤범벅되어 있는데 이름만으로도 인물의 성격을 짐작해 볼 수 있을 정도로 역사 고증에 고심한 흔적이 엿보인다. 순정 만화 독자의 상당수가 여성임에도 불구하고 순정 만화에 단골로 등장하는 가부장적 세계관에 갇힌 청승맞은 답답이들, 혹은 홀로 대책 없이 씩씩하고 착한 여자 콤플렉스에 갇힌 민폐형 캐릭터들이 많아 추천하기엔 어쩐지 꺼려지는 부분도 있다. 그렇지만 이 책에서 보여주는 각기 다른 개성을 지닌 네 자매가 자신들만의 방식으로 치열하게 자신의 삶을 개척하는 과정은 주목할 만하다.

**한지연** 전남 영암초 교사

# DAY 193

## 양영순의 천일야화 (전6권)

양영순 지음 | 김영사 | 각권 200쪽 안팎 | 2006년 | 각권 7,900원 | 고등학생 | 한국 | 상상

잠자리에서 듣는 이야기만큼 사람의 마음을 순수한 호기심으로 두근거리게 하는 것은 없다. 그런 옛날이야기의 대표적인 예가 바로 『아라비안나이트』이다. 저 유명한 신밧드의 모험도, 알리바바와 40인의 도적도 모두 이 『아라비안나이트』에 뿌리를 둔 이야기들이다. 『양영순의 '천일야화'』는 이슬람 고전인 아라비안나이트의 뼈대를 빌려와 새로운 이야기를 창조해 낸 영리한 작품이다. 독자들은 『아라비안나이트』가 가진 흥미진진한 이야기 구조 속에서 양영순의 독창적인 아이디어를 맛보게 되는 것이다. 작품 속에서 매일 한 명씩 동침했던 여인들을 죽이던 샤리아 왕의 마음을 사로잡는 것은 지혜로운 세라쟈드가 들려주는 이야기이다. 이처럼 폭군이었던 왕이 점차 변화하는 모습을 보여준다는 점에서 이 작품은 문학의 본질적인 힘을 잘 드러낸다고 할 수 있다.

**김시진** 홍익대 국어교육과 대학원

## 온 (전3권)

유시진 지음 | 시공사 | 각권 250쪽 안팎
2007년 | 각권 6,000원-7,000원 | 중·고등학생 | 한국 | 상상

**DAY 194**

2003년 만화잡지 <오후>에 연재 중, 잡지 폐간으로 중단되었다가 2007년 만화 전문 웹사이트 '코믹뱅'에서 완결하였다. C시에 온 판타지 소설 작가 하제경은 일러스트레이터 이사현과 그의 작품에 기묘한 두근거림을 느낀다. 왠지 하제경을 차갑게 대하며 멀리하던 그가 하제경이 쓰고 있는 소설 '온'에 대한 관심을 보이면서 그들의 만남은 잦아진다. 소설 속에서 그려지는 사미르에 대한 나단의 배신은 예수에 대한 유다의 배신을 떠올리게 한다. 데온과 에온은 그들이 사는 세상을 각각 물질계와 정신계, 현상과 본질로 구분하는 명명법인데, 뫼비우스의 띠처럼 그 경계가 모호해 현실 세계와 소설의 세계, 현세와 전생, 혹은 불안함과 평온함 등 다양하고 열린 해석이 가능하다. 기복이 심하지 않은 이야기 전개가 심심할 수 있으나 심리묘사에 뛰어난 작가의 정갈한 내레이션은 여운이 깊다.

**왕지윤** 인천 경인여고 국어교사

## 은하수의 히치하이킹 (전2권)

시리얼 지음 | 대원씨아이 | 각권 240쪽 | 2011년 | 각권 9,800원 | 중학교부터 | 한국 | 상상

**DAY 195**

네이버 웹툰으로 연재되다가 단행본으로 꾸려져 출간된 책이다. 등에 은하수 무늬가 새겨져서 이름이 '은하수'인 고양이가 나온다. 이 고양이의 눈을 통해 인간 세상을, 사람들 이야기를 들여다본다면 어떠할까? 과거, 현재, 미래, 세계 구석구석에서 은하수가 히치하이킹을 하는 곳과 그 대상은 다양하기도 하다. 그래서인지 마냥 아름답기만 한 이야기도, 쓸쓸히 가슴을 쓸어내릴 정도로 슬픈 이야기도, 익살스러워서 킥킥대는 이야기도 모두 담겨 있다. 그림이 몽환적이고 다채로워서 허투루 넘기기가 어렵다. 등장인물들의 세심한 심리묘사와 고양이 은하수의 "~다냥"의 말투가 잘 어우러진다. 예전에 지나간 에피소드가 뒤에 다시 연결되기도 하는 구성도 재미나다. 읽어보면 좋다냥~

**변영이** 길꽃어린이도서관 책발매기독서클럽

## DAY 196

### 충사 (전10권)
우루시바라 유키 지음 | 오경화 옮김 | 대원씨아이 | 각권 250쪽 안팎
2005년-2011년 | 각권 5,000원 | 중·고등학생 | 일본 | 요괴

촛농이 녹아내리는 듯한 몽환적 그림으로 가득한 이 책은 충사, 벌레박사 깅코의 모험담으로 가득하다. 흑백의 명함과 선만으로도 녹음이 우거진 깊은 산속의 이끼와 촉촉한 이슬을 연상케 하는 힘이 있다. 그만큼 생명과 자연에 대한 깊은 생각을 하게 하는 만화이다. 책 속 세계에서 벌레란 동물도 식물도 아닌 존재로, 형체나 존재도 애매하고 기괴한, 알 수 없는 생명체들의 총칭이다. 서로의 생존을 위해 필연적으로 갈등을 일으키는 인간과 벌레의 갖가지 사연들은 기괴하고 두렵기도 하지만 깅코와 함께 그들의 이야기에 귀 기울이다 보면 우리는 그 속에서 낯익은 애잔함과 생에 대한 의지를 발견하게 된다. 벌레와 인간의 공존에 정말 타협점이란 없는 것일까? 슬프고도 아름다운 옴니버스식의 이야기가 쌓여갈수록 질문도 쌓여간다.

**이은선** 자유기고가

## DAY 197

### 카드캡터 사쿠라 (전6권)
클램프 지음 | 최윤정 옮김 | 학산문화사 | 각권 370쪽 안팎 | 2010년-2011년
각권 8,000원 | 초등중학년부터 | 일본 | 상상

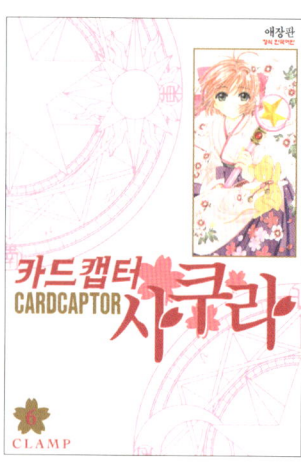

2000년에 〈카드캡터 체리〉로 방영되어 인기 있던 애니메이션의 원작인 『카드캡터 사쿠라』. 우연히 서고에서 책 한 권을 발견한 초등학교 4학년 여자아이 사쿠라가 마법의 카드를 다시 모아가는 이야기다. 사람들을 괴롭히는 마법의 카드를 착한 주인공이 무찌를 거라 예상했는데, 이 책은 선악의 구조로 대결하지 않아 신선하다. '클램프'는 4명의 만화가가 공동 작업을 한다. 다양한 생각의 과정을 거쳐 독자에게 작품을 선보일 수 있는 것이 장점이다. 그래서 동성애나, 스승과 제자의 사랑도 거부감이 덜 든다. 사쿠라의 무적 주문은 "다 잘될 거야"다. 사랑스러운 주인공의 씩씩한 기운이 전해진다. 카드의 봉인이 풀리면 재앙이 일어나는데, 지구가 갈라지는 것보다 더 무서운 재앙은 무엇일까? 궁금증은 독자의 몫으로 남긴다.

**김수정** 서울 장안초 교사

## 테르마이 로마이 (전3권)

야마자키 마리 지음 | 김완 옮김 | 애니북스 | 각권 190쪽 안팎
2011년-2013년 | 각권 8,000원 | 초등고학년부터 | 일본 | 목욕

**DAY 198**

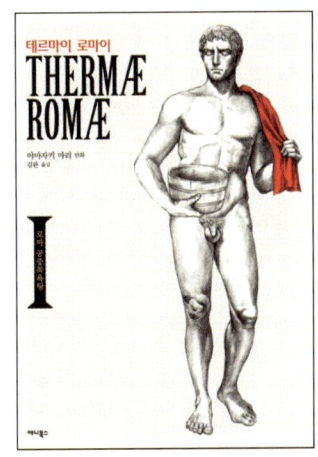

고대 로마의 공중목욕탕 '테르미어' 설계기사 루시우스가 현대 일본 목욕탕으로 타임슬립하면서 새로운 개념의 목욕탕을 만들어 간다는 발상이 만화답고 흥미롭다. 문명이 발달했던 로마의 역사와 문화를 목욕문화와 연결하여 그리고 있는 점도, 지금 일본의 일상의 소재인 목욕문화를 다른 나라 문화와 연결시킨 측면도 신선하다. 문명이 발달하면 인간은 휴식을 갈망하게 되어 있다는 의미로 자신들의 목욕문화를 은근 자랑하고 있다. 로마의 건축물을 통해 그들이 그 시대에 누구나 목욕을 즐겼음을 알 수 있도록 구체적인 사진이나 유물을 들어 중간 중간에 소개하고 있는 점도 좋다. 현대와 과거의 여러 차이에도 불구하고 인간의 욕구가 많은 도구와 시설, 문화를 만들어 간다는 점도 알게 해준다. 자연과 더불어 발달한 일본 온천에 대한 정보도 놓치지 않고 있다.

**강애라** 서울 대치중 국어교사

## 해귀선

콘 사토시 지음 | 김동욱 옮김 | 미우 | 222쪽 | 2012년 | 9,000원 | 중·고등학생 | 일본 | 상상

**DAY 199**

유명한 애니메이션 감독 콘 사토시가 잡지에 연재했던 것으로 그의 초기 작품이다.『해귀선』은 60년 만에 깨어나는 인어의 알을 대대로 보살피면서 평화와 풍성한 삶을 유지하는 어느 작은 어촌의 전설 이야기이다. 이 마을에도 개발의 바람이 불어오고 인간의 무분별한 욕심으로 재앙이 시작된다. 그 가운데 요우스케는 인어와의 의리를 지키고 알에서 깨어난 새끼 인어를 인어에게 돌려준다. 인어의 모습이 보통 상상하던 아름다운 모습이 아니고 권위 있는 절대자의 모습 같아 조금 낯설어 보였다. 섬나라 일본에서 인어는 무한한 관심을 받는 존재인 듯하다. 스토리가 지루하지 않게 전개되고, 만화지만 장난스럽지 않은 그림은 이야기의 심각성을 잘 표현해 주고 있다. 그림의 선이 굵고 장면의 분할도 보기 좋게 되어 있다.

**박은하** 서울사대부초 사서교사

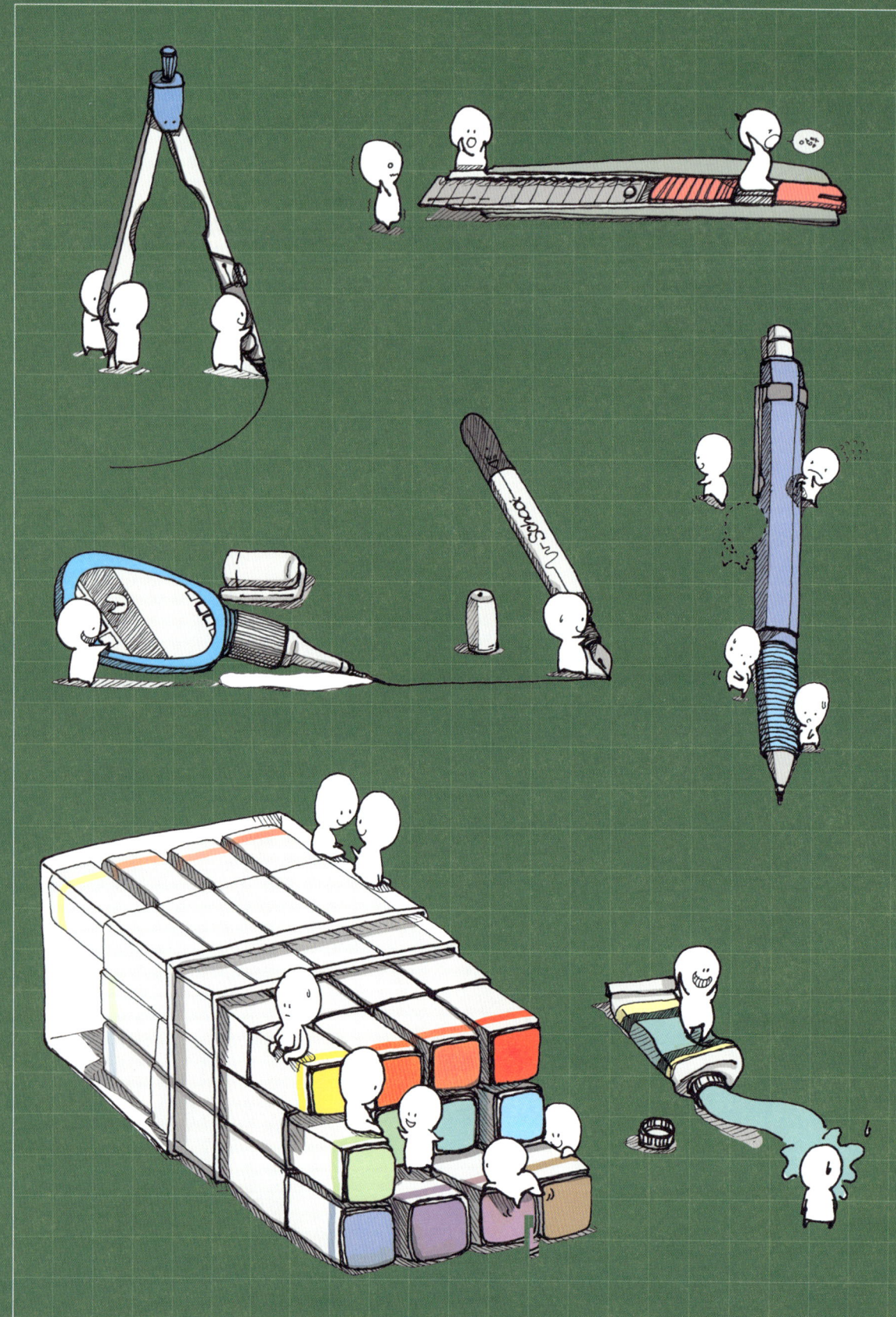

# 미래·가상

공상과학 분야에 대한 국내의 관심이 그리 높지 않은 상황에서 과거 인기리에 방영되고 상영되었던 슈퍼로봇물의 인기를 실감한다는 것은 사라진 공룡의 발자국을 찾는 것처럼 힘든 일이다. 그래서 로봇과 초능력자들, 그리고 우주를 소재로 한 미래 가상 만화는 창작보다 손쉬운 복간본 출간이 많다. 우주는 탐험의 대상에서 일상의 영역으로 변모했다. 모험소년과 인조인간의 시간여행이나 인류의 우주도전기가 전자를, 달에 함께 가자는 약속을 지키기 위해 우주비행사가 되려는 형제의 감동적 이야기나 우주의 허공에서 창문을 닦는 아이의 성장을 그린 만화는 각각 후자를 대표한다. 초능력자들의 탄생은 그들을 두려워하는 인간들과의 관계에서 많은 사건을 야기하며, 공포를 소비하는 미래사회의 음모는 세기말의 우울한 디스토피아를 예감하는 작가들의 비관적인 상상력으로 가득하다. 평행우주이론에 근거한 식민지 가상 역사물, 로봇 조종사의 마음의 상처와 심리적 대결을 그린 심리 로봇물, 그리고 장난기 넘치는 과학 마니아 어르신들의 코믹물 등 최근의 변화된 이 분야의 만화는 컴퓨터그래픽으로는 만들어내지 못할 미래에 대한 끝없는 동경이 엿보인다.

# DAY 200

## 007 우주에서 온 소년 (전3권)

김삼 지음 | 씨엔씨레볼루션 | 각권 320쪽 안팎 | 2010년
각권 9,000원 | 초등저학년부터 | 한국 | 미래, 가상

'소년 007' 시리즈는 모두 20여 편에 이르는데, 그중 한 편인 '우주에서 온 소년' 시리즈를 3권의 책으로 묶었다. 이 만화는 1965년 11월부터 〈소년동아일보〉에 15년 넘게 연재된 만화였다. 현재의 SF나 영화, 만화에 등장하는 요소들이 40년도 전에 나온 만화에 등장한다는 것이 놀랍다. 골리앗, 쇠를 먹는 불가사리, 알에서 깨어난 사람 등 신화나 동화에서 들어보았던 소재들이 다양하게 등장하여 읽는 재미를 더한다. 〈스타트랙〉보다 2년, 〈혹성탈출〉보다 3년이나 먼저 만들어진 이 만화는 작가의 원고가 남아 있지 않아 1980년대 클로버 문고판을 원본으로 삼아서 복원했다고 한다. 중간 중간 그림이 거칠어 보이는 이유는 그것 때문인가 보다. 상황을 자세히 설명하여 상상하기 좋아 초등학교 저학년부터 읽을 수 있는 SF 만화로 추천한다.

**배수진** 서울 대림중 사서

ⓒ 김삼, 『007 우주에서 온 소년』, 씨엔씨레볼루션

## 가면소년

아메바피쉬 지음 | 씨엔씨레볼루션 | 236쪽 | 2012년
15,000원 | 초등고학년부터 | 한국 | 그래픽에세이

DAY 201

ⓒ 아메바피쉬, 『가면소년』, 씨엔씨레볼루션

재개발 지구에서 가난에 시달리는 부모의 폭언과 무관심에 삶의 의미를 찾지 못한 소년은 학교에서도 다른 아이들에게 거지 취급을 받으며 친구들과 어울리지 못한다. 소년은 그네를 타다 우연히 만난 가면 쓴 남자가 벗어둔 가면을 쓰고 자기 주변을 둘러싸고 있는 암울한 현실 세계를 벗어난다. 환상의 세계로 들어가 우주를 날고, 로봇을 타고 거대한 쥐와 대결을 벌이지만 어느 순간 소년은 더 이상 행복하지 않음을 깨닫는다. 현실로 돌아온 소년의 눈앞에서 그의 집이 산산이 파괴되어 부서진 잔해만이 남는다. '가면소년'은 불안한 현실로 돌아가야 하는가. 아니면 고통 없는 환상 속에 남을 것인가. 만화, 일러스트, 사진 등을 포함한 기하학적인 구성은 화려한 색채와 어우러져 환상의 세계와 복잡한 심경으로 세상 어디에도 속하지 못하는 소년의 처지를 잘 드러낸다. 결국 필요한 것은 소년의 의지와 이웃의 관심이라는 메시지도 함께….

**이진욱** 학부모

# DAY 202

## 귀신

석정현 지음 | 이미지프레임 | 199쪽 | 2006년 | 11,000원 | 고등학생 | 한국 | 미래, 가상

작가의 첫 장편 단행본을 읽는 재미가 쏠쏠하다. 아마 온갖 정기를 쏟았기에 그런 것 같다. 아주 가까운 미래, 그러나 예측할 수 없는 미래의 서울이 무대다. 2020년 백주 대낮 종로에 귀신이 나타난다. 인류는 자연재해를 겪으면서 60%가 죽음에 이른다. 잠깐 소강기에 연합국가를 만들고 한국은 수도국이 된다. 자연재해가 인류를 하나로 만들고 군대는 복구 작업을 맡게 된다. 자연스럽게 군대는 축소되고 경제재건을 위해 군대를 기업화한다. 전쟁은 사라지고 평화시대를 맞는다. 이때 가장 곤란해지는 것은 군대 말고 미디어다. 시민들을 불안하게 만드는 전쟁, 테러가 없으니 미디어는 외면당하고 콘텐츠가 다양한 독립인터넷 미디어가 각광받는다. 위기를 맞은 군대와 미디어 자본은 음모를 만들어 낸다. 그 와중에 귀신이 출현한다. 화려하고 감각적인 그림과 뛰어난 상상력은 독자로 하여금 공포를 공감하게 만든다. 그리고 자꾸 뒤를 돌아보게 한다. 잠 다 잤네.

**이수종** 서울 상암중 과학교사

ⓒ 석정현, 『귀신』, 이미지프레임

## 로보트 킹 (전13권)

고유성 지음 | 애니빅 | 각권 180쪽 안팎 | 2012년 | 세트 91,000원 | 초등학생 | 한국 | 로봇

DAY 203

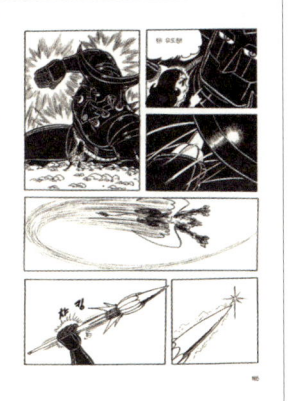

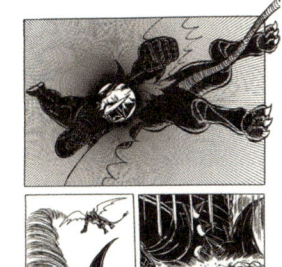
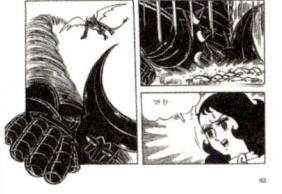

ⓒ 고유성, 『로보트 킹』, 애니빅

로봇태권브이에 맞먹는 인지도는 아니었으나 1977년 잡지 연재만화로 탄생해 동명의 극장용 만화영화로 제작되기까지 했다. 지구의 과학을 뛰어넘는 우주로봇을 지구의 소년이 조종하게 되면서 악의 무리와 싸워 나간다는 관습적 장르를 밟고 있지만, 바다 건너에서 만들어진 외국 로봇 사이에서 토종 로봇의 자부심을 지켜주었다. 문고판 크기에 가벼운 볼륨감으로 제작된 에피소드들은 우주와 바다, 정글과 지하 등 공간적 변모와 시간대탐험이라는 제목에서 짐작하듯 가볍게 시공을 넘나든다. 지나치게 감성적이거나 돌연 사악한 면모를 버리는 악당 캐릭터들은 어이없이 무너지는 그들의 로봇만큼이나 맥빠지지만, 이 만화를 보며 자라온 어른들의 어린 시절은 주인공 못지않게 세계평화의 꿈으로 가득 찼음을 상상하며 읽는 것도 이 만화를 보는 색다른 방법이 될 것이다.

**왕지윤** 인천 경인여고 국어교사

# DAY 204

## 별빛속에 (전8권)

강경옥 지음 | 애니북스 | 각권 270쪽 안팎 | 2005년 | 각권 6,800원 | 중·고등학생 | 한국 | 가상사회

1987년 대본소용 단행본으로 처음 선보여 1990년 21권으로 완결되었다가 네 번의 재출간과 복간을 거쳐 애장판으로 다시 출간된 만화. 주인공들의 섬세한 심리묘사와 사랑을 바탕으로 SF적인 요소를 더했다. 지구라는 공간을 뛰어넘어 우주와 신의 영역으로까지 이야기의 규모를 넓힌 대작으로 등장인물의 감정을 자연스럽게 풀어간다. 배경이 지구에서 다른 행성으로 이동하는 공상과학 판타지 만화답게 별들의 소멸과 탄생을 아우르고 있다. 상상력과 판타지의 결합으로 작품 곳곳에 철학적 사색이 배어나온다. 지구인인 줄 알았던 주인공이 평범한 지구의 여고생에서 카피온의 제1왕녀인 시이라젠느가 되어 카피온과 지구 모두를 구할 때까지의 과정을 설득력 있게 그려내고 있다. 인터넷상의 웹툰에 익숙한 학생들이 섬세한 필선이 드러나는 만화를 보고 감동을 느낄지는 알 수 없으나….

**김정숙** 서울 전동중 국어교사

ⓒ 강경옥, 「별빛속에」, 애니북스

## 제멋대로 함선 디오티마 (전4권)

권교정 지음 | 이미지프레임 | 각권 200쪽 안팎 | 2007년~2009년
각권 6,000원~7,000원 | 초등학생부터 | 한국 | 명랑, 미래과학

**DAY 205**

ⓒ 권교정, 『제멋대로 함선 디오티마』, 이미지프레임

기원전, 아르키메데스와 같은 시기에 알렉산드리아에 살고 있던 고대 과학자 아리스타르코스와 그의 연인 디오티마로부터 서기 2092년에 완공 우주 공간에 세워진 최신 우주스테이션인 '디오티마'의 함장 나모 준까지를 한 쾌에 엮어나가는 파격적인 구성이 돋보이는 만화다. 진화하는 영혼 '디오티마'란 설정을 통해 지나가버린 과거와 다가올 미래의 시간을 넘나드는 주인공의 신비로운 삶과 우주 공간에서 소소하게 벌어지는 에피소드는 깨알 같은 재미를 준다. 섬세하게 표현된 캐릭터와 실제에 근거한 설정 자료에 대한 지리적·과학적 소개 및 용어 설명은 작품의 재미와 함께 우주 시대를 살아갈 미래에 대한 예측을 가능케 한다. 세 번의 연재 중단을 거쳐 현재 진행 중인 디오티마가 지금껏 우주스테이션으로 알려졌던 베일을 벗고 우주함선으로서 어떤 행로를 펼쳐 나갈지 기대된다.

**최선옥** 시흥 서해초 사서

# DAY 206

## 항쟁군 평행우주 (전2권)

김홍모 | 청년사 | 각권 154쪽, 122쪽 | 2007년 | 각권 9,800원 | 초등학생부터 | 한국 | SF

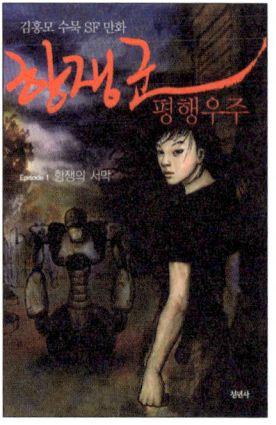

일제 강점기 상황을 로봇과의 대결로 그린 수묵 SF 만화. 수묵화의 섬세하고 세련된 그림이 눈에 확 들어온다. 광복을 위한 독립 전투에 공상과학적인 요소를 넣어 일본의 로봇군과 대결하는 스토리를 매력적으로 묘사하고 있다. 웅장한 느낌의 수묵으로 그려진 비장한 전투신이나 인물과 장면 하나하나가 퍽이나 정성스럽다. 로봇군대를 등장시켜 역사적 상황과 연결시킨 창의성이 크게 돋보인다. 섬세하고 시원시원한 각 장면을 연결하여 보다 보면 큰 스케일의 대하드라마를 보는 것 같다. 한국적인 독특한 그림을 자랑하는 만화이기에 작가의 또 다른 작품이 기대된다. 새로운 그림의 만화를 만나는 신선함이 가득하다.

**신정임** 서울 반포중 사서

ⓒ 김홍모, 『항쟁군 평행우주』, 청년사

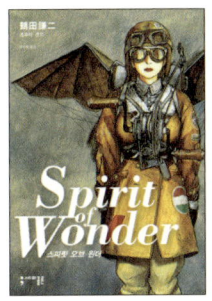

## 스피릿 오브 원더

츠루타 겐지 지음 | 오주원 옮김 | 세미콜론 | 402쪽
2012년 | 14,500원 | 중학생 | 일본 | 미래, 가상

**DAY 207**

우주와 바다, 과학적 사실과 모험적 상상을 소재로 1987년부터 단속적으로 발표된 열두 편의 연작 단편을 모아 만든 책이다. 단행본의 제목은 1927년 대서양을 착륙 없이 횡단한 비행기 '루이스의 영혼'에서 따왔다. 할아버지가 남긴 종이쪽지를 보물지도라 믿으며 딸의 만류에도 바닷속을 헤매는 아버지나 천재 소녀의 아이디어를 빌려 화성에 가고 싶은 꿈을 이루려는 노인들의 과학클럽 등 철없는 어른들이 가득하다. 과학에 대한 진지한 접근 대신 작품 속 여성들을 훔쳐보는 속물적인 호기심으로 똘똘 뭉친 과학자들의 해프닝은 유쾌하다. 달에 가고 싶어 만들어낸 순간 물질 이동기부터 불치병에 걸린 소녀를 구하기 위해 만든 타임머신, 그리고 공간을 복사해 내는 반사경까지 끝없는 상상력으로 현실의 중력을 거부하는 매혹적인 만화다. **왕지윤** 인천 경인여고 국어교사

ⓒ 츠루타 겐지, 『스피릿 오브 원더』, 세미콜론

## 토성 맨션 (전4권, 미완결)

이와오카 히사에 지음 | 오지은, 박지선 옮김
세미콜론 | 각권 190쪽 안팎 | 2008년 – 2012년
각권 8,000원 | 중·고등학생 | 일본 | 미래, 가상

**DAY 208**

자기만 아는 거인이 너무 많던 지구에 이제 더 이상 아무도 살지 못하게 됐다. 지구 둘레가 띠처럼 둘러진 유리 구조물 속에서 사람들은 생활하는데 유리 구조물의 상, 중, 하 부분에 살 수 있는 계층의 차이가 그 세계에도 있다. 아버지의 대를 이어 외벽닦이 일을 하는 주인공 미쓰. 일을 하면서 보게 된 먼 지구를 동경하는 눈빛이나 자신을 도와주는 진 아저씨와의 인간미 넘치는 이야기는 삭막한 미래 배경이 그려진 이 책 속에서 반짝이는 감동으로 다가온다. 가혹 내용과 맞지 않는 웃음을 유도하는 이미지와 말풍선이 억지스러워 보여서 아쉬웠다. 아버지의 행방이 끝까지 밝혀지지 않으니 사람들은 다음 권을 기다릴 법한데 7권으로 완결된 원본이 우리나라에서는 2012년 10월까지 4권이 출간되었다. 후속 편이 나오길 기대한다. **남정미** 서울 염리초 사서

ⓒ 이와오카 히사에, 『토성 맨션』, 세미콜론

# DAY 209

## 1999년생 (전2권)

신일숙 지음 | 학산문화사 | 각권 200쪽 | 2010년 | 각권 9,800원 | 중학생 | 한국 | 미래, 가상

순정만화잡지 〈르네상스〉에 1988년 연재된 이 작품은 순정 만화가 소녀들이 보는 여린 감성의 로맨스물이라는 허약한 선입견을 깨뜨려 준 신일숙 작가의 대표적인 SF 만화다. 21세기 초, 원반 우주인의 침공으로 위기에 처한 지구인들 사이에 초능력 유전자를 지닌 인류가 태어나면서 수세에 몰렸던 전세가 역전된다. 동료를 잃은 충격에서 벗어나 전투조에서 싸우게 된 주인공 크리스털 정은 아버지와 남자들에 대한 근본적인 혐오감으로 인해 새로운 팀원들과 갈등하면서도 교관 로페즈에게 끌리는 자신을 발견한다. 그리스 로마 신화나 마법 판타지물에서 돋보이던 화려하고 우아한 캐릭터를 자아내는 작가의 그림체가 탄탄한 스토리와 복선에 힘입어 개연성 높은 반전을 이끌어낸다. 두 편의 단편이 함께 묶여 있으며, 제목으로 세기말의 불온한 분위기까지 담아냈다.

**왕지윤** 인천 경인여고 국어교사

# DAY 210

## 2001 SPACE FANTASIA (전3권)

호시노 유키노부 지음 | 김완 옮김 | 애니북스 | 각권 260쪽 | 2009년 각권 9,500원 | 중·고등학생 | 일본 | 미래, 가상

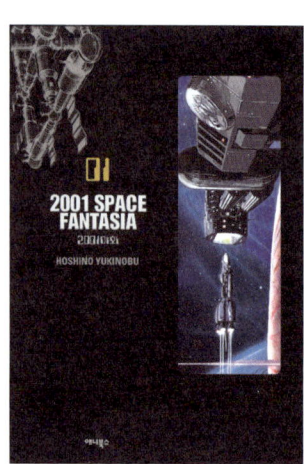

1960년대 처음으로 인류가 우주 탐사를 시작한 이래 우주에 대한 끝없는 관심은 우리나라의 경우에도 예외는 아닌 것 같다. 한국 최초의 우주 비행사가 나온 데 이어 올해는 한국인의 기술에 의해 개발된 나로호가 발사될 시점에 놓여 있는 등 우리나라의 우주에 대한 관심은 그 어느 때보다도 높다. 이 만화는 우주로의 탐험이 계속되었을 미래 어느 시점에 인류가 경험하게 될지도 모를 다양한 사건들을 선보이고 있다. 태양계에서는 10번째 행성이 될 '마왕성'이 발견되고, 이 별에 매장되어 있는 특별한 자원을 이용해 시공을 넘나드는 새로운 형태의 우주선을 만들 수 있게 된다. 항성 이동 우주선을 타고 400년 전에 우주로 떠난 아이들과 현대의 지구인, 그리고 우주에서 태어난 신세대 인류가 재회하는 우주시대 말기를 그리는 등 인간이 대우주로 진출해가는 과정을 흥미롭게 그렸다.

**유효숙** 대학강사, 과학교육

## 강철의 연금술사 (전27권)

아라카와 히로무 지음 | 학산문화사 | 각권 200쪽 안팎
2004년-2011년 | 각권 4,500원 | 중·고등학생 | 일본 | 액션 판타지

**DAY 211**

'등가교환'과 '구축식'으로 물질을 생성해 낼 수 있는 연금술이 가능한 상상의 이야기이다. 어릴 적에 병으로 잃은 어머니를 '연성(다시 살아나게)'하려다, 몸 전체와 팔다리를 잃은 형제는 몸을 되찾기 위해 국가 연금술사가 된다. 그 도중에 국가 전체가 하나의 연금술을 위한 희생물로 쓰이려 한다는 것을 알게 되고 이를 막으려 한다. 짜임새 있는 전개와 세심한 인물 설정이 돋보이는 작품이다. 이야기 속의 연금술은 오늘날의 과학과 상통한다. 이 작품은 과학이 우리에게 편리함을 가져다주지만 자칫 세계를 멸망시키는 비극으로 변질될 수 있다는 이야기를 무겁지 않게 들려주고 있다. 작가는 주인공이 결국 연금술을 쓸 자격을 포기하고 평화로운 국가에서 가족과 함께 사는 것을 택하게 함으로써 독자에게 편리함보다 더 중요한 가치를 깨닫도록 만든다.

**이선우** 건국대 철학과

## 노말시티 (애장판) (전10권)

강경옥 지음 | 학산문화사 | 각권 300쪽 안팎 | 2011년-2012년
각권 9,800원 | 중·고등학생 | 한국 | 미래, 가상

**DAY 212**

"차별이 없는 평등한 곳에서 인간은 행복하지 않다." 파시즘을 차갑고 비판적으로 다룬 영화 〈살로 소돔의 120일〉에 나오는 대사이다. 빈익빈 부익부의 갈등이 갈수록 심화되는 기형적인 사회구조에서 연일 뉴스로 보도되는 것은 디플레이션, 장기불황, 중산층 붕괴 등 암울한 소식뿐이다. 자칭 '고감도 SF 로망'이라는 『노말시티』에서 그리고 있는 미래의 모습 또한 암울한 디스토피아이다. 핵폭발 이후 지구로 이주해 온 화성인, 유전자 합성, 양성의 몸, 공간이동 등 가상적 설정과 함께 인간 소외, '노말'한 사람들과 그렇지 못한 이들 간의 불평등과 착취가 서늘하게 묘사된다. SF는 사실 오늘의 우리 모습을 가장 비판적으로 바라보는 정치적인 장르이기도 하다. 아니 그것보다, 핵전쟁 이후에도 지구인들이 바퀴벌레처럼 살아남아 설치다니, 지구가 좀 짠하지 않나.

**한지연** 전남 영암초 교사

## DAY 213

### 메트로폴리스

테즈카 오사무 지음 | 김경은 옮김 | AK커뮤니케이션즈 | 296쪽 | 2008년
9,000원 | 초등학생부터 | 일본 | 미래, 가상

어릴 적 『우주소년 아톰』을 인상적으로 보고 자랐고 일본 애니메이션을 좋아하지만 나에게 테즈카 오사무는 그 업적에 비해 낯선 이름이었다. 작품의 시대 배경인 먼 미래 19××년보다 더 미래인 2012년에 살고 있는 나에게는 너무나 옛날 작품이었기에 로봇과 인조인간, 그리고 그들과 인간의 갈등, 인간과 닮은 인조인간이 겪는 혼란 등 여러 내용이 어디서 본 듯하기도 했다. 그러나 그 본 듯한 내용들이 테즈카 오사무의 영향이라는 사실을 알고 작품을 다시 보게 되었다. 태양의 거대한 흑점의 영향으로 태어난 세상에서 가장 아름다운 인조인간 티마와 인간의 위치를 대신하게 되는 로봇들을 통해 인간의 본성과 진정한 휴머니즘에 대해 생각해 보게 된다. 뒤에 수록된 세계명작 『죄와 벌』을 각색한 작품도 읽는 재미를 준다.

**김희경** 서울 상암중 수학교사

## DAY 214

### 신세기 에반게리온 (전13권, 미완결)

카라, 가이낙스 글 | 요시유키 사다모토 그림 | 김태형 옮김 | 대원씨아이
각권 180쪽 안팎 | 2010년-2012년 | 각권 4,500원 | 중·고등학생 | 일본 | 미래, 가상

1995년 TV 도쿄에서 방영된 안도 히데아키 감독의 26화짜리 애니메이션은 일본에서 제3의 애니메이션 붐을 일으켰다는 평가를 받으며, 대중성과 작품성 모두에서 인정을 받았다. 이 책은 캐릭터 디자인을 맡았던 사다모토 요시유키의 그림체로 이야기의 흐름을 살짝 비튼 채 등장한 미완결의 만화다. 2015년 근원을 알 수 없는 생체병기로봇 '사도'가 공격을 해오자 레이, 신지, 아스카 등 14세 소년, 소녀들이 인간형 로봇 '에반게리온'을 조종하며 싸운다. 외형적으로는 2000년 서드 임팩트라 불리는 재난과 기후변화로 인해 발생한 인류 생존을 내세우며 일어나는 전투이야기지만 그 속에 어린 조종사들의 정신적, 심리적 충격과 상처에 초점이 맞춰져 있다. 세기말적 분위기에 성서적인 암시 코드와 맞물려 완결 때마다 갖가지 해석과 논란을 불러일으켰다.

**왕지윤** 인천 경인여고 국어교사

## 우주형제 (전17권, 미완결)

츄야 코야마 지음 | 이명희 옮김 | 서울문화사 | 각권 210쪽 안팎
2009년-2014년 | 각권 4,300원, 4,500원 | 중·고등학생 | 일본 | 미래, 가상

**DAY 215**

나에게도 꿈이 있었다는 것이, 원대한 꿈을 품고 다가올 미래를 두근두근 기다리던 시절이 있었다는 것이 실로 오랜만에 기억났다. 바로 이 만화『우주형제』를 읽고. 제목은 80년대 공상과학 만화처럼 촌스럽지만, 읽는 사람의 가슴을 뛰게 만드는 힘을 가진 이 책은 우주 비행사라는 꿈을 간직한 채 성장한 형제가 마침내 그 꿈을 실현하기 위해 도전하는 과정을 그린 만화이다. 그래서 우주 비행사의 세계에 대해 하나씩 알아가는 재미가 있는 동시에, 어린 시절 간직했던 스스로의 꿈이 무엇이었는지를 떠올리는 신선한 계기가 된다. 물론 이 만화에도 갈등은 있고, 때때로 좌절하는 주인공의 모습이 그려지기도 한다. 그러나 결국 불가능을 가능으로 만드는 것은 꿈꾸는 인간의 강인한 의지라는 것을 힘차게 역설하는 것이 바로 이 만화가 가진 긍정의 에너지이다.

**김시진** 홍익대 국어교육과 대학원

## 타임머쉰 (전3권)

방학기 지음 | 거북이북스 | 각권 270쪽 안팎
2011년 | 각권 9,000원 | 초등중학년부터 | 한국 | 미래, 가상

**DAY 216**

드라마로 만들어진『다모』나『바람의 파이터』로 널리 알려진 방학기 작가의 초기 작품이다. 태권도로 몸과 마음을 단련한 소년 창민이가 친구인 소연과 함께 타임머신을 타고 시간 여행을 하게 되는 것이 이야기의 시작이다. 이순신 장군이 전사하는 노량해전, 서기 3000년의 미래, 아틀란티스 대륙이 가라앉은 해저 세계로 향하는 타임머신의 여정이 그야말로 스펙터클하게 펼쳐진다. 인공지능 로봇에서부터 외계 생명체, 투명인간까지 다양한 SF적 소재가 등장하여 이야기 전개가 다채롭고 긴박감이 넘친다. 물론 어휘나 맞춤법 등이 지금과 달라 낯선 느낌도 있고, 여러 부분에서 과학적 뒷받침이 아쉬운 건 사실이지만, 현대의 과학기술이 고작 200년 남짓의 역사를 지니고 있으며 발전과 변화의 속도가 가히 경이적인 것을 감안하면 36년 전의 스토리텔링이라는 것이 믿기지 않을 정도다. 지난 시대, 과학적 지식의 틈을 메워왔던 상상력의 힘에 대해 느껴볼 수 있는 계기가 될 것이다.

**박은영** 번역가

## DAY 217

### 터미네이터 미래 전쟁의 시작
다라 나라기 글 | 알란 로빈슨 그림 | 최준휘 옮김 | 코리아하우스
124쪽 | 2009년 | 9,500원 | 중·고등학생 | 미국 | 미래, 가상

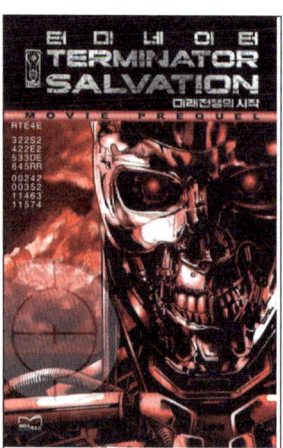

스스로 생각하고 행동하는 컴퓨터가 개발된다면 어떤 세상이 펼쳐질까? 『터미네이터』는 너무나도 잘 알려진 동명 영화의 서막을 만화로 풀어낸 작품이다. 스카이넷이라 불리는 인공 지능 컴퓨터가 인류를 억압하고 전 지구를 지배하는 미래 사회를 배경으로, 인류는 주인공 존 코너를 중심으로 로봇 기계에 대응하고자 목숨을 건 전쟁을 시작한다. 컴퓨터를 비롯한 과학기술이 발전을 거듭하면 우리에게 어떤 일이 벌어질까를 상상해보는 기회가 될 것이다. 더불어 우리가 일상생활에서 무심코 사용하는 과학기술이 어떤 가치를 갖고 사용되느냐에 따라 약이 될 수도, 독이 될 수도 있음을 생각해 볼 수 있다. 그리고 전쟁에 직면한 인류가 갈등을 풀고 함께 대처해나가는 과정을 통해 인간으로서의 가장 본질적인 가치인 사랑과 우정을 찾을 수 있게 될 것이다.

**유효숙** 대학강사, 과학교육

## DAY 218

### ARMS (완전판) (전11권)
미나가와 료지 지음 | 삼양출판사 | 각권 200쪽 안팎
2009년–2012년 | 각권 7,500원 | 고등학생 | 일본 | 가상사회

"힘을 원하는가… 원한다면 주겠다!"라는 대사에 모든 것이 담긴 액션 만화로 암즈라는 나노머신이 몸의 일부분에 이식되어 있는 인물들의 이야기다. 일본 소학관 만화대상을 받았고 TV판 에니메이션으로 제작되었으며 게임으로 만들어지기도 했다. 일반적인 액션 만화가 서로의 힘을 과시하며 치고 베고 터뜨리는 싸움에 중점을 두는 데 비해 등장인물의 과거에서 비롯한 인간적인 문제를 해결하는 데 무게를 두고 있다. 작품에 나오는 많은 요소를 『이상한 나라의 앨리스』와 『거울나라의 앨리스』에서 따왔다는데, 너무 많이 각색한 동화로 읽었다면 이를 찾아내기가 몹시 어렵다. 만화를 읽는 동안 어느 부분이 어떻게 변용되었는지 친절하게 설명해 주었으면 하는 마음이 간절하다. 초반에 별 설명 없이 강력한 팔이나 다리로 상대를 깨부수는 장면이 많아 공격의 원인이 밝혀질 때까지 참고 읽어 내기가 쉽지 않다.

**김정숙** 서울 전동중 국어교사

로봇과 초능력자들,
그리고 우주를 소재로 한 미래 가상 만화는
창작보다 손쉬운 복간본 출간이 많다.

# 미스터리

생의 연결고리를 이어가는 어게인과 시간 능력자들의 숨 막히는 사투를 그린 강풀은 최근 영화화된 이웃 사람의 연쇄살인마 이야기나 망자들의 조명가게를 통해 이런 경향의 작품을 꾸준히 발표하고 있다. 극단적인 묘사가 많은 공포나 호러물은 가급적 제외하면서 서스펜스를 동반한 추리 스릴러물을 많이 선택했다. 천재추리소년이 변장의 달인과 연쇄살인마들과 벌이는 추리 대결은 단순한 범인 찾기에서 그치지 않고 사건 뒤에 숨겨진 인간의 욕망과 연민을 담았다. 죽어 마땅한 이들을 처단하는 살인자와 이를 막는 형사의 대결은 명랑그림체에 잔혹한 설정이 있어 주의를 요한다. 그 외에도 스스로를 지배자라 칭하는 인간에게 준엄한 메시지를 던지는 초자연적 존재들의 이야기는 인간의 수명을 조절하는 사신들의 노트, 뱀파이어를 처단하며 구원받지 못한 성직자까지 기묘한 거래로 이해와 논리의 미궁에 빠지는 이들의 테마파크다. 이런 분야에서 압도적인 카리스마를 보여주는 우라사와 나오키의 작품들은 깊이와 짜임새에서 매력이 커 거의 모든 작품이 후보로 언급되는 기염을 토했다.

# DAY 219

## 살인자ㅇ난감 (전3권)

꼬마비, 노마비 지음 | 애니북스 | 각권 210쪽 안팎
2011년 | 각권 10,000원 | 고등학생 | 한국 | 미스터리, 스릴러

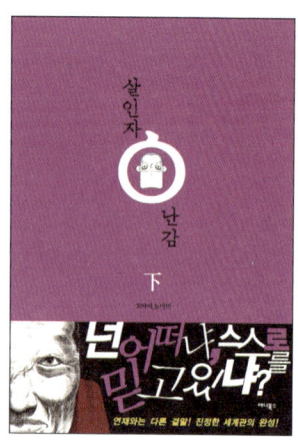

『죄와 벌』의 라스콜리니코프는 스스로 비범한 절대자가 되어 기생충 같았던 고리대금업자 알료나 이바노바를 심판한 후 도끼로 죽이고 자신이 생각하는 사회의 정의를 실현한다. 자신은 보통의 사람들과는 다른 비범인이므로 사회의 일반적인 도덕과 법은 고려의 대상이 아니었고 사람을 죽인 자신을 괴롭히는 것은 그것이 과연 옳았는가에 대해 과연 자신 있게 답할 수 있는가에 대한 끊임없는 자문과 회의였다. 그렇다면 난감? 장난감? 영 수상한 제목의 스릴러물 주인공 이탕을 보자. 홧김에 억! 하고 사람을 죽이고 보니 그 사람이 죽어도 쌀 연쇄살인범에 피붙이를 등쳐먹는 기생충 같은 인간들이다. 이쯤 되면 자신이 저지른 살인들에 정당성을 부여할 수도 있겠다. 그렇다면 과연 이탕 또한 라스콜리니코프와 같은 대학 나온 먹물이니 어떤 변명으로 자신을 합리화시킬 것인지 지켜보는 것도 꽤 재미나다.

**한지연** 전남 영암초 교사

ⓒ 꼬마비, 노마비, 『살인자ㅇ난감』, 애니북스

## 설희 (전10권, 미완결)

강경옥 지음 | POPTOON | 각권 200쪽 안팎
2008-2014년 | 각권 6,500원, 7,000원 | 중·고등학생 | 한국 | 미스터리

**DAY 220**

ⓒ 강경옥, 『설희』, 팝툰

그동안『별빛 속에』,『노말시티』등의 만화를 내며, 인간의 심리를 잘 담아내기로 유명한 만화가 강경옥의 작품이다. 이 책의 주인공인 '설희'는 외딴섬에서 20년 이상 갇혀 살다 양부가 죽은 뒤 거액의 상속녀가 되어 세상 밖으로 나온다. 그런데 설희가 이상하다. 총에 맞고도 멀쩡히 살아나고 여든이 넘은 노인과 친구였던 시절을 이야기한다. 트리갭의 샘물에서 영원한 생명을 주는 신비한 샘물을 마신 것처럼 설희는 늙지 않는 소녀로 영원한 삶을 사는 것이다. 독자는 설희를 통해 과연 영원히 사는 것이 행복한 것인지 삶과 죽음에 대해 생각해 볼 기회를 얻는다. 더불어 꿈에 나타나는 전생의 인연, 과거와 현재를 넘나들며 설희와 묘한 인연으로 얽히고설킨 인물의 관계를 추리하고 풀어보는 재미가 쏠쏠하다. 현재 단행본으로 8권까지 나와 있으며 앞으로 펼쳐질 이야기도 기대된다.

**김순필** 안동 송현초 사서교사

# DAY 221

## 어게인 (전3권)

강풀 지음 | 재미주의 | 각권 420쪽 안팎 | 2012년 | 각권 12,000원 | 중·고등학생 | 한국 | 미스터리

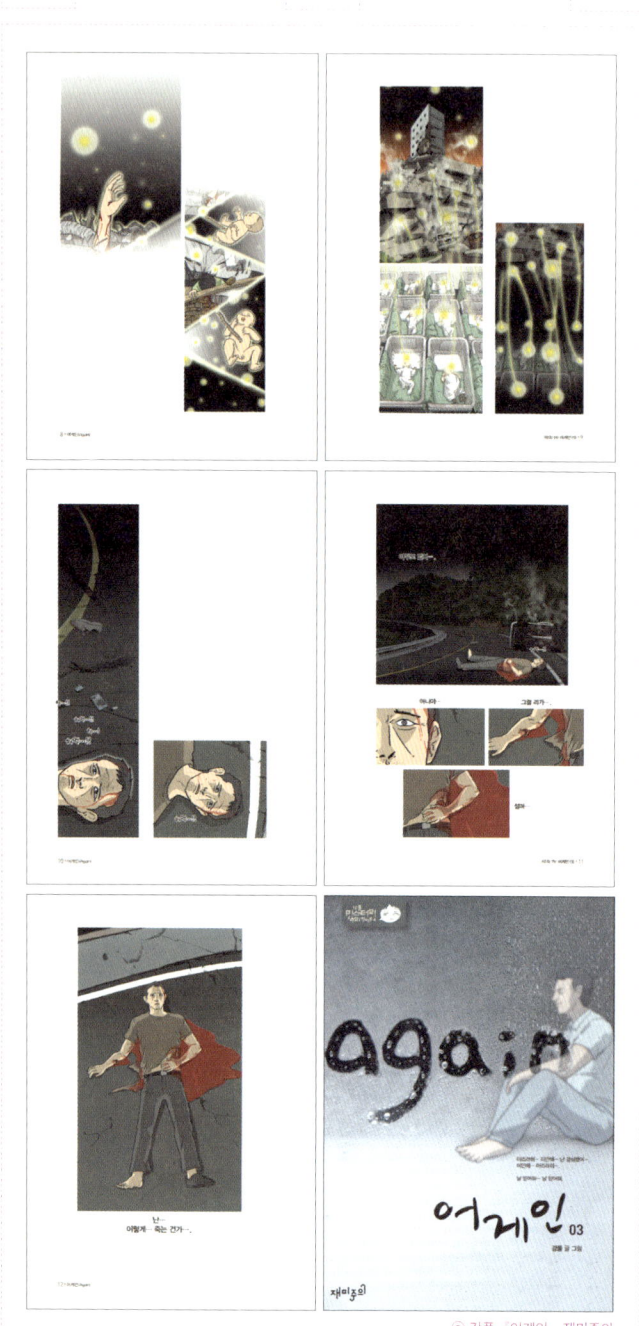

강풀의 일명 '미스터리 심리 썰렁물' 시리즈 중 하나로 『아파트』와 『타이밍』을 잇는 미스터리 만화다. 포털사이트에서 웹툰으로 먼저 연재되다가 단행본으로 출간됐다. 뜻하지 않은 사고로 자기의 생을 온전히 살지 못하고 다음 생에 다시 태어나는 '어게인'에 대한 이야기다. 어게인은 전생의 남은 수명만큼만 더 살 수 있는데 더 오래 살기 위해서는 자신의 '어게인'인 태어나는 아기를 죽여야만 한다. 운명과 시간마저 거스르며 살고자 하는 이들과 아기가 무사히 태어나도록 하려는 이들의 대결이 손에 땀을 쥐게 한다. 등장인물들의 관계가 복잡하지만 극적으로 연결되어 흥미롭다. 표면적으로는 미스터리 구조를 빌렸지만 그 안에 담긴 소중한 사람을 지키려는 마음이 감동을 불러일으킨다. 작가의 전작인 『아파트』와 『타이밍』을 먼저 읽어보면 『어게인』을 좀 더 쉽고 재밌게 즐길 수 있겠다.

**조선혜** 서울 대신고 사서교사

ⓒ 강풀, 『어게인』, 재미주의

## 20세기 소년 (전22권)

우라사와 나오키 지음 | 서현아 옮김 | 학산문화사 | 각권 200쪽 안팎
2001년-2012년 | 각권 3,800원-4,500원 | 초등고학년부터 | 일본 | 미스터리

**DAY 222**

어린 시절 누구나 철없이 상상했을 법한 이야기가 정말로 실현된다면 어떨까? 이 만화의 주인공 '켄지'는 어릴 적 친구들과 상상했던 세계 파괴 이야기가 성인이 돼서 정말로 실현되고 있다는 것을 깨닫는다. 그리고 친구들과 함께 자신이 상상했던 비극적 결말을 막으려 한다. 어린아이가 생각하는 것이 현실화된다는 뻔한 만화 속 이야기이지만, 그 내면에는 친구에게서 받았던 소외감과 상처가 있다. 또한 그로 인한 등장인물들의 심리를 이해해야 하는 작품이다. 어린아이가 선을 긋듯이 사람들을 선과 악으로 명확히 나누는 것처럼 보이지만, 작가는 오히려 그 모든 사람을 이해해보라고 요구하고 있다. 선한 사람으로 대표되는 켄지가 사실은 악한 사람인 '친구'를 만든 장본인이라는 아이러니가 작가의 이러한 요구를 잘 보여준다.

**이선우** 건국대 철학과

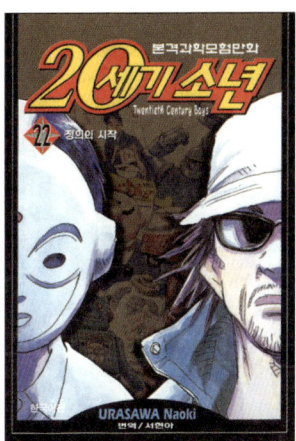

## 기생수 (애장판) (전8권)

이와아키 히토시 지음 | 서현아 옮김 | 학산문화사 | 각권 280쪽 안팎
2003년-2009년 | 각권 7,000원 | 고등학생 | 일본 | 미스터리

**DAY 223**

기후변화, 오존층 파괴, 수질오염, 토양오염 등 인간이 지구에 살아가며 저지른 환경 파괴는 끔찍하다. 누군가 생각했다. '만일 지구에서 인간이 5분의 1로 줄어든다면, 지구는 얼마나 아름다워질까?' 어느 날 인간을 뛰어넘는 지능과 힘을 가진 괴생명체(기생수)가 하늘에서 떨어진다. 기생수의 머릿속에는 단 하나의 명령, '인간을 먹어라!'라는 내용이 심어져 있어 인간의 뇌를 장악하고 그 몸에 기생한다. 주인공 신이치는 평범한 고등학생으로 다른 사람처럼 기생수의 공격을 받지만 운 좋게 뇌까지 올라오는 것을 막아내고, 자신의 오른손에 기생수 '오른쪽이'와 공생하게 된다. 객관적 입장에서 인간 존재의 쓸모없음을 평가하는 '오른쪽이', 모든 것을 잃어도 인간으로서 마지막까지 버릴 수 없는 모성과 존엄성을 찾아내는 신이치, 이 둘의 공존 속에 우리는 '인간'의 의미에 대하여 철학적 고민을 해 볼 수 있을 것이다.

**한은주** 서울 숙명여고 지리교사

## DAY 224

### 데스노트 (전12권)
오바 츠구미 글 | 오바타 타케시 그림 | 대원씨아이 | 각권 200쪽 안팎
2004년 – 2011년 | 각권 4,500원 | 중·고등학생 | 일본 | 미스터리

누구나 한 번쯤 싫어하는 사람 혹은 사회악이라고 생각한 사람이 죽었으면, 나에게 그런 초능력이 있었으면 하고 바란 적이 있을 것이다. 아무도 모르게 죽일 수 있는 능력이 어느 날 갑자기 생긴다면 어떨까? 이 만화는 그런 상상력에서 출발한 이야기이다. 주인공인 '라이토'는 어느 날 이름을 적으면 사람을 죽일 수 있는 노트를 갖게 된다. 라이토는 그 노트로 죄를 저지른 사람을 죽여 사회를 올바른 방향으로 바꾸려고 하지만, 그 또한 악이라고 생각하는 탐정 'L'은 라이토를 찾아내려 한다. 이 만화는 알리바이를 만들어 잡히지 않으려는 라이토와 데스노트로 인한 살인을 막으려는 L의 두뇌 싸움을 중심으로 전개된다. 둘의 두뇌 싸움을 지켜보는 것도 흥미롭게 다가오며, 두 사람이 지닌 상반된 윤리의식 또한 생각해 볼 거리를 던져준다.

**이선우** 건국대 철학과

## DAY 225

### 마스터 키튼 (완전판)(전12권)
가츠시카 호쿠세이 외 글 | 우라사와 나오키 그림 | 강동욱 옮김 | 대원씨아이
각권 320쪽 안팎 | 2010년 – 2013년 | 각권 9,800원 | 고등학생 | 일본 | 미스터리

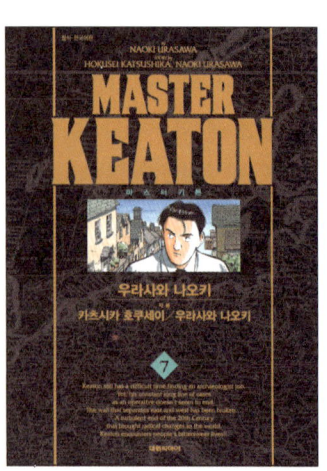

고고학 강사이자 보험조사원인 주인공 키튼은 일본인 아버지와 영국인 어머니 사이에서 태어났다. 5살 때 부모님의 이혼으로 영국에서 자란 키튼은 옥스퍼드 대학을 졸업하고 영국육군특수부대 SAS에 입대하여 마스터란 칭호를 얻는다. 그는 가지고 있는 몇 가지의 도구로 기발하게 상황을 모면하는 맥가이버이며, 고고학적 지식을 통해 사건을 해결하는 인디아나 존스며, 딸 유리코의 잔소리를 들으며 헤어진 아내를 질투하는, 잠자는 모리탐정이다. 우라사와 나오키의 그림을 보면 역시나 『몬스터』처럼 유럽 속의 동양인을 그려내는 그의 비상한 재주를 느낄 수 있다. 후반부로 갈수록 초반에 보였던 인문학적 색채가 옅어지고 제임스 본드식 액션으로 변질되는 점은 다소 아쉽다. 과거의 지층 속에 숨겨진 보물의 의미와 가치를 말해주는 글작가의 꼼꼼한 조사와 잔잔한 감동을 전해주는 이야기가 인상적이다.

**왕지윤** 인천 경인여고 국어교사

## 멸망한 짐승들의 바다

호시노 유키노부 지음 | 김완 옮김 | 애니북스 | 256쪽
2010년 | 9,500원 | 중·고등학생 | 일본 | 가상사회

**DAY 226**

작가 호시노 유키노부는 구미권의 SF를 기초로 대담한 아이디어를 담은 리얼리티 넘치는 SF 세계를 구축했다고 평가된다. 그래서인지 책 속의 이야기들은 미국영화를 닮은 듯하다. 제2차 세계대전과 그 이후의 기간 동안 치러진 사람과 사람, 사람과 괴물과의 바다에서의 전쟁 이야기, 지구의 주인이라 믿는 인간으로부터 공격을 받은 숲의 복수 이야기, 멜빌의 『모비딕』 뒷이야기 같은 고래잡이 전설 등 한 번씩은 본 듯한 이야기들이다. 그렇지만 만화를 보는 내내 머릿속에서는 긴박하고 스릴 있는 영상이 돌아가는 듯하여 손에서 책을 내려놓을 수 없다. 가상의 세상에서 영원한 지배자가 되었다 믿는 인간이 인간만의 포악함으로 스스로의 소멸 시기를 앞당기는 결과를 초래한다는 허구의 이야기지만, 현실과 다르지 않아 씁쓸한 기분이 오래 남는다.

**류효순** 양천도서관 해피북 독서클럽

## 명탐정 코난 vs 괴도 키드

아오야마 고쇼 지음 | 오경화 옮김 | 서울문화사 | 200쪽
2010년 | 8,000원 | 초등학생부터 | 일본 | 추리

**DAY 227**

추리소설은 영원한 베스트셀러다. 결말이 궁금해서 단숨에 읽게 되고, 관련 지식도 생기고, 사물과 현상을 논리적으로 보게 되는 안목도 키우게 된다. 아이들과 함께 TV 만화로 먼저 접했던 명탐정 코난. 책으로 읽게 되면 긴장감이 떨어질까 우려가 되었지만 읽다보니 나만의 속도로 읽어낼 수 있는 큰 장점이 있었다. 괴도 키드와 승부를 벌이는 다섯 편의 이야기로, 천천히 앞과 뒤를 오가며 추리 과정을 충분히 즐길 수 있다. 어린이 탐정과 범죄 이야기가 어울리지 않는 듯하지만 범죄 속의 진실을 접하고 나면 오해와 욕심으로 돌이킬 수 없는 잘못을 하게 되고 후회한다는 교훈을 남겨 두 요소의 어울림을 이끌어 냈다. 괴도 키드와의 승부를 징징딩당하며, 상대를 인정해주고 나를 성장시키는 좋은 경쟁자인 친구를 갖는 것의 즐거움을 보여준다.

**류효순** 양천도서관 해피북 독서클럽

# DAY 228

### 백귀야행 (전21권, 미완결)
이마 이치코 지음 | 학산문화사 | 각권 216쪽 안팎
2011년 | 각권 4,500원, 5,000원 | 고등학생 | 일본 | 상상, 요괴

조부에게 물려받은 영감 때문에 귀신을 볼 수 있는 주인공 이이지마 리츠와 그의 사촌누나 이이지마 츠가사가 그들의 특별한 능력 때문에 만나게 되는, 기묘하면서도 신비로운 사건들이 독특한 요괴들과의 에피소드로 그려지는 이마 이치코의 대표작이다. 두 사람이 주인공이라고는 하나 이이지마 집안 사람들은 물론이고, 그들이 만나는 사람마다 각각 독특한 사연과 이야기를 품고 있어 책을 넘기다 보면 어느새 이해의 미로(迷路)에 선 이들 모두가 매력적인 주연으로 느껴진다. 본래 용의 모습을 한 식신으로 계약에 따라 리츠의 부친의 몸을 빌려 살아가는 아오아라시, 삼나무에 살다가 리츠를 주인으로 섬기게 된 문조요괴 오지로와 오구로 등이 이들의 주위를 맴돌며 환상적인 만남과 사건을 엮어간다. 다소 명확하지 않은 펜션처럼 비약된 이야기에 여백이 많아 상상력을 요한다.

**왕지윤** 인천 경인여고 국어교사

# DAY 229

### 소년탐정 김전일 (애장판)
(전26권, 시즌2는 18권 출간, 미완결)
아마기 세이마루 원안 | 카나리 요자부로 글 | 사토 후미야 그림 | 서울문화사 | 각권 200쪽 안팎
2006년 – 2013년 | 각권 4,500원 – 5,500원 | 중·고등학생 | 일본 | 추리

명탐정의 손자 김전일이 동급생 미유키와 함께 알 수 없는 사건들을 해결해 나간다는 내용의 추리만화. '오페라 극장 살인사건'부터 시작한 파일 시리즈와 7편의 케이스 시리즈, 그리고 아케치 경감 시리즈 2권을 보태 마무리되었다가 시즌2를 다시 시작했다. 할아버지의 명예를 걸고 사명감에 매달린 추리 도전은 '수수께끼는 풀렸어'라는 외침으로 시작되는 해결편에서 마무리되고, 이어지는 과거 회상을 통해 범죄의 이면에 숨겨진 인간적 고뇌를 보여준다. 기묘한 사건에 걸맞은 기발한 트릭과 지옥의 광대, 경시청 아케치 경감과의 라이벌 구도, 미유키와 레이카 사이의 삼각관계 등 긴장과 이완을 조절한 영리한 연출이 돋보인다. 드라마와 TV 시리즈, 소설까지 원소스 멀티유징으로 인기를 증폭시켰으며 명탐정 코난과 함께 추리계를 대표하는 만화다. 개인적으로는 '학원 7대 불가사의 사건'과 '설야차 살인 사건', 그리고 '아케치 경감의 특별편'이 인상적이었다.

**왕지윤** 인천 경인여고 국어교사

## 임금님의 사건 수첩 (전4권, 미완결)

허윤미 지음 | 서울문화사 | 각권 170쪽 안팎
2012년 - 2013년 | 각권 4,500원, 5,500원 | 중학생 | 한국 | 추리

**DAY 230**

조선 역대 왕 중 가장 재위 기간이 짧은 예종과 왕을 따라다니며 그의 일거수일투족을 기록해야 하는 윤 사관의 만남이 작가의 상상력과 역사적 사실로 버무려져 코믹하게 담겼다. 강력한 왕권을 만들기도 전에 일찍 죽은 예종의 못다 이룬 꿈을 보상하려는 듯 작가는 기발하고 엉뚱하며 호기심 많은 젊은 임금님을 창조했다. 특히 총명한 두뇌와 민첩함으로 사건을 해결해 나가는 모습을 통해 획기적인 통치자에 대한 독자들의 목마름을 해소한다. 드라마와 영화의 소재로도 등장한 서빙고에 대한 에피소드로 만화가 시작된다. 비록 작품 속에 나타나는 추리력은 다소 느슨하지만 윤 사관을 골탕 먹이는 장면에서 발생하는 재미난 활기가 두 사람을 뛰어난 콤비로 묶어주어 가볍게 읽을 수 있는 오락거리로는 손색없다. 1권 발간 만에 영화화가 결정됐다는 후문이 기대감을 키워준다.

**이찬미** 인천 부개어린이도서관 사서

## 펫숍 오브 호러즈 (애장판) (전7권)

아키노 마츠리 지음 | 전희정 옮김 | 서울문화사 | 각권 250쪽 안팎
2005년 - 2006년 | 각권 6,000원 | 고등학생 | 일본 | 미스터리, 판타지

**DAY 231**

이 만화의 작가인 아키노 마츠리는 미스터리와 컬트적인 요소를 함께 조화시켜 환상적인 분위기를 연출해 내는 작품을 그려 왔다. 인간의 깊숙한 욕망을 드러내는 신비로운 이야기는 마니아 독자층을 양산해 내고 있다. 이야기는 LA의 차이나타운에서 펫숍을 운영하는 'D백작'과 그의 주변에서 벌어지는 괴이한 사건을 중심으로 하며, 그를 주시하는 형사 '레옹'이 함께 하면서 흥미진진함이 더해진다. D백작은 사람들에게 맞춰서 애완동물을 판다. 처음에 그들에게 동물이라고 소개된 것들은 약물중독으로 잃어버린 딸의 모습이 되기도 하고, 사랑하는 여인으로 다가오기도 한다. 결국 자신의 욕망 때문에 동물이 죽고 자신도 죽임을 당하는 그들의 모습을 보면서 과연 인간이 갖고 있는 이기심은 어디까지인지 한탄을 하게 만든다.

**박영민** 서울 신정초 사서교사

# DAY 232

## 프리스트(개정판) (전8권)

형민우 지음 | 미우 | 각권 360쪽 안팎 | 2011년
각권 10,000원 | 고등학생 | 한국 | 미스터리, 판타지

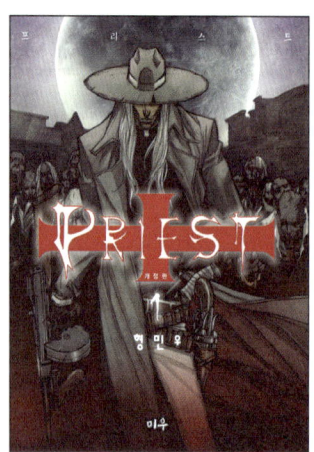

『프리스트』는 다소 무겁고 어둡다. 하지만 많은 만화 애호가들의 사랑을 받고 있는 책이다. 더구나 이미 게임과 헐리우드 영화로 제작되어 유명세를 치르고 있다. 필자에게 이 만화는 쉽고 편하게 다가오지는 않았다. 대중적이기보다는 다소 파격적이다. 하지만 종교의 본질, 인간과 인간성의 본질을 되돌아보게 한다. 이야기는 인간의 땅에 신의 뜻에 반하는 피의 성지를 만들려고 했던 타락한 대천사 '테모자레', 그를 구속하고 있던 영혼의 감옥 '도메스 포라다'에서부터 시작한다. 그 봉인을 풀면서 가장 소중한 것을 잃어버린 인간 '이반 아이작'의 분노는 커져만 가고 처절한 싸움이 계속된다. 하지만 절대자는 여전히 바라만 본다. '신의 무거운 침묵은 언제까지 이어질 것인가?' 이 책은 끝을 맺지 않았다. 끝을 맺을 수 없었던 것은 아닐까? 인간의 근본적인 분노와 악을 드러내어 신과 저항하며 싸우고, 이를 통해 선과 악의 대결 구도가 아닌 그 이상의 무엇을 추구하는 책. 색다른 세계관에 빠지고 싶다면 읽어볼 만하다.

**장미정** (사)환경교육센터 부소장

# DAY 233

## Q열 박희정 단편집

박희정 지음 | 서울문화사 | 200쪽 | 2012년 | 6,000원 | 초등고학년부터 | 한국 | 스릴러

『Q열熱』은 공허한 눈빛을 잘 그려내는 박희정 작가의 스릴러 단편집이다. 만화는 15살의 은둔형 외톨이 아들을 둔 아버지의 일상에서 시작한다. 3살 때 잃어버렸던 아이, 4년 후 연쇄살인마의 시체 옆에서 되찾은 아이. 아이만 돌아오면 예전의 삶으로 돌아갈 것이라고 절규하며 모진 시간을 견뎌왔지만 막상 완전히 변해버린 아들과 세월 앞에 그는 아무런 힘이 없다. 곁에 있음에 의미를 두며 버텨가던 어느 날 아들 진호는 다시, 그것도 영영 그를 떠난다. 슬퍼할 힘도 없는 그에게 그 옛날 연쇄살인마의 그림자가 드리운 이상한 문자가 날아들면서 그는 어두운 과거와 마주하게 된다. Q열熱이란 감염된 진드기의 흡혈이나 배설물이 호흡을 통해 전달되어 걸리는 질병으로 서로를 감염시킨 채 어둠 속에 발이 묶여버린 이야기 속 어두운 주인공들의 아픔과 닮아 있다.

**이은선** 자유기고가

## Q. E. D (전46권, 미완결)

카토우 모토히로 지음 | 학산문화사 | 각권 200쪽 안팎
2000년-2014년 | 각권 3,500원-4,500원 | 중·고등학생 | 일본 | 추리

**DAY 234**

탐정물이나 추리물은 넘쳐나지만, 청소년들에게 추천해줄 만한 작품은 그리 많지 않다. 탐정물이나 추리물은 기본적으로 상당히 자극적이고 선정적인 사건을 다루기 때문이다. 그런 점에서 이 『Q.E.D』는 그야말로 착한 만화라 할 수 있다. 천재소년인 토마와 발랄한 여고생 가나가 함께 사건을 풀어 나가는 이 작품은 선정적인 소재나 사건을 최대한 배제하고, 지식의 힘을 활용하여 문제를 해결하는 과정을 보여준다. 토마가 수학적인 추리를 통해 논리적으로 사건을 해결해 나가는 과정을 독자들이 흥미롭게 따라가게끔 구성되어 있는 것이다. 그리고 이런 과정에는 다양한 수학적, 과학적, 역사적 전문 지식들이 자연스럽게 등장한다. 토마와 함께 사건을 해결하면서 점점 지혜로워지는 나를 만날 수 있다는 것이 이 책이 가진 강점이다.

**김시진** 홍익대 국어교육과 대학원

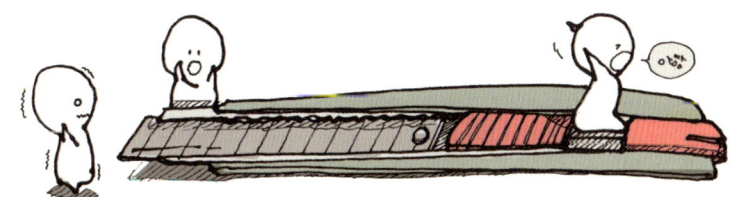

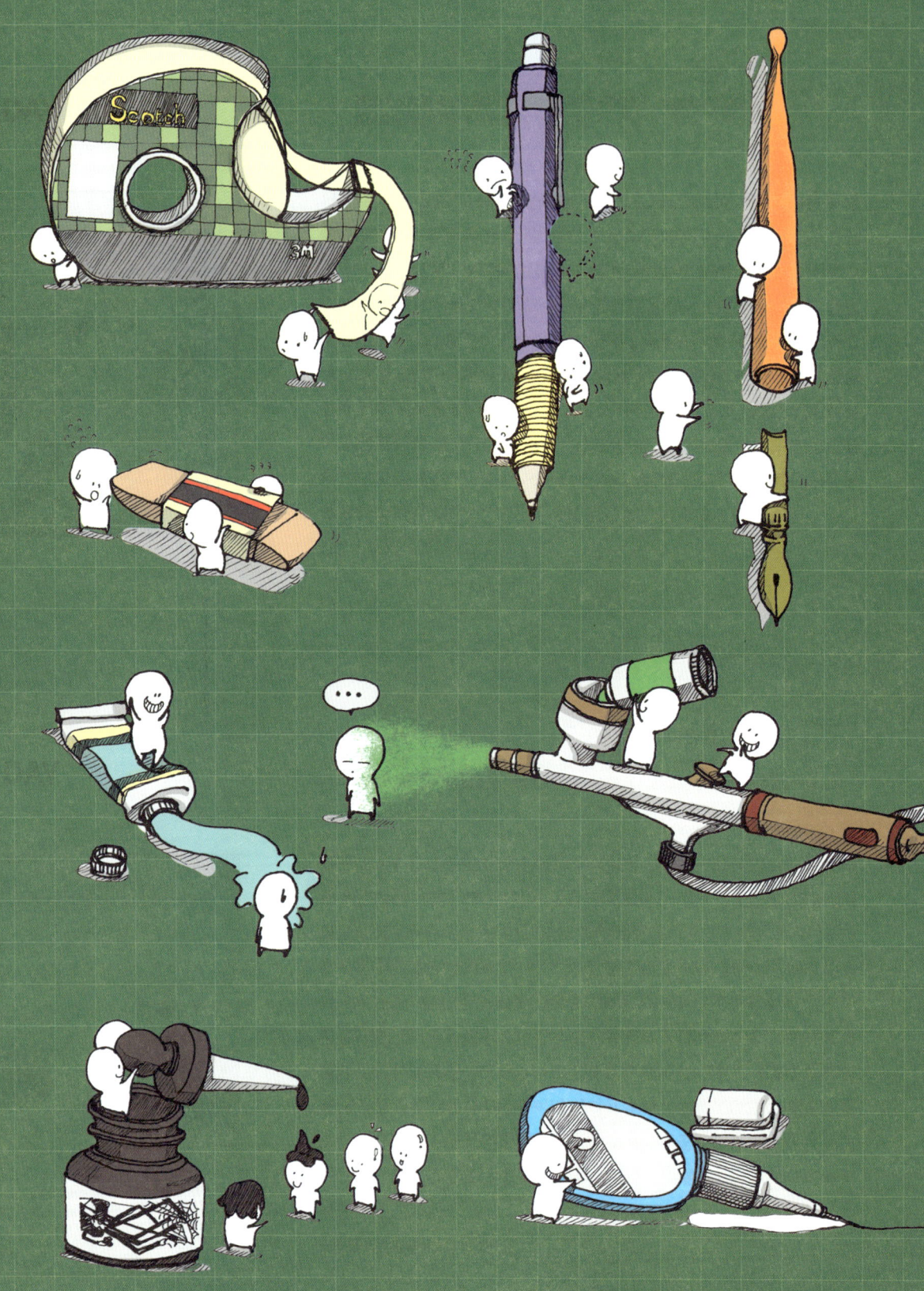

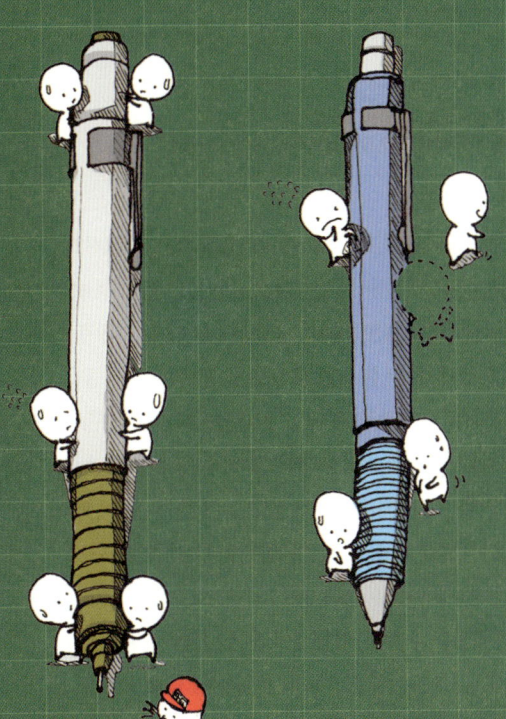

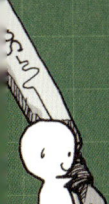

# 무협·액션

추리 만화가 코스를 예측하기 힘든 변화구라면, 무협 액션은 철저히 관습적인 설정에 충실한 직구를 선보이는 만화다. 철저한 오락성을 염두에 둔 이 소년만화 혹은 남자만화는 다음 장면이 충분히 예측 가능한 공식과 관습을 답습하는 경우가 많다. 책을 가까이하지 않는 남자들이 이러한 단순함과 묵직함에 반하는 것도 이해가 간다. 과거의 무협만화는 부모님의 원수를 갚기 위해 지옥훈련을 마친 주인공의 무예 단련과 숙적과의 대결에 초점을 맞추어 비장미가 넘쳤다. 그러나 요즘의 무협만화는 인간적으로 빈틈 많은 주인공이 숨겨둔 실력을 발휘하는 것으로 대체되어 유쾌함과 박진감이 넘치는 캐릭터가 많다. 섬세하고 감성적인 부분이나 스토리텔링의 극적 구성보다는 주인공들의 역동적인 웃음과 세상에 맞서는 활극이 박력 있게 묘사되는 것이다. 스크린에 출몰하는 마블 코믹스류의 액션히어로들은 냉전시대의 산물을 넘어 자신의 정체성을 고민하는 복잡한 캐릭터로 변모했으며, 『드래곤 볼』로 시작된 무협 결투물은 육체적 싸움을 넘어서서 시적인 내레이션과 이미지들의 부딪힘으로 묘사하여 세련됨을 더한다. 군대 전투물과 사신들의 액션판타지, 초능력자와 반인반요의 칼싸움까지 시공을 무너뜨린 주인공들의 이야기는 앞으로도 많은 호응을 받을 것이다.

# DAY 235

## 각시탈

허영만 지음 | 거북이북스 | 244쪽 | 2011년 | 12,000원 | 초등고학년부터 | 한국 | 무협

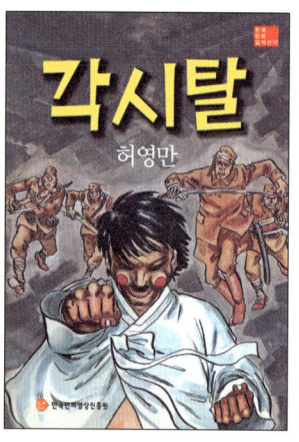

ⓒ 허영만, 『각시탈』, 거북이북스

『각시탈』은 허영만 작가의 초기 작품으로 1976년부터 월간지 〈우등생〉에 게재된 연재물 중 1화에서 7화까지를 편집, 복간한 것이다. 각시탈을 쓴 채 전통무술인 태껸으로 일본군을 무찌르는 이강토가 등장하는 이 만화는 한국적인 정서가 가득한 영웅담이다. 허영만 작가의 만화 작품 특성인 남자 주인공 중심의 섬세한 액션 묘사는 그림을 보는 즐거움을 선사한다. 『각시탈』은 한국적인 만화와 소재가 우리나라에서 가장 잘 통하며 공감될 수 있다는 것을 보여주는 작품이다. 웃음의 코드가 많지만 진정성이 넘치는 진지한 독립운동 이야기와 작가의 데생 실력이 합쳐져서 독자를 작품에 집중하게 만든다. 탈 쓴 주인공이 있는 아류작이 많이 나와 이 만화가 중단되었다는 사연을 들은 후 안타까운 느낌을 지울 수 없었다. 긍정의 힘을 가진 멋진 만화들이 편안하게 나올 수 있는 시절이 되기를 열망한다.

**신정임** 서울 반포중 사서

## 바벨 2세 (전8권)

요코야마 미쓰테루 지음 | AK커뮤니케이션즈 | 각권 330쪽 안팎
2007년 | 각권 6,500원 | 고등학생 | 일본 | 상상, 초능력

**DAY 236**

ⓒ요코야마 미쓰테루, 『바벨 2세』, AK커뮤니케이션즈

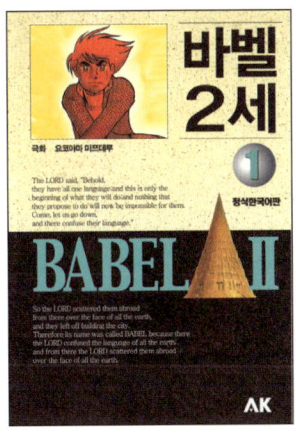

〈소년 챔피언〉이라는 일본 만화잡지에 1971년부터 3년간 연재된 SF 만화로, 국내에선 클로버문고의 해적판으로 기억하는 이들이 많다. 세계 정복을 꿈꾸며 인조인간을 만들어내는 라이벌 요미가 주인공 야마노 고이치와 동일한 유전자를 가진 초능력자로서 대결을 펼친다. 검은 표범 로뎀과 괴조 로프로스, 그리고 인간형 로봇 포세이돈을 부하로 거느리며 요미가 만들어 낸 클론들과 싸움을 벌이는 장면은 바벨탑이 만들어 낸다는 모래폭풍처럼 기묘한 분위기를 연출한다. 하늘에 닿으려는 인간의 좌절된 욕망을 상징하는 바벨탑을 외계인이 만들어 낸 첨단기지의 성전으로, 유전자 조작이 가져오는 클론의 디스토피아를 세계 위협의 음모적 코드로 읽어낸 작가의 상상력이 흥미롭다. 『도쿠가와 이에야스』, 『삼국지』 등의 시대 역사물과 마법공주물의 원조 격인 『요술공주 새리』의 작가로도 어른들에게 더 유명한 작가다.

**왕지윤** 인천 경인여고 국어교사

# DAY 237

## 스콧 필그림 (전6권)

브라이언 리 오말리 지음 | 이원열 옮김 | 세미콜론 | 각권 200쪽 안팎
2010년 | 각권 8,000원 | 고등학생 | 캐나다 | 액션

같은 캐나다 만화 작가로 주목받고 있는, 진지하고 건조한 관점으로 『에식스 카운티』를 쓴 제프 르미어와 달리 『스콧 필그림』의 브라이언 리 오말리는 경쾌하고 재기발랄하다. 〈새벽의 황당한 저주〉와 〈뜨거운 녀석들〉의 에드가 라이트 감독이 이 작품을 영화한 것도 당연해 보인다. 록밴드에서 활동하는, 그다지 남성적인 매력이 넘치는 것도 아니고, 특별히 잘난 것도 없어 보이는 스콧 필그림이라는 주인공이 라모나라는 여자에게 반하면서 그녀의 7명의 사악한 전 남자친구들과 싸운다는 내용이다. 이 대결을 펼치는 과정이 게임 형식으로 진행되는데, 현실과 상상의 경계를 자유스럽게 오가며 과장적인 표현을 통해 만화라는 장르가 펼칠 수 있는 기상천외한 상상력을 신나게 마음껏 발휘한다.

**한지연** 전남 영암초 교사

ⓒ 브라이언 리 오말리, 『스콧 필그림』, 세미콜론

## 은밀하게 위대하게 (전2권)

최종훈 지음 | 발해 | 각권 360쪽, 488쪽 | 2011년 | 각권 11,000원 | 고등학생 | 한국 | 액션

**DAY 238**

ⓒ 최종훈, 『은밀하게 위대하게』, 발해

들개로 태어나 괴물로 길러진 주인공은 공화국에서는 '혁명전사', 이곳에서는 '간첩'이다. 하지만 남한에 와서 특수 지령을 수행하기 위해 그가 맡은 역할은 동네 귀퉁이 어디에나 꼭 한 명은 있을 듯한 보잘것없는 백수 형아다. 게다가 동네 조무래기들에게 짱돌까지 얻어맞는다. 요즘 같은 풍진 세상에 5개 국어에 능통하고 저격률이 99%에 육박하는 그야말로 쓸데없이 넘치는 엄청난 능력에도 청년실업자인 건 흉도 아니다. 우리와는 많이 다른 북쪽 사람, 게다가 남파 공작원이지만 우리 동네에 와서 평상에 나자빠진 동네 바보형으로, 한가로운 풍경처럼 자연스럽게 스며들어가는 '사람'을 그려내고 있다. 너무나도 낯선 북쪽 사람들의 너무도 다른 이념을 걷어내고 바라보자면 그저 이러한 사람들인 것이다. 후반의 장엄한 비극을 좇아가려는 아쉬운 강박증도 엿보이지만 웃기고 안타깝고 애잔하다.

**한지연** 전남 영암초 교사

## DAY 239

### 배트맨 : 다크 나이트 리턴즈 (전2권)

프랭크 밀러 지음 | 프랭크 밀러, 클라우스 잰슨, 린 발리 그림
김지선 옮김 | 세미콜론 | 각권 112쪽, 128쪽 | 2008년
각권 12,000원 | 고등학생 | 미국 | 액션, 영웅

DC코믹스의 유서 깊은 배트맨 시리즈 중에서도 역작으로 평가받는 프랭크 밀러의 '다크 나이트 리턴즈'는 시종일관 냉소적이고 건조하고 어둡다. 배트맨의 태생이 그렇다지만 펄프 픽션류의 그래픽 노블 색감과 동선이 부담스러운 입장에서는 프랭크 밀러의 담대하고 거친 터치가 꽤 마음에 든다. 진지하고 사실적인 프랭크 밀러의 세계관과 가까웠던 크리스토퍼 놀란 감독의 〈다크 나이트〉에서 '혼돈'을 상징하던 고담시의 악당 조커는 무지막지하게 자신을 몰아붙이는 배트맨에게 "너와 나는 서로를 완성시켜 준다."는 막말 아닌 고백을 했다. 과연 법망 위의 배트맨이 정당한 존재인지, 그가 고담시를 어지럽히는 사악한 악당들이나 자경단과 무엇이 다른지 외로운 번민은 계속된다. 늙고 약해진 배트맨이라니, 우리를 열광시켰던 영웅이 늙어간다는 건 참 쓸쓸하다. **한지연** 전남 영암초 교사

## DAY 240

### 배트맨 허쉬 (전2권)

제프 로브 글 | 스콧 윌리암스, 짐 리 그림 | 박중서 옮김
세미콜론 | 각권 120쪽, 128쪽 | 2008년
각권 12,000원 | 고등학생 | 미국 | 액션, 영웅

배트맨 시리즈는 DC코믹스의 편집진과 작가진에 따라 그 작품의 성향도 많이 다르다. 이 작품은 배트맨이 누구이며 어떻게 그렇게 되었는지 배경을 설명하는 만화로, 악을 쫓고 진실을 파헤치는 탐정물의 성격이 강하다. 고담시에 새로운 악당 허쉬도 등장시켰다. 히어로물은 절대적인 초능력을 지닌 영웅이 악을 무찌른다는 지극히 단순한 이야기 구조를 지녔다고 폄하될 수 있다. 그러나 포이즌 아이비에게 조정을 당하면서도 절대 사람을 해치지 않겠다고 안간힘을 쓰는 슈퍼맨, 개인적인 복수에 눈이 멀어 법 위에 서고자 하는 배트맨의 오만으로 오히려 도시의 치안과 안전이 위협받는 모습은 영웅이 되고자 하면서도 어쩔 수 없는 한계에 직면한 인간의 복잡한 딜레마 상황을 보여준다.

**한지연** 전남 영암초 교사

## 20세기 기사단 (전9권)

김형배 지음 | 게임문화 | 각권 170쪽 안팎 | 2002년 | 각권 6,000원 | 초등학생 | 한국 | SF, 액션

**DAY 241**

1979년부터 만화잡지 〈새소년〉에 3년간 연재되었던 김형배 화백의 SF 액션만화로 게임문화사에 의해 2000년에 복간, 현재는 웹툰 유료만화로 볼 수 있다. 공산주의 멸망 후 생겨난 범죄 집단 스펙터에 대항하여 세계 각국의 소년 소녀들로 조직된 20세기 기사단이 창설된다. 기사단 모집에 응모한 김훈, 창안이, 보라는 훈련을 무사히 마치고 중동에 출현한 거대한 탱크 크루즈 나인의 격파를 시작으로 다양한 임무를 수행한다. 나치군을 떠올리게 하는 스펙터 군단의 복장이나 기사단 창설 배경에 표현된 십자군에 대한 낭만적 해석은 시대착오적으로 보인다. 다만, 냉전시대의 이분법이 고스란히 반영된 단순한 편 가르기보다 정의와 평화를 갈망하던 마음을 보아주면 좋겠다. 깔끔하고 세련된 메카닉 디자인과 액션, 폭파 장면은 요즘 그림체로도 손색없다.

**왕지윤** 인천 경인여고 국어교사

## 나루토 (전66권, 미완결)

기시모토 마사시 지음 | 한나리 옮김 | 대원씨아이 | 각권 210쪽 안팎
2000년 - 2014년 | 각권 4,500원, 5,000원 | 고등학생 | 일본 | 무협, 액션

**DAY 242**

불, 바람, 번개, 물, 흙이라는 나라에 나뭇잎, 모래, 구름 등 수많은 야생마을이 존재하며 나라마다 인술을 익힌 닌자 집단이 양성되고 있다는 가정 하에 펼쳐지는 무협액션만화다. 자신의 몸 안에 봉인된 괴물 구미호가 있음을 알게 된 후에도 마을의 지도자인 호카게가 되겠다는 나루토의 꿈은 식을 줄 모른다. 정작 괴물로 변해가는 것은 일족의 재능을 물려받았으나 복수의 화신이 된 동료 사스케다. 그를 짝사랑하며 나루토를 구박하는 사쿠라는 치유의 매개자로 등장한다. 작품 곳곳에 무수한 능력과 기술이 튀어나오지만 결국 사연과 한 몸이 되는 수련을 통한 능력자들의 성장기다. 너무 많은 사연의 캐릭터를 만들어내 감동 코드에도 패턴이 생겨버린 흠은 있지만, 슬픔과 난관에도 웃음을 잃지 않는 나루토의 저돌성이 독자들을 열광시키는 궁극의 기술이다.

**왕지윤** 인천 경인여고 국어교사

## DAY 243

### 드래곤볼 (완전판) (전34권)

토리야마 아키라 지음 | 서울문화사 | 각권 200쪽 안팎
2004년-2006년 | 각권 7,000원 | 중학생 | 일본 | 무협, 액션

일본에서 1984년부터 십여 년간 연재되었고, 국내에는 1989년부터 만화잡지 〈아이큐 점프〉에 연재되어 폭발적인 인기를 끌었으며, 저가 해적판과 유사 정식판본 등으로 불법적인 유통을 선도하는 등 한국 만화계의 지각변동을 초래한 작품이다. 부루마라는 도시 소녀를 따라 소원을 이루어주는 일곱 개의 드래곤볼을 구하러 가는 손오공은 선악의 고민에 어려움이 없어 보이는 전형적인 어린이 액션만화의 히어로다. 그러나 천하제일 무술대회를 계기로 점차 강력해진 라이벌의 등장과 한계를 뛰어넘는 주인공의 무한 성장부터는 플롯과 대결신이 훨씬 정교해지면서 어른들도 충분히 즐길 만한 스토리로 발전한다. 한때 선정성과 폭력성으로 얼룩진 일본대중문화의 첨병으로 지탄받기도 했으나, 대중성과 오락성을 겸비한 현대 코믹액션만화의 전형을 만들어냈다.

**왕지윤** 인천 경인여고 국어교사

## DAY 244

### 디펜스 데빌 (전10권)

윤인완 글 | 양경일 그림 | 강동욱 옮김 | 대원씨아이
각권 190쪽 안팎 | 2010년-2012년 | 각권 4,500원 | 중학생·고등학생 | 일본 | 상상

과연 '악'이란 그리고 '선'이란 무엇일까? 그 경계선인 이벤트 호라이즌에서 악마를 주인공으로 한 선과 악, 정의의 이야기가 펼쳐진다. 마계와 인간계의 경계선에 죄가 의심되는 영혼들이 떨어진다. 영혼들의 무죄를 증명하는 아이템을 찾아내는 변호사는 착한 성품 때문에 마계에서 추방당한 악마 쿠카바라. 그는 빼앗긴 힘을 되찾기 위해 죽은 영혼들의 변호에 나선다. 범죄 사건에 대한 수사가 주된 내용으로 펼쳐지는 이야기는 박진감 넘치는 구성으로 생동감을 더해 주고, 마계를 지키기 위한 악마의 몸부림과 천사들의 검은 음모로 드러나는 사건들은 사람 속에 내재하는 선과 악의 양면성을 여실히 드러내고 있다. 간혹 보이는 약간의 자극적인 장면으로 대상이 초등학생 보다는 중학생 이상이 적합하겠다. 『아일랜드』, 『신암행어사』로 알려진 작가의 작품으로 그 결말은 일대 반전과 감동을 선사한다.

**김경란** 서울 양재초 사서

### 바람의 검심 (완전판) (전22권)

와츠키 노부히로 지음 | 오경화 옮김 | 서울문화사 | 각권 230쪽 안팎
2007년 – 2010년 | 각권 7,000원 | 고등학생 | 일본 | 무협

**DAY 245**

와츠키 노부히로가 〈소년 점프〉에 1994년부터 연재한 이후, 애니메이션과 영화까지 제작된 유명 만화이다. 2012년 부산국제영화제에서 상영되었으며 11월 개봉했다. 『바람의 검심』은 일본 막부 말기에서 메이지 유신으로 넘어가는 시기를 배경으로 하는 만화이다. 주인공 켄신은 악명 높은 사무라이로 자신이 사랑하는 연인을 잃게 되는 과정에서 자신이 수많은 사람을 죽였다는 사실에 큰 죄책감에 시달린다. 켄신은 자신이 저지른 것을 속죄하는 마음으로 타인을 위한 삶을 살아가게 된다. 그림은 전형적인 일본 스타일로, 검술을 다루는 만화이니 만큼 날카로운 느낌을 준다. 하지만 주인공은 여성스러울 만큼 가녀린 외모로 묘사되었고, 얼굴의 십자 상처와 함께 그러한 외모가 주인공의 고뇌를 잘 표현해 주었다. 올바른 삶, 죽음, 그리고 무엇이 인생에서 중요한 것인지에 대해 생각할 거리를 준다.

**박영민** 서울 신정초 사서교사

---

### 블리치 (전60권, 미완결)

쿠보 타이토 지음 | 서울문화사 | 각권 190쪽 안팎
2012년 – 2013년 | 각권 4,500원 | 고등학생 | 일본 | 무협, 판타지

**DAY 246**

어릴 때부터 남들이 보지 못하는 죽은 영혼을 볼 수 있었던 고교생 쿠로사이 이치고는 악령 호로를 물리치는 과정에서 그에게 자신의 힘을 건네준 루키아에 의해 사신이 된다. 초반의 '사신 대행' 편이 이 만화의 세계관을 보여주고 이치고가 능력을 각성하며 자신의 정체성을 찾는 과정을 보여준다면, '소울 소사이어티' 편은 끌려간 루키아를 구하기 위해 동료들과 힘을 합치며 점점 더 강해지는 적들과 마주치는 기존의 배틀 스토리의 관습을 답보하고 있다. 다만 직접적인 칼부림이나 부딪힘이 없이도 상대에게 치명적인 해를 끼치는 이미지의 격돌은 작가 특유의 유려한 장면 연출과 시적 내레이션을 통해 미화되고 있다. 마음속의 검은 어둠을 하얗게 탈색 혹은 표백시킨다는 제목의 의미처럼 자신의 내면과 세상에 존재하는 어둠을 베어내려는 주인공 일행의 모험이 점점 커다란 스케일로 확장된다.

**왕지윤** 인천 경인여고 국어교사

# DAY 247

### 슈퍼맨 : 레드 선

마크 밀러 지음 | 최원서 옮김 | 시공사 | 200쪽
2010년 | 12,000원 | 고등학생 | 미국 | 그래픽노블

우리가 지금까지 보던 슈퍼맨과는 다르다. 슈퍼맨의 설정에서 아주 작은 부분 하나를 살짝 비틀었다. 슈퍼맨이 고향 크립톤에서 지구로 떨어질 때, 미국이 아닌 소련에 떨어진다. 1900년대 스탈린 시대에 말이다. 그는 미국 자본주의가 아니라 소련 공산주의 혁명의 시대를 살게 된다. 스탈린에 의해 그는 초월적인 힘을 지닌 인민영웅이 된다. 그리고 스탈린이 죽자 국가권력을 손에 넣는다. 소련은 슈퍼맨의 초월적인 힘 앞에 안정적이긴 하지만, 억압된 정권이 된다. 그러면서 자신들의 평화와 번영을 세계로 확산하려 한다. 그런 슈퍼맨에 반대하는 세력이 등장한다. 배트맨이다. 익숙한 캐릭터들의 등장으로 이야기의 비틀림은 극대화된다. 이런 비틀림을 통해 작가는 '통제를 통한 평화는 과연 옳은가'에 관한 문제를 제기한다. 상업 영화 주인공의 의도된 변신으로, 작가가 던지는 질문을 더 진지하게 생각하게 한다.

**김혜원** 학교도서관 문화살림

# DAY 248

### 스타워즈 : 클론워즈 어드벤처(전5권)

Dark Horse Books 지음 | 손나치 옮김 | 스타워즈 제작위원회 감수 | 애니북스
각권 200쪽 안팎 | 2007년~2008년 | 각권 10,000원 | 고등학생 | 미국 | 가상, 미래

총 여섯 편의 영화로 제작된 〈스타워즈〉 시리즈를 한 번씩은 보았지만, 영화 자체도 스케일이 크고 긴 시간을 다루고 있어 이해하기 벅찼던 기억이 있다. 그런 방대한 역사의 일부분을 에피소드의 나열로 전개해 나가는 특징과 미국 만화의 화풍에 익숙하지 않은 탓에 처음에는 스토리를 따라가기가 힘들었다. 영화를 볼 때는 스타워즈를 선을 대표하는 제다이와 악을 대표하는 시스의 대결 구도로 선의 승리를 보여주는 영화라고 생각했다. 그러나 다섯 권에 수록된 총 40여 편의 에피소드들을 읽으면서 영화에서 비중 있게 다뤄지지 않았던 제다이의 오만함이 부른 비극, 소품일 뿐인 전투로봇이 자신의 존재에 대해 가지는 진지한 고찰 등 다양한 제다이들과 클론, 여러 인물들과 그들의 고뇌와 클론전쟁에서의 활약상을 알아갈 수 있게 된다.

**김희경** 서울 상암중 수학교사

## 열혈강호 (전63권, 미완결)

전극진 글 | 양재현 그림 | 대원씨아이 | 각권 180쪽 안팎
1995년 – 2014년 | 각권 4,500원 | 고등학생 | 한국 | 무협, 액션

**DAY 249**

1994년 〈영챔프〉 창간호에 발표한 지 5년 만에 우리 만화로는 처음으로 단행본 200만 부 판매를 기록한 인기 만화로 이를 원작으로 온라인 롤플레잉 게임까지 만들어졌다. 정파와 사파로 나뉘어 대립하는 강호에 홀연히 나타난 천마신군의 제자 한비광과 할아버지 검황의 행방을 찾는 남장 여인 담화린의 만남을 골자로 이야기가 진행된다. 기존 무협만화가 지니고 있던 비장미를 걷어내고, 예쁜 여자를 노골적으로 밝히는 어수룩한 주인공이 실은 검마의 피를 가진 뛰어난 무공의 소유자라는 설정을 통해 바람둥이 실력자의 숨겨진 매력을 확인하는 즐거움을 안겨준다. 주인공을 돋보이게 하기 위해 터무니없는 능력들을 나열하며 조연들을 쓰러뜨린다든가 웃음 코드가 일정한 패턴으로 반복되는 것은 낭비적이지만 코믹무협만화의 계보를 연 작품으로서 단연 선구적이다.

**왕지윤** 인천 경인여고 국어교사

## 용비불패 (애장판) (전15권)

문정후 지음 | 학산문화사 | 각권 220쪽 안팎
2010년 – 2011년 | 각권 9,000원 | 고등학생 | 한국 | 무협

**DAY 250**

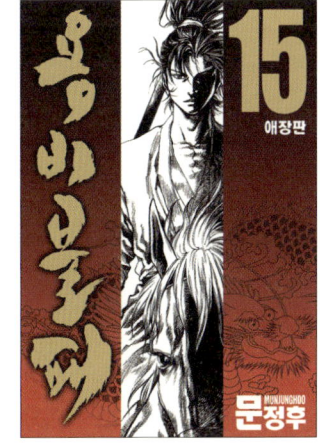

여자를 밝히는 호색한이며 돈을 밝히는 수전노, 허술함에서 느껴지는 인간미 등 존재감 있는 무협액션 주인공들은 다양한 개성을 요구받는다. 여기에 현상금 사냥꾼이라는 서부영화 코드가 덧입혀진 주인공 용비와 그의 애마 비룡의 개그담, 섬세한 필치의 액션 장면은 『열혈강호』와 함께 이 작품을 90년대를 대표하는 무협활극으로 만들어주었다. 용비는 악명 높은 사흑련 집단의 우두머리인 구휘를 잡아다가 율무기라는 소년을 구한다. 소년이 지닌 금화경은 안개로 둘러싸인 무해곡에 숨겨진 황금성의 비밀을 간직하고 있는 보물로, 많은 무인들이 이것을 탈취하려 애쓰는 과정에서 예기치 못한 사건들이 이어진다. 비장미 넘치는 후반부의 전개 속에서도 일정하게 웃음의 톤을 유지하며, 최근 외전이라는 형태로 새로운 이야기를 이어가고 있다.

**왕지윤** 인천 경인여고 국어교사

## DAY 251

### 원피스 (전73권, 미완결)

오다 에이치로 지음 | 금정 외 옮김 | 대원씨아이 | 각권 200쪽 안팎
1999년-2014년 | 각권 4,500원, 5,000원 | 초등높은학년 | 일본 | 액션 판타지

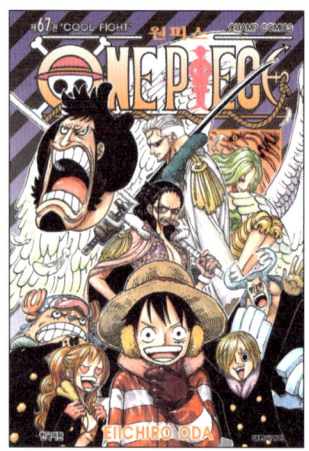

어렸을 때 동화책이나 영웅담을 읽으며 어디엔가 나오는 다른 사람들이 사는 색다른 세계가 있다는 생각, 혹은 변신할 수 있다거나 팔이 늘어난다거나 하는 초능력이 생기는 생각은 누구나 했을 법한 상상이다. 『원피스』는 이런 어린아이 같은 상상이 끊임없이 펼쳐지는 만화이다. 이 만화는 온몸이 고무처럼 늘어나는 초능력을 지닌 '루피'가 이끄는 해적단이 보물 원피스를 찾기 위해 벌이는 위대한 항로의 여행을 그리고 있다. 60권이 넘는 장편의 이야기에서 루피 해적단이 만나는 다양한 나라와 수많은 사람들은, 작가의 기막힌 상상력의 산물이다. 항해할 때마다 닥치는 어려움에도 늘 바보처럼 긍정적이고 생기 넘치는 루피의 모습은 보는 사람들 또한 기운을 나게 만들 정도다. 이런 무한 긍정 또한 만화를 읽는 재미가 아닐까?

**이선우** 건국대 철학과

## DAY 252

### 이누야샤 (전56권)

타카하시 루미코 지음 | 서현아 옮김 | 학산문화사 | 각권 180쪽 안팎
2002년-2010년 | 각권 3,500원-4,200원 | 고등학생 | 일본 | 상상, 요괴

사당 안 우물을 통해 500년 전 전국시대로 간 신사 집안의 장녀 카고메는 무녀에 의해 봉인되어 있던 반요괴 이누야샤를 풀어주고, 사악한 힘이 담겨 있는 사혼의 구슬을 찾아 떠나는 여행을 시작한다. 모든 것을 빨아들이는 풍혈을 손바닥에 지녔으나 여색을 밝히는 법사 미륵, 비래골이라는 무기를 던지며 고양이 요괴 키라라를 타고 다니는 산고, 서투른 변신술과 요력을 지닌 꼬마여우 요괴 싯포 등 매력적인 친구들은 개그물과 요괴물을 오가며 흥미로운 줄타기를 시도한다. 이누야샤의 배다른 형제 셋쇼마루와 사악한 요기로 똘똘 뭉친 나락 등 카리스마 넘치는 악역들의 아우라도 팽팽하다. 『란마 1/2』에서 반남반녀 주인공의 정체성 혼란을 통해 웃음 코드를 만들었던 작가가 반인반요의 이누야샤를 통해 또 한 번 인간이 무엇인지 오싹하고 재미나게 묻고 있다.

**왕지윤** 인천 경인여고 국어교사

## 최유기 리로드 (전10권)

미네쿠라 카즈야 지음 | 서현아 옮김 | 학산문화사 | 각권 180쪽 안팎
2002년-2011년 | 각권 5,000원-7,000원 | 고등학생 | 일본 | 액션 판타지

**DAY 253**

우리나라 〈날아라 슈퍼보드〉의 삼장법사 일행이 더 친근한 이들에게 음주와 흡연을 즐기는 오만불손한 현장 삼장이나 식탐이 강한 손오공, 괴팍하면서도 여자와 아이들에게는 친절한 사오정, 공손하면서도 어쩐지 차가운 저팔계, 그리고 충성스러운 용(지프)의 조합은 일탈처럼 보일 수 있다. 지나칠 정도로 매끈한 외모는 위화감이 들기도 한다. 그러나 원작이나 다른 각색 작품들에서는 볼 수 없는 색다른 매력이 있다. 이곳의 도원향은 인간과 요괴, 과학과 마법이 뒤섞여 있으며 요괴들이 폭주하는 이변으로 균형이 무너져 내렸다. 요괴와 인간의 불평등 속에 내포된 계급과 권력에 대한 비판, '구원'이라는 환상을 향한 경계 등 놀리는 듯한 교훈도 계속된다. **한지연** 전남 영암초 교사

## 쿵후보이 친미 Legends (전15권, 미완결)

마에카와 타케시 지음 | 오경화 옮김 | 대원씨아이 | 각권 190쪽 안팎
2008년-2013년 | 각권 4,000원, 4,500원 | 초등학생부터 | 일본 | 무협

**DAY 254**

이 시리즈는 『쿵후보이 친미』, 『신 쿵후보이 친미』, 『쿵후보이 친미 외전』에 뒤이어 나온 것으로 현재 13권까지 연재 중이다. 이 책은 2012년 탄생 30돌을 맞았다. 이렇게 오래도록 꾸준히 사랑받고 있는 이유가 있지 않을까. 이 책은 중국 대림사에서 권법을 수행하는 소년 친미의 성장만화이다. 무협만화의 특성상 쿵후 무술 대결 장면이 많이 들어가 있다. 스토리는 단순하지만, 액션과 스피드를 느끼며 즐길 수 있다. 적에게 악의를 느끼거나 이기적이지 않은 성품의 주인공, 그와 대결 후에 죽은 사람은 없다. 그래서 무협만화가 주는 잔인성과 폭력성에 대한 부담을 덜어내며 아이들과 함께 보아도 좋겠다. 늘 변함없이 무술 수련에 노력을 다하고, 주위 사람들에게 신뢰를 받는 주인공이 있어 반갑다.

**변영이** 길꽃어린이도서관 책밭매기독서클럽

## 히어로즈

DC코믹스 지음 | 홍성은 옮김 | 학산문화사 | 200쪽 | 2008년 | 14,000원 | 미국 | 중학생 | 액션 판타지

**DAY 255**

미국 드라마를 원작으로 한 만화다. 원작을 모를 경우, 인물과 스토리 진행에 상당히 신경을 쓰고 읽어야 한다. 초능력을 가진 인물이 여럿 나온다는 것이 일단 흥미를 끈다. 그런데 무서운 것은 초능력을 가진 사람들이 또 다른 초능력을 가진 사람을 죽이면 죽은 사람의 초능력이 자신의 것이 된다는 것. 그런 사실을 바탕으로 악당이 등장한다. 싸일로, 그는 여러 능력을 갖추어 가다가 결국 죽지 않는 능력을 얻게 된다. 그의 힘으로 뉴욕 절반이 날아가는 대폭발 사고가 일어난다. 그리고 나타나는 영웅! '시간을 돌리는 자'. 그의 능력으로 시간은 폭발 전으로 돌아간다. 그리고 쫓고 쫓기는 추격전. **김혜원** 학교도서관 문화살림

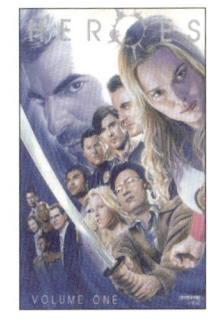

# 사회 · 현실

이 장에서는 우리가 살고 있는 사회와 현실을 담아내려는 만화들의 공통 코드로 소외와 인권, 환경과 분쟁을 제시하려 했다. 비만 오면 물이 고이는 반지하방 자취생들의 궁상 리얼리티와 주인을 기다리는 애완동물들의 취업 알바기에는 꿈을 저당 잡힌 청년들의 모습이 담겨 있다. 기록 문학과의 만남을 시도하는 작가들의 현장답사 보고서에는 비정규직 근로자에서 철거민, 새터민과 장애인, 입양아의 표정과 감정을 담아내고 차별 없는 세상을 만들어 가려는 변호와 증언이 녹아 있다. 공산 폴란드에서 팔레스타인 가자 지구, 테헤란과 서아프리카의 마을까지 창문 안의 풍경 감상이 아니라 눈에 보이지 않는 과거와 미래까지 보려는 노력이야말로 사회, 현실을 올바르게 재현하는 기본 태도일 것이다. 자신만의 정신세계에서 외롭게 살아가는 아이들의 외로운 싸움에서, 전쟁과 오염으로 황폐해진 자연과 인간의 만남에도 따뜻한 교감이 필요함을 가르치는 감동 다큐멘터리다.

# DAY 256

## 굿모닝 예루살렘

기 들릴 지음 | 서수민 외 옮김 | 이미지프레임 | 336쪽
2012년 | 16,000원 | 중·고등학생 | 프랑스 | 사회현실

캐나다 출신의 만화가로, 『평양』, 『버마 연대기』 등의 르포 만화를 출간한 기 들릴의 작품이다. '국경없는의사회' 활동을 하는 아내를 따라 이스라엘 예루살렘에 1년간 체류하면서 있었던 일상을 그렸다. 많은 볼거리와 재미로 좋은 반응을 얻은 결과, 출간 2달 만에 앙굴렘국제만화페스티벌에서 '최고의 작품상'을 수상했다. 『굿모닝 예루살렘』은 일상에서 접하는 유대인과 팔레스타인의 모습, 이스라엘의 풍경 등을 통해 예루살렘의 실상을 보여준다. 작가는 분쟁에 대해 특정 종교나 정치적 견해로 판단하려 하지 않는다. 그저 평범한 생활 속에서 만나는 풍경들을 하나하나 스케치해 보여줄 뿐이다. 국제적 문제와 민감한 사안을 위트 있고 담담하게 그려냈다. 단순한 그림과 짧은 컷의 만화 안에 많은 주제와 생각할 거리들이 담겨 있다. 작가의 면밀한 관찰력이 돋보이는 만화이다.

**조선혜** 서울 대신고 사서교사

ⓒ 기 들릴, 『굿모닝 예루살렘』, 이미지프레임

# 마르지 1984-1987 (전2권)

마르제나 소바 지음 | 실뱅 사부아 그림 | 김지현 옮김 | 세미콜론
각권 136쪽, 132쪽 | 2011년 | 각권 12,000원 | 중·고등학생 | 폴란드 | 동유럽역사

**DAY 257**

ⓒ 실뱅 사부아, 『마르지 1984-1987』, 세미콜론

잠깐, 선입견일랑 살짝 밀어두자. 다소 딱딱한 부제인 1권 '공산 폴란드에서 보낸 어린 시절'과 2권 '우리는 체르노빌 시대'만 보고 심각한 이야기일 거라는 생각은 미리 하지 말자는 얘기다. 이야기는 이렇다. 성인이 된 마르지가 자신의 어린 시절을 어떤 이에게 말했는데 그 어떤 이가 재미있어서 혹은 관심이 생겨서 만화로 만들기로 했다는. 물론 마르지가 전해주는 이야기에는 공산치하의 폴란드, 전쟁 중인 폴란드가 있다. 그래도 마르지와 친구들은 즐거울 때가 훨씬 많다. 초인종 누르고 도망가기, 컬러 TV를 보고 좋아하기. 계속되는 엄마의 잔소리를 지겨워하는 마르지를 보고 있으면 동유럽에 있는 폴란드가 이곳과 가깝다는 생각이 들 정도다. 읽다 보면 저절로 폴란드 문화와 사회를 알게 된다는 점은 확실한 덤이다.

**김광재** 학교 밖 독서지도

# DAY 258

## 굿모닝 버마

기 들릴 지음 | 소민영 옮김 | 서해문집 | 268쪽
2010년 | 11,900원 | 중·고등학생 | 캐나다 | 버마 견문록

NGO 활동을 하는 부인을 따라 미얀마에서 생활하게 된 만화가의 눈을 통해 미얀마 문화와 정국, 자유 운동 등에 대한 사실적인 묘사가 그려지고 있다. '미얀마'라는 국호는 쿠데타로 버마의 정권을 뺏은 군사독재 정권이 대량학살의 이미지를 없애기 위해 국민의 동의 없이 바꾼 이름이라고 한다. 군부의 독재와 압제에 맞선 미얀마 시민들의 생활상과 정치 자유를 위한 수지 여사의 일화를 외국인의 시선에서 보여준다. 허가를 받지 않으면 남의 집에서 잘 수 없는 미얀마의 현실과 일상적으로 이루어지는 언론 탄압 등 미얀마의 정치 상황을 보며 인권에 대한 당연한 주장을 머릿속에 떠올리게 된다. 미얀마의 생활과 풍습을 알 수 있고 미얀마에 대해 관심을 가지게 할 만화이다.

**신정임** 서울 반포중 사서

ⓒ 기 들릴, 『굿모닝 버마』, 서해문집

## 먼지 없는 방 삼성 반도체 공장의 비밀
김성희 지음 | 보리 | 152쪽 | 2012년 | 12,000원 | 중·고등학생 | 한국 | 사회문제

## 사람 냄새 삼성에 없는 단 한 가지
김수박 지음 | 보리 | 132쪽 | 2012년 | 12,000원 | 중·고등학생 | 한국 | 사회문제

DAY 259

ⓒ 김성희, 『먼지 없는 방』, 보리

ⓒ 김수박, 『사람 냄새』, 보리

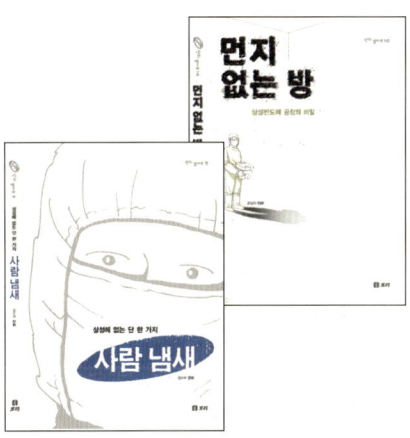

우리나라에서 삼성의 전자제품을 한 개도 갖고 있지 않은 사람은 거의 없을 것이다. 그러나 그 제품을 만들기 위해 공장에서 일했던 노동자가 억울하게 병들어 죽어야 했던 사연을 아는 사람은 그중 얼마나 될까? 우리는 그동안 대기업이 내보내는 광고 이미지에만 속아 그 이면에 있는 이야기들을 놓치고 있었던 것은 아닐까? 이 책은 삼성 반도체 공장에서 일하다 백혈병으로 사망한 노동자의 실제 이야기를 바탕으로 그려진 만화이다. 대기업의 비인간적인 행동 때문에 억울하게 죽어야 했던 노동자와 피해보상도 받지 못한 가족들의 사연을 보며, 우리가 그간 몰랐던 사실들에 대해 눈뜨게 된다. 표제인 '먼지 없는 방', 클린 룸이 인간을 클린하게 하는 게 아니라, 물건을 클린하게 하는 데 인간을 사용한다는 모순이 가슴을 서늘하게 하는 책이다.

**이선우** 건국대 철학과

# DAY 260

## 무한동력 (전2권)

주호민 지음 | 상상공방 | 각권 256쪽 | 2009년 | 각권 11,000원 | 고등학생 | 한국 | 청년취업 현실

'88만원 세대의 희망찾기'라는 부제를 가진 이 만화는 취업을 앞둔 청년들이 한 하숙집에 모여 자신들의 삶을 꾸려나간다는 이야기이다. 군대만화『짬』으로 많은 인기를 모았던 작가 주호민은 단순한 이야기와 그림으로 청년 세대가 겪는 현실 문제를 더욱 도드라지게 드러나도록 만든다. 대기업 취업을 목표로 하는 대학생, 공무원 시험을 준비하는 휴학생, 네일아트를 배워 자신의 가게를 창업하는 꿈을 가진 청년. 산꼭대기 하숙집에 모여 사는 이 청년들에게 꿈은 희망이자 절망의 모습을 하고 있다. 무한동력을 발명하는 하숙집 아저씨의 모습은 이 시대 젊은이들의 모습과 겹쳐져 보인다. 끝을 알 수 없는 현실에 오로지 희망만을 무기로 지금을 사는 사람들, 그들의 이야기를 따라가다 보면 어느새 그들을 응원하고 있는 자신을 발견하게 된다. 그러나 현실과 싸울 무기가 오로지 희망밖에 없는 가엾은 청춘들이 우리 아이들의 미래일 거라 생각하니 씁쓸해진다.

**박영민** 서울 신성초 사서교사

ⓒ 주호민,『무한동력』, 상상공방

## 남쪽손님/빗장열기
### 보통 시민 오씨의 548일 북한체류기

오영진 지음 | 이미지프레임 | 각권 228쪽 | 2004년 | 각권 8,800원 | 고등학생 | 한국 | 남북한 현실

DAY 261

ⓒ 오영진, 『남쪽손님』, 이미지프레임

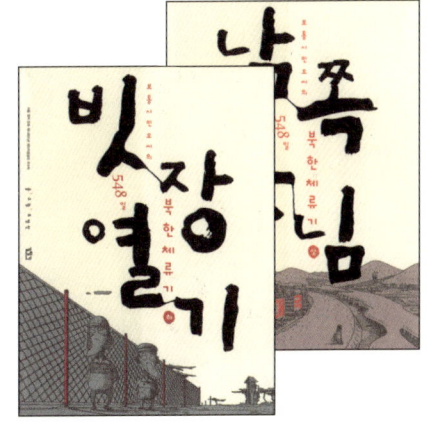

대북 경수로 사업에 참여한 작가는 신포에서의 생활을 이 책으로 남겼다. 작가는 남한에 북한의 재외 공간이 없기 때문에 김포에서 비행기를 타면 한 시간도 안 되는 거리를 북경에서 출발해 평양을 거쳐 함흥으로 돌고 돌아서 도착했단다. 그곳은 주방도구가 통신장비로 오해되고 나라님 이름을 그대로 불렀다고 혼나고 남한 사람은 미제 앞잡이라고 외면당하는 낯선 공간이다. 새로 개발한 꿩 요리의 가격을 결정하지 못해 어쩔 줄 몰라 했던 것도 잠시, 북한에도 자본주의 시장 경제의 논리가 도입되어 이제 가격이 만만치 않다. 작가가 신포에서 북한 사람들과 부대끼며 경험한 일화들을 소소하게 스케치함으로써 너무나 다르면서도 닮은, 더하고 뺄 것도 없이 동시대를 살아가는 북한 사람들을 담담하게 보여주고 있다.

**한지연** 전남 영암초 교사

# DAY 262

## 사람 사는 이야기 (전2권)

박인하 외 지음 | 휴머니스트 | 각권 312쪽, 356쪽
2011년, 2012년 | 각권 15,000원 | 고등학생 | 한국 | 시사, 풍자

다양한 사람들의 삶을 그리고 있는 다큐 만화이다. 그런데 이 책 두 권의 무게가 그리 가볍지 않게 느껴지는 이유는 그저 마음 편한 이야기 모음은 아니기 때문이다. 보통 사람들, 소외된 사람들, 하루하루 먹고사는 것을 걱정해야 하는 사람들, 온정이 필요한 사람들의 이야기가 흐른다. 내 삶의 테두리 안에서만 안전하고 별일 없게 살기를 바라는 사람들에게 권하고 싶은 책이다. 그 어떤 사람의 삶도 소중하다 말하는 작가 여럿이 뭉쳤다. '당신도 한 번 그렇게 살아봐야 지금 얼마나 행복한 건 지 알 수 있어! 하루하루를 죽지 못해 어렵게 살아가는 사람들의 삶을 네가 알기나 해? 돈 많으면 좀 도와!' 하면서 단순히 호통을 치려고 하는 책은 아니다. 작가들은 직접 발로 뛰며 취재한 내용을 바탕으로, 우리의 현재를 사실적으로 보여준다. 그들의 풍자와 유머는 이 역시 우리의 삶이며, 우리의 역사라는 것을 일깨워 준다.

**정욱** 서울 경희고 사서교사

## 사이시옷

손문상 외 지음 | 창비 | 224쪽 | 2006년 | 10,000원 | 고등학생 | 한국 | 인권

DAY 263

ⓒ 손문상·유승하·이애림·홍윤표, 『사이시옷』, 창비

'차별 없는 세상'을 꿈꾸는 사람들은 많다. 여기서 궁금한 건 '그런 세상이 언제 올까'이다. 꿈만 꾸고 있어서일까? 2006년 이후 현재, 세상은 여전히 가난하거나 못 배웠거나 장애를 가졌거나 보편적이지 않은 사람들을 외면하거나 무시한다. 일부 학자들은 경제 제일주의를 이유로 들지만 정확한 이유와 해결책은 대학자에게도 어려운 문제일 터. 이 책은 '국가인권위원회'에서 기획했으며, 3년 먼저 출간된 『십시일반』과 함께 '인권'을 대표하는 만화이다. 학생들은 학교나 학원 선생님의 권유로 많이 읽겠지만, 학부모들에게도 일독을 권한다. 가깝게는 자녀를, 넓게는 사회를 보는 시선이 확대되어 가정의 행복과 사회 평화에 도움을 줄 수 있기 때문이다. 불편하지만, 필요한 책이다.

**김광재** 학교 밖 독서지도

# DAY 264

## 습지생태보고서 (개정판)

최규석 지음 | 거북이북스 | 272쪽 | 2012년 | 13,800원 | 고등학생 | 한국 | 사회현실

방세와 학비에 허덕이는 88만원 세대 대학생과 사회인이 함께 자취하면서 겪은 일상을 그린 만화이다. 자취했던 반지하방의 특성을 살려 거주 공간을 '습지'라고 이름 지었다. 말하는 사슴 '녹용이'의 등장은 다소 생뚱맞지만, 만화에 상상의 요소를 더해주는 작가의 창의력이 빛나는 부분이다. 때론 무생물에 생명을 부여하기도 하여 참신한 이야깃거리를 제공하는 작가의 상상력과 구성력이 감탄할 정도로 뛰어나다. 조금은 암울하기도 한 지하 자취방 속 젊은 세대의 생활 이야기는 오늘날의 현실을 반영하기에 어쩐지 씁쓸하면서도 공감이 된다. 작가의 경험에 기반을 둔 여러 에피소드에 들어 있는 유머와 반전을 만나 보는 재미가 상당하다.

**신정임** 서울 반포중 사서

# 아미띠에

이두호 외 지음 | 이미지프레임 | 226쪽 | 2006년 | 9,800원 | 고등학생 | 한국 · 프랑스 | 사회풍경

DAY 265

ⓒ 변기현 · Catel · 이희재 『아미띠에』 이미지프레임

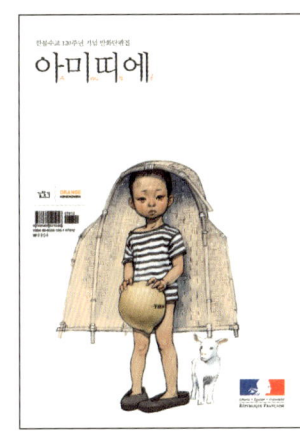

'아미띠에'는 프랑스어로 '우정'이라는 뜻으로, 한국과 프랑스의 수교 120주년 기념으로 만들어진 단편만화집이다. 한국과 프랑스 각각 6명의 작가가 '한국(Coree)'이라는 테마 아래 12개의 작품을 실어 놓았다. 많은 지면을 할애하지 못하는 단편만화가 가지고 있는 특성상 대단히 함축적이며 상징적인 묘사로 이야기가 전달된다. 그래서인지 일부 작품은 상징이나 시간의 흐름, 주인공이 과거와 현재를 오가는 내용 등을 집약적으로 담아 독자들이 이해하기가 쉽지 않아 보인다. 이 중 이두호 작가의 작품은 생명과 자연을 사랑하고 더불어 살아가는 것을 최고의 가치로 여기며 살아온 우리나라의 정서가 잘 표현되어 있다. 아쉬운 점은 프랑스 작가가 바라본 한국의 모습이 담겨진 작품처럼 우리 한국 작가가 바라본 프랑스의 모습을 담은 작품이 없다는 사실이다. 현재 성장하고 있는 우리 예비 작가의 몫으로 내심 돌려 본다.

**오덕성** 서울영상고 사서교사

# DAY 266

## 야옹이와 흰둥이 (전3권)

윤필 지음 | 이미지프레임 | 각권 210쪽 안팎
2011년 | 각권 8,800원 | 한국 | 중·고등학생 | 노동현실

소위 아르바이트라고 불리는 비정규직 노동은 누구나 살아가면서 한번쯤 해 보았을 정도로 익숙한 일이다. 그러나 이런 비정규직 노동으로 생계를 유지해야 하는 사람들에게는 그 말이 그렇게 가볍지 않다. 『야옹이와 흰둥이』는 빚을 지고 도망가 버린 주인님의 빚을 갚기 위해 비정규직 생활전선에 뛰어든 고양이 야옹이와 강아지 흰둥이의 이야기이다. 사람이 아니라는 이유로 최저임금도 받지 못하고 일하기도 하고, 더 힘든 노동을 감당해야 하기도 한다. 귀여운 그림체와 일상의 이야기로 보는 내내 흐뭇한 미소를 짓게 만들지만, 그 속에 담긴 가슴 아픈 사연들과 불합리한 처우 등은 이 이야기를 마냥 귀엽게 보지만은 못하게 한다.

**이선우** 건국대 철학과

© 윤필, 『야옹이와 흰둥이』, 이미지프레임

## 요푸공의 아야 (전2권)

마르그리트 아부에 글 | 클레망 우브르리 그림 | 세미콜론 | 각권 109쪽, 122쪽
2011년 | 각권 12,000원 | 고등학생 | 코트디부아르 | 사회, 문화

**DAY 267**

ⓒ 클레망 우브르리, 『요푸공의 아야』, 세미콜론

1970년대 코트디부아르의 아비장에 있는 서민 동네 '요푸공'에서 벌어지는 일상 이야기가 흥미롭다. 우리나라에 소개된 아프리카 나라에 관한 책은 많지 않다. 『요푸공의 아야』를 통해 새롭게 알게 되는 코트디부아르의 문화와 풍습 등은 아프리카를 독자 곁으로 바짝 다가오게 한다. 결혼을 앞둔 대부분의 요푸공 아가씨들이 가지게 되는 주요한 관심사는 미옷남(미용실, 옷 가게, 남자 사냥)이라고 한다. 평범한 친구들과는 달리 의사로서의 삶을 꿈꾸는 아야와 두 명의 친구들이 벌이는 소동 속에서 여성의 삶을 생각해 보게 된다. 자유분방한 성 문화가 반영된 표현이 간간이 눈에 띄어 고등학교 이상의 학교 도서관에 두는 게 좋을 듯하다.

**신정임** 서울 반포중 사서

# DAY 268

## 을지로순환선 최호철 이야기그림

최호철 지음 | 거북이북스 | 175쪽 | 2008년 | 18,000원 | 중·고등학생 | 한국 | 사회풍경

이 책은 만화도 아니고, 만화가 아닌 것도 아니다. 만화이기도 하고, 만화가 아니기도 하다. 사람들의 '사람 사는 이야기'들이 한 편의 영화처럼 필름 지나가듯 화폭에 그려졌다. 그 어떤 장면 하나 사연이 없는 게 없다. 나와는 똑같지 않은 그들의 이야기임에도 불구하고, 그림만 봐도 그들의 삶이 느껴지고 들리는 듯하다. 작가의 세밀하고 정성스러운 묘사는 한 장면 한 장면 감탄을 하게 만든다. 사실 이 책을 만나기 전, 우연한 기회에 저자의 작품 전시회에 간 적이 있다. 대표작품들은 생각보다 그 크기가 어마어마했다. 지하철 2호선에 탄 사람들의 피곤에 절은 표정들은 나까지 지치게 했다. 출퇴근 시간 마구 엉켜 있는 버스 안 사람들의 짜증이 그대로 전달되었다. 그 생생한 장면을 한 권의 책 속에 꽉 줄여서 담는 바람에 좀 아쉬워진 점은 있지만, 마치 내가 그림 속에 들어가 있는 것과 같은 느낌은 여전하다.

**정움** 서울 경희고 사서교사

ⓒ 최호철, 『을지로 순환선』, 거북이북스

## 이어달리기

문흥미 외 지음 | 이미지프레임 | 232쪽 | 2006년 | 8,800원 | 중·고학생 | 한국 | 여성노동문제

# DAY 269

선진국 대열에 진입하였다고 하지만, 아직 여성 노동현장에서는 차별이 일어나고 있는 현실을 여성의 생애 곡선에 따라 풀어나간 작품이다. 여성으로서 삶, 어머니로서의 삶, 노동자로서의 삶을 어떻게 이어나가야 할지에 대해 만화가들이 공동 작업을 하였다. 우리 사회 여성들이 일을 하면서 부딪치는 현실을 성차별, 직장내 성희롱, 출산휴가나 육아휴직, 양육, 비정규직, KTX 여승무원, 근로빈곤, 최저임금, 한부모여성, 특수고용의 10가지 주제로 다루고 있다. 또한 주제별로 현실적인 난제들을 텍스트로도 정리해 놓아 더 깊이 생각해 볼 수 있게 한 구성이 독특하다. 9명의 만화가들 각각의 개성이 묻어난 그림과 공통 연대적 시선이 조화를 이룬 책이라 볼 수 있다. 이 작품을 통해 우리 사회 전체가 여성에 대해 갖고 있는 편향된 시선과 의식들이 개선되었으면 한다.

**권현숙** 남양주 판곡교 사회교사

# DAY 270

## 자라의 파라다이스

아미르 글 | 칼릴 그림 | 김한청 옮김 | 다른 | 264쪽 | 2012년 | 14,000원 | 고등학생 | 미국 | 이란 현실

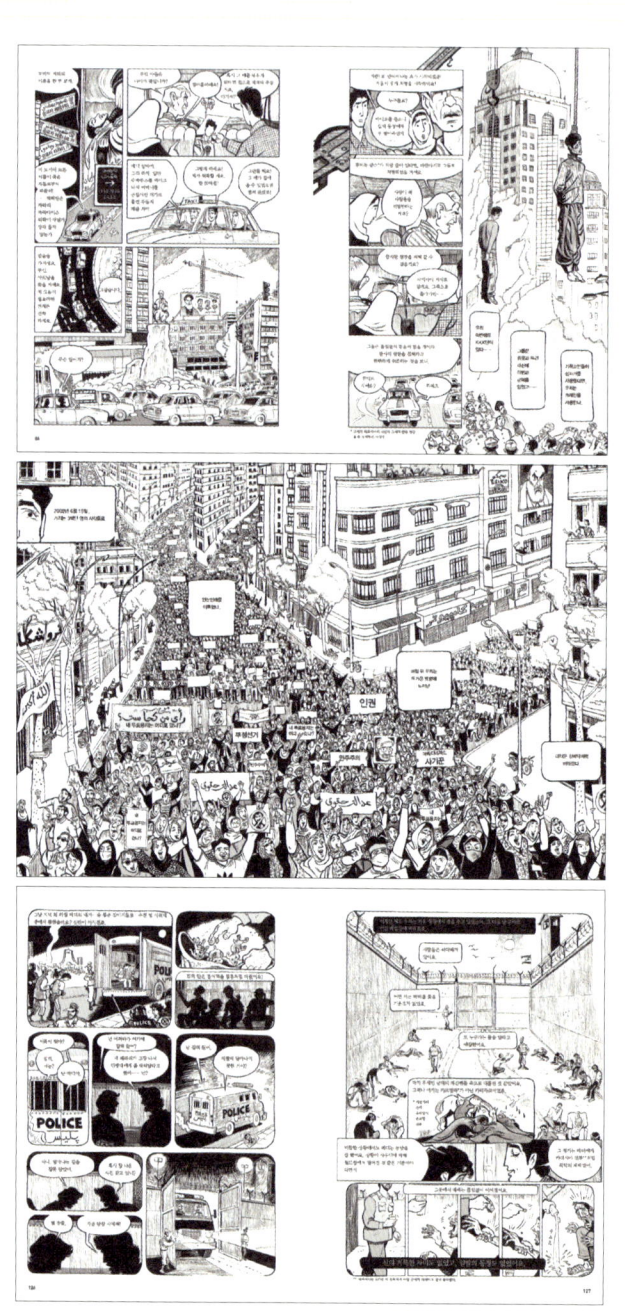

이란의 테헤란 교외에 위치한 대규모 공동묘지인 '자라의 파라다이스'는 파티마 자라의 이름을 딴 것이다. 사람들은 순결, 위엄, 친절, 우아함의 상징인 그녀의 이름을 딴 묘지에 죽은 사람을 묻으면 그가 파라다이스에서 다시 태어날 것이라고 믿는다고 한다. 이 책은 실종된 아들을 찾는 어머니와 형의 이야기를 소재로 하고 있다. 전제왕조를 몰아내고 권력을 가지게 된 종교 세력이 온갖 부정부패와 악행을 저지르는 2009년 이란의 상황을 묘사하고 있다. 책을 읽는 데 이란에 대한 배경지식이 많이 필요하며 꼼꼼히 읽는 노력이 요구된다. 이란의 평화, 민주, 투쟁, 역사에 대해 관심을 갖게 만들어 이를 자세히 알아보고 싶게 만드는 계기를 준다.

**신정임** 서울 반포중 사서

## 체르노빌 금지구역

프란시스코 산체스 글 | 나타차 부스토스 그림 | 김희진 옮김 | 현암사
191쪽 | 2012년 | 12,000원 | 중·고등학생 | 스페인 | 사회문제, 반핵

**DAY 271**

ⓒ 나타차 부스토스, 『체르노빌: 금지구역』, 현암사

이 책은 체르노빌 원전 사고 당시 근무자였던 블라디미르의 가족들이 한 증언을 토대로 재구성되어 폭발 당시 긴박하고 급박했던 상황과 한 가족의 비극을 통해 체르노빌 주민들이 겪고 있는 고통을 잘 보여주고 있다. 원전 폭발과 함께 가족과 삶의 터전을 잃어버리고 엄청난 방사능에 피폭되어 평생을 힘들게 살아가야 했던 이들의 이야기가 생생한 증언을 토대로 살아났다. 20년이 지난 지금도 체르노빌 지역은 사람들이 접근해서는 안 되는 금지구역으로 남아 있다. 원전 폭발은 이들의 삶에 너무도 큰 아픔과 상처를 남겼지만 우리는 그 실상을 잘 모를 뿐더러 이제 서서히 잊고 있다. 지금도 세계에는 432개의 원전이 가동되고 있다. 체르노빌과 후쿠시마는 원전으로 인한 재앙의 시작일 뿐이 아닐까? 책의 뒷면에는 주인공 유리의 편지, 체르노빌지역의 현재 상황, 또 세계 원전의 실태 등에 대한 자료를 실어 놓아 이해를 돕고 있다.

**이호은** 의정부 경민여중 전문상담교사

# DAY 272

### 태일이 (전5권)

박태옥 글 | 최호철 그림 | 돌베개 | 각권 200쪽 안팎
2007년–2009년 | 각권 10,000원 | 초등학생부터 | 한국 | 인물

전태일 분신자살 사건은 1970년 11월 13일 오후 2시 서울 평화 시장 앞에서 자기 몸에 불을 질러 자살을 시도한 일이다. 그는 불에 휩싸인 채로 근로기준법을 준수하라고 외쳤다. 이제 전태일은 역사적인 인물이다. 어떤 이에게는 빚을 진 기분으로 어떤 이에게는 존경심으로 기억되는 사람이지만, 어린이들에게 말해주기에는 좀 버거운 인물이기도 하다. 하지만 이 책은 재미있다. 역사적인 사건이나 정치적인 의견보다는 전태일의 삶과 주변 사람들의 따뜻한 모습에 초점을 맞추었기 때문이다. 재미있게 읽은 책은 시간이 지나면 자연스레 의미가 되는 법. 그래서 이 책의 가치는 매우 크다. 시리즈 다섯 권의 책 제목은 '어린 시절', '거리의 천사', '평화 시장', '노동자의 길', '불꽃이 되어' 이다.

**김광재** 학교 밖 독서지도

ⓒ 최호철, 「태일이」, 돌베개

## 페르세폴리스 (전2권)

마르잔 사트라피 지음 | 김대중, 최주현 옮김 | 새만화책 | 각권 158쪽, 192쪽
2005년, 2008년 | 각권 10,000원, 12,000원 | 중·고등학생 | 이란 | 이란 역사, 사회

**DAY 273**

ⓒ 마르잔 사트라피, 『페르세폴리스 1, 2』, 새만화책

이슬람 혁명과 이란, 이라크 전쟁 시기에 어린 시절을 보낸 마르잔 사트라피의 '만화로 쓴 이란 여성 성장 보고서'. 다른 문화를 가진 세계에서 성장기를 보내고 삶의 방식과 가치관에 대해 고민해 보아야 했던 마르잔 사트라피. 이란 문화와 이란 여성의 삶에 대해 자세히 소개해주며, 이에 대해 생각해 볼 기회를 준다. 이와 더불어 성과 문화, 정치, 여성의 삶에 대해 어떻게 사는 것이 가장 최선일지 의문을 가져보게 한다. 사트라피가 아이의 시점으로 보여주는 폐위된 왕들과 사회 계급의 폭력, 혁명 영웅들에 대한 이야기를 보며 베일에 싸여 있던 이란에 대해 이해하는 시간을 가져 보도록 하자. 잘 알려지지 않은 이란 세계를 이란 여성이 만화 형식으로 알려주어 귀하고 가치 있는 책으로 다가온다.

**신정임** 서울 반포중 사서

# DAY 274

## 피부색깔=꿀색

전정식 지음 | 박정연 옮김 | 이미지프레임 | 304쪽
2009년 | 9,800원 | 초등고학년부터 | 벨기에 | 입양, 사회현실

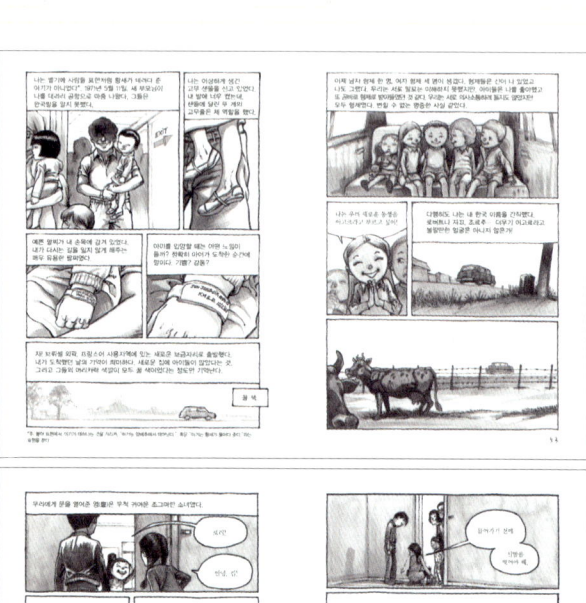

올림픽을 개최하고 월드컵을 유치하여 4강에 든 것으로 우리가 과연 잘사는 나라가 되었나? 런던올림픽의 결과는 역대 올림픽에서 거둔 것보다 훨씬 눈부신 성과라고 하지만, 그따위 알량한 자부심은 여기서 한 방에 무너진다. 전정식이라는 이름의 이 작가가 "한국정부가 수천 명의 아기를 세계 곳곳에 보낸 것을 알고 있는지, 그것이 수치스럽지 않았는지" 묻고 싶었다는 그 말에, 세계 속에서 한국이라는 이름이 자랑스럽게 불려질 때마다 해외로 입양되어 어머니와 어머니 나라에 대한 애정과 미움으로 더욱 복잡했던 심정과 남달랐던 성장기를 만화에 담았다. 이 만화가 불어권 만화로 수입되고 번역이 되어서야 우리 독자들에게 읽힐 수 있게 된 것처럼 작가와 우리 사이엔 직접 가 닿기에 너무 먼 거리감이 있다. 그 거리감이 미안하고 부끄럽다.

**신정화** 서울 삼광초 사서

© 전정식, 『피부색깔=꿀색』, 이미지프레임

## 내가 살던 용산

김성희 외 지음 | 보리 | 232쪽 | 2010년
11,000원 | 초등고학년부터 | 한국 | 사회문제

**DAY 275**

불과 몇 해 전에 지금 우리가 살고 있는 곳에서 그리 멀지 않은 용산에서 벌어졌던 일을 전하는 만화다. 도시재개발이라는 미명하에 집과 삶의 터전을 빼앗는 권력의 폭력에 저항하던 사람들이 자본가들 편에 선 공권력의 과잉 진압으로 목숨을 빼앗긴 이야기다. 용산 남일당이라는 건물 옥상에서 최후의 저항을 감행했던 희생자들을 각각의 만화가가 한 사람씩 맡아 주변 인물에게 들은 살아온 이야기를 재구성하여 단편만화로 만들고 그것을 묶어서 책으로 낸 것이다. 못 배우고 가진 것 없는 자들을 대신하여 이야기를 전하는 기능이 만화의 역할이라더니 바로 이 같은 만화를 두고 한 말이었다. 뉴스를 통해 전해 들었던 사건의 이면에 숨겨진 권력자들이 감추려던 이야기를 마주하게 한다. 권력의 횡포에 대항하는 연대의 필요와 중요성에 대해 생각하게 한다. **신정화** 서울 삼광초 사서

ⓒ 김성희, 『내가 살던 용산』, 보리

## 열한 살의 한잘라

나지 알 알리 지음 | 강주헌 옮김 | 시대의창
160쪽 | 2012년 | 12,800원 | 고등학생
팔레스타인 | 시사, 풍자

**DAY 276**

'카툰(cartoon)'은 한 컷 안에 주로 시사 문제나 정치적 인물 등에 대한 풍자적 내용이 담겨 있는 그림으로 '만평'이라고도 한다. 일간 신문에 시사만화라는 이름으로 촌철살인의 내용이 담겨 있는 그림이 바로 그것이다. 나지 알 알리(1936~1987)는 팔레스타인에서 태어나 1948년 이스라엘의 건국 때문에 레바논 난민촌으로 이주했다. 그는 예술적 재능을 살려 여러 신문에 카툰을 그리기 시작했고, 누더기 옷을 입고 세상을 감시하는 난민 소년 '한잘라'라는 유명한 캐릭터를 만들어냈다. 이 책은 소년의 눈을 통해 이스라엘 점령군의 잔혹성과 부패한 중동 지역의 정권들을 비판하는 동시에, 팔레스타인 사람들의 고통과 저항을 세상에 알린 수작들을 모아 놓았다. 여태 나의 삶과 무관하던 중동 문제의 심각성을 공감하고, 여전히 해결되지 않은 모든 것에 분노의 감수성이 키워진다.

**한은주** 서울 숙명여고 지리교사

ⓒ 나지 알 알리, 『열한 살의 한잘라』, 시대의창

# DAY 277

## 우리 마을 이야기 (전7권)

오제 아키라 지음 | 이기진 옮김 | 이미지프레임
각권 240쪽 안팎 | 2012년 | 각권 8,800원
고등학생 | 일본 | 일본역사, 민중운동

ⓒ 오제 아키라, 『우리 마을 이야기』, 이미지프레임

용산 강제 철거, 제주 강정 마을의 사례에서 우리는 강제적 공권력이 투입되면 어떻게 되는지 볼 수 있었다. 민주적 의사결정 과정을 무시한 국가 공권력의 행사는 정당성을 얻을 수 없고, 국가의 역할에 회의감마저 들게 하는 피로감으로 작용한다. 과연 정의란 무엇이고 옳고 그른 것의 기준은 무엇일까? 일본 나리타 공항 건설을 둘러싼 초기 이야기를 다룬 이 책은 민주주의의 상식이 위협받는 오늘날 우리의 상황과 너무나 닮아 있어서 안타깝고 씁쓸하다. 성장만능주의와 시장중심주의 논리 아래 저마다의 가치와 기준에 따라 여러 갈래로 나뉜 사람들, 선동적인 거짓 언론 플레이로 분열되는 조직, 합리적 절차를 무시한 강제적 공권력 투입, 그리고 그 이후 정부의 무력에 맞서 끝까지 투쟁했던 사람들은 어떻게 되었던가. **한지연** 전남 영암초 교사

# DAY 278

## 평양프로젝트

오영진 지음 | 창비 | 207쪽 | 2006년
9,500원 | 한국 | 초등고학년부터 | 한국 | 북한기행

ⓒ 오영진, 『평양프로젝트』, 창비

주변에 새터민이 늘고 각종 매체를 통해 북한을 접할 기회가 많아지고 있다. 하지만, 아직도 우리나라의 수많은 사람들에게 북한은 멀다. 평범한 회사원이나 학교에 가기 싫어하는 중학생의 모습보다는 김정일의 얼굴이나 딱딱한 군대의 모습을 떠올리게 하는 곳이다. 이 만화는 남과 북이 서로 평양과 서울에 작가를 파견해 서로의 나라로 생활상에 대한 글을 보내는 현실을 상상한다. 작가는 평양에 사는 사람들과 어울리면서 연애 이야기를 하기도 하고 같이 당구시합을 하기도 한다. 부끄럼과 놀람, 경이로움이나 당혹스러움이 그대로 표현되어 생동감 있게 그려진 등장인물들은 보는 재미를 더한다. 동시에 북한 사람들을 이웃처럼 느끼게 한다. '고난의 행군' 시절에 북한에 머물렀던 작가의 북한에 대한 세밀한 표현도 돋보인다. **이선우** 건국대 철학과

## 나도 권리가 있어!

인권교육센터 '들' 지음 | 윤정주 그림 | 책읽는곰
151쪽 | 2011년 | 12,000원 | 초등학생 | 한국 | 인권

**DAY 279**

사람이라면 당연히 누구나 누려야 할 권리를 '인권'이라고 한다. 자신의 인권을 잘 지키고 보호하려면 우선 인권이 무엇인지 잘 알아야 한다. 초등의 낮은 학년뿐만 아니라 중학생까지 인권에 대해 쉽고 재미있게 알 수 있도록 해주는 책이다. 지구촌 곳곳에서 벌어지고 있는 인권문제 관련 상황을 차별, 표현의 자유, 사생활 보호, 건강 등 일곱 가지의 주제에 따라 만화로 알기 쉽게 제시하며 인권에 대한 길잡이 역할을 해준다. 인권 문제를 글로 길게 설명하는 것보다 이미지로 보여주어서 이해와 공감이 훨씬 쉽다. 첨부된 유엔 어린이 인권조약을 살펴보면 당연히 보호받아야 할 어린이의 권리가 세계 곳곳에서 제대로 지켜지지 않고 있음을 알 수 있다. 공기처럼 누려야 할 자유와 인권이 찾아야 하고, 지켜나가야 하는 것임을 알려주는 책. 책에 나온 각 상황에 따른 논제에 맞추어서 토론을 하거나 주장 글을 써보는 식으로 활용하면 좋은 논술 교재가 될 수 있겠다.

**신정임** 서울 반포중 사서

## 도바리

탁영호 지음 | 코믹팝 | 213쪽 | 2007년 | 9,000원 | 중·고등학생 | 한국 | 정치, 사회

**DAY 280**

'도바리'는 1980년대 당시 시국사건으로 수배 중인 사람들이 단속을 피해 도망치던 것을 가리켜 말하는 은어이다. 이 책은 폭력적인 국가의 거대한 힘 앞에서 그 폭력에 길들여지거나, 스스로 새로운 폭력의 가해자가 될 수 있는 현실을 보여주고 있다. 사회현실을 말하는 만화이다 보니 화면 배색이 전체적으로 어둡고 짙다. 인간 내면에서 말하고자 하는 것을 강하고 굵은 선들과 음영들로 보여주는 듯하다. 우리의 아픈 역사 현장에서 민중들이 크고 작은 권력과 조직적인 폭력들에 어떻게 맞서고 참아내고 회피하고 대응해왔는지를 잘 보여준다. 또한 각 개인에 내재되어 있는 부조리와 폭력성을 깊이 있게 표현하고 있다. 만화이면서도 결코 만화답지 않은 글과 그림으로 청소년들이 좀 더 사회문제들을 깊이 고민해 보고 질문하게 하는 작품이다.

**권현숙** 남양주 판곡교 사회교사

## DAY 281

### 도토리의 집 (전7권)

야마모토 오사무 지음 | 김은진 옮김 | 한울림스페셜 | 각권 220쪽 안팎
2004년-2007년 | 각권 7,000원 | 초등학생부터 | 일본 | 장애인

이 책은 장애아에 대한 이야기이지만, 장애아를 가진 부모보다 정상아를 가진 부모가 꼭 읽어보았으면 좋겠다. 자신이 죽고 난 뒤에 남겨질 아이의 상황을 걱정하며 아이보다 하루만 더 오래 살기를 희망하는 장애아를 가진 부모의 심정과 끊임없이 세상과 소통하기 위해 신호를 보내고 있는 장애아의 마음을 이해할 수 있게 된다. 약육강식의 원리가 통하게 되는 중학 시절의 아이들이 장애와 다름으로 인하여 침해되는 인권에 대해 느낄 수 있는 소중한 계기가 될 수 있을 책이다. 다르다는 것으로 선을 긋지 말고 남을 더 이해하고 배려할 수 있는 마음을 가지게 도울 수 있어 학교도서관에 꼭 있었으면 한다. 만화로 그려진 장애아와 장애부모의 인간극장이라고 할 수 있는 책. 산다는 것과 부모됨의 의미를 깊이 생각해보게 된다.

**신정임** 서울 반포중 사서

## DAY 282

### 동경괴동 (전3권)

모치즈키 미네타로 지음 | 이지혜 옮김 | 삼양출판사 | 각권 210쪽, 230쪽, 305쪽
2010년 | 각권 4,200원, 5,000원 | 고등학생 | 일본 | 청소년심리

3권이 완결이다. 하지만 이게 완결이 된 것인가 싶기도 하다. 읽는 동안 서서히 멘탈이 붕괴된다. 점점 이해하기 어려운 괴상한 일들이 머릿속을 휘젓는다. 나는 이런 머리 복잡한 이야기는 별로지만 어디서도 들을 수 없는 이 독특함만은 최고다. 동경괴동東京怪童은 동경에 사는 괴물 아이라는 뜻이다. 크리스티아니아 병원에서는 뇌에 문제를 가진 청소년들의 치료를 목적으로 연구를 한다. 하시는 19살 청년으로 자동차 파편이 뇌에 남아 느끼는 것과 생각하는 것을 다 입 밖으로 내뱉는다. 21세 하나는 대뇌 질환으로 본인 의지와 상관없이 오르가즘을 느낀다. 6세 소녀 마리는 자기 이외의 인간을 인식하지 않는다. 10세 소년 히데오는 자신에게는 슈퍼 파워가 있어 외계인과 접촉할 수 있다는 망상 속에서 살아간다. 이 네 명의 주인공 덕분에 아무런 이야기가 시작되지 않은 초입부터 기괴한 냄새를 풍긴다. 이 퀴퀴한 냄새는 네 주인공들의 이야기가 서서히 전개되는 내내 후각을 자극한다.

**정움** 서울 경희고 사서교사

## 미요리의 숲 (전2권)

오다 히데지 지음 | 박선영 옮김 | 삼양출판사
각권 200쪽, 208쪽 | 2008년 | 각권 4,500원 | 중학생 | 일본 | 사회문제, 환경

DAY 283

엄마의 가출로 시골의 할머니 집에 맡겨진 미요리는 도쿄의 학교에서 강한 성격 때문에 왕따를 당했던 기억이 있다. 시골 학교의 순수한 아이들과 함께 지내면서 미요리는 점차 나 아닌 다른 사람들을 배려하고 함께하는 아이로 성장해 나간다. 미요리가 숲의 수호자로 선택되었다든지, 숲 속의 정령들을 만나고 억울한 원혼과 대화를 하는 등의 설정은 지극히 일본적인 분위기를 물씬 풍기고 있다. 댐의 건설로 사라질 위기에 있는 숲을 구하기 위한 노력이나 숲의 정령들도 함께 살아가는 존재라는 점을 강조하고 있는 부분은 환경문제를 드러내기도 한다. 하지만 더 눈여겨보아야 할 부분은 왜곡되고 삐뚤어진 사람들과의 관계를 올바로 바로잡아 가는 미요리의 모습이다. 이기적이고 단절되어 가는 우리의 모습을 직면하게 해 주고 인간과 자연과의 소통이 얼마나 중요한지를 다시 한 번 일깨워 준다. 광활한 숲과 인물의 세밀한 부분까지 펜으로 스케치 하듯 그린 화법이 깔끔한 선으로 처리된 만화에 익숙한 사람들에게는 다소 산만하게 보일 수 있으나, 세세한 디테일까지 놓치지 않는 작가의 섬세함을 느낄 수 있다. **이호은** 의정부 경민여중 전문상담교사

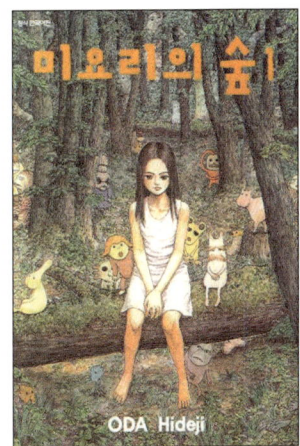

## 바람계곡의 나우시카 (세트)(전7권)

미야자키 하야오 지음 | 서현아 옮김 | 학산문화사 | 각권 130쪽 안팎 | 2010년 | 세트 42,000원 | 중·고등학생 | 일본 | 환경, 판타지

DAY 284

1000년 후의 지구, 거대 문명 간의 7일 전쟁으로 황폐한 땅과 썩은 바다만 남았다. 얼마 남지 않은 인간이 살 수 있는 곳은 바람계곡 근처의 땅이다. 설상가상으로 독한 가스를 뿜는 '부해'라는 생명체가 바람계곡을 향해 다가오고 있다. 지구 다른 곳에 사는 또 다른 인간무리 '토르메키아'족의 왕 크샤나는 지구상에 또 다시 문명을 일으킬 계획으로 '거신병'을 앞세워 순식간에 바람계곡을 점령해 버린다. 그리고 인간의 능력을 벗어나 신의 영역을 넘보려 한다. 나우시카는 인간과 자연과의 공존을 위해 노력하면서 지구의 암담한 현실을 구원하고 회복하려 애쓴다. 작가는 나우시카를 통해 자연과 인간 사이의 새로운 소통 방법을 제시하고 있다. 신화와 철학을 동원하여 이 작품을 분석하는 논문이 나올 만큼, 주목할 만한 세계관을 가진 작품이다.

**김혜원** 학교도서관 문화살림

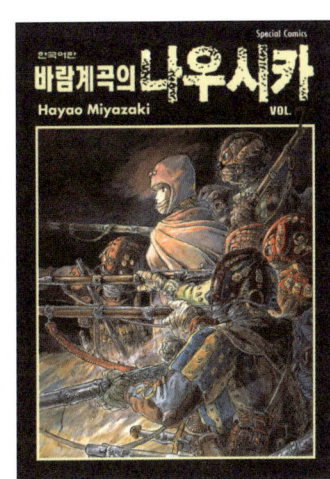

# DAY 285

## 십시일반

박재동 외 지음 | 창비 | 215쪽 | 2003년 | 10,000원 | 중·고등학생 | 한국 | 인권

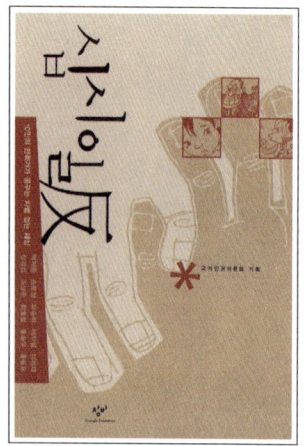

국가인권위원회가 기획하고 창비가 출간한 이 책은 인권 영화, 인권 동화에 이어 진행되는 인권 만화로 국가인권위원회의 취지를 살린 사업이다. 유명 만화가 10명이 작업한 프로젝트 작품으로 우리 사회의 차별을 조사하고 취재하여 만화로 풀어냈다. 영화나 동화보다 청소년을 비롯한 일반인들에게 좀 더 쉽게 접근할 수 있는 만화의 장점을 훌륭히 살려 인권이라는 무거운 주제를 가깝게 느낄 수 있게 해주었다. 개인적으로 인상 깊었던 것은 「누렁이」이다. 주인에게 몽둥이로 얻어맞아도 다시 주인의 손짓에 걸음을 옮기는 누렁이처럼 습관화된 폭력에 노출된 한 가정의 이야기가 가슴 아프게 다가왔다. 우리가 알고 있던 인권침해의 현장부터 알지 못했고 생각하지 못했던 현장까지 다양하게 독자에게 전달한다.

**박영민** 서울 신성초 사서교사

# DAY 286

## 엄마, 외로운 거 그만하고 밥 먹자

장차현실 지음 | 한겨레출판 | 208쪽 | 2008년 | 8,500원 | 중·고등학생 | 한국 | 가족, 장애

다운증후군 장애를 가진 딸을 홀로 키우는 만화가 엄마의 얘기이다. 이혼녀로 장애아를 가진 엄마가 겪을 수 있는 삶의 고단함과 어려운 상황을 여과 없이 보여주고 있어서 장애아를 가진 부모를 이해하는 하나의 계기가 될 수 있다. 어렵고 힘들지만 씩씩하게 삶을 살아가는 모녀의 모습을 보며 다름에 관해 겸허한 인정을 하게 된다. 힘들 수 있는 작가의 상황을 밝고 자연스럽게 그려내고 있어 삶을 이어가는 긍정의 힘을 느낄 수 있다. 세상 사람의 고정관념과는 다르게 솔직하고 당당하게 삶을 살아가는 모녀의 모습 속에서 작가의 자신감을 엿보게 된다. 부딪히는 상황에 충실하고, 실망하지 않으며 열심히 사는 싱글맘의 당찬 삶이 아름답다. 제목과 표지의 그림처럼 힘이 되는 딸과 함께 있으면 작가는 외롭지 않을 것이다.

**신정임** 서울 반포중 사서

# 팔레스타인 가자 지구 비망록

조 사코 지음 | 정수란 옮김 | 글논그림밭 | 456쪽 | 2012년 | 25,000원
중·고등학생 | 미국 | 팔레스타인 역사, 사회

DAY 287

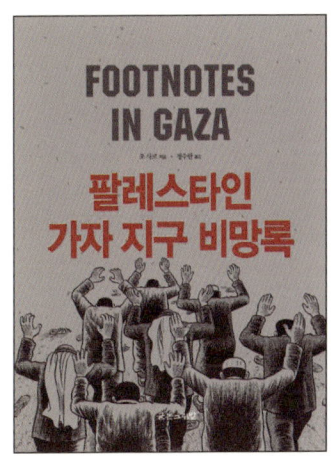

조 사코의 보고는 충격으로 다가온다. 조 사코는 1956년 팔레스타인 가자 지구 '칸 유니스'와 '라파' 지역에서 일어났던 민간인 학살 사건을 다뤘다. 작가가 직접 가자 지구에 들어가 당시의 사건 현장을 둘러보고 그때의 생존자를 찾아 역사를 현재에 되살려 놓았다. 조 사코는 이스라엘의 입장에서만 기술되고 알려진 편파적인 역사를 팔레스타인인의 관점에서 철저한 문헌 자료 조사와 생존자 인터뷰를 통해 그날의 생생한 현장을 검증하였다. 전쟁 때문에 무고하게 희생되는 사람들의 문제를 결코 가벼이 여겨서는 안 될 것이다. 하지만 더한 문제는 이스라엘과 팔레스타인의 분쟁과 갈등은 현재 진행형이라는 점이다. 독자는 이 책을 통해 여전히 진행 중인 전쟁의 그늘을 다시 한 번 생각할 수 있을 것이다.

**배영태** 용인 포곡고 국어교사

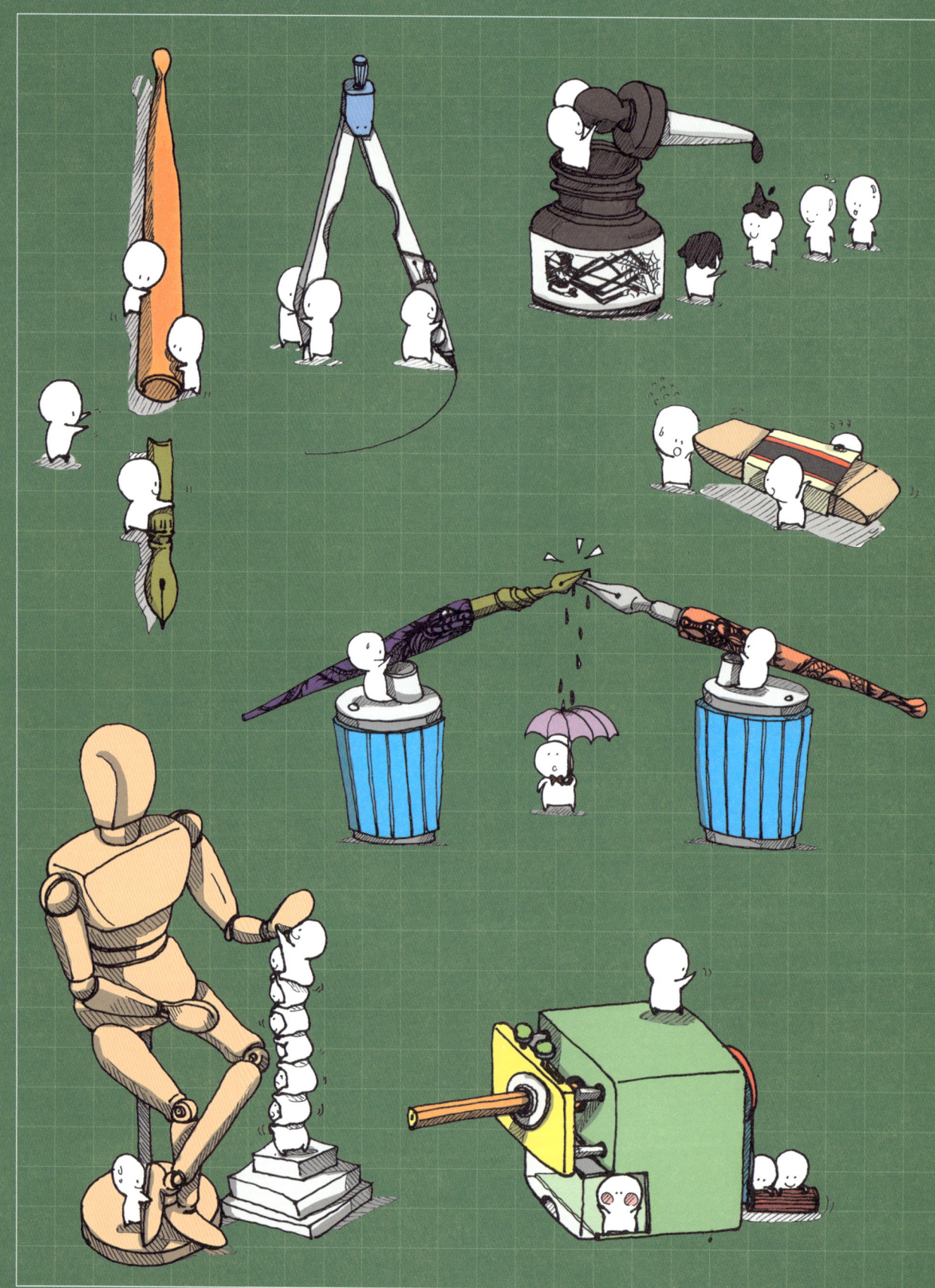

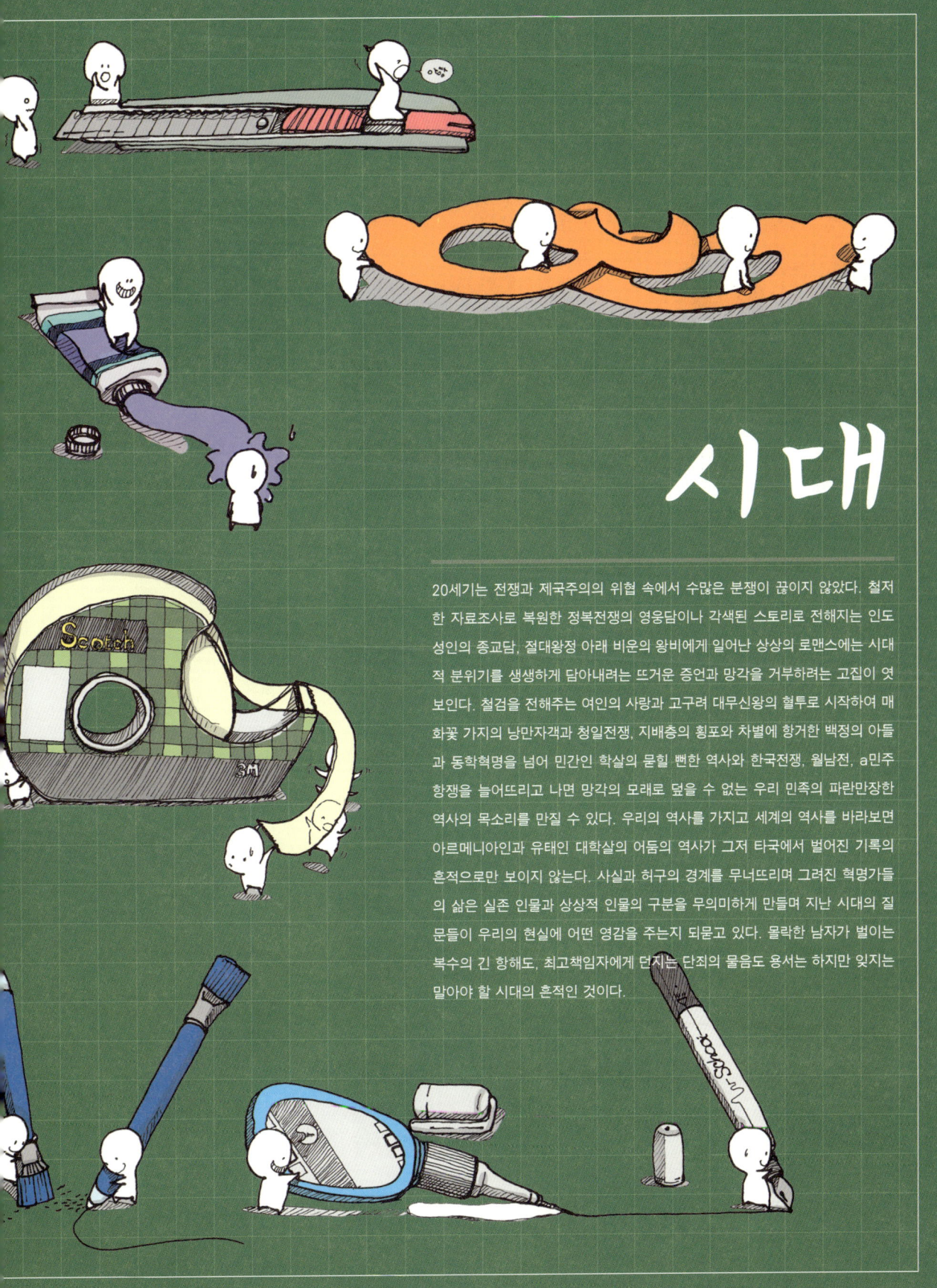

# 시대

20세기는 전쟁과 제국주의의 위협 속에서 수많은 분쟁이 끊이지 않았다. 철저한 자료조사로 복원한 정복전쟁의 영웅담이나 각색된 스토리로 전해지는 인도 성인의 종교담, 절대왕정 아래 비운의 왕비에게 일어난 상상의 로맨스에는 시대적 분위기를 생생하게 담아내려는 뜨거운 증언과 망각을 거부하려는 고집이 엿보인다. 철검을 전해주는 여인의 사랑과 고구려 대무신왕의 혈투로 시작하여 매화꽃 가지의 낭만자객과 청일전쟁, 지배층의 횡포와 차별에 항거한 백정의 아들과 동학혁명을 넘어 민간인 학살의 묻힐 뻔한 역사와 한국전쟁, 월남전, a민주항쟁을 늘어뜨리고 나면 망각의 모래로 덮을 수 없는 우리 민족의 파란만장한 역사의 목소리를 만질 수 있다. 우리의 역사를 가지고 세계의 역사를 바라보면 아르메니아인과 유태인 대학살의 어둠의 역사가 그저 타국에서 벌어진 기록의 흔적으로만 보이지 않는다. 사실과 허구의 경계를 무너뜨리며 그려진 혁명가들의 삶은 실존 인물과 상상적 인물의 구분을 무의미하게 만들며 지난 시대의 질문들이 우리의 현실에 어떤 영감을 주는지 되묻고 있다. 몰락한 남자가 벌이는 복수의 긴 항해도, 최고책임자에게 던지는 단죄의 물음도 용서는 하지만 잊지는 말아야 할 시대의 흔적인 것이다.

# DAY 288

## 26년 (전3권)

강풀 지음 | 재미주의 | 각권 380쪽 안팎 | 2012년 | 각권 12,000원 | 한국 | 중·고등학생 | 역사

1980년 광주, 전남도청, 총소리가 나고 상처 입은 시민군과 총을 든 계엄군이 대치해 있다. 표정이 남다르다. 총을 든 계엄군의 얼굴은 얼이 빠져 있다. 상처 입은 시민군은 죽음을 눈앞에 두고도 표정이 단호하다. 죽어가는 그가 묻는다. 네가 지금 하는 행동이 부끄럽지 않느냐고. 작가 강풀이 독자들에게 묻는다. 당신은 1980년 광주의 일에 혹 부끄러운 일은 없었느냐고. 그렇게 광주가 우리 앞에 펼쳐진다. 그리고 26년 후, 5.18 당시 계엄군이었던 사람과 시민군의 아들, 딸들이 모여든다. 법이 응징하지 못한 '전범'을 단죄하기 위해서다. 모여든 사람들은 모두 나름대로의 사연이 있다. 그 사연들이 강풀 특유의 시간 배열 방법으로 긴장감을 더한다. 결국 '전범'을 향해 총알이 당겨진다. 전범은 죽었을까? 결말은 독자의 몫으로 남아 있다. 물론 팩션(fact+fiction)이다.

**김혜원** 학교도서관 문화살림

ⓒ 강풀, 『26년』, 재미주의

## 구르믈 버서난 달처럼 (전3권)

박흥용 지음 | 바다그림판 | 각권 260쪽 안팎 | 2007년 | 각권 8,000원 | 고등학생 | 한국 | 역사, 무협

DAY 289

ⓒ 박흥용, 『구르믈 버서난 달처럼』, 바다그림판

태어날 때부터 눈이 멀어 항아리 속에 갇혀 살아야 했던 스승 '황정학'이나, 정치에 대한 관심을 갖는 것조차 놀림의 대상이 되는 서자(庶子) '견자'에게 세상은 깨뜨려야 할 항아리이고, 실타래가 엉켜 있는 의문투성이의 난제이기에 주인공들은 시종일관 '나는 누구인가?', '어떻게 살아야 하는가?'에 대한 답을 찾아 구름을 벗어난 달처럼 자유로워지기 위해 고군분투한다. 임진왜란 중에 왕은 도망가고, 살기 어려워진 백성들이 도적떼가 되는 혼란한 시대 속에서 주인공은 '나'를 찾는 방법으로 '칼'을 택했지만, 만화를 읽는 독자들에겐 '무엇으로 나를 찾을 수 있을까?'라는 새로운 물음이 던져진다. 울퉁불퉁한 근육의 건장한 남자가 춤을 추듯 칼을 휘두르는 표지를 보고 호쾌한 무협 사극을 기대한 사람들에게는 이 만화가 던지는 철학적인 물음이 다소 무겁게 느껴질지도 모르겠다.

**박혜경** 국립 전통예술고 국어교사

# DAY 290

## 노근리 이야기 (전2권)

정은용(1부), 정구도(2부) 글 | 박건웅 그림 | 새만화책 | 각권 612쪽, 380쪽
각권 30,000원, 23,000원 | 2006년, 2010년 | 한국 | 중·고등학생 | 현대사

우리의 역사를 돌아보면 역사의 산증인이 아픔을 해결하지 못하고 묻히는 이야기가 더러 있다. 때로는 그 시기가 길지 않아 안타까움을 사기도 하는데 위안부 할머니 이야기가 그렇다. 이제 겨우 진실 규명에 한 발을 내딛었지만 6.25 전쟁 시 일어난 노근리 양민학살 사건은 많은 사람의 끈질긴 노력이 없었다면 과거 속에 묻혀 버렸을지도 모른다. 『노근리 이야기』 1부는 실제 피해자이면서 『그대 우리의 아픔을 아는가』를 쓴 정은용의 원작을 기초로 하여 풀어내고, 2부는 이후 노근리 양민학살 사건의 진실을 규명하기 위해 치열하게 뛰어다닌 유족들의 생생한 이야기로 그의 아들인 정구도 원작, 박건웅 작가의 그림으로 풀어가고 있다. 펜과 먹으로 현장을 세세히 들여다보듯 잔혹함과 아픔을 생생하게 그려냈다. 두 권을 합하면 1,000쪽에 달하는 페이지보다 그 속에 담긴 이야기가 책의 무게를 넘어선다.

**허지연** 길꽃어린이도서관 책밭매기독서클럽

ⓒ 박건웅, 『노근리 이야기』, 새만화책

# 만화 체 게바라 평전

시드 제이콥슨 글 | 어니 콜론 그림 | 이희수 옮김 | 토트
126쪽 | 2010년 | 12,000원 | 중·고등학생 | 미국 | 인물

**DAY 291**

ⓒ 어니 콜론, 『만화 체 게바라 평전』, 토트

"우리 모두 리얼리스트가 되자. 그러나 가슴 속엔 불가능한 꿈을 지니자."는 자신의 말처럼 인간에 대한 지극한 사랑으로 미국의 거대자본과 부패한 정권에 철저히 수탈당하던 중남미아메리카의 혁명을 위해 불꽃처럼 살다 간 체 게바라. 그를 일컬어 프랑스 철학자 사르트르는 '우리시대 가장 완벽한 인간'이라 하였다. 이 책은 평전이라는 이름에 걸맞게 체의 어린 시절부터 쿠바혁명, 그리고 볼리비아에서 미국 CIA에 의해 죽음을 당하기까지 혁명가로서의 그의 삶의 궤적을 총체적으로 담고 있다. 여기에 미소냉전으로 인한 당시 세계정세, 중남미 아메리카 각 나라의 상황까지를 망라하고 있다. 그런데 짧은 지면에 너무 많은 내용을 담다 보니 재미와 감동이 들어갈 자리가 그만큼 줄었다. 그래서 체의 삶에 대해 관심을 갖고 자세히 알고 싶어 하는 독자에게는 좋은 책이지만 그를 처음으로 접하는 사람에게는 밋밋하고 딱딱한 정보 책으로 비춰질 수도 있다.

**성희옥** 김제 백석초 교사

# DAY 292

## 말에서 내리지 않는 무사 (전8권)

이호준 글 | 허영만 그림 | 월드김영사 | 각권 260쪽 안팎 | 2011년-2012년
각권 12,000원 | 중·고등학생 | 한국 | 서사만화

칭기스 칸 시대 몽골인이 집필한 『몽골비사』를 바탕으로 광활한 대지를 누비는 칭기스 칸의 모습을 작가만의 느낌으로 재구성하였다. 이 작품은 작은 몽골 부족 수장의 아들로 태어난 한 소년이 역사상 가장 광대한 영토를 지배한 군주가 되기까지의 삶을 생생하게 그린 '칭기스 칸 일대기'이다. 혈연, 신분, 계급을 뛰어넘은 능력 위주의 인사, 적국의 문화와 종교도 인정하는 포용력 등 시대를 초월한 그의 리더십이 대제국을 건설하는 원동력이었음을 부각시켰다. 거대한 스케일과 섬세하면서도 박력 넘치는 역동적인 화면 묘사와 함께, 몽골의 자연환경과 동물 설명, 몽골과 세계의 연표 등을 추가해 작품의 이해도를 높였다. 철저한 고증과 전문적인 자료에 바탕을 둔 스토리텔링은 물론이고 아름다운 배경, 절묘한 화면 구도, 작화에 있어서도 매우 완성도 높은 작품이다.

**권현숙** 남양주 판곡교 사회교사

ⓒ 허영만, 『말에서 내리지 않는 무사』, 월드김영사

# 메즈 예게른 아르메니아인 대학살 1915~1916

파올로 코시 지음 | 이현경 옮김 | 미메시스 | 144쪽 | 2011년 | 9,800원
중·고등학생 | 이탈리아 | 유럽역사

**DAY 293**

ⓒ 파올로 코시, 『메즈 예게른』, 미메시스

'대재앙'이라는 뜻의 『메즈 예게른』은 1915 ~1916년에 있었던 터키의 아르메니아인 대학살을 다룬 역사 만화이다. 작가는 이 작품을 통해 민주주의에 공헌한 책에 수여하는 '콩도르세-아롱상'을 만화로는 최초로 받기도 했다. 150만 명이 학살된 참혹한 역사적 사건을 스토리와 과정보다는 대학살 때 느꼈을 아르메니아인의 고통과 절망, 참담한 감정의 전달에 중점을 둔 훌륭한 작품이다. 학살 중에 살아남은 주인공이 겪는 일과 삶을 빼앗긴 사람들의 참혹한 이야기가 담겨 있다. 말로 표현하기도 어렵고 상상할 수도 없을 만큼 잔인한 대학살의 실상과 과정을 만화이기에 가능한 굵고도 상징적인 표현으로 고발하고 있다. 더욱 가슴 아픈 것은 아직까지도 이런 상황이 감춰지고 있다는 것이며, 대다수가 학살 자체에 대해 침묵하고 있다는 점이다.

**이인문** 서울관광고 사서교사

# DAY 294

## 버려진 자들의 영웅
### 차별에 맞선 위대한 혁명가 빔 암베르카르

스리비드야 나타라잔, S. 아난드 지음 | 두르가바이 브얌, 수바시 브얌 그림 | 다른
108쪽 | 2012년 | 13,000원 | 중·고등학생 | 인도 | 인물, 인권

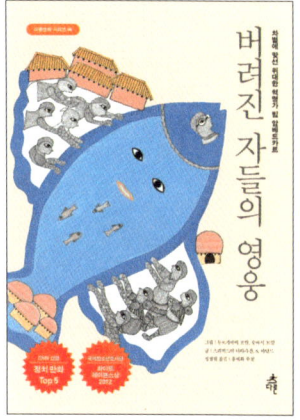

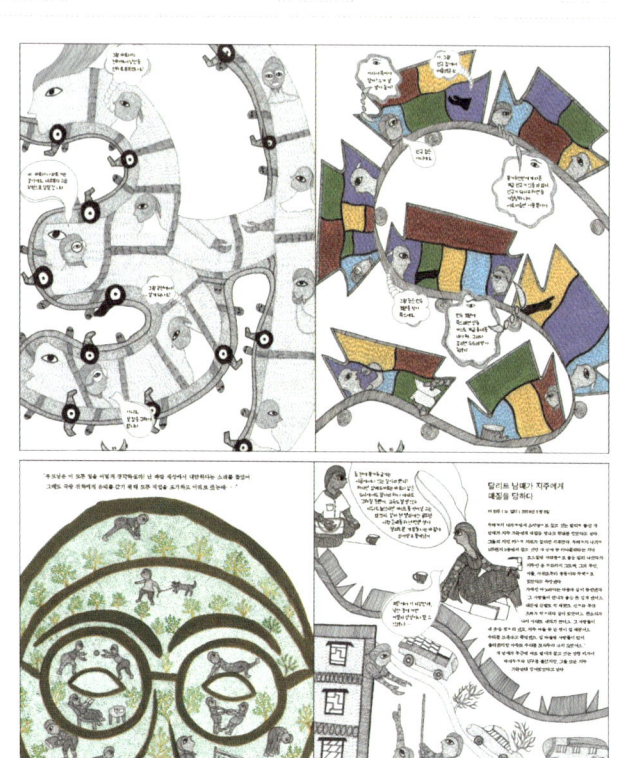

ⓒ 두르가바이 브얌·수바시 브얌, 『버려진 자들의 영웅』, 다른

CNN이 선정한 정치만화 Top5 중 하나다. 책 속 그 모든 것이 특이하다. 그림도 독특하고, 구성 또한 생전 처음 접하는 새로운 형태이다. 아니나 다를까 저자가 인도인이다. 내용도 그동안 만화책에서는 볼 수 없었던 '불가촉천민(=하리잔, 달리트)'에 대한 이야기를 담고 있다. 인도의 위인하면 '간디'가 가장 먼저 떠오를 것이다. 하지만 이 책에 등장하는 빔 암베르카르에게도 주목할 필요가 있다. 그는 평생 카스트 제도의 차별에 대해 저항한 혁명가로 그 역시 불가촉천민으로 태어나 짐승만도 못한 대우를 받으며 성장했다. 마음대로 물도 마시지 못하는 불가촉천민은 카스트 제도에서 가장 낮은 신분의 사람들로 '접촉할 수조차 없는 천민'이라는 뜻을 가지고 있다. 참 끔찍한 표현이다. 오죽했으면 '신도 버린 사람들'이라 표현했을까. 카스트 제도는 현재 법적으로 폐지되었지만, 인도인들의 인종차별은 전혀 사라지지 않고 있으니 폐지라는 말이 어찌나 무색한지.

**정욱** 서울 경희고 사서교사

## 북해의 별 (전8권)

김혜린 지음 | 이미지프레임 | 각권 180쪽 안팎
2005년 | 각권 6,000원 | 중·고등학생 | 한국 | 역사

**DAY 295**

ⓒ 김혜린, 『북해의 별』, 이미지프레임

'역사와 시대'라는 거대한 틀 아래 다양한 인간 군상들의 삶을 변주할 수 있는 것이 역사물인데 그만큼 철저한 사전조사와 작가의 깊고 폭넓은 통찰력이 요구되는 까다로운 장르이다. 이 책은 그 분야에서 꼽히는 김혜린 작가의 초기작이다. 왕가의 냉혹한 권력다툼, 비극적인 남녀의 사랑, 자신의 의지와는 상관없이 급변하는 시대의 변화 요구에 휩쓸리는 주인공의 굴곡진 운명 등 어쩐지 어디서 본 듯한 설정과 그림체라 아쉬움도 있다. 그러나 이야기가 진행될수록 작가 특유의 날카롭고 역동적인 세계관이 드러나기 시작한다. 뜻밖의 변수가 출현하는 인생의 기로에서 최선이라 믿고 선택을 하지만 그 이후는 누구도 예측할 수 없다. 아직은 다듬어지지 않아 거칠지만 거대한 역사의 격동기 속에서 올바른 방향으로 나아가고자 치열하게 길을 모색하는 인간들의 갈등과 고뇌를 보여준다.

**한지연** 전남 영암초 교사

# DAY 296

## 이두호의 가라사대

이두호 지음 | 행복한만화가게 | 266쪽 | 2008년 | 13,000원 | 초등학생부터 | 한국 | 인물사

ⓒ 이두호, 『이두호의 가라사대』, 행복한만화가게

'열두 가지 기법으로 그린 21가지의 옛 기인 이야기'라는 부제가 붙어 있다. 책을 후루룩 훑어보면 같은 듯 다른 그림들이 먼저 눈에 들어온다. 작가의 설명에 의하면 여러 가지 재료를 사용해 다양한 기법으로 실험을 한 결과라고 한다. 펜과 붓뿐 아니라 볼펜이나 사인펜, 마카, 수채물감, 색연필 등을 사용했고, 와트만지, 머메이드지, 화선지 등 종이도 다양하게 썼다. (책에서는 그 미묘한 차이를 명확히 알 수 없는 것이 안타깝다.) 책 내용은 '대식가 홍 일동' '판수 함 순명' 등 우리가 역사에서 흔히 들을 수 없는 인물들을 조명하였다. 혹은 '이 항복과 이 덕형' 이야기처럼 잘 아는 이야기의 이면을 세세히 다루었다. 각 편당 15쪽 안팎의 일정한 분량으로 이야기의 짜임새를 갖추었다.

**김혜원** 학교도서관 문화살림

## 일지매 (전8권)

고우영 지음 | 애니북스 | 각권 176쪽 안팎
2004년 | 각권 7,500원 | 고등학생 | 한국 | 드라마, 한국고전

DAY 297

ⓒ 고우영, 『일지매』, 애니북스

병자호란 직전의 조선을 무대로 의적 일지매의 활약을 그린 창작 사극 만화로 1975년 스포츠 신문에 3년간 연재되었으며, 이를 바탕으로 2009년에는 드라마로도 제작되었다. 이야기의 전반부는 봉선이와 해동청이라는 도적 집단의 음모와 대결, 그리고 서자로 태어나 비극적 삶을 살게 된 일지매의 이야기라면, 후반부에는 양반들의 횡포를 꾸짖으며 청과 내통하여 나라를 위기에 빠뜨린 김자점과의 대결이 담겨져 있다. 뛰어난 무공에 얼굴을 가리고 다니는 가면영웅이면서 물건을 훔친 곳에 매화 한 가지를 꺾어 놓고 가는 낭만자객 일지매는 어미를 닮은 해사한 얼굴로 변장의 달인이기까지 하다. 고우영 화백 특유의 너스레로 불필요해 보일 정도로 흩어졌던 이야기가 하나의 단단한 스토리로 굵어지면서 주인공의 비극적 운명이 극대화된다. 농밀한 감정 연출 장면을 담은 많은 내레이션은 다소 집중력을 요한다.

**왕지윤** 인천 경인여고 국어교사

# DAY 298

## 테르미도르 (전3권)

김혜린 지음 | 이미지프레임 | 각권 150쪽 안팎 | 2003년 | 세트 24,000원 | 한국 | 고등학생 | 역사

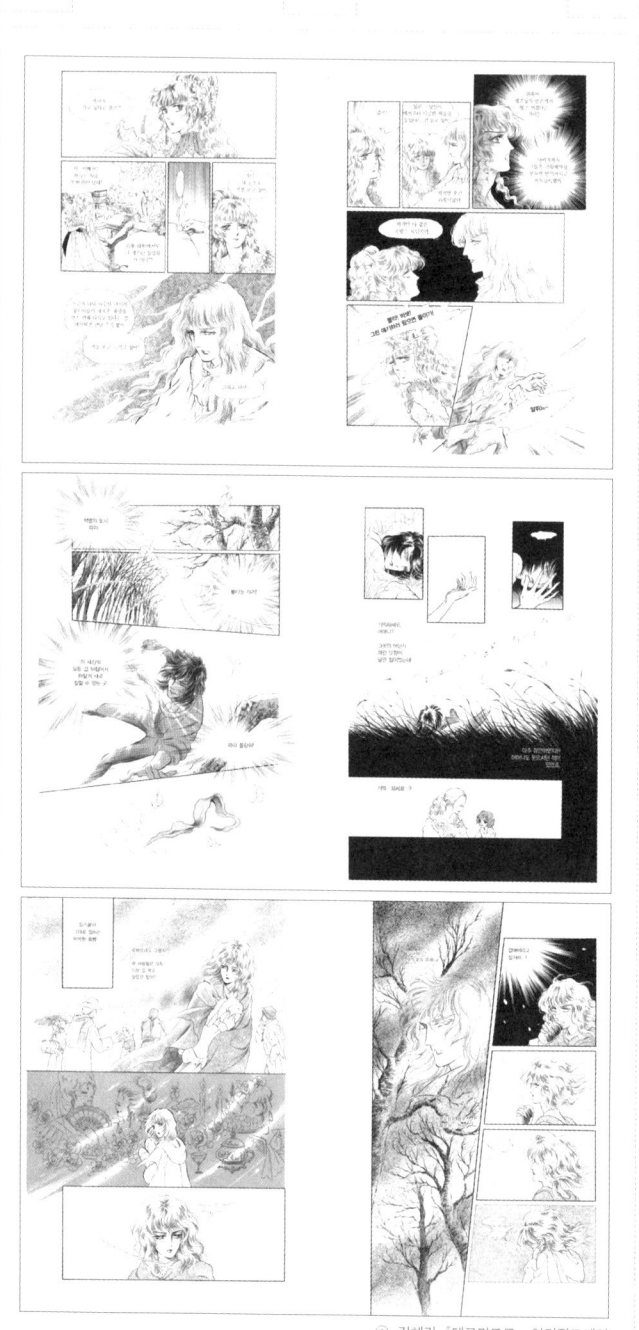

프랑스대혁명을 배경으로 하고 있다. 행복하게 살고 있던 귀족 '알뤼느'는 혁명으로 인해 평민 폭도들에게 모든 재산을 빼앗기고 가족과 연인이 살해당하는 고통을 겪는다. 이후 그녀는 폭도의 수장인 '유제니'에게 복수하기 위해 혁명에 뛰어들게 되고, 이를 통해 점차 혁명의 실체와 권력의 부조리를 깨닫는다. 그녀가 복수하려 했던 유제니 또한 혁명의 피해자였던 것이다. 이 이야기는 『베르사유의 장미』에만 익숙했던 우리에게 또 다른 계층과 관점의 이야기를 들려준다. 화려한 왕실과 귀족의 이야기에만 귀를 기울였다면 이제 고개를 돌려 테르미도르의 서민적 이야기에도 관심을 갖자. 독자는 김혜린의 만화다운, 특유의 어둡지만 깊이 있고 한국적인 정서가 묻어나는 이 이야기를 읽으며 프랑스대혁명에 대해 다시금 생각해 보게 될 것이다.

**이선우** 건국대 철학과

© 김혜린, 『테르미도르』, 이미지프레임

# 토지 (전7권, 미완결)

박경리 원작 | 오세영 각색·그림 | 마로니에북스
각권 240쪽 안팎 | 2007년 | 각권 10,000원 | 중·고등학생 | 한국 | 서사만화

**DAY 299**

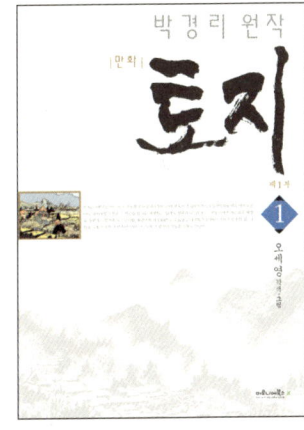

ⓒ 오세영, 『토지』, 마로니에북스

박경리의 대작, 『토지』가 만화로 나왔다. 현재 1~7권까지 총 7권으로 제1부가 출간된 상황이다. 작가는 만화 『토지』를 그리기 전, 원작을 무려 30번이나 읽었다고 밝혔다. 그만큼 원작 『토지』를 만화로 살려내기 위한 작업은 그리 만만한 일은 아닐 것이다. 하지만 작가는 우리 민족의 수난사, 민중의 삶을 완성도 높은 만화로 살려냈다. 작가의 필력을 직접 확인해 보기 바란다. 만화를 읽되, 원작을 반드시 읽어야 함은 당연한 일이다. 작가는 5부, 총 16권으로 책을 마무리한다고 밝혔다. 예정된 이야기의 구성과 그림이 궁금하여 출판사에 문의해 봤으나 아직 2부 8권부터의 출간은 미지수라 한다. 그러니 더욱 궁금해진다. 언젠가 출간될, 다음 책이 기다려진다.

**배영태** 용인 포곡고 국어교사

## DAY 300

### 검은 혁명가 맬컴 엑스

앤드류 헬퍼 글 | 랜디 듀버크 그림 | 박인균 옮김 | 서해문집
112쪽 | 2011년 | 9,500원 | 고등학생 | 미국 | 인물

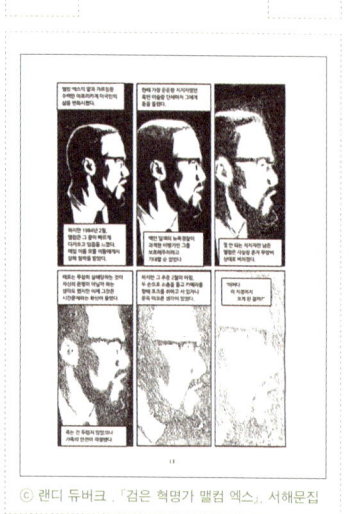

ⓒ 랜디 듀버크, 『검은 혁명가 맬컴 엑스』, 서해문집

마틴 루터 킹과 더불어 흑인 인권운동가로 활동했던 맬컴 엑스의 전기 만화다. 폭력은 폭력으로 대응해야 한다는 과격한 주장을 하며 급진적 운동가로 활동할 수밖에 없었던 그의 모습을 이해할 수 있게 된다. 이 책은 미국 청소년도서관협회(YALSA)가 선정한 최고의 청소년 권장 도서로 선정되었다. 다양한 인종이 모여 있는 나라에서 인종차별은 큰 문제가 될 수 있다. 그러한 나라의 역사적 인물이었던 맬컴 엑스를 이해하는 일은 그들에게 역시 중요한 문제일 것이다. 인물의 전기이기 때문에 그가 살았던 배경을 이해하는 일이 필요하고 현재 그가 어떠한 평가를 받는지도 알아야 할 것이다. 독자의 이해를 위해 출판사 측에서 그 부분의 보충을 해줬더라면 하는 아쉬움이 남는다. 실사와 같은 만화의 그림체는 내용의 진중함을 더해준다. **박영민** 서울 신성초 사서교사

## DAY 301

### 붓다 (전10권)

데즈카 오사무 지음 | 최윤정 옮김 | 학산문화사
각권 310쪽 안팎 | 2011년-2012년
각권 11,000원 | 중·고등학생 | 일본 | 인물

ⓒ Tezuka Productions

'일본 만화의 아버지' 테즈카 오사무가의 부처님 일대기. 현재까지 많은 사람들에게 가르침을 주고 있는 인간 싯다르타의 파란만장한 생애가 만화로 그려졌다. 다분히 종교적인 색채가 강할 것이라 예상했지만 부처가 최후의 순간까지 고뇌하는 하나의 '인간'으로서 묘사되는 점이 인상적이다. 특히 저자의 대표작인 『우주소년 아톰』의 캐릭터가 차프라와 타타 등의 여러 인물에 살아 있는 것 같아 반가웠다. 수많은 인물들과 사건들이 얽히고설켜서 만들어 내는 이야기들은 장편 역사만화 같다. 2권에 가서야 붓다의 탄생을 볼 수 있으니 말이다. 고통의 근원이 무엇인가, 죽음의 공포를 어떻게 극복할 것인가, 라는 긴 물음 끝에 붓다는 인간에게 어떤 깨달음을 전해주는지 어려운 주제를 만화로 좀 더 쉽게 만나보자. **예주영** 서울 숙명여고 사서교사

## 바람의 나라 (전26권, 미완결)

김진 지음 | 이코믹스미디어 | 각권 210쪽 안팎
1998년-2009년 | 각권 3,500원 | 중·고등학생 | 한국 | 역사

DAY 302

기원전 1세기부터 668년까지 존속하며 북방 지역을 무대로 우리 민족의 기상을 보여주었던 고대 왕국 고구려를 배경으로 한다. 실제 역사 속 인물인 고구려의 3대 왕 '대무신왕 무휼'을 주인공으로 하여, 고증을 통한 역사적 사실과 신화를 절묘하게 엮어내어 작가만의 묵직한 세계관을 느껴볼 수 있다. 부여를 정복하고, 중국의 한(漢)나라에 맞서 옛 조선의 땅을 찾기 위한 싸움이 장대한 스케일로 그려지며, 이와 동시에 '무휼'과 그의 비 '연'의 애절한 사랑을 아름다운 동양적 그림체로 표현하여 보는 사람의 마음을 더욱 아프게 한다. 특히 작가의 깊은 은유가 담긴 내레이션들은 저마다가 한 편의 시와 같으며, 쉽고 편하다는 만화의 특징에서 벗어나 왕의 고뇌와 사랑을 무게감 있게 그린다. 1992년에 연재를 시작하여 20년이 지나도록 완결이 되지 않았으며, 큰 이야기 흐름의 매력에 끌려 동명의 게임, 뮤지컬, 소설들이 나온 '원소스 멀티유즈(One Source Multi Use)'의 대표적 작품이다. **한은주** 서울 숙명여고 지리교사

## 베르사유의 장미 (완전판) (전9권)

이케다 리요코 지음 | 대원씨아이 | 각권 200쪽 안팎
2009년 | 각권 8,500원 | 중·고등학생 | 일본 | 역사, 순정

DAY 303

프랑스대혁명이라는 역사의 격랑 속에 단두대의 이슬로 사라진 비운의 왕비 마리 앙투아네트의 이야기를 담고 있다. 왕비는 화려함의 극치를 보여주는 베르사유궁에서 말할 수 없이 사치스럽게 살았지만 왕가의 화려한 삶을 위해 백성들은 얼마나 혹독하고 비참한 삶을 살아야 했는지 전혀 알 수 없었다. 왕자와 공주 이야기를 즐기는 소녀들에게 베르사유궁과 그 안에서 벌어지는 잘생긴 귀족들의 스캔들은 호기심과 환상을 자극하는 흥밋거리로 그만한 것이 없겠다. 프랑스대혁명이라는 역사적 사실과 왕비의 로맨스라는 허구를 버무려 만들어 낸 이야기라는 것을 염두에 두고 읽을 필요가 있다. 재미와 호기심으로 이 만화를 읽기 시작하여 프랑스대혁명이 갖는 역사적 의의에 대해 좀 더 진지하게 알아보는 계기를 가지게 된다면 더 바랄 게 없겠다. **신정화** 서울 삼광초 사서

## DAY 304

### 불의 검 (애장판)(전6권)

김혜린 지음 | 대원씨아이 | 각권 400쪽 안팎
2002년 – 2005년 | 각권 8,000원 | 고등학생 | 한국 | 역사

김혜린 작가의 인물들은 한(恨)의 정서를 품고 있다. 시련과 고난의 연속에서도 설움과 좌절을 녹이고 극복해내는 지독한 미련과 집념이 바로 그것이다. 가라한과 아라, 수하이. 이들은 거대한 역사적 흐름 속에서 각자의 고단한 삶의 무게를 버텨낸다. 그 몹쓸 숙명을 묵묵히 받아들이든지, 흐름을 역행하고 스스로 개척하고자 발버둥을 치든지 모두 치열하게 살아낸다. 그럴 수밖에 없었던 선택의 순간에 서서 각자의 삶에, 사랑에 충실하게 임하며 호된 성장통을 겪는다. 무엇보다 김혜린 만화의 강점은 탄탄한 서사이다. 허구라고 능청스럽게 에둘러대면서도 역사적 고증에 충실하고자 한 노력이 엿보이고 제법 그럴싸한 역사적 상상력과 짜임새 있는 구성력은 감탄을 자아낸다.

**한지연** 전남 영암초 교사

## DAY 305

### 수리부엉이

안 글 | 로맹 위고 그림 | 이미지프레임 | 152쪽 | 2012년 | 20,000원 | 고등학생 | 프랑스 | 전쟁

한 장면 한 장면 공들인 사실적인 그림이 가히 예술만화라 부를 만하다. 독일과 소련의 공중전이 한창인 2차 대전의 막바지, 하루하루 목숨의 위협을 느끼며 살아가는 독일과 소련의 전투기 조종사 남녀가 이 만화의 주인공이다. 각자의 조국을 위해, 가족을 지키기 위해, 적군에 대한 분노로 상대 전투기를 격추시키고 적군을 죽이지만 전쟁 속에서도 인간에 대한 연민과 사랑은 남아 있기 마련이다. 적과의 사랑이기 때문에, 언제 죽을지 모르는 절체절명의 시간이기에 사랑은 더 절실하고 안타까울지 모른다. 공군 대령의 아들로 태어나 스스로 비행기를 조종하며 여행한 경력이 있는 로맹 위고의 그림은 철저한 고증으로 2차 대전 당시 전투기를 완벽 재현했으며, 공중 전투 장면은 영화를 보듯 생생하다. 전쟁과 어울리지 않는 풍만하고 매끈한 누드가 화면 가득 등장하는 장면이 있어 사람들 많은 곳에서 보기에는 적당하지 않다.

**박혜경** 국립전통예술고 국어교사

## 야후 (전10권)

윤태호 글 | 석정현 그림 | 랜덤하우스코리아
각권 360권 안팎 | 2009년 | 각권 8,500원 | 고등학생 | 한국 | 현대사

**DAY 306**

『야후』는 목포 여객기 추락사고, 대구 지하철 공사장 가스 폭발사고, 성수대교사고, 아현동 가스 폭발사고, 삼풍백화점 붕괴사고 등 충분히 막을 수 있었던 인재부터 박종철 고문치사 사건과 문익환 목사의 북한방문, KAL기 폭파, IMF, 월드컵 개최까지 한국 현대사의 굵직굵직한 사건들 속에서 매몰되었던 인간 모습을 한 짐승, 짐승 같은 인간 '야후'들을 다루고 있다. 부조리한 시대의 흐름 속에서 개인은 '사람'이 될 수 없었고 필요하다면 언제라도 다른 부품으로 대체될 수 있는 기계의 부품이었다. 작가는 개인이 겪어야 했던 분노와 좌절, 고통과 증오에 과연 사회가 아무런 책임이 없는가 묻고 있다. 사회가 개인의 고통을 방치하고 키운다면, 과연 그 사회는 제대로 역할을 하고 있는 것일까? 현재의 윤태호 작품과 비교할 때 그림체는 투박하고 거칠지만 작가 특유의 날선 역사의식과 현실인식이 잘 살아 있다.

**한지연** 전남 영암초 교사

## 임꺽정 (전32권)

이두호 지음 | 자음과모음 | 각권 200쪽 안팎
2002년 | 각권 7,000원 | 고등학생 | 한국 | 역사, 인물

**DAY 307**

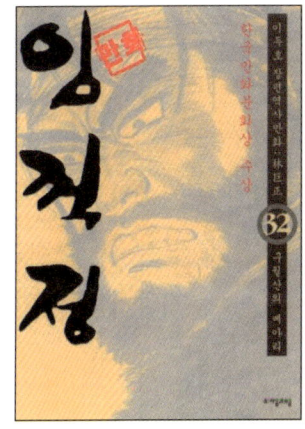

조선시대 민초들의 삶을 소재로 많은 작품을 남긴 일명 '바지저고리'의 작가 이두호 선생이 5년간 신문에 연재한 작품이다. 소백정의 집안에 태어난 팔삭둥이 형 가도치, 마음씨 고운 여동생 꺽순이와 함께 살던 꺽정이. 몸을 피한 갓바치 어른 집에서는 활을 잘 쏘는 학봉이, 돌팔매질의 달인 금맹이를 만나 의형제가 되기로 약속한다. 백정으로 태어난 자신의 숙명을 저주하며 고민할 때 떠벌이 스님 구공을 만나, 그를 따라 팔도를 유람하며 힘들게 살아가는 백성들과 그들의 아픔을 확인한다. 동명 원작소설이 지닌 뛰어난 토속어 구사와 골계미는 물론, 당시 시대를 살아가는 민중들의 인간적인 고뇌까지 담아낸 걸출한 풍속만화라 할 수 있겠다. 원작에 없던 에피소드를 자연스럽게 끼워 넣고, 새로운 인물들을 창조했으며 완성되지 못한 결말에 비장한 숨결을 불어넣었다.

**왕지윤** 인천 경인여고 국어교사

# DAY 308

## 쥐 (전2권)

아트 슈피겔만 지음 | 아름드리미디어 | 각권 160쪽, 152쪽
1994년 | 각권 7,500원 | 초등고학년부터 | 미국 | 서양사, 전쟁

유태인 학살을 소재로 한 영화나 소설이 수없이 많지만 만화 분야에서 만큼은 이 『쥐』가 가장 유명하다. 세계적으로 널리 알려진 만화작품들 중에서 이 만화로부터 영감을 얻어 만들어진 작품도 있다. 작가는 나치를 고양이로 표현하고 나치의 치하에서 고초를 겪는 유태인을 쥐로 등장시켰다. '고양이와 쥐'라는 기막히게 적절한 대립구도로 실화에 바탕을 둔 이야기 전개가 독자에게 전쟁의 참상을 생생하게 전한다. 작가는 이 작품의 제작 중에 이제까지 이해하고 받아들이기 어려웠던 부모님의 사고방식과 생활태도를 이해하고 포용하게 된다. 부모님을 만나 직접 겪은 참담한 일들에 대해 듣고 그걸 만화로 그린 실제 상황이 작품에 그대로 담겨 있어 부모와 유연한 관계로 발전하는 변화까지 전달되기도 한다. 오래도록 잊지 못할 좋은 만화다.

**신정화** 서울 삼광초 사서

# DAY 309

## 황색탄환 (전2권)

김형배 지음 | 학산문화사 | 각권 303쪽
2012년 | 각권 9,800원 | 고등학생 | 한국 | 현대사, 전쟁

1970년대는 대한민국의 경제적인 성장을 위한 중요한 시기였다. 경제성장을 위한 많은 자본이 필요한 시기였고, 이를 확보하기 위해 국민들이 총동원된 시기였다. 어찌 보면 피로 일군 경제성장일지도 모른다. 베트남 전쟁이 그 대표적인 사건이다. 자의 반 타의 반으로 참여하여 아무런 목적도 의미도 찾을 수 없는 전쟁터에서 수많은 목숨을 잃으면서 벌어온 외화, 그것이 우리 경제의 시금석이 되었다. 역사는 흐르고 반복된다. 저자는 월남 파병의 역사를 통하여 우리가 현대를 살아갈 의미와 바른 목표 의식을 되새길 필요가 있다는 것을 명확히 알려주고 있다. 김훈 상병의 눈을 통해 바라본 베트남 전쟁은 아무런 목적도 의미도 없었다. 이유도 없이 적이라는 이유로 죽고 죽이는 전쟁에서 우리는 어떤 의미를 찾을 수 있을까.

**이무현** 의정부 경민여중 역사교사

20세기는 전쟁과 제국주의의 위협 속에서
수많은 분쟁이 끊이지 않았다.

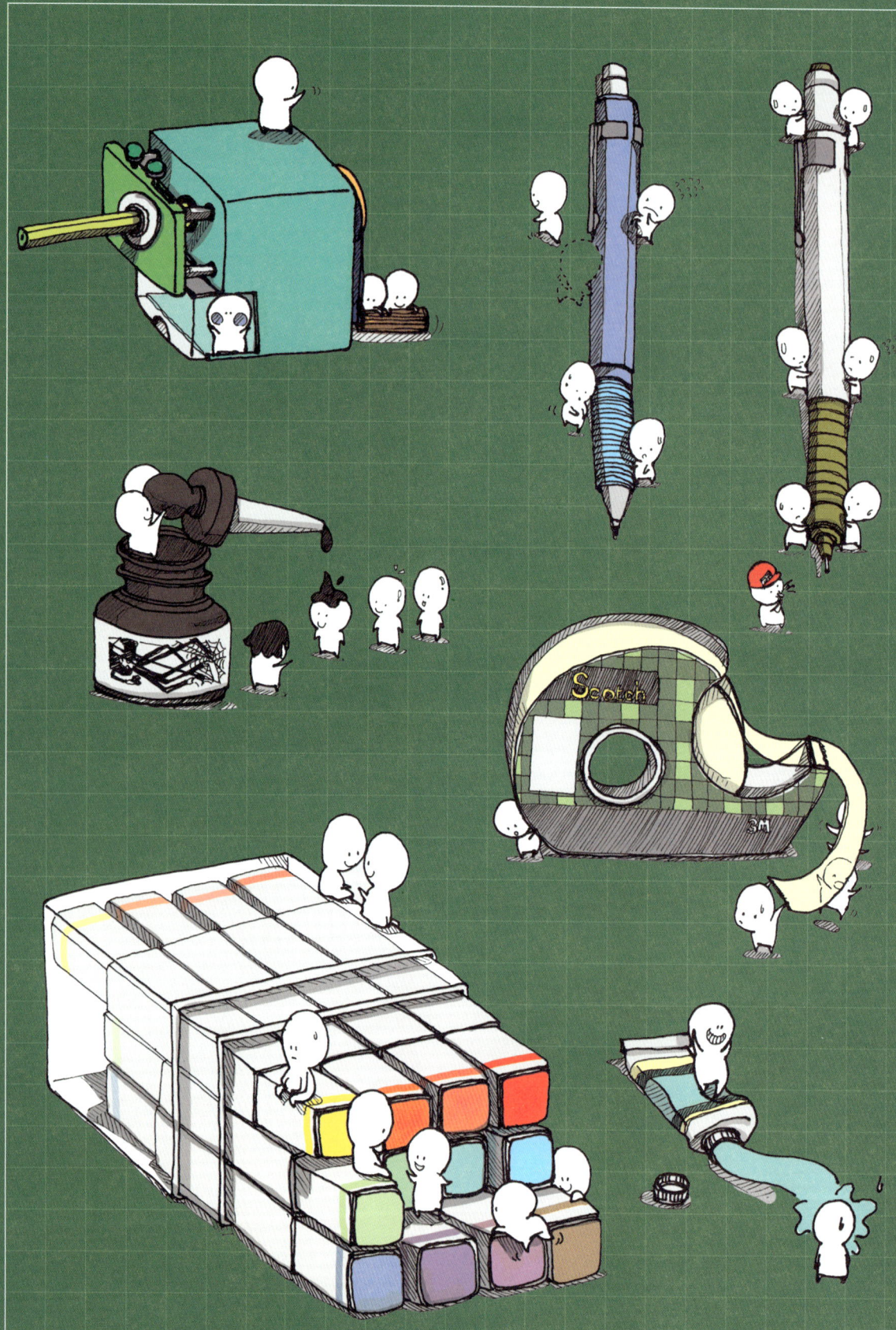

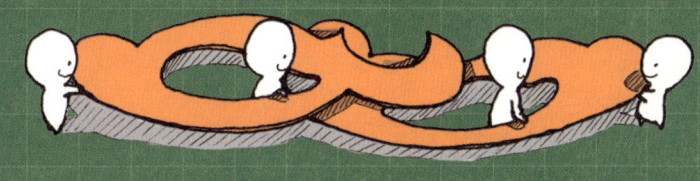
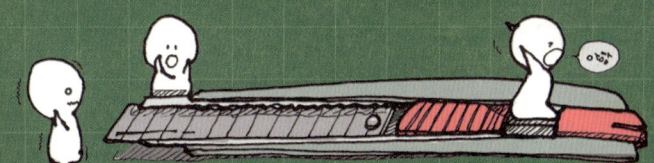
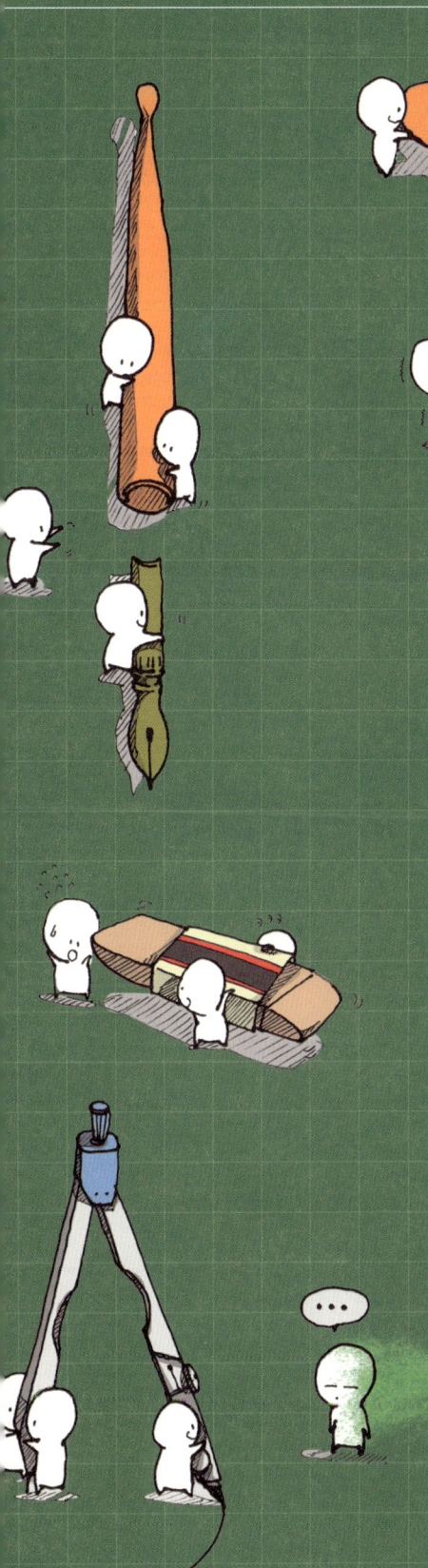

# 교양

훌륭한 기획과 편집으로 제작된 좋은 교양만화는 어린이뿐만 아니라 청소년과 성인들에게도 필요하다. 거꾸로 만화는 모두 쉽다는 안이한 선입견으로 학생들에게 권할 경우 만화에서도 흥미를 잃을 수 있다는 점은 주의해야 할 일이다. 역사, 종교, 철학 등 전통적인 인문분야는 물론 과학, 예술, 종교, 패션, 건강까지 교양만화의 다채로움을 선보이기 위해 고심했다. 전쟁과 패권, 미디어와 독점자본, 금융위기와 인권탄압은 사회적 약자들의 저항과 연대를 불러왔음을 이 책들을 통해 느낄 수 있다. 직업만큼이나 다양한 세상의 흩어진 지식을 통섭하기 위해서 우리는 논리적인 철학자들의 생각을 엿보고, 예술작품들에 대한 심미안을 길러주는 책들을 통해 지식이 주는 건조함과 차가움을 극복해야 한다. 인문고전을 알기 쉬운 만화로 재구성한 책들도 검토 대상이었지만 시리즈의 전부를 살펴야 한다는 점, 같은 제목의 책을 다른 작가, 다른 출판사가 옮긴 것과 비교한 후에 가능하다는 점에서 우선 배제하기로 했다. 다만 학교도서관에서 소홀할 수 없는 부분이기에 앞으로 이 분야에 대한 고민을 계속 이어갈 것을 약속드린다.

# DAY 310

## 가로세로 세계사 (전3권)

이원복 지음 | 김영사 | 각권 230쪽 안팎
2006년-2007년 | 각권 11,900원 | 중·고등학생 | 한국 | 지식

작가의 전작 『먼나라 이웃나라』는 유럽의 백인 강대국 중심이라는 비판에서 자유롭지 못했다. 이 시리즈는 그런 비판을 극복하려는 듯, 세계 여러 지역을 권역별로 묶어 이야기하고 있다. 세상을 좋게 보는 '가로', 세상을 좀 삐딱하게 보는 '세로', 되도록 객관적인 시각을 유지하려는 '바로', 이 세 남매를 등장시켜 세상에 일어나는 사건을 이런저런 시각으로 살핀다. 1권에서는 발칸반도의 여러 나라를 둘러보면서 '제국과 민족'이라는 개념을 잣대로 그 지역의 역사를 전달한다. 2권은 우리에게 지리적으로 가깝지만 잘 모르고 있는 라오스, 베트남, 캄보디아 같은 동남아시아 11개국의 역사와 문화를 알려준다. 3권은 우리가 가장 오해하고 있는 이슬람 문화권을 다룬다. 그들의 역사와 종교, 전통을 전달함으로써 현재 우리가 가지고 있는 생각이 얼마나 조작된 편견인가 하는 문제를 다루었다.

**김혜원** 학교도서관 문화살림

ⓒ 이원복, 『가로세로 세계사』, 김영사

## 가르친다는 것

윌리엄 에어스 글 | 라이언 앨릭샌더-태너 그림
홍한별 옮김 | 양철북 | 136쪽 | 2012년 | 9,000원 | 고등학생 | 미국 | 교육

**DAY 311**

ⓒ 라이언 액릭샌더-태너, 『가르친다는 것』, 양철북

2012년 한국직업능력개발원이 중·고등학생 6천3백 명을 대상으로 희망 직업을 조사하였더니, 전체의 13%가 교사라고 대답했다. 학생들이 되고 싶어 하는 '교사'란 도대체 어떠한 직업일까? 이 책은 입학식부터, 가르침의 시작, 교실 만들기, 교육과정, 시험, 졸업식 등 윌리엄 에어스 선생님이 교실에서 다양한 학생들과 만들어내는 여러 일화를 통해 실제 학교 교육의 흐름을 경험하고 가르침의 본질을 알아갈 수 있는 교사들의 지침서이다. 안정적인 공무원으로서의 교사가 아닌, 더 나은 세상을 꿈꾸며 학생들과 함께 발견과 신비의 여행을 하는 탐험가로서의 교사가 되고 싶지 않은가? 진정한 의미의 '가르친다는 것'은 기술의 문제가 아닌, 사랑의 행위이다. 오늘도 학생부 진로 희망란에 '교사'의 꿈을 적어 놓은 많은 학생들, 앞으로의 예비 교사들에게 이 책을 꼭 권하고 싶다.

**한은주** 서울 숙명여고 지리교사

# DAY 312

## 곰선생의 고만해

이정호 글 | 김경호 그림 | 이미지프레임 | 320쪽 | 2011년 | 13,500원 | 중·고등학생 | 한국 | 고전문학

한국 고전은 어지간해서는 학생들에게 흥미가 없게 느껴진다. 시험을 보기 위해 억지로 줄거리를 외우고, 주제는 무엇인지, 교훈이 무엇인지, 우리 문학 역사에서 어떤 의미를 가지는지 등등의 머리 아픈 내용들을 머릿속에 우겨넣는다. 그런 뒤에 시험을 보고 나면, 곧바로 휘발된다. 첫 만남이 중요한 것 중에 하나가 바로 고전이다. 이 책은 고전과의 첫 만남이 지루하지 않게 도와준다. 환상소설, 영웅소설 등 고전소설을 어떻게 분류하는지도 알 수 있어 좋다. 2007년에 출간되었던 『곰선생의 고전만화해제』의 개정판으로 '함께 읽어도 좋은 작품'을 추가로 실었다. '아! 이런 내용이구나! 원작을 읽어보고 싶다!' 라는 생각이 들게 한다. 우리 고전문학이 시험용으로 반짝 줄거리를 외우고, 주인공 이름을 외운 뒤 날려버릴 가벼운 종잇장이 아니라는 것을 이 책을 통해 알려 주고 싶다.

**정움** 서울 경희고 사서교사

ⓒ 김경호, 『곰선생의 고만해』, 이미지프레임

## 김태권의 십자군 이야기 (전5권, 미완결)

김태권 지음 | 비아북 | 각권 300쪽 안팎 | 2011년-2013년
각권 12,500원 | 중·고등학생 | 한국 | 역사

**DAY 313**

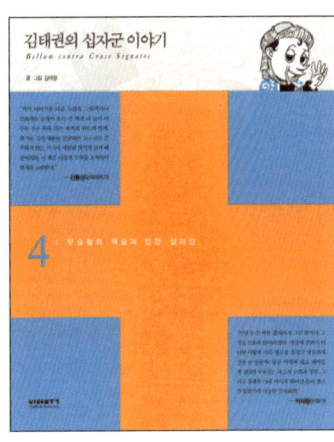

ⓒ 김태권, 『김태권의 십자군 이야기』, 비아북

이 책은 조지 부시 대통령 때문에 탄생했다. 조지 부시 대통령은 이라크 침공을 21세기의 십자군전쟁이라고 말했다. 이에 김태권은 십자군에 관한 연구를 하며 본격적으로 작업을 시작하게 되었다고 한다. 십자군 전쟁은 많은 사람들이 정의로운 전쟁으로 기억한다. 그러나 그 전쟁은 무지와 편견, 종교적 만행이 뒤섞인 것이었다. 꼼꼼한 자료 조사를 통해 작가는 기존에 우리가 갖고 있던 잘못된 인식을 뒤집어 놓는다. 현재의 우리는 역사를 서양 위주로 교육받아 왔기 때문에 상대적으로 교류가 적었던 이슬람에 대해서는 무지한 경우가 많고, 막연한 반감까지 가지고 있다. 이 만화는 그러한 무지와 두려움을 깨우치는 데 도움을 준다. 중세풍의 그림, 고증된 자료와 등장인물을 통해 독자는 중세의 분위기를 물씬 느끼며 역사는 되풀이 된다는 사실을 다시금 깨닫게 된다.

**박영민** 서울 신정초 사서교사

# DAY 314

## 김태권의 한나라 이야기 (전3권)

김태권 지음 | 비아북 | 각권 250쪽 안팎 | 2010년 | 각권 12,000원 | 중·고등학생 | 한국 | 역사

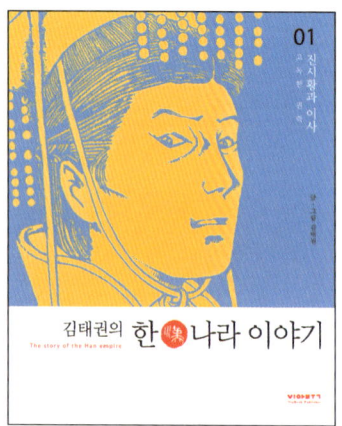

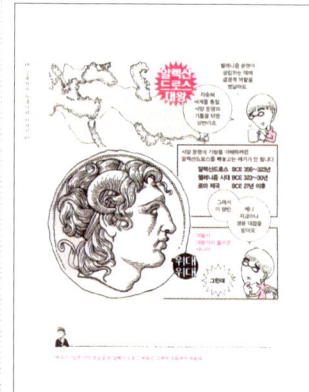

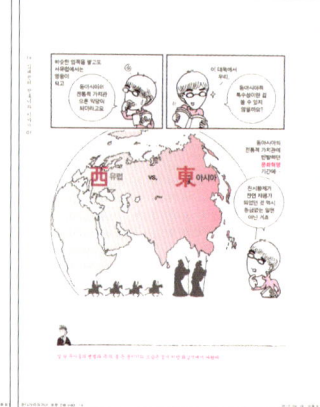

『김태권의 십자군 이야기』나 『삼인삼색 미학 오디세이』 같은 김태권의 만화는 글을 읽는 만큼의 시간과 정신적인 노력을 기울여야 하는 지식 만화들이다. 오히려 그림으로 압축돼 있어 이를 풀어 이해해야 하는 수고를 더 해야 할 때도 있다. 이 작품 역시 책장이 술술 넘어가는 쉬운 만화라고는 할 수 없지만 작가 자신이 학창 시절부터 중국의 고전을 즐겨 읽었고, 한나라의 역사가 곧 동아시아 역사를 이해하는 열쇠라는 확신이 작품 속에 녹아 있어, 새로운 시각에서 흥미롭게 한나라 역사에 접근할 수 있다. 폭군 진시황제는 날렵한 턱 선을 가진 일중독의 완벽주의자로 그려내고, 천하를 통일한 유방은 비굴하고 뻔뻔한 현실주의자였기에 매력적인 엄친아 항우를 이길 수 있었다고 말한다. 생활사 자료를 바탕으로 한 복식의 고증과 이해를 돕기 위한 주석을 달아 복잡하고 어지럽게 느껴질 수 있지만 깔끔하고 간결한 그림체와 적절한 여백 처리로 부담스럽지 않다.

**박혜경** 국립전통예술고 국어교사

© 김태권, 『김태권의 한나라 이야기』, 비아북

## 꼬마 애벌레 말캉이 (전2권)

황경택 지음 | 소나무 | 각권 180쪽 안팎 | 2010년 | 각권 9,500원 | 초등학생부터 | 한국 | 생태

**DAY 315**

ⓒ 황경택, 『꼬마 애벌레 말캉이』, 소나무

막 알에서 깨어난 애벌레 '말캉이'가 숲 속을 돌아다니며 생기는 사건들에 관한 이야기이다. 총 2권으로 구성된 이 책은 숲 전문가인 저자의 생태지식과 생명에 대한 그만의 철학을 담아내었다. 말캉이가 '왜?'라고 묻는 질문은 우리가 그동안 물어보고 싶었던 질문이기도 하다. 그 속에는 나에 대한 물음도 있고, 살아간다는 것에 대한 물음, 가족에 대한 물음, 생명에 대한 물음도 함께 담겨 있다. 말캉이가 가는 길을 함께 따라가는 것으로도 이야기는 충분히 재미있으며, 말캉이가 성충이 되어 가는 과정을 보는 것도 흥미롭다. 마지막에 말캉이가 어떤 곤충이 될지 유추해 보는 재미도 빼놓을 수 없다. 말캉이를 보면 세상에 태어나 모든 것이 물음으로 다가오는 아이들을 보는 것 같다. 단순한 4컷의 만화지만 아이들과 함께 나누며 이야기할 수 있는 자연과 생태, 그리고 삶에 대한 책이다.

**박영민** 서울 신정초 사서교사

# DAY 316

## 나는 왜 저항하는가

세스 토보크먼 지음 | 김한청 옮김 | 다른 | 174쪽
2010년 | 14,000원 | 중·고등학생 | 미국 | 정치비평

우리가 살고 있는 사회는 불안정하다. 왜냐하면 각기 다른 문화 속에서 다른 교육을 받으면서 사는 불완전한 존재인 인간들이 사회를 구성하여 살고 있기 때문이다. 『나는 왜 저항하는가』는 이러한 국가와 정부 조직에 대한 안타까움을 표현한 책이다. 현대를 이끌고 있는 독점자본주의, 강대국들의 이해관계에 대한 비판점들을 적나라하게 그림과 글로 표현하고 있어 심적으로 시원함을 느낄 수 있게 해준다. 그러나 청소년들이 읽기에는 좀 위험한 부분도 있다. 바른 국가관과 가치관이 형성되기 전이기 때문이다. 합의에 의하여 만든 제도에 대한 부정적인 인식만 심어 줄 수 있다는 아쉬움이 있다. 그림 또한 다른 만화책과는 차별화하여 독특하게 그려져 있는데, 처음 읽을 때는 약간의 거부감이 느껴지기도 한다.

**이무현** 의정부 경민여중 역사교사

ⓒ 세스 토보크먼, 「나는 왜 저항하는가」, 다른

# 다이어터 (전3권)

네온비 글 | 캐러멜 그림 | 중앙북스 | 각권 320쪽 안팎
2011년-2012년 | 각권 12,000원 | 중학생부터 | 한국 | 다이어트 정보

**DAY 317**

ⓒ 캐러멜, 『다이어터』, 중앙북스

제목만 봐도 무슨 내용인지 한눈에 알 수 있는 책이다. 매우 뚱뚱한 여자 주인공 수지가 운동으로 살을 뺀다는 이야기이다. 날로 아름다운 외모에만 관심을 갖는 사회에서 고도비만의 여자 주인공 수지는 버티기가 힘들다. 수지는 자꾸 망가지는 자신의 몸과 생활을 바꾸기 위해 다이어트를 시작한다. 그 과정에서 '찬희'라는 트레이너를 만나 진심으로 몸과 마음을 바꾸는 경험을 하게 된다. 다이어트 서적이 넘치는 시대에 이 만화 또한 유행을 좇는 것 아니냐며 가볍게 치부해 버릴 수도 있다. 물론 다른 다이어트 서적들과 마찬가지로 운동하는 방법, 올바른 식이섭취 방법 등 다이어터에게 필요한 정보가 소개되어 있는 책이다. 하지만 이 책의 가치는 마음도 함께 치유해주는 것에 있다. 비만을 스스로 극복할 수 있다는 의지, 힘든 날이 왔을 때 이겨낼 수 있는 방법 등 몸으로 인해 마음이 상처받은 사람들에게 큰 위로가 된다.

**박영민** 서울 신정초 사서교사

# DAY 318

## 도자기

호연 지음 | 애니북스 | 416쪽 | 2008년 | 14,500원 | 중학생 | 한국 | 교양

이 만화엔 도자기에 대한 간접 지식이 있다. 간접 지식은 챙겨도 되고 안 챙겨도 된다. 순전히 독자 마음이다. 고고미술사학을 공부하는 작가는 도자기를 사랑했고, 사랑하다 보니 이런저런 생각을 하게 됐고, 그걸 끼적끼적 만화로 그려 내놓았다. 특별한 이야기 없이 도자기를 보고 한 상상이나, 혹은 생각을 하나씩 담은 에피소드들이 실물 사진과 함께한다. 이상한 일은 읽다 보면 도자기에 어떤 느낌이 생긴다는 점이다. 박물관 유리 안에서 무표정하게 나를 맞이했거나 미술책 사진 속에서 도도했던 도자기들이 우리 집 부엌에 있는 그릇들처럼 친근해진다. '마음을 담은 그릇'이란 부제가 서서히 실감 나면서 책은 '마음을 담은 책'이 되어 버린다. 고맙지 아니한가. 유물에 이렇듯 재미를 느끼게 해주었으니 말이다.

**김광재** 학교 밖 독서지도

ⓒ 호연, 『도자기』, 애니북스

## 두 얼굴의 네이버

김인성 글 | 김빛내리 그림 | 에코포인트 | 324쪽 | 2012년 | 14,000원 | 중학생부터 | 한국 | 사회비평

DAY **319**

ⓒ 김빛내리, 『두 얼굴의 네이버』, 에코포인트

대한민국 포털의 65% 이상을 점유하는 네이버는 조금 과장하면 대부분 컴퓨터의 인터넷 시작페이지가 아닐까. 작가는 인터넷 없이 살아가기 어려운 우리 현실 속에서 네이버가 가지고 있는 막강한 힘 뒤에 숨어 있는 검은 진실을 상세한 자료를 토대로 고발하고 있다. 실시간 검색어 조작과 검색 결과 조작, 정치 중립성, 뉴스 편집권 등을 통해 우리의 관심과 의식을 어떻게 몰아갈 수 있는지, 스마트폰 시대에 신문 방송 미디어보다 더 막강한 힘을 가진 온라인 포털의 무서움을 알리고 있다. IT강국으로 포장되어 있는 우리나라 IT산업의 속살과 함께 세계에서 성공하는 온라인 기업들이 한국에서는 실패하는 불편한 이야기의 속사정을 웹툰 형식으로 쉽고 재밌게 그리고 있어 청소년도 이해할 수 있다.

**이인문** 서울관광고 사서교사

# DAY 320

## 로지코믹스

아포스톨로스 독시아디스, 크리스토스 H. 파파디미트리우 글
알레코스 파파다토스, 애니 디 도나 그림 | 전대호 옮김 | 랜덤하우스코리아
341쪽 | 2011년 | 14,800원 | 고등학생 | 그리스 | 수학자의 생애

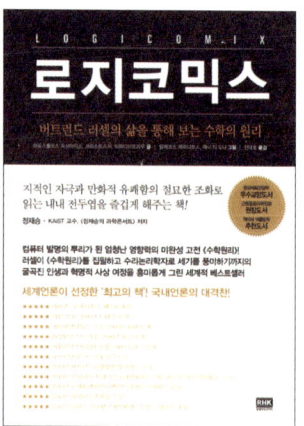

이 책은 버트런트 러셀의 수학의 원리를 다룬 책이다. 철학, 논리학 등의 개념들이 나와서 청소년들이 읽는 데 조금 어려울 수 있다. 하지만 수학에 관심이 있든 없든지 간에 수학의 토대를 찾는 한 인간의 열정을 느낄 수 있다. 수학의 토대를 발견하기 위한 수많은 학자들의 고뇌와 갈등을 보면서 학문에 대한 진지한 자세를 배울 수 있다. 다큐멘터리 형식처럼 작가가 독자에게 사건을 안내하고 책을 만드는 작업의 진행 과정 속에 이야기가 펼쳐지는 독특한 방식을 취하고 있다. 작가는 비교적 무겁고 어려운 주제를 읽기에 지루하지 않게 구성해 놓았다. 이 책 속에서 무엇인가를 알려고 끊임없이 생각하고 노력하는 한 사람을 만나보기 바란다.

**배영태** 용인 포곡고 국어교사

ⓒ 알레코스 파파다토스 · 애니 디 도나, 『로지코믹스』, 랜덤하우스코리아

# 미디어 씹어먹기

브룩 글래드스톤 글 | 조시 뉴펠드 그림 | 권혁 옮김 | 돌을새김
184쪽 | 2012년 | 15,000원 | 고등학생 | 미국 | 미디어 비평

**DAY 321**

ⓒ 조시 뉴펠드, 『미디어 씹어먹기』, 돌을새김

통쾌한 제목이 끌리는 책. 미디어의 역사와 그 실체를 속속들이 파헤쳐 줄 것만 같다. 사람들은 더 이상 뉴스나 신문을 보고 곧이곧대로 믿지 않는다. 일어난 일을 말이나 글로 옮기게 되면 왜곡되기 쉽다. 그 일이 남 일이라면 왜곡은 좀 더 쉬워진다. 사실을 사실대로 말하고, 글로 쓰는 것은 참 어려운 일 중 하나다. 나의 생각이 개입되는 순간 그 말과 글은 객관성을 잃는다. 요즘 언제 어디서든 쉽게 찍어 남길 수 있는 동영상도 더 이상은 100% 신뢰하기 어려워진 세상이다. 그렇다고 남의 말을 하나도 듣지 않고 보지 않고 살 수도 없고, 모든 걸 의심하며 피곤하게 살기는 싫다. 나만의 거름종이가 필요하다. 언론정보학과, 신문방송학과에 막연한 관심을 갖고 있는 고등학생이라면 한번 들여다봐도 좋을 것 같다. 하지만 결코 만만하게 봐서는 안 될 책이다. 만화이긴 하지만 그림보다 깨알 글씨가 더 압도적이기에 지레 겁먹고, 진로를 급히 변경하게 될 수 있으니.

**정움** 서울 경희고 사서교사

# DAY 322

## 박시백의 조선왕조실록 (전20권)

박시백 지음 | 휴머니스트 | 각권 250쪽 안팎 | 2005년-2013년
각권 9,500원-15,000원 | 중·고등학생 | 한국 | 역사

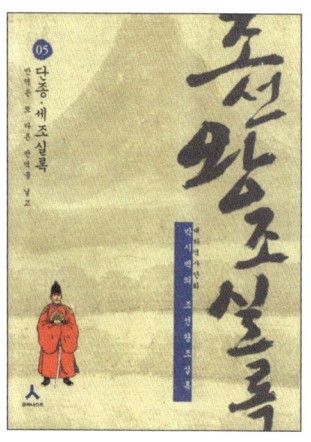

이 책은 어른들이 좋아할 만한 만화이다. 분명 학습에 도움이 된다는 뜻에서 말이다. 2005년에 첫 권이 시작되어 2012년 말에 20권으로 완간 예정인데 현재는 19권까지 나왔다. '역사교양만화' 또는 '가족교양만화'로 분류되는데, 그 까닭은 작가의 머리말에서 알 수 있다. 작가는 "정치사를 위주로 해서 관련된 핵심 인물들의 생각과 처신을 중심으로, 〈실록〉 기록을 위주로 최근 학계의 연구와 필자의 적극적인 해석을 중심으로, 성인 독자를 주된 독자층으로 여겼으나 청소년과 역사에 남다른 관심이 있는 어린이도 볼 수 있게 그렸다."라며 자기 생각을 말했다. 판형도 크고 컬러로 만들어져 읽기에는 편하지만, 글이 너무 많아 벅찰 때도 있다. 오랜 세월 계속된 지은이의 노력에는 응원과 박수를 보낸다.

**김광재** 학교 밖 독서지도

ⓒ 박시백, 『박시백의 조선왕조실록』, 휴머니스트

# 새로 만든 먼나라 이웃나라 (전14권)

이원복 지음 | 김영사 | 각권 250쪽 안팎 | 2012년 | 각권 12,900원 | 초등고학년부터 | 한국 | 교양

DAY 323

ⓒ 이원복, 『새로 만든 먼나라 이웃나라』, 김영사

이원복 교수의 그림과 글로 여러 나라의 문화, 철학, 지리 등에 관한 풍부한 지식과 정보를 만날 수 있다. 9개국(네덜란드, 프랑스, 도이칠란트, 영국, 스위스, 이탈리아, 일본, 우리나라, 미국, 중국)의 경제, 문화, 정치, 역사 등을 각각 알아가다 보면 커다란 국제사회의 존재를 느끼게 된다. 각 나라들은 더 이상 독자적으로 살아가기 어렵다는 사실과 서로 영향을 주고받으며 사는 지구촌 마을의 연계성도 알 수 있다. 만화로 되어 있어 초등학생도 쉽게 손에 잡을 수 있겠으나, 내용 이해를 제대로 하기 위해서는 각 나라에 대한 배경지식이 어느 정도 요구되는 책이다. 만화지만 술렁술렁 읽을 수만은 없는 책. 꼼꼼히 정독하며 읽어야만 책 속 내용이 확실한 내 것이 된다. 초등학생뿐만 아니라 어른 독자층에 이르기까지 폭넓게 읽힐 수 있는 교양서이다.

**신정임** 서울 반포중 사서

# DAY 324

## 식물 탐정 완두, 우리 동네 범인을 찾아라!

황경택 지음 | 길벗스쿨 | 225쪽 | 2009년 | 10,800원 | 초등학생 | 한국 | 생태

움직이지 못하는 식물이 효과적으로 종을 번식하기 위해 어떤 전략을 구사할까? 일제 강점기 말기에 송진 채취를 위해 줄기를 깊게 판 흔적이 선명한 소나무는 살아 있는데, 빙 돌아가며 얕게 상처 난 나무는 왜 죽는 걸까? 꽃과 잎이 진 나무는 어떻게 구별할까? 이와 같은 식물 생태에 대한 궁금증을 열두 가지로 나누어 설명하는 이 책은 각 꼭지마다 주인공 완두가 동식물에 대한 지식을 적용하여 일상생활에서 만나는 여러 가지 상황을 해결하는 만화로 아이들의 호기심을 유발한다. 그리고 '완두의 생태 수첩'을 두 쪽으로 정리하여 식물의 생태에 대한 지식을 간결하게 요약한다. 만화그림은 친근하고 식물그림은 정확하며 찾아보기가 자세하다.

**강은슬** 대학강사

## 어메이징 그래비티

조진호 지음 | 궁리 | 312쪽 | 2012년 | 14,800원 | 중·고등학생 | 한국 | 교양과학

DAY 325

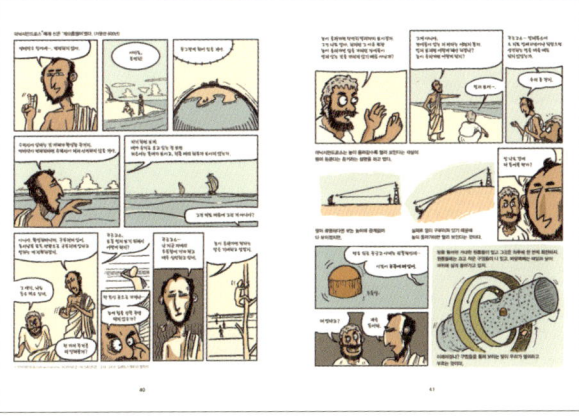

ⓒ 조진호, 『어메이징 그래비티』, 궁리

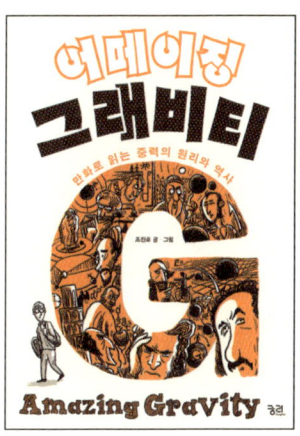

과학을 20년 넘게 가르쳤지만, '중력'으로 이렇게 과학사를 꿰뚫어 설명해본 적이 없다. 그 이유는 두 가지. 첫째, 결과만 중시하는 시험 중심 교육에서 과학사는 단지 개념을 이해하기 위해 동원되는 반짝 출연자에 불과하다는 점. 둘째, 국가중심 교육과정에서 교사가 주체적으로 교육 내용을 재구성해서 가르칠 권한을 가질 수 없다는 것. 따라서 교사가 과학사를 통찰할 필요가 없어진다. 과학의 발달은 자연에 대한 탐구에 그치지 않는다. 철학의 정립이요, 경제 발전의 원동력이며, 정치력의 근원이다. 과학을 알면, 과학사를 알면 인류가 발전해 온 노정을 알 수 있다. 그 중심에 중력이 있다. 이 만화는 학생에게 권하기 전에 과학교사가 먼저 읽어야 할 책이다. 내가 과학을 안다고 하면서 가르쳐 왔지만, 부끄럽게도 분절된 지식만을 알고 있었다. 내겐 중력으로 과학을 통합하는 즐거움을 주고, 학생들에겐 교과서에선 찾을 수 없는 세계를 발견하는 기쁨을 안겨 줄 것이다.

**이수종** 서울 상암중 과학교사

# DAY 326

## '위안부' 리포트 (전1권, 미완결)
정경아 지음 | 이미지프레임 | 264쪽 | 2006년 | 8,800원 | 고등학생 | 한국 | 르포

치밀한 자료조사와 취재를 바탕으로 만들어진 르포르타주 만화. 일본군에게 성노예로 착취당했던 '위안부' 할머니들의 고통과 삶을 그렸다. 민감하고 어두운 내용을 만화라는 매체의 특성을 활용하여 알기 쉽게 설명한다. 서양인 '위안부'의 존재, 일본군 '위안소'가 생기게 된 배경과 당시의 실태 등 국제적인 사건 전반에 대해 종합적으로 서술하였다. 정보전달을 우선시해 텍스트에 많은 비중을 할당했다. 가벼운 주제는 아니지만 압축적이고 빠른 전개 덕에 지루하지 않게 읽을 수 있다. 한편, 각 장별 분위기를 고려하여 색상을 상징으로 사용하였다. 현재, 인문만화교양지 SYNC를 통해 〈'위안부' 리포트 2: 도쿄전범재판, 유감〉이 연재되고 있다. 일본의 패전 이후, 전후 처리 과정에서 '위안부' 문제를 어떻게 다루었는지 집중 조명한다.

**조선혜** 서울 대신고 사서교사

ⓒ 정경아, 『'위안부' 리포트』, 이미지프레임

## 카툰성경 (전3권, 구약1·2, 신약1)

키이스 닐리, 데이비드 마일즈 글 | 키이스 닐리 그림 | 규장
각권 680쪽 안팎 | 2012년 | 각권 28,000원, 32,000원 | 초등고학년부터 | 미국 | 종교

**DAY 327**

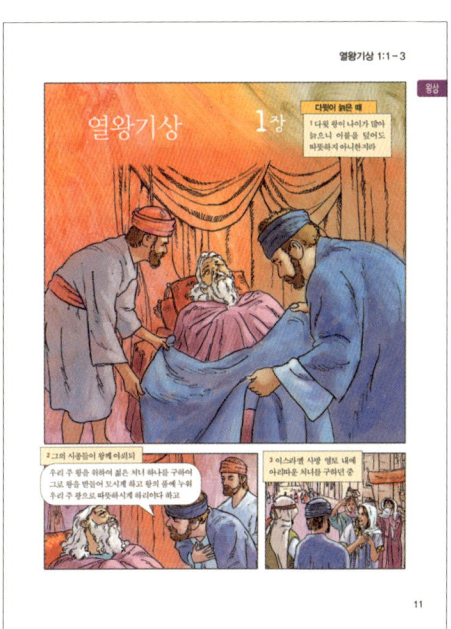

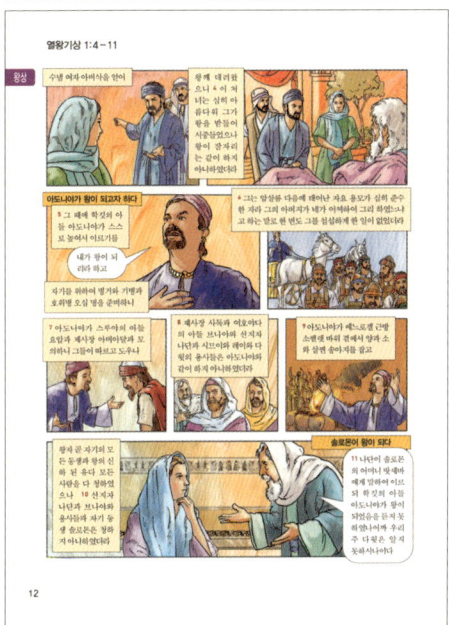

ⓒ 키이스 닐리, 『카툰성경』, 규장

성경 본문 전체를 만화로 보고 읽도록 시도한 책이다. 고대 근동과 이스라엘의 사실적인 지도 삽입을 통해 지리적인 정보를 함께 제공하였으며, 부드러운 파스텔 톤으로 채색된 소제목별 속표지는 전체적으로 온화한 느낌이 들어 성경을 처음 접하는 독자들에게 좀 더 쉽고 친근하게 다가갈 수 있게 하였다. 그러나 예언서와 역사서 일부, 서신서를 성경 본문의 글줄 형태 그대로 옮겨 놓았다는 점과 활자체가 너무 작은 점은 독자들로 하여금 지속적인 가독성을 떨어뜨리는 요소로 작용해 완성도 면에서 다소 아쉽게 느껴진다. 하지만, 창세기부터 요한계시록까지 방대한 성경 전체를 간추리지 않고 말씀 그대로, 시각적인 효과를 높이기 위해 입체적인 만화로 엮어내고자 한 쉽지 않은 작업을 최초로 시도한 점은 높이 살 부분이다.

**권현숙** 남양주 판곡교 사회교사

# DAY 328

## 텃밭 (전2권)

최민호 지음 | 거북이북스 | 각권 192쪽 | 2012년 | 각권 15,000원 | 초등학생 | 한국 | 환경

"텃밭으로 초대합니다." 작가는 텃밭에 놀러 오라고, 텃밭 농사가 재미있다고 독자들에게 초대권을 나누어 주고 있다. 그가 제일 잘하는 만화로 말이다. 작가는 여유 시간이 생기자 도시 근교에 있는 텃밭을 분양받아 농사를 짓는다. 해 본 적은 없다. 텃밭 이웃 욕쟁이 할머니가 유일한 선생님이다. 수채화로 그려진 만화를 보고 있으면 배경이 자연이라 자연스레 한 폭의 그림이 된다. 그의 고군분투기는 물론 재미있다. 세상에 쉬운 일은 없는 법이니 농사 또한 만만치 않음을 작가와 함께 배워간다. 드디어 수확하고 채소 나눔을 하고 먹을거리를 저장하고 내년을 기약하는 그를 보면서 초대 이유를 확인할 수 있다. 흙의 위대함, 자연의 소중함, 이웃과 함께하는 즐거움을 더 많은 이에게 알려 주고 싶은 마음일 거다.

**김광재** 학교 밖 독서지도

ⓒ 최민호, 『텃밭』, 거북이북스

## 패션의 탄생

강민지 지음 | 루비박스 | 416쪽 | 2011년 | 18,900원 | 중학생부터 | 한국 | 패션

**DAY 329**

ⓒ 강민지, 『패션의 탄생』, 루비박스

눈길을 잡아끄는 인터넷 기사. 루이비통 코리아, 가방 등 주요 제품 가격 3% 인상! 패션의 완성이 가방 아가들과 구두 아가들이라 생각하는 여자들의 수심이 대단하겠다. 발 빠른 여자들은 미리 알고 벌써 아가들을 데려다 놓았겠지만. 듣기만 해도 황홀한 그 이름들이 책 속에 쭉 나열된다. 에르메스, 루이비통, 샤넬, 프라다, 페라가모… 도대체 이것들이 다 무엇이기에 여자들에게 무한한 당당함을 실어주는 것일까. 비싸니까 명품이고, 명품이니까 좋다며 '백'을 모셔와 보는 것만으로도 행복해하는 사람들에게 필요한 책이다. 근현대 패션의 역사와 명품 브랜드들을 탄생시킨 디자이너들의 이야기를 만화로 풀어냈다. 패션의 흐름을 읽을 수 있어 좋고, 다양한 명품 브랜드의 전설적인 아이템들도 만날 수 있어 재미를 더한다. 다들 '에르메스, 에르메스' 하는데, 에르메스가 사람 이름이라는 사실을 알고 있는가. 나는 이번에 처음 알았다.

**정움** 서울 경희고 사서교사

# DAY 330

## 평화의 사진가

에마뉘엘 기베르 글·그림 | 디디에 르페브르 글·사진
권지현 옮김 | 세미콜론 | 304쪽 | 2010년 | 50,000원 | 중·고등학생 | 프랑스 | 세계분쟁

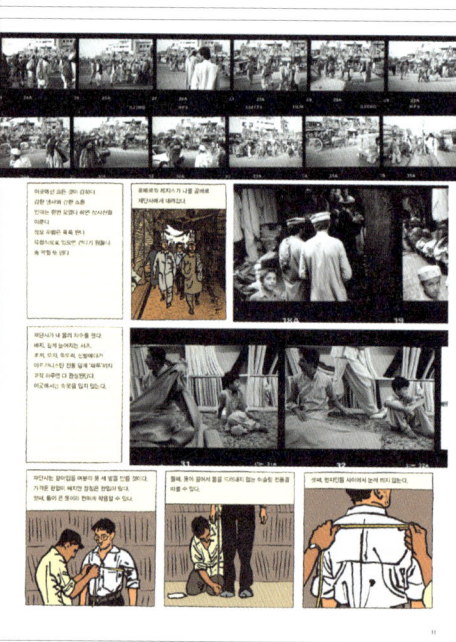

소련-아프가니스탄 전쟁의 일면을 다룬 책으로, 다큐멘터리 보고서 같으면서도 만화의 그림과 사진이 절묘하게 어우러진 독특한 형식을 취하고 있다. 총 3부로 구성되어 있는데, 1부는 디디에 르페브르가 의료팀에 합류하는 것으로 시작하여, 2부는 아프가니스탄에서의 체험이 상세하고 구체적으로 묘사되었고, 3부에서는 사진 작업을 마친 르페브르가 의료팀과 헤어져 혼자 파키스탄으로 돌아가는 내용이 전개된다. 힘든 작업 속에서 "도대체 내가 여기까지 와선 뭘 하는 걸까?" 자문하던 디디에는 결국, 사진을 찍으며 그 답을 찾는다. 순박한 아프가니스탄 사람들과 그들을 보살피는 의사 동료들과의 연대감으로 인해 자기도 모르게 변화하는 디디에의 모습을 확인할 수 있다. 분쟁으로 얼룩진 땅에도 "그곳에 우리와 별반 다르지 않은, 사람들이 살고 있다."라는 말이 가슴에 남는다.

**권현숙** 남양주 판곡교 사회교사

ⓒ 에마뉘엘 기베르·디디에 르페브르, 「평화의 사진가」, 세미콜론

## 피터 히스토리아 (전2권)

교육 공동체 다나 글 | 송동근 그림 | 북인더갭 | 각권 260쪽 안팎
2011년 | 각권 12,800원 | 초등고학년부터 | 한국 | 역사

**DAY 331**

ⓒ 송동근, 『피터 히스토리아』, 북인더갭

우리는 모두 뒤늦은 후회를 한다. 그것을 반복하지 않기 위해서 역사를 배운다. 옛 조상들의 생활을 공부하면서 긍정적인 부분과 부정적인 부분을 배워서 긍정의 미래를 열어가기 위해서 역사를 배운다. 주인공 피터는 피에트로, 페트로스, 피에르 등의 이름으로 불린다. 마치 타임머신을 타고 수천 년을 여행하는 듯한 내용의 구성이 돋보인다. 시대를 넘나드는 여행이라는 요소를 통해 역사 속의 인간의 삶을 잘 조명하고 있다. 인간 세계에 널리 알려진 철학, 인간들의 끝없는 욕망, 인간이 발전시킨 과학, 사회의 여러 가지 혁명 등의 대표적인 물결들에 주목할 만한 인물들을 등장시켜 그들의 입으로 시대적 상황을 잘 설명해 주고 있다. 역사 속의 Why와 What을 생각하면서 만화가 역사관과 세계관을 심어 줄 수 있다는 것을 새삼 느끼게 해 주는 책이다.

**이무현** 의정부 경민여중 역사교사

## DAY 332

### 눈썹진드기 우상탈출 프로젝트

제이 호슬러 지음 | 김기협 옮김 | 서해문집
168쪽 | 2012년 | 10,900원 | 초등고학년부터
미국 | 교양과학

ⓒ 제이 호슬러, 『눈썹진드기 우상탈출 프로젝트』, 서해문집

어릴 적부터 만화 그리기를 즐겼고 지금은 대학에서 생물학을 가르치는 교수가 그린 과학만화. 호기심 많은 털주머니진드기가 위대한 생물학자 찰스 다윈의 눈썹 속에 살았었다는 엉뚱 발랄한 진화론 이야기다. 다윈의 눈썹 속에 살고 있는 꼬마 진드기 마라와, 진드기는 똥구멍이 왜 없는지 늘 궁금한 동생 진드기 윌리의 한껏 떠들어대는 소리가 어느 날부터 다윈의 귀에 들리기 시작한다. 이들은 다윈에게서 듣게 된 진화론에 큰 의심을 품고 함께 진화의 원리를 확인해 나가는 모험을 시작한다. 흥미진진한 이야기 속에 진화에 대한 다양한 내용과 다윈의 삶이 녹아 있다. 또한 실제 문헌들에 대한 연구와 자료 조사가 곳곳에 담겨 있다. 특히 단원 사이사이 수록된 '변이의 노트북'에는 해당 만화 컷들과 관련된 역사적 사실들이 덧붙여져 있다. **유효숙** 대학강사, 과학교육

## DAY 333

### 마음으로 느끼는 조선의 명화

서은경 지음 | 북멘토 | 208쪽 | 2011년
13,000원 | 초등고학년 | 한국 | 미술

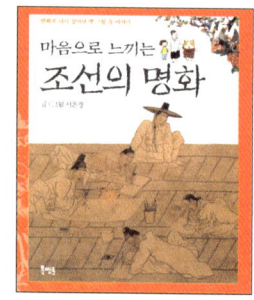

ⓒ 서은경, 『마음으로 느끼는 조선의 명화』, 북멘토

『오주석의 한국의 미 특강』이나 『화인열전』 같은 책을 통해 한국미술의 대가와 그들의 작품 속에 깃든 정신과 깊이, 우리 미술의 위대함이 대중들에게 많이 알려졌다. 하지만 청소년들이 읽기에는 생소하고 어려운 내용들이어서 아쉬움이 많았는데, 조선의 명화 10점을 소개한 이 만화는 누구라도 쉽게 우리 옛 그림을 감상할 수 있다. 그림과 관련된 인물과 배경, 그림이 그려질 당시의 일 등을 만화가 '차군'과 주변 인물의 이야기를 빌려 만화로 표현함은 물론 만화 특유의 단순함과 명쾌함으로 명화를 재창조했다. 특히 '묘묘'와 '미양이'가 안견의 〈몽유도원도〉 속을 여행하는 부분은 만화와 옛 그림이 절묘하게 조합되어 마치 꿈속에서 도원을 직접 보는 듯한 신비스러움을 느낄 수 있다.

**박혜경** 국립전통예술고 국어교사

## 만화 21세기 키워드 (전3권)

이인식 원작 | 홍승우 지음 | 애니북스
각권 260쪽 안팎 | 2003년-2005년
각권 13,000원 | 중학생부터 | 한국 | 과학기술

DAY 334

2002년에 나온 과학 칼럼니스트 이인식의 『21세기 키워드』를 원작으로 비빔툰의 홍승우 작가가 만든 만화이다. 각 권마다 키워드 40개를 다루고 있는데 나노기술, 인공지능, 양자컴퓨터 등의 첨단기술과 관련된 것이 가장 많지만 제노사이드, 실패학에 이르기까지 다양한 분야를 넘나든다. 앞으로 개발될 여지가 큰 키워드도 많지만 데이터스모그나 재생에너지처럼 이미 우리가 충분히 알고 있는 개념도 꽤 포함되어 있다. 예화로 시작하여 6쪽 안팎에 각 키워드에 대한 설명, 연구의 역사, 핵심 저작물을 소개하는 내용은 과학 지식이 풍부하지 않은 독자도 쉽게 이해할 수 있다. 만화 그림은 재미뿐만 아니라 정보도 전달한다. 설명이 간략한 만큼 첨단 과학기술에 대한 학습의 출발점으로 이용될 수 있겠다.

**강은슬** 대학강사

ⓒ 홍승우, 「만화 21세기 키워드」, 애니북스

## 만화로 이해하는 세계 금융 위기

세스 토보크먼, 에릭 라우센, 제시카 베를레 지음
김형규 옮김 | 미지북스 | 130쪽 | 2011년
12,000원 | 고등학생 | 미국 | 경제

DAY 335

세계의 경제 불황이 장기화되고 있는 요즘, 등장하는 뉴스들마다 높은 실업률과 불안한 부동산 시장, 소득 대비 치솟는 물가 등 암울한 것들뿐이다. 이 책은 2008년 서브프라임 모기지 사태로 요약되는 경제 위기를 겪었던, 그리고 그러한 위기가 여전히 진행형인 미국의 사례를 들며 왜 미국이 그런 경제 위기를 겪을 수밖에 없었는지, 도대체 나에게 왜 이런 일이 생겼는지를 쉽게 펼쳐 보여준다. 자본주의의 원리와 정부의 규제를 최소화한 자유시장주의의 환상과 위험성에 대해서 경제 초보자도 이해할 수 있게 쉽게 풀어 놓았다. 정부가 대기업과 은행을 규제하지 않는다면, 국민들이 문제점을 비판적으로 직시하지 않고, 또한 연대하지 않는다면 어떤 참담한 결과가 올 수밖에 없는지 따끔하게 경고하고 있다.

**한지연** 전남 영암초 교사

ⓒ 세스 토보그먼 · 에릭 라우센 · 제시카 베를레, 『만화로 이해하는 세계 금융 위기』, 미지북스

## DAY 336

### 시사 SF

조남준 지음 | 청년사 | 245쪽 | 2007년
9,800원 | 고등학생 | 한국 | 풍자

ⓒ 조남준, 『시사 SF』, 청년사

사회생활에서 우리가 접하는 여러 상황을 비꼬는 풍자만화 책이다. 책 제목을 보면 마치 과학 소설(Scientific Fiction)과 관련이 있을 것 같다. 그러나 이 책의 제목 SF는 Social Fiction에 가깝다 생각되며, 책머리에는 Social Fantasy라고 설명하고 있다. 생활 속에서 일어날 듯한 일과 사회 일면의 씁쓸한 기사들을 때로는 면밀하게 때로는 비틀리게 묘사하고 있다. 때문에 독자는 삶 속에서 주위 사람이나 자신이 느낄 수 있는 현대인의 비애를 접하게 된다. 책을 읽으면서 뒤틀린 현실을 공감하는 자신뿐만 아니라 책 속에서마저 슬픈 현실을 다시 한 번 느껴야 한다는 불편함도 존재하는 것이다. 그러나 어쩌면 이 책을 선택한 독자는 사회 풍자에 그치지 않고 뒤틀린 그 무언가를 깨는 내용을 담고 있기를 기대하지 않았을까? 그야말로 판타지의 뜻 그대로 '기분 좋은 공상'을 바라고 있지는 않을까? **유희영** 수원 동우여고 과학교사

## DAY 337

### 신의 나라 인간 나라 (전3권)

이원복 지음 | 김영사 | 각권 260쪽 안팎 | 2008년
각권 10,000원 | 중학생부터 | 한국 | 세계문화

ⓒ 이원복, 『신의 나라 인간나라』, 김영사

세계문화의 밑받침이라고 할 수 있는 종교, 신화, 철학에 대해 개괄적으로 접근했다. 이 세 요소는 사실 따로 떼어서 설명하기 힘든 분야들이다. 신화는 집단을 묶어주는 역할을 하고 자연을 설명하는 철학의 바탕이 되며 종교를 창조하기도 했다. 이렇게 종교와 신화와 철학은 서로 지배하고 영향을 미친다. 이런 복잡하고 어려운 내용들을 작가 특유의 단순화와 강조로 쉽게 읽을 수 있게 만들었다. 하지만, 쉽다고 해서 초등학생에게까지 쉽지는 않을 듯하다. 다루고 있는 내용이 상당하기 때문이다. 종교, 신화, 철학에 대해 이런저런 지식이 잡다하게 있는 사람이 읽으면 훨씬 재미있게 볼 수 있겠다. 스스로 하지 못한 요약 정리를 그림과 더불어 명료하게 해준다.

**김혜원** 학교도서관 문화살림

## 68년, 5월 혁명

아르노 뷔로 글 | 알렉상드르 프랑 그림 | 해바라기 프로젝트 옮김
휴머니스트 | 116쪽 | 2012년 | 12,000원 | 중·고등학생 | 프랑스 | 교양

**DAY 338**

68년 프랑스의 5월 혁명에 대해 보수주의 진영과 진보주의 진영의 의견은 사뭇 다를 것이다. 그런데 이 책은 어느 한쪽의 시각이 아니라 일대의 사건에 대해 객관적인 시각으로 구성했다. 5월 혁명에 대해 당시 전화 상담원, 원예가, 퇴직자, 비서, 프로듀서, 은퇴한 교육가 등을 등장시켜 인터뷰 형식을 사용하여 시간 순으로 구성했다. 생생한 역사의 현장을 시간 순으로 그려내 5월 혁명 당시의 상황을 객관적으로 이해할 수 있다. 이 책은 교육적인 목적으로도 유용하다. 특히 특정한 이념에 편향되지 않은 관찰자의 시각이라는 점에서 그렇다. 만화의 소재가 무한정하며 역사에 대한 이해력을 높여주는 훌륭한 친구가 될 수 있다는 점은 만화의 필요성을 다시 한 번 생각하게 한다.

**배영태** 용인 포곡고 국어교사

## 그림 보여주는 손가락

김치샐러드 지음 | 학고재 | 328쪽 | 2006년 | 9,800원 | 초등중학년 | 한국 | 예술

**DAY 339**

'우울해'라는 바다에 빠진 손가락이 등장하여 초롱불이 꺼진 아귀에게 그림 설명을 한다. 문예창작을 공부하던 필자는 어느 날 미술로 공부 방향을 바꾸고 혼자 그림 공부를 하던 중 명화 감상 이야기를 블로그에 올리기 시작하여 그것을 책으로 엮어서 낸 것이다. 우울한 그림과 그 우울함의 근원을 묻고 우울함에서 벗어날 방법은 무엇이 있을까 하는 것이 일관된 명화 감상의 초점이다. 저자가 공부의 방향을 바꾸면서 보다 자신이 원하는 삶으로 나아가고자 했던 마음도 엿볼 수 있다. 거창하게 "나는 무엇인가"라는 질문으로부터 시작되는 명화 감상은 그래서 삶을 대하는 인문학적 사유를 불러일으켰고, 수많은 공감이 댓글로 이어졌다. 명화의 세세한 부분까지 말풍선에 담은 글로 설명과 감상을 함께 나누는 형식이고 블로그에 올라온 댓글과 화가에 대한 저자의 생각도 함께 볼 수 있도록 되어 있다.

**신정화** 서울 삼광초 사서

## DAY 340 | 도서관을 구한 사서

마크 앨런 스태머티 지음 | 강은슬 옮김 | 미래아이
20쪽 | 2007년 | 9,000원 | 초등중학년 | 미국 | 전쟁

세계적인 역사문화유산을 겨냥하여 폭격을 퍼붓는 군사작전이 뉴스를 통해 강한 비판을 받기도 하지만 전쟁은 어차피 인정사정없는 것이다. 이라크 전쟁 중에도 이라크군은 중앙도서관 옥상에 포를 설치했다. 도서관이 적에게 공격 대상이 되고 아군에게는 중요한 진지가 된 셈이다. 전쟁의 소용돌이 속에서 불타 없어질 책에 대해서는 아무도 관심이 없다. 책을 사랑하고 무엇보다도 책이 지닌 역사, 문화적 가치에 대해 잘 알고 있던 사서 알리아는 거의 혼자 힘으로 이라크 중앙도서관의 책들을 안전한 곳으로 옮긴다. 결국 도서관 건물은 전쟁의 포화로 불탔지만 사서 한 사람의 노력으로 책들은 구할 수 있었다. 책이 있어야 도서관이고, 도서관을 도서관일 수 있도록 만드는 것은 결국 사서다. 도서관을 원하는 국민들의 뜻을 읽고 도서관을 만들겠다는 공약이 자주 들려온다. 아직은 도서관의 겉모습에만 관심을 기울이는 우리 사회에 널리 알리고 싶은 만화다.

**신정화** 서울 삼광초 사서

## DAY 341 | 따개비 한문숙어 (전7권)

오원석 지음 | 늘푸른아이들 | 각권 180쪽
2002년–2003년 | 각권 8,000원 | 초등중학년 | 한국 | 한자

한문 공부는 간단하지가 않다. 일단 한자의 뜻을 알아야 하고 그것을 외워야 한다. 복잡하고 엄격한 획순에 따라 쓸 수 있어야 하고, 그것을 글을 쓰거나 이야기를 하는 중에 적절하게 사용할 줄도 알아야 비로소 한문 공부가 완성된다. 이 만화는 재치가 넘치는 따개비의 일상생활을 통해 한자숙어를 상황에 맞게 적절히 사용하는 예를 보여준다. 여러 해 동안 어린이 신문에 연재한 한자학습만화를 엮어 낸 책이라 양이 방대하다. 한자를 급수로 구분하지 않고 있고 간혹 어렵고 낯선 숙어들도 눈에 띈다. 하지만 읽기를 그만두고 싶지는 않다. 엉뚱하고 익살맞은 따개비와 부모님 사이의 밀고 당기는 상황 설정으로 킬킬거리며 읽고 또 읽게 만드는 매력이 있다. 부담스런 공부라는 느낌 없이 즐거운 독서를 통해 한자 실력이 늘기를 바라는 사람들이 바라던 딱 그런 책이다.

**신정화** 서울 삼광초 사서

## 만화로 보는 직업의 세계 (전5권)

와이즈멘토 글 | 이주한, 연두 그림 | 동아일보사 | 각권 160쪽 안팎
2005년–2007년 | 각권 9,000원 | 초등학생부터 | 한국 | 직업, 진로

**DAY 342**

상급학교 진학을 고민하기 전에 먼저 생각해 봐야 할 것은 자신이 가지고자 하는 직업에 대한 숙고이다. 진로 선택은 공부와 삶의 방향을 정하는 것이기에 인생에서 큰 중요성을 가진다. 적절한 진로 선택을 위해 많은 고민을 하게 되는 학생과 부모들이 편안하게 볼 수 있는 진로 안내 만화책이다. 84개의 직업을 소개하면서 그 직업의 장점, 필요한 자질, 구체적인 업무 내용과 전망, 준비해야 할 여러 사항 등을 자세하게 기술하고 있어 직업 탐색을 위한 부교재로 사용해도 좋겠다. 초등 저학년뿐만 아니라 중·고등학생까지 진로관련 직업 탐색을 할 때 쉽고 재미있게 볼 수 있을 듯하다. 세상이 다변화하고 기술이 발달해가면서 새로운 직업군은 지속적으로 창조된다. 다양한 직업을 보면서 미래에 생길 새 직업을 상상해 보는 것도 능동적인 책 읽기가 될 수 있겠다.

**신정임** 서울 반포중 사서

## 맹꽁이 서당 (전15권)

윤승운 지음 | 웅진주니어 | 각권 170쪽 안팎
2005년–2006년 | 각권 8,500원 | 초등중학년 | 한국 | 역사

**DAY 343**

1권부터 10권까지는 조선시대, 11권부터 15권까지는 고려시대로 구성되어 있다. 『맹꽁이 서당』은 엄격하면서도 인정 많은 훈장님에게 학동들이 천자문을 배우는 서당에서 벌어지는 일을 만화로 그렸다. 천자문을 가르치는 사이사이 훈장님은 학동들에게 역사 공부도 가르쳐 주는데 한자와 더불어 고사성어와 속담이 풍부하게 인용되고 있다. 공부보다는 놀기를 좋아하는 맹꽁이 서당의 학동들은 우리 아이들에게 많은 공감을 불러일으킨다. 공부를 시키려는 훈장님과 놀 기회만 노리는 학동들 간의 쫓고 쫓기는 크고 작은 소동들이 무척이나 재미있게 그려진다. 이런 재미와 더불어 효와 충, 신의와 우정 등 중요한 미덕을 전달하는 내용이 담겨 더욱 좋다. 아이들은 이 책에 코를 박고 키득거림과 동시에 참으로 소중한 것을 배워간다.

**신정화** 서울 삼광초 사서

## DAY 344

### 채지충의 유교 사상 이야기

채지충 지음 | 정광훈 옮김 | 박경환 감수 | 김영사 | 448쪽
2009년 | 15,800원 | 중학생부터 | 대만 | 동양사상

중국의 고전을 만화로 그리는 대만의 대표적인 만화 작가인 채지충이 유교 사상가들의 사상을 쉽고 재미있게 풀어낸 작품이다. 채지충 작가는 그냥 읽기엔 어려운 공자, 맹자, 노자, 장자의 사상을 재미있는 에피소드를 통해 읽기 쉬운 만화로 소개하고 있다. 원전을 읽은 이에겐 더욱 깊은 생각을 하게 하고, 처음 읽는 이들은 쉽고 재미있게 유교 사상가의 사상을 이해할 수 있게 한다. 처음에는 가볍게 훑어보다 점점 빠져들게 되고 나중엔 원문을 읽어보려는 흥미를 가질 수 있게 이끈다. 위트 있는 화법과 함께 동양적인 그림 분위기로 지루하지 않게 중국 고전 사상과 철학을 접하게 하는 채지충의 다른 작품도 함께 찾아 읽으면 좋겠다.

**이인문** 서울관광고 사서교사

## DAY 345

### Jazz it up! (전3권)

남무성 지음 | 고려원북스 | 각권 300쪽 안팎
2004-2007년 | 각권 15,000원 | 중학생부터 | 한국 | 음악

만화라고 다 술술 읽히는 것은 절대 아니다. 재즈의 '재'자에 관심도 없고, 음악의 '음'자도 모르는 사람에게는 힘든 책이 될 것이다. 중간에 몇 번씩 책을 덮고 싶은 욕망에 사로잡힐지도 모르니까. 포기하고 싶은 생각이 자꾸 든다면, 억지로 붙들고 있지 말고 책을 일단 덮어라. 그리고 부록으로 따라오는 CD부터 들어보길 권한다. 그러고 나서 다시 책을 펼치면 외계어로 꽉 찬 느낌을 받던 문자가 눈에 들어오기 시작한다. 완전히 이해가 되진 않지만, 그 재즈의 feel을 느낄 수 있다. 재즈의 100년 역사를 단 3권의 책 속에, 그것도 만화로 그려내려 한 저자가 한국인이라는 사실을 알게 되면, 한 글자도 놓치고 싶지 않을 것이다. 하지만 모든 내용을 한 번에 소화할 생각은 하지 말길 바란다. 소화불량에 걸릴지도 모를 일이다. 넘길 수 있을 만큼만 먹는 것이 좋다.

**정움** 서울 경희고 사서교사

## Paint it Rock

남무성 지음 | 고려원북스 | 360쪽 | 2009년 | 18,800원 | 중학생부터 | 한국 | 음악

DAY 346

록 음악의 역사를 그저 알기만 해서는 이런 만화를 그릴 수 없으리라. 작가는 팝 음악의 역사를 줄줄이 꿰는 것으로도 부족해서 마치 그 시대 록 뮤지션들과 아주 친하게 지내기나 했던 것처럼 그들의 상황과 모습을 사실적으로 담아냈다. 게다가 유머러스한 말과 익살스러움까지 그려 넣고 있어, 보는 재미를 더한다. 책을 읽고 난 다음, FM 라디오 방송에서 흘러나오는 팝 음악이 더욱 의미 있게 들리기 시작한다. 거의 모든 노래에는 그 시대 사회를 향한 메시지가 어떻게든 담겨 있음을 아는 까닭이다. 록 음악에 대한 수많은 반어법과 익살 때문에, 평범한 독자와 이미 팝에 대해 풍부한 상식을 갖춘 독자 사이에 책의 내용에 감탄하는 정도가 다르겠지만, 어느 누가 되었든 재미있게 읽을 수 있다는 것이 이 책이 지닌 큰 장점이다.

**신정화** 서울 삼광초 사서

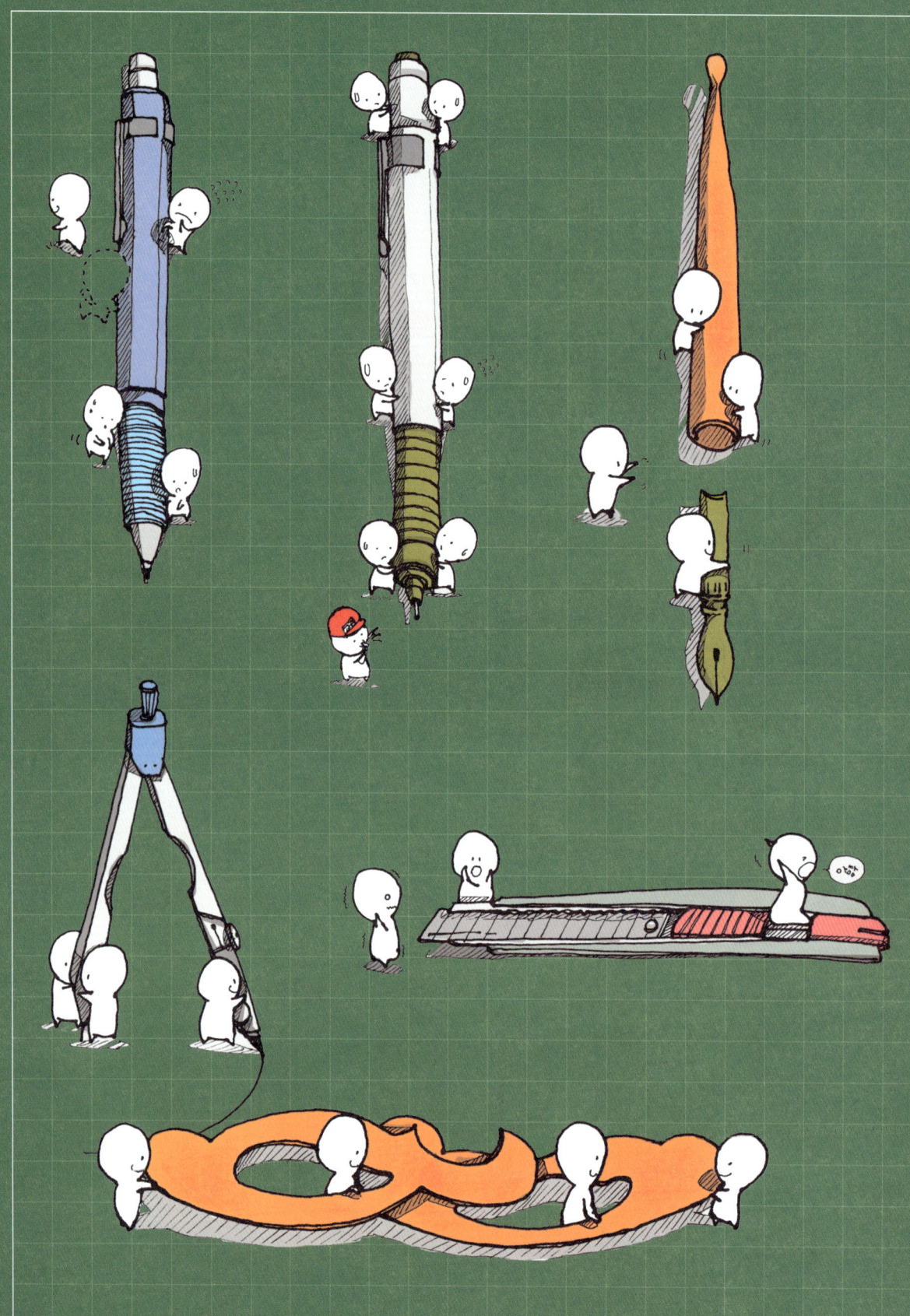

# 기타

기본적으로 만화의 형식을 틀로 가지고 있으나 지금까지의 분류에서 다른 색깔을 띨 수 있는 것들을 모았다. 독특한 구성과 엽기적인 컬트 컷으로 짜인 일러스트 카툰이나 굵고 가는 붓놀림의 농담으로 그려낸 마당놀이식 우화집은 독특한 시도로 참신하고 낯선 느낌을 준다. 공부방 아이들의 스토리를 만화가들이 각색한 프로젝트와 손바닥 그림, 찌라시 아트에 담아낸 사람과 세상의 그림일기는 기획이 돋보인다. 원작이 따로 있는 작품을 직접적인 그림으로 옮긴 만화로 만나는 것에 대해서는 우려의 목소리가 있다. 오세영의 토속적 그림으로 만나는 한국 현대단편소설, 이희재의 사랑받고 싶었던 나쁜 악동 제제의 이야기, 전도된 해석으로 캐릭터를 완성해 낸 고우영의 삼국지는 훌륭한 각색으로 또 다른 작품으로 탄생시켰다는 점에서 본보기가 될 만하다. 작가의 일러스트 단편집이나 그림책으로도 모자람이 없는 책들 또한 만화가 무엇인지를 생각해보게 하는 경계의 책들이다. 그러한 질문을 담은 스콧 맥클라우드의 책들은 만화로 보는 입문서이자 답변이다. 만화사적으로 의미 있는 작품들을 컬렉션이라는 이름으로 발간하는 것은 고마운 일이다. 다만 제한된 부수의 발행으로 구하기가 어려운 점이 있어 최소화해 소개했다.

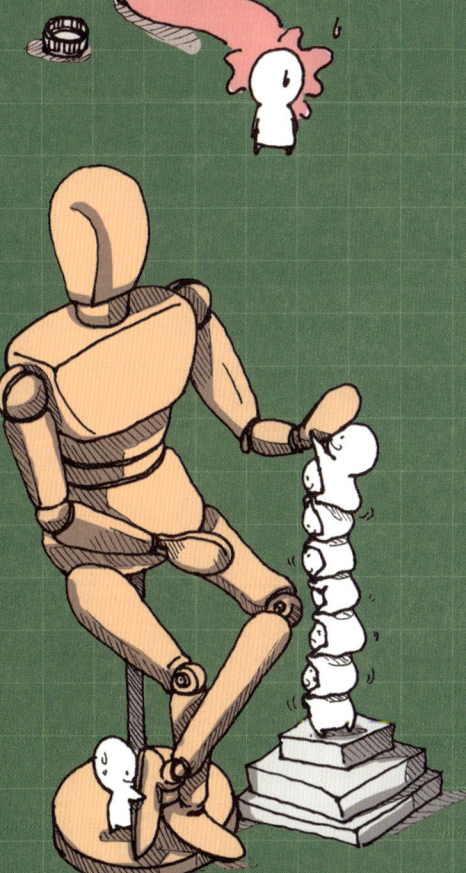

# DAY 347

## 1학년 1반 34번

언쥐 지음 | 김하나 옮김 | 명진출판사 | 264쪽
2008년 | 12,000원 | 초등고학년부터 | 대만 | 그림에세이

만화책과 글책 중간쯤의 모습이다. 글은 설명을 하고 그림은 느낌을 준다. 그림 속의 아이는 늘 고개를 숙이고 있거나, 등을 돌리고 뛰거나, 혼자 있거나 한다. 대부분 그림의 한 귀퉁이에 자리 잡았다. 어느 한 번도 활짝 웃어보지 못한다. 아이를 야단치는 다른 사람들은 아이보다 훨씬 크게 그려져 있다. 글을 읽지 않고 그림만 보더라도 답답하고 무겁다. 시작은 초등학교 입학식, 이름은 사라지고 34번이라는 번호를 받았다. 1학년 1반 34번. 아침잠, 소리 지르기 같이 아이가 좋아하는 것은 다 부질없는 것이 되었다. 학교는 아이에게 세상으로부터 인정받아야만 한다고 강요한다. 아이는 세상과 담을 쌓았다. 이런 아이가 어떻게 되었을까? 아이는 혼자 불쑥 어른이 되었다. 인생은 학교와 칠판에서만 배울 수 있는 게 아니니까. 대만 작가의 사춘기 경험을 바탕으로 그린 것이라는데, 우리의 교육 현실과 많이 닮아 있어 더 공감이 간다.

**김혜원** 학교도서관 문화살림

ⓒ 언쥐, 「1학년 1반 34번」, 명진출판사

# 고우영 삼국지 (전10권)

고우영 지음 | 애니북스 | 각권 170쪽 안팎 | 2007년 | 각권 7,000원 | 고등학생 | 한국 | 중국고전

**DAY 348**

ⓒ 고우영, 『고우영 삼국지』, 애니북스

좁고 어두운 만화가게에서 난롯불을 쬐며 만화책을 읽던 시절, 고우영 화백의 만화는 다른 책의 두 배가 넘는 돈을 내야 했지만 어른들의 만화를 훔쳐본다는 스릴을 안겨주었다. 도입부에 녹차를 구하러 갔다가 장비와 부용을 만나는 유비 이야기가 일본작가 요시가와 에이지의 영향을 벗어나지 못했다는 비판을 받기도 하지만, 유비와 조조, 관우와 제갈량에 대한 새로운 해석과 캐릭터의 원형적 완성은 이후 창작된 수많은 만화 삼국지의 원조로서 격찬받았다. 검열로 인해 페이지가 잘려 나가고, 원본이 칼질과 화이트로 훼손당한 채 유통되기도 했던 뼈아픈 한국만화의 그늘이 배어 있다. 삼국지를 읽는 것에 대한 어른들의 우려 섞인 목소리에도 불구하고, 넘치는 해학과 긴박감 넘치는 전개, 현실과의 접점을 짚어내는 뛰어난 통찰력은 여전히 힘이 세다.

**왕지윤** 인천 경인여고 국어교사

# DAY 349

## 꿈을꿈을 만화도서관

붕붕아트 지음 | 애니북스 | 176쪽 | 2011년 | 10,000원 | 초등저학년 | 한국 | 만화수업 프로젝트

만화 작가들이 공부방에 모인 아이들의 이야기를 듣고 만화를 그렸다더니 그래서 이런 제목이 붙었나 보다. '꿈을꿈을 만화도서관'이라고 적혀 있지만 소리 나는 대로 하면 '꾸물꾸물'이 되어 언뜻 재빠르지도 못하고 확실하지도 않은 행동을 이르는 말로 들리는 것이 말이다. 아이들과 작가가 한참을 꾸물거리는 모습이 그려지는 제목이다. 생각이 오가고 이야기가 정리되면서 꾸물거림은 결국 '꿈'이 되었다. 이야기를 만들어 들려 준 아이들과 그림을 그린 작가들 모두에게 이 작업은 의미가 컸음을 알 수 있다. 아이들에게 '꿈'을 물으면 대뜸 "꿈 같은 거 없어요."라고 잘라 말하곤 해서 당황스럽고 슬펐다. 그러면서도 그들에게 '꿈'을 주지 못한 것이 우리 어른 탓이라는 건 짐짓 외면하곤 했었다. 만화를 도구 삼아 아이와 어른이 함께 잃었던 꿈을 찾아가는 모습을 볼 수 있어 좋다.

**신정화** 서울 삼광초 사서

ⓒ 붕붕아트, 『꿈을꿈을 만화도서관』, 애니북스

## 박기소의 아이디어

박기소 지음 | 거북이북스 | 240쪽 | 2010년 | 12,000원 | 중학생부터 | 한국 | 카툰

DAY **350**

ⓒ 박기소, 『박기소의 아이디어』, 거북이북스

똑같은 것이라도 남들과 다르게 보는 시선은 다르면 다를수록 신선하다. 하지만 남들도 그 시선에 대해 공감하고 감동을 느낄 때, 그 시선의 진가가 발휘된다. 작가들은 메모벽을 가지고 있는 경우가 많다. 문득 떠오르는 글귀, 느낌, 아이디어 그 모든 것을 자신의 문장으로 재탄생시키기 위해 필요한 것은 메모. 순간 스쳐지나가는 생각을 모두 기억하기란 쉽지 않다. 잠들기 직전에 떠오른 명문장도 꿈결에 사라져 버리면 다시 찾아오기 어렵다. 카투니스트인 이 책의 작가도 늘 종이와 연필을 준비해 둔다. 그리고 모든 기억을 문자가 아닌 그림으로 남긴다. 그림만 딱 보면 '박기소의 작품이다!'라고 단번에 알아차리기 힘들 만큼 다양한 그림체를 갖고 있다는 것도 특별하다. 뭐 특별한 일이 있어야만 글 쓰고, 그림 그리는 것이 아니기 때문에 더욱 기발하게 느껴진다. 생활 속 모든 물건을 작품으로 구상하고, 밥과 반찬을 보면서도 아이디어를 생각한다는 작가는 피곤할 틈도 없을 듯.

**정욱** 경희고등학교 사서교사

# DAY 351

## 박재동의 손바닥 아트

박재동 지음 | 한겨레출판 | 289쪽 | 2011년 | 13,000원 | 중학생부터 | 카툰

"선생님! 너무 웃겨요!" 표지 속 어린이의 말이다. 머리는 양 갈래로 묶었고 눈은 감았고 입은 크게 벌려 목젖이 보일 지경이다. 무엇이 이 아이를 이렇게 활짝 웃게 했을까? 어느 장면인지 궁금해서 여기저기 들춰보다가 그림이 다양하다는 걸 확인한다. 작가는 10년 전쯤부터 일기를 쓰기 시작했고, 그림과 함께 해서 그림일기라 이름 붙인 작품들은 2004년 무렵부터는 '손바닥 그림'이라 불렸다고 말했다. 수천 점의 그림 중에서 200여 점의 그림을 모아 만든 이번 책은 '그림 에세이'로도 불린다. 작가의 인생관이 고스란히 들어 있기 때문일 거다. 일상에서 볼 수 있는 사람들과 그들의 마음, 풍경의 안과 밖을 그린 그림도 재미있지만, '찌라시 아트'도 유쾌하다. 가만, 사진 속 작가도 활짝 웃는다. 사람과 세상을 향한 따뜻한 웃음이다.

**김광재** 학교 밖 독서지도

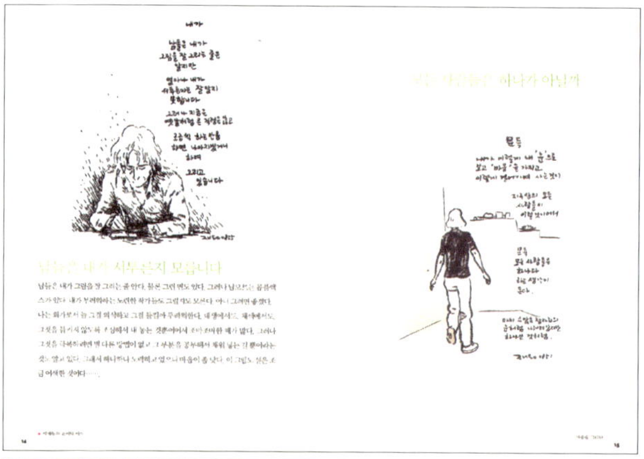

ⓒ 박재동, 『박재동의 손바닥 아트』, 한겨레출판

# 석정현 소품집 Expression

석정현 지음 | 거북이북스 | 280쪽 | 2006년 | 9,800원 | 고등학생 | 한국 | 일러스트

**DAY 352**

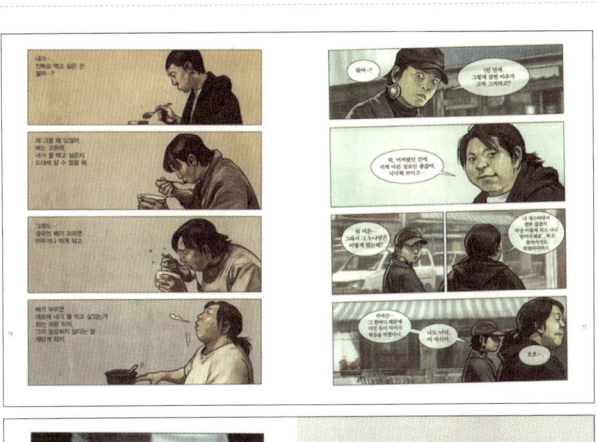

ⓒ 석정현, 『석정현 소품집 Expression』, 거북이북스

소품집이라는 제목과 함께 표지를 장식한 감성 어린 여자모델의 그림은 이 책의 정체를 궁금하게 만든다. 이 책은 작가가 주는 종합선물세트라고 할 만하다. 일단은 작가가 지금껏 작업했던 다양한 지면에 수록된 단편 만화를 수록했기 때문이고, 매 편마다 그에 얽힌 이야기를 정성껏 덧붙였기 때문이다. 주목할 것은 거의 대부분의 컷이 만화라고 이름 붙이기에는 너무나 다양한 느낌을 준다는 것이다. 때로는 세상에 대한 날카로운 풍자로, 때로는 일상에서 느끼는 감정을 섬세하게 묘사함으로써, 혹은 과거에 대한 애잔한 향수를 일으키는 방식으로 읽는 이를 점점 책 속에 빠져들게 한다. 또한 일반적인 만화와는 다른, 실사에 가까운 그림체와 수채화 느낌의 색감은 읽는 이를 만화의 새로운 차원으로 인도한다. 새로운 차원의 만화를 경험하고 싶다면, 절대 후회하지 않을 선택이 될 것이다.

**박병배** 전 한겨레문화센터 강사

# DAY 353

## 쉬이이잇!

제이슨 지음 | 새만화책 | 128쪽 | 2006년 | 7,500원 | 고등학년부터 | 노르웨이 | 인생

'매 순간 불안한 선택의 연속인 삶을 어떻게 살아야 할까? 앞 책날개에 그려진 천사와 악마 그리고 괴이쩍은 표정의 대머리 독수리는 까마귀남자의 삶 속에서 어떤 역할을 할까?'라는 의구심으로 책을 열었다. 작가는 살아가면서 인생의 고비마다 겪을 법한 지극히 통속적인 사랑과 이별 그리고 질투와 욕망, 고독한 내면의 자신과 만남 등 온갖 우여곡절을 10개의 장으로 나눠서 단순하고 간략하게 보여준다. 아무 말없이 침묵 속에서 그려진 만화는 보는 이로 하여금 여러 가지 상황을 상상하게 한다. 가령 예를 들어 4번째 나오는 '홀로 떠나는 여행'은 인생의 어떤 시기였을까? 새로운 무엇을 찾아서일까? 아니면 일상에 지친 나를 위한 휴식을 위해서일까? 허무하고 쓸쓸한 삶이 인생의 전부일까? 까마귀남자는 아무 일도 없었던 듯 모른 척 '쉬이이잇!'을 말한다. 다리를 건넌 순간 시작된 까마귀남자의 방황과 선택은 몇 번이고 다시 펼쳐보게 하는 의문을 준다.

**최선옥** 시흥 서해초 사서

ⓒ 제이슨, 『쉬이이잇!』, 새만화책

## 앙리에트의 비밀일기 (전3권)

뒤퓌 베르베리앙 지음 | 안수연 옮김 | 문학동네 | 각권 50쪽 안팎
2006년 | 각권 8,500원 | 초등고학년부터 | 프랑스 | 명랑

DAY **354**

ⓒ 뒤퓌 베르베리앙, 『앙리에트의 비밀일기』, 문학동네

앙리에트는 통통한 몸매에 안경까지 쓴 사춘기 여자아이다. 게다가 패션 감각마저도 형편없다고 친구들이 놀린다. 그러거나 말거나 앙리에트는 매우 씩씩하게 살아가고 있는데 비결은 아마도 일기인 것 같다. 앙리에트의 일기 쓰기는 마치 친구에게 말하듯 펼쳐진다. 이 책은 『앙리에트의 못 말리는 일기장』에 이은 사춘기가 된 앙리에트의 성장 일기이다. 여느 청소년처럼 앙리에트도 자신을 이해하지 못하는 부모님과 선생님, 말이 안 통하는 친구들, 외모 콤플렉스 등 청소년기에 가질 수 있는 다양한 고민들을 품고 있다. 앙리에트의 비밀 일기는 사춘기 성장통을 겪고 있거나 지나온 사람들에게 공감을 안겨줄 것이다. 그리고 자신만의 꿈을 향해 조금씩 나아가는 엉뚱하고 발랄한 앙리에트의 모습을 보면서 흐뭇한 미소를 지을 수 있을 것이다.

**신정화** 서울 삼광초 사서

# DAY 355

## 캄펑의 개구쟁이 (전2권)

라트 지음 | 박인하 옮김 | 꿈틀 | 각권 142쪽 | 2008년 | 각권 8,500원 | 초등학생 | 말레이시아 | 가족, 이웃

말레이시아 국민 만화가인 라트의 유년생활을 그린 만화이다. 말레이시아의 문화와 풍습, 철학을 알게 된다. 사람의 얼굴을 눈이 작고 코와 이가 튀어나오게 그리는 라트 작가의 그림은 투박하고 거칠어 보이지만 보면 볼수록 정감이 가득하다. 흑백 대비로 선명하게 느낌과 이미지를 전달한다. 말레이어로 캄펑(Kampung)은 '시골'이라는 뜻이라고 한다. 말레이시아 대부분의 사람이 시골에서 태어나 농·어업에 종사하거나 도시로 일하러 가기 때문에 '고향'이라는 의미로 쓰이기도 한다. 고향처럼 푸근하고 사람 냄새 나는 그림을 통해 말레이시아를 정감 있게 느껴볼 수 있다. 놀기만 하는 장남을 데리고 넓은 고무 농장을 보여주며 훈육하는 아버지의 모습을 보면 자식을 위하는 아버지의 마음이 어느 나라나 다를 것이 없음을 느끼게 된다.

**신정임** 서울 반포중 사서

© 라트 『캄펑의 개구쟁이』, 꿈틀

## 패셔넬라

줄스 파이퍼 지음 | 구자명 옮김 | 이숲 | 239쪽 | 2009년 | 10,000원 | 중학생 | 미국 | 사회문제

DAY **356**

ⓒ 줄스 파이퍼, 『패셔넬라』, 이숲

1950, 1960년대에 미국에서 가장 혁신적인 만화가로 알려진 줄스 파이퍼의 작품 선집이다. 이 작가는 아이들이나 보는 것으로 여겨지던 만화를 예술만화로 승격시키는 데 기여한 것으로 평가받고 있다. 그의 작품은 고도의 경제 성장으로 인간이 소외되고 있는 현실을 비판하고, 그 속에서 자신을 찾기 위해 고민하고 타인과 소통하기 위해 애쓰는 사람들의 모습을 보여준다. '패셔넬라'는 아름다운 영화배우를 꿈꾸는 굴뚝 청소부의 이야기를 통해 외모지상주의를, '꼬마병사 먼로 이야기'는 네 살짜리 꼬마가 군대에 가게 되는 과정에서 아무도 진실을 바로 보지 않으려 하는 권위주의와 아집, 그리고 집단이기주의를 비판하고 있다. '헤롤드 스워그'에서는 비기는 경기를 하기 위해 애쓰는 주인공의 모습을 통해 무한 경쟁의 허상과 영웅주의를 비판한다. 그 외에도 서로 소통하지 못하고 있는 인간들의 모습을 다양한 시각으로 그려내고 있다.

**이호은** 의정부 경민여중 전문상담교사

## DAY 357

### 광대의 노래

백성민 지음 | 세미콜론 | 180쪽 | 2007년
12,000원 | 중·고등학생 | 한국 | 그림에세이

ⓒ 백성민, 『광대의 노래』, 세미콜론

작가는 명인(名人), 혹은 장인(匠人)이라는 이미지와 어울린다. 작가가 취한 소재들, 이를테면 개, 매, 팥죽, 항아리 등은 우리 전통 정서와 맞닿는다. 또한 그림에는 붓의 유연함과 강인함이 묻어 있다. 거침없이 드러나는 여백은 붓의 손놀림 너머에 존재하는 아름다움을 느끼게 한다. 짧은 이야기들 속에 시골 정취와 인간 냄새가 물씬 난다. 청소년들이 읽어도 좋겠지만 중장년층도 필독했으면 한다. 작가가 그려낸 시대와 이야기 속에 무한정 빨려 들어갈 것이다. 칸과 말풍선이 없다는 것도 이 책의 특징이다. 칸 구분을 없애고 말을 풍선 안에 가두지 않아 독자는 그야말로 넓은 공간에 자신의 상상력을 아낌없이 쏟아부을 수 있다.

**배영태** 용인 포곡고 국어교사

## DAY 358

### 나의 라임오렌지나무

이희재 지음 | 청년사 | 376쪽 | 2003년 | 15,000원
초등학생부터 | 한국 | 드라마, 소설

ⓒ 이희재, 『나의 라임오렌지나무』, 청년사

이미 작품성을 인정받은 원작을 다른 장르로 옮겨온다는 것은 대단한 모험이다. 특히나 소설을 읽으며 내가 상상했던 등장인물들이나 분위기가 원작과 너무나 거리가 멀 때 그 배신감은 어떡할 것인가. 이 책은 바스콘셀로스의 원작에 나오는 지독히도 말을 안 듣던 말썽꾸러기 악동 제제, 경제 불황으로 일자리를 잃은 아버지로 인해 침체된 집안 분위기, 브라질 빈민 뒷골목에서 뛰노는 천둥벌거숭이들까지 모든 것이 생생하게 떠오른다. 원작의 분위기를 훼손하지 않으면서 우리가 알고 겪었던 고달픈 도시 빈민들의 모습도 곳곳에 담겨 있다. 어릴 적 제제의 호된 성장통에 꺼이꺼이 함께 울었던 그 아련한 먹먹함이 고스란히 떠오른다. 왜 세상의 모든 아이들은 다들 철이 들어야 하는 것일까.

**한지연** 전남 영암초 교사

## 미스터 오

루이 트롱댕 지음 | 샘터사 | 64쪽 | 2005년
6,000원 | 중·고등학생 | 프랑스 | 실패담

**DAY 359**

ⓒ 루이 트롱댕, 『미스터 오』, 샘터사

이 책은 언어가 없다. 무언(無言)이다. 하지만 언어가 존재한다. 독자가 내면에서 만들어내는 소리 없는 언어가 존재한다. 『미스터 오』를 읽으면서 독자는 혼자 '피식' 웃는 자신을 발견하게 될 것이다. 자신의 내면 언어를 '미스터 오'에게 전달하기 때문이다. '미스터 오'는 벼랑 끝을 넘어서려고 수십 번을 시도한다. 하지만 계속해서 실패한다. 그래도 다시 시작하는 '미스터 오'를 보면서 독자는 '미스터 오'와 자신을 동일시하게 될 것이다. 결국 자신에게 무언(無言)을 사용하는 셈이다. 또 그 속에서 무엇인가를 다짐하는 자신도 발견할 것이다. 작가가 바란 것처럼 『미스터 오』에는 인간의 공통된 문제가 음악으로 표현되어 있다. 하나의 음악이 그려져 있는 만화를 만나보기 바란다.

**배영태** 용인 포곡고 국어교사

## 올라치꼬스

조훈 지음 | 애니북스 | 280쪽 | 2012년
12,000원 | 고등고학년 | 한국 | 카툰

**DAY 360**

ⓒ조훈, 『올라치꼬스』, 애니북스

'얘들아 안녕'이라는 뜻의 스페인어. 왜 이렇게 제목을 지었는지 처음에는 도저히 알 수 없다. 연속되는 단편들 속에 드러나는 화려한 색감과 비현실적인 설정, 여과 없이 쏟아내는 직설적인 말들은 왠지 도발적으로 느껴지기도 한다. 그러나 책의 중반을 힘겹게 넘어서면 가닥가닥 끊기는 서사 속에 묘하게 이어지는 하나의 줄기를 잡을 수 있다. 그것은 비현실적으로 표현되었기 때문에 오히려 진실되게 느껴지는 작가의 내면세계이다. 그렇게 되면 온갖 욕설과 과격한 그림들, 도무지 설명이 안 되는 온갖 의인화된 사물들의 메시지들이 조금씩 이해되고, 그간 느꼈던 일말의 불쾌감이 묘한 쾌감으로 승화되는 것을 느낄 수 있다. 너무나 정돈된 반듯한 일상 속에 지쳤을 때, 차마 꺼내지 못하고 묻어두었던 본능적 충동을 쏟아내고 싶을 때, 이 책은 잠시나마 지친 영혼을 달래줄 수 있을 것이다.

**박병배** 전 한겨레문화센터 강사

## DAY 361

### 도서관의 주인 (전6권, 미완결)

시노하라 우미하루 지음 | 윤지은 옮김 | 대원씨아이 | 각권 190쪽 안팎
2012년–2014년 | 각권 4,800원 | 초등학생 | 일본 | 도서관

'타치아오의 어린이도서관'의 사서 미코시바를 중심으로 펼쳐지는 도서관 이야기다. 미코시바는 냉철한 독설가이지만 조금이라도 많은 사람들에게 좋은 책을 읽히고 싶다는 따뜻한 마음을 가지고 있다. 책을 읽고 싶어 하는 사람들에게 애정을 가지고 책을 건넨다. 많은 사람들이 그가 권하는 책을 통해 즐거움을 얻고, 치유받고, 성장한다. 중간 중간 소개되는 책의 내용은 어렸을 때 읽었을 법한 동화책 위주이다. 일본의 동화들은 다소 생소하기도 하지만 내용이 적절하게 잘 요약되어 있어 책 속의 책을 읽는 듯한 느낌을 준다. 책의 뒤편에는 내용 중에 소개되었던 작가와 작품, 도서관 용어 등의 설명이 첨부되어 있다. 도서관과 관련된 만화가 여럿 있지만 이 책은 특히 책과의 만남이 얼마나 소중한지 잘 느낄 수 있게 만든다. 또한, 도서관 이용교육 자료로도 유용한 가치가 있는 만화이다.

**조선혜** 서울 대신고 사서교사

## DAY 362

### 라다크 소년 뉴욕에 가다

헬레나 노르베리–호지, 스티븐 고어릭, 존 페이지 지음 | 매튜 운터베르거 그림 | 천초영 옮김
최성각 해설 | 녹색평론사 | 40쪽 | 2003년 | 5,000원 | 초등고학년부터 | 미국 | 사회현실

생태운동가 헬레나 노르베리–호지는 서부 히말라야의 고원 라다크 지역의 전통적인 삶과 개발 과정에서 오는 사람들의 변화를 『오래된 미래』에 담았다. 이 책은 그 내용의 일부분을 라다크 소년을 통해 이해하기 쉽게 만화로 보여준다. '리진'은 라다크 지역에서 짐을 지던 소년으로 개발 물결을 타고 들어온 서구 문명의 화려함에 빠져들고 동경하게 된다. 그리고 시작된 미국 생활은 대사 없이 간단하게 만화로 표현하고 있다. 짧은 그림이 전해주는 울림이 꽤 크다. 발전과 개발은 행복과 어떤 관계가 있을까? 『오래된 미래』의 징검다리 책으로 보면 좋을 것 같다. 스프링벅처럼 앞으로만 질주하다 절벽으로 떨어지는 삶이 아닌 잠시 멈추어 전통적인 삶에서 행복을 찾으려는 사람들을 만나는 시간을 통해 현실을 풀어가는 지혜를 가질 수 있으면 좋겠다.

**허지연** 길꽃어린이 도서관 책밭매기

## 메밀꽃 필 무렵/동백꽃/사랑 손님과 어머니
### 아담의 후예(만화 한국 대표 문학선1~4)

이효석 외 원작 | 오세영 그림 | 주니어김영사 | 각권 250쪽 안팎
2012년 | 각권 10,000원 | 중·고등학생 | 한국 | 문학

**DAY 363**

오세영은 당대 민중의 생활을 읽어낼 수 있는 우리나라 단편들을 만화로 재창작하는 일을 꾸준히 해 왔다. 그에게는 '만화계의 리얼리스트', '쇠똥을 그리는 작가'라는 별칭이 따라다니는데, 그만큼 고증과 사실성에 노력을 기울인다는 이야기다. 아낙의 머리카락, 걸인의 깊게 파인 주름, 닭의 벼슬 하나까지 세밀하게 그려낸 그림을 보면 그 별칭의 의미를 다시 생각하게 한다. 이 시리즈에는 김만선, 박태원, 이태준, 최명익 등 월북작가의 단편들이 있는데 이들 작품은 산업화 이전의 사회상을 주로 보여준다. 지금은 쓰지 않는 말투나 사투리를 살려서 쓰고, 원작 그대로의 문체를 사용하면서 따로 말풀이를 실어 원작의 모습을 살려 내려 한 노력이 고스란히 보인다. 그럼에도 이 책의 작품들은 원작자만의 것이 아니라 오세영의 재창작이라 할 만큼 그림이 주는 울림이 크다.

**김혜원** 학교도서관 문화살림

## 엄희자 컬렉션

엄희자 지음 | 부천만화정보센터 | 306쪽 | 2008년 | 25,000원 | 초등고학년부터 | 한국 | 만화고전

**DAY 364**

엄희자는 1960년대 초부터 1980년대 중반까지 순정만화계를 평정했던 한국 순정만화의 대모(大母)다. 우리가 알고 있는 순정만화 틀의 기초가 되었다고 할 수 있다. 부천만화정보센터의 노력으로 그런 작가의 만화 소장본들을 모아 자료로 쓸 만한 책을 만들었다. 데뷔작인 「행복의 별」을 비롯해 그녀의 대표작 「공주와 기사」, 「귀족의 딸」, 「G선상의 아리아」가 실려 있다. 하지만 아쉽게도 전권이 다 있는 것이 아니라 각 작품의 1권만 실려 있어 작품 자체의 이야기를 감상하기보다는, 그 당시 만화책은 이러했다는 정도를 알 수 있는 자료로서의 가치가 더 크게 부각된다. 6,70년대 어린 시절을 보낸 사람들이 만화방에서 보던 만화책 표지, 형태, 그림체에 대한 아련한 기억을 떠올릴 수 있는 책이다.

**김혜원** 학교도서관 문화살림

# DAY 365

## 만화의 이해/만화의 창작/만화의 미래

스콧 맥클라우드 지음 | 김낙호 옮김 | 비즈앤비즈 | 각권 270쪽 안팎
2008년 | 각권 19,000원 | 고등학생 | 미국 | 지식

만화가가 쓰고 그린 만화 이론서다. 당연하게 만화책이다. 작가는 만화를 상업성과 재미의 문제가 아닌 문학과 미학의 관점에서 해석했다. 『만화의 이해』에서는 만화의 내부적인 구조를 최대한 많은 예시를 통해 독자들에게 한걸음씩 찬찬히 설명한다. 우리가 왜 만화에 빠져들게 되는 건지, 어떻게 주인공과 나를 동일시하게 되는 건지, 유럽 만화와 일본 만화는 왜 다르게 느껴지는 건지 등의 기본적인 의문점에 대해 미학적인 관점에서 이야기한다. 그런 설명 방법 때문에, 작가가 우리에게 건네는 '만화는 예술이다'라는 명제에 쉽게 동의할 수 있다. 『만화의 미래』는 만화의 외부 구조와 그 갈 길에 대해 이야기하고 있다. 만화가 살아남으려면, 어떤 방법으로든 진화해야 한다고 주장한다. 진지하지만 쉬운 작가의 설득 방법은 매우 유쾌하다. 그가 가지고 있는 만화에 대한 신뢰와 자신감이 우리를 기분 좋게 한다.

**김혜원** 학교도서관 문화살림

독특한 구성과 엽기적인 컬트 컷으로 짜인
일러스트 카툰이나 굵고 가는 붓놀림의 농담으로 그려낸
마당놀이식 우화집은 독특한 시도로
참신하고 낯선 느낌을 준다.

# 만화책 365 찾아보기

## 책 이름으로 찾아보기

### ㄱ

| | |
|---|---|
| 가로세로 세계사 | 330 |
| 가르친다는 것 | 331 |
| 가면소년 | 241 |
| 가우스 전자 | 148 |
| 가지 | 191 |
| 각시탈 | 268 |
| 강철의 연금술사 | 249 |
| 강특고 아이들 | 169 |
| 개구리 하사 케로로 | 140 |
| 개를 기르다 | 199 |
| 거북바위 | 222 |
| 거짓, 말 | 192 |
| 검은 혁명가 맬컴 엑스 | 322 |
| 겁쟁이 페달 | 213 |
| 게게게의 기타로 | 230 |
| 고스트 월드 | 199 |
| 고양이 장례식 | 114 |
| 고양이 제트 | 162 |
| 고우영 삼국지 | 363 |
| 곤 | 154 |
| 골때리는 연극부 | 154 |
| 골방 탈출기 | 103 |
| 곰선생의 고만해 | 332 |
| 공포의 외인구단 | 213 |
| 광대의 노래 | 37 |
| 광수생각 | 97 |
| 구르믈 버서난 달처럼 | 311 |
| 굿모닝 버마 | 284 |
| 굿모닝 예루살렘 | 282 |
| 귀신 | 242 |
| 그 남자! 그 여자! | 169 |
| 그녀들의 크리스마스 | 190 |
| 그대를 사랑합니다 | 115 |
| 그린 | 103 |
| 그림 보여주는 손가락 | 355 |
| 기생수 | 259 |
| 기울어진 아이 | 225 |
| 김태권의 십자군 이야기 | 333 |
| 김태권의 한나라 이야기 | 334 |

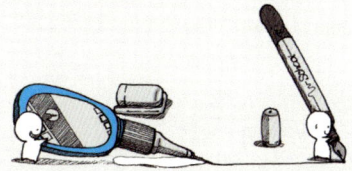

| | |
|---|---|
| 꼬마 밤송이 뽀알루의 모험 시리즈 | 128 |
| 꼬마애벌레 말캉이 | 335 |
| 꽃보다 남자 | 125 |
| 꿈을꿈을 만화도서관 | 364 |

## ㄴ

| | |
|---|---|
| 나는 왜 저항하는가 | 336 |
| 나도 권리가 있어! | 303 |
| 나루토 | 273 |
| 나만의 천사 | 231 |
| 나쁜 친구 | 163 |
| 나의 라임오렌지나무 | 372 |
| 남쪽손님 | 287 |
| 내 어린 고양이와 늙은 개 | 106 |
| 내 어머니 이야기 | 78 |
| 내 이름은 팬더댄스 | 104 |
| 내 파란 세이버 | 210 |
| 내가 살던 용산 | 301 |
| 넌피플 | 155 |
| 노근리 이야기 | 312 |

| | |
|---|---|
| 노다메 칸타빌레 | 203 |
| 노말시티 | 249 |
| 눈썹진드기 우상탈출 프로젝트 | 352 |

## ㄷ

| | |
|---|---|
| 다이어터 | 337 |
| 닥터 노구찌 | 182 |
| 닥터 슬럼프 | 140 |
| 달빛 구두 | 79 |
| 당신이 희망입니다 | 107 |
| 대한민국 원주민 | 80 |
| 더 파이팅 | 214 |
| 데스노트 | 260 |
| 도깨비 신부 | 231 |
| 도라에몽 | 141 |
| 도바리 | 303 |
| 도서관을 구한 사서 | 356 |
| 도서관의 주인 | 374 |
| 도자기 | 338 |
| 도토리의 집 | 304 |

| | |
|---|---|
| 동경괴동 | **304** |
| 동물의사 Dr. 스쿠르 | **182** |
| 두 얼굴의 네이버 | **339** |
| 두 여자와 두 냥이의 귀촌일기 | **104** |
| 두근두근 탐험대 | **129** |
| 드래곤 볼 | **274** |
| 드레스코드 | **176** |
| 들어는 보았나! 질풍기획! | **149** |
| 디펜스 데빌 | **274** |
| 딩스&뚱스 in 아메리카 | **107** |
| 따개비 한문숙어 | **356** |
| 따끈따끈 베이커리 | **181** |
| 땡땡의 모험 | **130** |

## ㄹ

| | |
|---|---|
| 라다크 소년 뉴욕에 가다 | **374** |
| 러프 | **214** |
| 로보트 킹 | **243** |
| 로봇 드림 | **228** |
| 로지코믹스 | **340** |
| 리니지 | **232** |
| 리틀 포레스트 | **105** |

## ㅁ

| | |
|---|---|
| 마니 | **232** |
| 마르지 1984-1987 | **283** |
| 마린 블루스 | **155** |
| 마스터 키튼 | **260** |
| 마음으로 느끼는 조선의 명화 | **352** |
| 마팔다 | **141** |
| 만화 21세기 키워드 | **353** |
| 만화 체 게바라 평전 | **313** |
| 만화로 보는 직업의세계 | **357** |
| 만화로 이해하는 세계 금융 위기 | **353** |
| 만화의 이해(만화의 창작/만화의 미래) | **376** |
| 말에서 내리지 않는 무사 | **314** |
| 맹꽁이 서당 | **357** |
| 머털도사와 또매형 | **131** |
| 먼 곳으로 가고파 | **150** |
| 먼지 없는 방 | **285** |

| | |
|---|---|
| 멋지다! 마사루 오나전판 | 156 |
| 메밀꽃 필 무렵(만화 한국 대표 문학선) | 375 |
| 메즈 예게른 | 315 |
| 메트로폴리스 | 250 |
| 멸망한 짐승들의 바다 | 261 |
| 명탐정 코난 vs 괴도키드 | 261 |
| 목욕의 신 | 98 |
| 무한동력 | 286 |
| 미디어 씹어먹기 | 341 |
| 미생 | 177 |
| 미스터 오 | 373 |
| 미스터 초밥왕 | 183 |
| 미요리의 숲 | 305 |

## ㅂ

| | |
|---|---|
| 바늘땀 | 193 |
| 바닷마을 다이어리(1~4) | 105 |
| 바람개비소년 하루의 꿈 | 108 |
| 바람계곡의 나우시카 | 305 |
| 바람의 검심 | 275 |
| 바람의 나라 | 323 |
| 바벨2세 | 269 |
| 바보 | 116 |
| 바사라 | 233 |
| 바쿠만 | 183 |
| 박기소의아이디어 | 365 |
| 박떡배와 오성과 한음 | 142 |
| 박시백의 조선왕조실록 | 342 |
| 박재동의 손바닥 아트 | 366 |
| 배트맨 : 다크나이트리턴즈 | 272 |
| 배트맨 허쉬 | 272 |
| 백곰카페 | 157 |
| 백귀야행 | 262 |
| 버려진 자들의 영웅 | 316 |
| 베르사유의 장미 | 323 |
| 별빛속에 | 244 |
| 별을 지키는 개 | 204 |
| 보노보노 | 157 |
| 보지 못하고 듣지 못하고 사랑해 | 117 |
| 북해의 별 | 317 |

| | | | |
|---|---|---|---|
| 불의 검 | 324 | 석정현 소품집 Expression | 367 |
| 붓다 | 322 | 설희 | 257 |
| 블리치 | 275 | 세 개의 그림자 | 223 |
| 비빔툰 | 81 | 세브리깡 | 119 |
| 빗장열기 | 287 | 소년탐정 김전일 | 262 |
| 빵야빵야 | 215 | 소라닌 | 204 |
| | | 속좁은 여학생 | 120 |

## ㅅ

| | | | |
|---|---|---|---|
| | | 수리부엉이 | 324 |
| 사금일기 | 99 | 수상한 내 인생 | 194 |
| 사람 사는 이야기 | 288 | 수역 | 233 |
| 사람 냄새 | 285 | 순정만화 | 121 |
| 사랑하는 나의 아들아 | 91 | 쉬이이잇! | 368 |
| 사랑해 | 118 | 슈퍼맨 : 레드 선 | 276 |
| 사랑해야 하는 딸들 | 124 | 스마일 브러시 오래된 사진 | 108 |
| 사이시옷 | 289 | 스머프와 친구들 | 142 |
| 산 | 215 | 스멜스 라이크 30 스피릿 | 151 |
| 살인자ㅇ난감 | 256 | 스콧 필그림 | 270 |
| 삼봉이발소 | 164 | 스쿨홀릭 | 165 |
| 새로 만든 먼나라 이웃나라 | 343 | 스타워즈 클론워즈 어드벤처 | 276 |
| 생활의 참견 | 100 | 스피릿 오브 원더 | 247 |

| | |
|---|---|
| 슬램덩크 | 216 |
| 습지생태보고서 | 290 |
| 시사 SF | 354 |
| 식객 | 178 |
| 식물탐정 완두 우리 동네 범인을 찾아라 | 344 |
| 신과 함께 | 224 |
| 신세기 에반게리온 | 250 |
| 신의 나라 인간 나라 | 354 |
| 신의 물방울 | 184 |
| 신판 보물섬 | 132 |
| 심술쟁이가 뭐 어때 | 143 |
| 심야식당 | 205 |
| 십시일반 | 306 |
| 쌉니다 천리마마트 | 157 |

## ㅇ

| | |
|---|---|
| 아기공룡 둘리 | 143 |
| 아기와 나 | 91 |
| 아냐의 유령 | 166 |
| 아돌프에게 고한다 | 200 |
| 아따맘마 | 92 |
| 아르미안의 네 딸들 | 234 |
| 아미띠에 | 291 |
| 아버지 돌아오다 | 82 |
| 아버지와 아들 | 89 |
| 아스테리오스 폴립 | 195 |
| 아스테릭스 | 133 |
| 아이실드 | 216 |
| 아이코 악동이 | 229 |
| 아즈망가 대왕 | 170 |
| 악당의 사연 | 152 |
| 안나라수마나라 | 167 |
| 안녕?! 자두야!! | 134 |
| 안녕, 전우치? | 229 |
| 앙리에트의 비밀일기 | 369 |
| 야옹이와 흰둥이 | 292 |
| 야후 | 325 |
| 양영순의 천일야화 | 234 |
| 어게인 | 258 |
| 어른들의 크리스마스 | 190 |

| | | | |
|---|---|---|---|
| 어메이징 그래비티 | 345 | 요시오의 하늘 | 184 |
| 어쿠스틱 라이프 | 101 | 요철 발명왕 | 144 |
| 언제나 상쾌한 기분 | 170 | 요츠바랑! | 144 |
| 엄마, 외로운 거 그만하고 밥먹자 | 306 | 요푸공의 아야 | 293 |
| 엄희자 컬렉션 | 375 | 용비불패 | 277 |
| 에시리쟈르 | 124 | 우리 마을 이야기 | 302 |
| 에식스 카운티 | 196 | 우리, 선화 | 85 |
| 엠마 | 125 | 우주형제 | 251 |
| 열네 살 | 200 | 우주인 | 135 |
| 열아홉 | 83 | 울기엔 좀 애매한 | 168 |
| 열한 살의 한잘라 | 301 | 원피스 | 278 |
| 열혈강호 | 277 | 위대한 캣츠비 | 122 |
| 영산강 아이들 | 84 | 위안부 리포트1 | 346 |
| 오디션 | 171 | 유리가면 | 185 |
| 오르페우스의 창 | 125 | 은밀하게 위대하게 | 271 |
| 오무라이스 잼잼 | 179 | 은수저 | 172 |
| 옥이샘의 교실 이야기 | 171 | 은하수의 히치하이킹 | 235 |
| 온 | 235 | 을식이는 재수 없어 | 136 |
| 올라치꼬스 | 373 | 을지로 순환선 | 294 |
| 와라! 편의점 | 158 | 이누야샤 | 278 |

| | |
|---|---|
| 이니셜 D | 217 |
| 이두호의 가라사대 | 318 |
| 이어달리기 | 295 |
| 일곱 개의 숟가락 | 86 |
| 일상날개짓 | 106 |
| 일지매 | 319 |
| 임금님의 사건수첩 | 263 |
| 임꺽정 | 325 |
| 입시명문 사립 정글고등학교 | 172 |

## ㅈ

| | |
|---|---|
| 자라의 파라다이스 | 296 |
| 자유부인 | 158 |
| 재미난 집 | 92 |
| 정가네 소사 | 90 |
| 제멋대로 함선 디오티마 | 245 |
| 조선 호랑이 백호 | 202 |
| 조폭선생님 | 173 |
| 좋은 사람 | 205 |
| 주식회사 천재패밀리 | 109 |

| | |
|---|---|
| 쥐 | 326 |
| 지미 코리건 | 197 |
| 지우개 | 109 |
| 짱뚱이 시리즈 | 137 |

## ㅊ

| | |
|---|---|
| 창공 | 88 |
| 채지충의 유교 사상 이야기 | 358 |
| 천재 유교수의 생활 | 205 |
| 체르노빌 : 금지구역 | 297 |
| 최유기 리로드 | 279 |
| 춘앵전 | 202 |
| 출동! 119구조대 | 185 |
| 충사 | 236 |
| 츄리닝 | 153 |

## ㅋ

| | |
|---|---|
| 카드캡터 사쿠라 | 236 |
| 카툰 성경 | 347 |
| 캄펑의 개구쟁이 | 370 |

| | | | |
|---|---|---|---|
| 커피 한 잔 더 | 102 | **ㅍ** | |
| 쿵푸보이 친미 레전드 | 179 | 파페포포 시리즈 | 110 |
| 크레용 신짱 베스트 셀렉션 | 138 | 팔레스타인 가자 지구 비망록 | 307 |
| 크로니클스 | 226 | 패밀리맨 | 87 |
| 키드갱 | 159 | 패셔넬라 | 371 |
| 키친 | 186 | 패션의 탄생 | 349 |
| | | 퍼펙트 게임 | 211 |
| **ㅌ** | | 페르세폴리스 | 299 |
| 타임머쉰 | 251 | 펫숍 오브 호러즈 | 263 |
| 타조알 선생의 교실 풍경 | 173 | 평양프로젝트 | 302 |
| 태일이 | 298 | 평화의 사진가 | 350 |
| 터미네이터 미래 전쟁의 시작 | 252 | 폴리나 | 212 |
| 텃밭 | 348 | 푸른 알약 | 201 |
| 테르마이 로마이 | 237 | 프리스트 | 264 |
| 테르미도르 | 320 | 피부색깔=꿀색 | 300 |
| 토리 GO! GO! | 139 | 피아노의 숲 | 206 |
| 토리빵 | 110 | 피크 | 180 |
| 토성맨션 | 247 | 피터 히스토리아 | 351 |
| 토지 | 321 | 핑퐁 | 217 |

### ㅎ

| | |
|---|---|
| 하나오 | 218 |
| 항쟁군 평행우주 | 246 |
| 해귀선 | 237 |
| 해님이네 집 | 93 |
| 해적 이삭 | 201 |
| 해피! | 218 |
| 허니와 클로버 | 123 |
| 혜성을 닮은 방 | 227 |
| 호텔 아프리카 | 203 |
| 황색탄환 | 326 |
| 히어로즈 | 279 |
| 히카루의 바둑 | 186 |

### 123

| | |
|---|---|
| 007 우주에서 온 소년 | 240 |
| 1999년생 | 248 |
| 1학년 1반 34번 | 362 |
| 2001 SPACE FANTASIA | 248 |
| 20세기 기사단 | 273 |
| 20세기 소년 | 259 |
| 26년 | 310 |
| 3그램 | 96 |
| 3X3 EYES | 230 |
| 68년, 5월 혁명 | 355 |

### ABC

| | |
|---|---|
| ARMS | 252 |
| BECK | 198 |
| COMIC | 173 |
| DR. 코토 진료소 | 181 |
| H2 | 219 |
| Jazz it up! | 358 |
| not simple | 93 |
| Paint it Rock | 359 |
| Q.E.D | 265 |
| Q열 | 264 |
| TEZORO | 111 |
| WORKING!! | 159 |

# 1년 365일, 하루 한 권!

주제별 좋은 책 365권
교사와 사서가 가려 뽑고 서평을 쓴
새롭고 남다른 테마 서평집

## 테마 서평집 365 시리즈

학교도서관저널 도서추천위원회 엮음 | 390쪽 안팎 | 30,000원

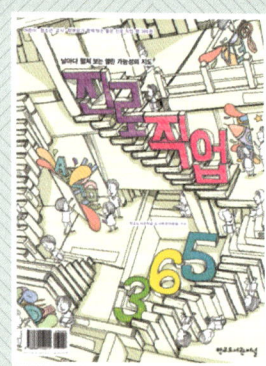

**진로 직업 365**
학생·교사·부모가
함께 보는
**진로 직업 추천도서**

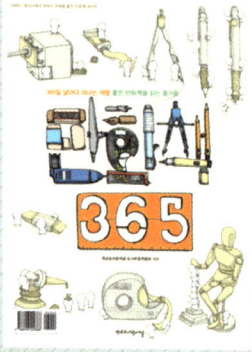

**만화책 365**
만화에 대한
편견을 깨는
**깊고 넓은
만화의 세계**

**체험활동 365**
교사들 현장 경험에
바탕한
**초중등
체험활동 길잡이**

**그림책 365**
주제별로 매일
한 권씩 읽는
**2000년대 좋은
그림책**

배우는 교사, 자라는 부모, 참다운 아이
**학교도서관저널**
02-322-9677, www.slj.co.kr